Larissa Vassilian

PODCASTING!

Von erfahrenen Podcastern lernen

Rheinwerk
Computing

Liebe Leserin, lieber Leser,

wie macht man eigentlich einen Podcast, der Tausende Hörer so sehr fesselt, dass sie die nächste Folge kaum erwarten können? Und – kann ich das auch? Die Antwort auf die erste Frage liefert Ihnen dieses Buch. Die Antwort auf die zweite lautet: Ja! Wenn Sie das Buch gelesen haben.

Die Journalistin und leidenschaftliche Podcasterin Larissa Vassilian gibt hier ihr über Jahre gesammeltes Fachwissen an Sie weiter. Außerdem lässt sie viele bekannte Podcaster/-innen zu Wort kommen, die Ihnen Tipps und Tricks zu ihren Spezialgebieten zeigen. Egal ob Sie bereits Podcaster sind oder Ihren ersten Podcast planen – von diesem Buch profitieren alle.

Wenn Sie Einsteiger sind, dann arbeiten Sie am besten dieses Buch komplett durch. Sie werden sehen, wie Sie bereits bei der Planung den Grundstein für den Erfolg Ihres Podcasts legen. Und dass Sie dafür nicht unbedingt teures Equipment brauchen.

Haben Sie bereits Erfahrung mit eigenen Podcasts, dann können Sie einfach die Themen nachschlagen, die Sie interessieren. Zum Beispiel welches Mikrofon für Ihre Zwecke am besten geeignet ist, wie Sie ein Interview vorbereiten oder worauf Sie beim Schnitt achten sollten.

Ich persönlich empfehle Ihnen, das ganze Buch zu lesen oder immer mal wieder darin zu stöbern. Sie finden hier eine solche Fülle an Informationen rund um das Podcasting wie nirgendwo sonst. Allein zu dem Thema »Aufnahme«: So erfahren Sie u. a., warum Sie vor der Aufnahme besser keine Milch trinken sollten. Und warum ein Kleiderschrank ein guter Aufnahmeort sein kann.

Nun wünsche ich Ihnen eine spannende Lektüre. Wenn Sie Fragen und Anmerkungen zu diesem Buch haben, Lob oder Kritik äußern wollen, wenden Sie sich an mich.

Ihr Stephan Mattescheck
Rheinwerk Computing

stephan.mattescheck@rheinwerk-verlag.de
www.rheinwerk-verlag.de
Rheinwerk Verlag · Rheinwerkallee 4 · 53227 Bonn

Wir hoffen, dass Sie Freude an diesem Buch haben und sich Ihre Erwartungen erfüllen. Ihre Anregungen und Kommentare sind uns jederzeit willkommen. Bitte bewerten Sie doch das Buch auf unserer Website unter **www.rheinwerk-verlag.de/feedback**.

An diesem Buch haben viele mitgewirkt, insbesondere:

Lektorat Stephan Mattescheck, Anne Scheibe
Korrektorat Sonja Falk, Hetzles
Fachgutachten Jan Watermann, Stefan Proksch
Herstellung Melanie Zinsler
Typografie und Layout Vera Brauner
Einbandgestaltung Eva Schmücker
Coverfoto Larissa Vassilian © Mathias Vietmeier
Satz III-Satz, Husby
Druck und Bindung Media-Print Informationstechnologie, Paderborn

Dieses Buch wurde gesetzt aus der PT Serif (9,25 pt/15 pt) in FrameMaker.
Gedruckt wurde es auf chlorfrei gebleichtem Offsetpapier (90 g/m²).
Hergestellt in Deutschland.

Bibliografische Information der Deutschen Nationalbibliothek:
Die Deutsche Nationalbibliothek verzeichnet diese Publikation in der Deutschen Nationalbibliografie; detaillierte bibliografische Daten sind im Internet über *http://dnb.d-nb.de* abrufbar.

ISBN 978-3-8362-6423-5

1. Auflage 2019

Informationen zu unserem Verlag und Kontaktmöglichkeiten finden Sie auf unserer Verlagswebsite **www.rheinwerk-verlag.de**. Dort können Sie sich auch umfassend über unser aktuelles Programm informieren und unsere Bücher und E-Books bestellen.

Inhalt

Geleitwort der Fachgutachter

Wir haben sofort Ja gesagt, als Stephan Mattescheck vom Rheinwerk Verlag uns gefragt hat, ob wir dieses Buch begutachten möchten. Welche Podcasterin, welcher Podcaster hätte das nicht? Als wir vor mehr als zehn Jahren selbst unseren ersten Podcast gestartet haben, kannte im Grunde jeder, der auch nur ein bisschen etwas von Podcasts wusste, Annik Rubens und hat »Schlaflos in München« gehört. Wir selbstverständlich auch. Voller Ehrfurcht und mit ein bisschen Neid. Denn da wollten wir auch hin. Also nicht nach München, aber wir wollten auch so einen erfolgreichen, unterhaltsamen und beliebten Podcast machen.

Inzwischen blicken wir auf eine lange Karriere als Podcaster zurück; gemeinsam, mit anderen und in Soloprojekten. Und wir können feststellen, dass wir es immer noch nicht geschafft haben, es Larissa Vassilian gleichzutun. Ist das schlimm? Nein. Aber hätten wir dieses Buch damals schon gehabt, sähe das vielleicht anders aus.

Larissa leistet hier eine große Hilfe – insbesondere, wenn Sie sich gerade erst mit dem Gedanken befassen, einen eigenen Podcast zu starten. Das Buch wird Ihnen eine Menge Zeit an eigener Recherche sparen, das ist sicher. Und Sie werden nach der Lektüre nicht Hals über Kopf in eine solche Unternehmung starten, sondern sich vorher genau darüber im Klaren sein, was Sie erreichen möchten und wie Sie Ihre Ziele am besten umsetzen. Dabei ist dieses Buch einfach ein sehr wertvoller Begleiter. Uns, die wir schon etwas länger dabei sind, haben aber insbesondere die vielen Tipps und Erfahrungswerte der Autorin und anderer Koryphäen überzeugt, die hier zu Wort kommen.

Wir hoffen, dass dieses Buch noch viel mehr Menschen in begeisterte Podcasterinnen und Podcaster verwandelt, die das Hörangebot bunter, besser und vollständiger machen. Nur Mut: Es gibt auch schlechtere!

Jan Watermann und **Stefan Proksch**
www.esel-und-teddy.de

Vorwort

Hast Du schon davon gehört? Von diesem Hype namens Podcast? Diesem neuen Trend, der die Medienwelt verändert? Der in den USA Millionen von Hörern anlockt und Menschen reich werden lässt?

So oder so ähnlich geistern Kommentare durch das Netz und durch die Münchner Biergärten und Hipster-Clubs, angestoßen durch Erfolgsgeschichten wie dem amerikanischen Podcast »Serial«. Wie sich das für mich anfühlt? Eigentlich wie eine Zeitreise, denn diesen »Podcast-Hype« habe ich persönlich schon 2005 erlebt. Damals gab es in Deutschland 70 Podcaster – und ich war eine von zwei Frauen, die mitmachten.

Es fühlte sich aufregend an, wunderbar frei und wild, was wir da machten. Ich saß in meiner kleinen Schwabinger Wohnung und konnte in meinem täglichen Podcast »Schlaflos in München« hinausposaunen, was ich wollte – und wurde in China, Amerika, Australien gehört. In der Zeit lange vor Facebook und Co. war das irgendwie revolutionär. Kein Chef sagte mir, was ich zu tun und zu lassen hatte, kein Radioformat verbot mir, länger als 1:30 Minuten zu sprechen.

Besonders war der Kontakt zu meinen Hörern, die mir Fotos und Mails schickten, mich unterstützten, mich immer wieder zum Lachen brachten und mir neue Themen vorschlugen. Die Podcast-Szene in München war klein, aber fein. Jeder kannte jeden, und jeder half jedem. So verkläre ich es zumindest aus heutiger Sicht.

Aus diesem Podcast-Enthusiasmus entstanden nach und nach viele Projekte: weitere eigene Podcasts, die mal mehr, mal weniger erfolgreich waren, aber auch Auftragsproduktionen für Warner Music, IKEA oder Audible. Denn was lag näher, als mein journalistisches Wissen, meine Liebe zum Radio und die Podcast-Produktion zusammenzubringen? Geld mit genau der Sache zu verdienen, die am meisten Spaß macht, ist ohnehin das Ziel, das ich mir immer gesteckt habe.

Was zwischen dieser Anfangszeit und dem heutigen Tag noch passierte? Einiges. Entmutigung. Frustration. Neu entfachte Liebe zum Medium. Ein beruflicher Wechsel in die Social-Media-Branche. Ein Kind. Eine Podcasting-Abstinenz. Ein Rückfall. Und jetzt der neue Podcasting-Hype, Phase zwei in einer längeren Geschichte. Vielleicht war die Welt damals noch nicht reif für dieses Medium, vielleicht waren die technischen Hürden vor Zeiten der Smartphone-Apps noch zu hoch.

Und heute? Heute habe ich genau 99 Podcasts abonniert und höre täglich. Ich mache mehr oder weniger wöchentlich den Podcast »Slow German« und habe im Kopf einige Ideen, was in den nächsten Monaten so alles entstehen könnte.

Podcasting hat mein Leben verändert. Das klingt pathetisch, ist aber so. Es hat mir den Teenagertraum einer eigenen Radiosendung erfüllt. Es hat mir viele neue Jobs verschafft und mir in einer beruflichen Krise ermöglicht, einen komplett neuen Weg einzuschlagen – weg vom Printjournalismus, zurück zum Radio.

Das gesprochene Wort ist und bleibt für mich das Schönste, was es gibt. Durch dieses Buch meine beiden Leidenschaften – das Podcasting und das Schreiben – zusammenzubringen, hat großen Spaß gemacht. Es hat sich angefühlt, als könnte ich all das, was sich die letzten Jahre an Wissen über Podcasting in meinem Kopf angesammelt hat, endlich irgendwo »ablegen« und ordnen.

Ich hoffe, dass Sie als Podcast-Anfänger von diesem Buch ermutigt werden, einfach mal loszulegen und neuen Hörstoff für mich und all die anderen Menschen da draußen zu schaffen. Ich hoffe, dass Sie als alter Podcast-Hase auf der einen oder anderen Seite noch etwas lernen, das Sie noch nicht wussten. Und letzten Endes hoffe ich vor allem, dass Sie Freude haben an diesen Seiten und merken, was für eine tolle Bereicherung Podcasts sind. Um den Lesefluss nicht zu stören, habe ich auf eine gendergerechte Schreibweise verzichtet – selbstverständlich sollen sich dennoch Männer und Frauen gleichermaßen in diesem Buch wiederfinden.

Danke

Ich danke allen Podcastern, die mir für dieses Buch Rede und Antwort standen. Viele von Euch kenne ich seit vielen Jahren, manche von Euch hatte ich aus den Augen verloren. Es war schön, wieder in Kontakt zu treten.

Danke an Daniel Fiene und Herrn Pähler, die mich in einer Folge von »Was mit Medien« überschwänglich über Podcasts schwärmen ließen. Danke an meinen Lektor Stephan Mattescheck, dass er diese Sendung gehört hat und dann dafür sorgte, dass dieses Buch entstehen konnte.

Und ein großes Dankeschön an meine beiden Männer zu Hause, die in den Schreibmonaten sehr geduldig mit mir waren.

Larissa Vassilian alias Annik Rubens

Kapitel 1

ICH MÖCHTE MEINEN EIGENEN PODCAST – WIE FANGE ICH DAS BLOß AN?

Es gibt so viel zu beachten, wenn Sie Ihren eigenen Podcast starten möchten. Das stimmt schon. Aber das sollte Sie nicht davon abhalten, einfach mal anzufangen. Sie werden sehen: Es ist gar nicht so schwer!

Alle zwei Wochen treffen sich die beiden Wissenschaftler Reinhard Remfort und Nicolas Wöhrl. Sie nehmen einen Podcast auf. »Methodisch inkorrekt« (*http://minkorrekt.de*) heißt dieser Podcast; darin geht es um aktuelle Forschung, Experimente und den wissenschaftlichen Alltag. Klingt nach Nische, oder? Falsch. »Minkorrekt« erreicht 70.000 Hörer. Live-Auftritte der beiden sind ausverkauft. Und damit ist der Podcast eine große Chance für die Wissenschaftler, echte Vorbilder zu sein.

Erfolgsgeschichten wie diese gibt es viele in der Podcast-Welt, aber es gibt auch viele Rohrkrepierer. Damit Ihr Podcast erfolgreich wird, beginnen Sie damit, sich ein paar grundlegende Fragen zu stellen – und diese auch zu beantworten. Kommen wir zu den Hausaufgaben, die vor Beginn Ihres Projekts stehen.

1.1 Sehen Sie sich genau auf dem Podcast-Markt um

Wenn Sie noch keine klare Vorstellung davon haben, wie Ihr Podcast aussehen soll, dann gehen Sie auf eine kleine Hörreise ins Internet. Apples iTunes (*https://www.apple.com/de/itunes*, siehe Abbildung 1.1) eignet sich besonders gut zum Stöbern, aber Sie können natürlich mit jedem beliebigen Podcast-Verzeichnis anfangen, z. B. auch in einer App wie Pocket Casts (*https://www.shiftyjelly.com/pocketcasts*), Spotify (*https://www.spotify.com/de*) oder der kuratierten Plattform Fyyd (*https://fyyd.de*).

Klicken Sie sich durch die Bestenlisten und versuchen Sie, möglichst aufmerksam zu sein. Was spricht Sie an? Gibt es Coverbilder, die Ihnen besonders gut gefallen? Sind es eher die Titel der Podcasts oder eventuell auch große Markennamen, die Seriosität vermitteln?

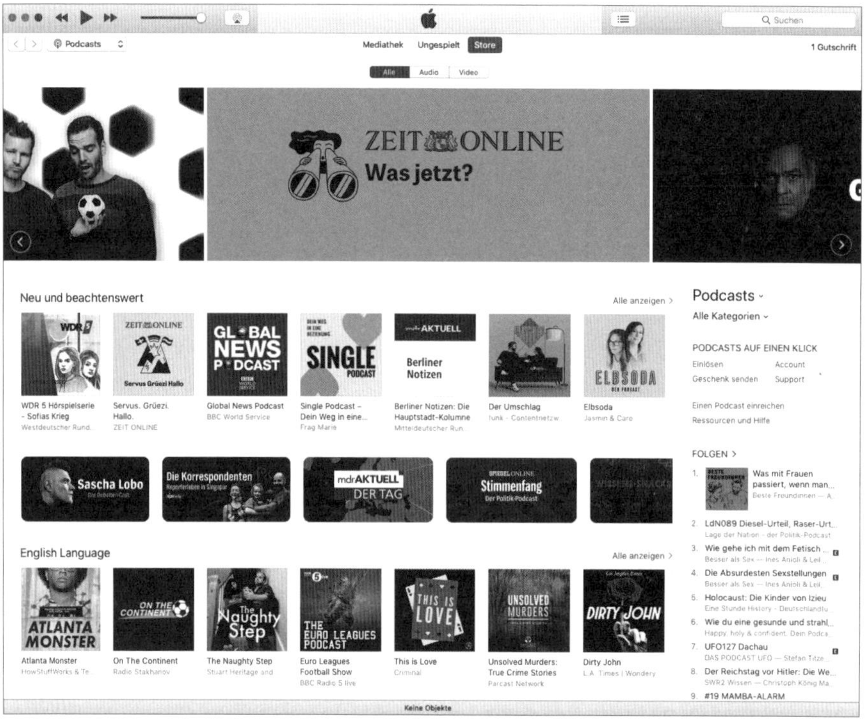

Abbildung 1.1 *Die Podcasting-Startseite von iTunes: Hier sehen Sie, was gerade neu und beachtenswert ist oder welche Episoden besonders häufig über die Plattform gehört werden.*

Bleiben Sie nicht nur auf den Hauptseiten des Verzeichnisses, sondern stöbern Sie auch in den verschiedenen Kategorien. Interessiert Sie eine Kategorie besonders, beispielsweise »Familie und Kinder«, »Sport und Freizeit« oder »Wirtschaft«? Dann sehen Sie sich diese Kategorien genauer an.

Geben Sie auch gerne Suchbegriffe in das Suchfeld bei iTunes ein. Was gibt es schon? Was fehlt vielleicht? Sind Ihr Steckenpferd Aktien, dann geben Sie

»Aktien« ein und überprüfen Sie, welche Angebote es zu diesem Thema bereits gibt. Oder vielleicht suchen Sie nach »vegan kochen«, nach »Kindererziehung« oder nach »Fußball«? Sind die dann gefundenen Podcasts ansprechend gestaltet und würden Sie gerne in einen von ihnen reinhören? Oder wirken diese eher langweilig und Sie haben eine bessere Idee, wie das Thema präsentiert werden könnte?

Überlegen Sie sich bei den Podcasts, die Sie sehen: Was machen die als erfolgreich eingestuften Podcaster? Was gefällt Ihnen daran und was vielleicht auch nicht? Versuchen Sie sich an einer kleinen Analyse.

Wenn Sie Ihren ersten Scan hinter sich haben, suchen Sie sich ein paar Podcasts heraus, die Ihnen besonders gut gefallen haben. Hören Sie rein! Und? Hält das Gehörte, was das Gesehene versprochen hat?

▷ **Werden Sie erst zum Podcast-Hörer und dann zum Podcast-Macher.**

Sie brauchen eine genaue Vorstellung davon, wie Podcasts funktionieren, denn Podcasts sind ganz anders als viele andere Ausspielwege. Das Radio hat eigene Gesetze und Regeln, die nicht mit denen der Podcasts vergleichbar sind. Im Radio geht es um enge Formate, dort sind die Dauer der einzelnen Elemente und deren Abfolge genau festgelegt, ebenso die Art, Informationen zu präsentieren. An all diese handwerklichen Radiokonventionen müssen Sie sich nicht halten.

Bilden Sie sich eine Meinung darüber, was Sie selbst gerne hören und welche Elemente für Sie einen guten Podcast ausmachen.

Fragen, die Sie sich über einen Podcast stellen können

- Welche Podcast-Länge finde ich gut?
- Welche Art von Cover spricht mich an?
- Was stört oder gefällt mir an den Sprechern oder Machern?
- Wie gehen die Podcasts an ein bestimmtes Thema heran?
- Wie werden die Zuhörer mit einbezogen, und gibt es einen Rückkanal?

Podcasts leben mehr als andere Medien von Mundpropaganda. Fragen Sie also in Ihrem Bekanntenkreis oder bei Kollegen nach, ob diese gerne Podcasts hören, und lassen Sie sich Tipps geben. Natürlich zählt nicht nur, was sich in iTunes auf den obersten Plätzen abspielt – oft sind es genau die ganz kleinen, leisen Podcasts, die Sie am meisten begeistern werden. Denn Podcasts müssen nicht die große Masse ansprechen, sondern können auch einfach nur eine kleine, aber feine Hörerschaft verzaubern: Egal ob es der Fliegenfischer aus Ohio oder der Schachclub auf Rügen ist, der zuhört, jeder findet hier seine Nische. Wichtig ist nur, dass Sie ungefähr wissen, was derzeit so auf dem Podcast-Markt los ist. Und keine Angst: Auch wenn es »Ihr« Thema schon gibt – vielleicht gibt es ja eine Art der Präsentation, die es noch nicht gibt und die genau den Nerv der Hörer trifft.

Die Motivation, einen eigenen Podcast oder einen Unternehmens-Podcast zu starten, kann sehr unterschiedlich sein. Von Selbstverwirklichung über Hobby bis Businessmodell kann alles ein Grund dafür sein, eine eigene Internetsendung starten zu wollen. Je nachdem, wie Sie Ihre Motivation definieren, wird sich auch Ihre Herangehensweise an den Podcast ändern: wieviel Zeit Sie investieren, wieviel Geld Sie ausgeben möchten, wie lange Sie durchhalten, wenn es mal eine Flaute gibt.

Bei einem Unternehmens-Podcast werden Sie sich Ziele stecken, die Sie dann auch einhalten müssen, um weitermachen zu können. Das setzt Sie natürlich unter Druck. Als privater Podcaster können Sie vogelfrei podcasten, wann und wie Sie möchten. Wichtig ist daher, dass Sie sich selbst darüber klar werden, warum Sie podcasten möchten. Das Ziel und die Motivation können sich mit der Zeit ändern, aber Sie sollten es einmal für sich definieren, denn dann wird einiges für Sie klarer werden.

Je nachdem, für welchen Weg Sie sich entscheiden, sind andere Kapitel in diesem Buch für Sie am besten geeignet – beispielsweise wenn es ums Geld verdienen oder um die Corporate Podcasts geht. Als Nischen-Podcaster ist Ihnen die Hitparade auf iTunes wahrscheinlich egal; wenn Sie aber mit Ihrem Podcast bekannt werden möchten, ist es besonders wichtig, dort selbst aufgeführt zu werden.

Tipp

Hören Sie sich von einigen Podcasts fünf Folgen an. Erst dann werden Sie verstehen, wie diese funktionieren. Gibt es Elemente des seriellen Erzählens? Oder gibt es Running Gags, die Sie nicht verstanden hätten, wenn Sie nur eine Folge gehört hätten? Merken Sie, dass Sie langsam, aber sicher eine besondere Beziehung zum Moderator aufbauen und das Gefühl haben, ihn oder sie zu kennen?

1.2 Brauchen Sie ein Pseudonym für das Internet?

Wer bin ich? Das ist eine gute Frage. Überlegen Sie sich genau, ob Sie mit Ihrem realen Namen als Podcaster im Internet auftauchen möchten. In manchen Fällen ist ein Pseudonym klüger.

In meinem Fall war die Entscheidung leicht: Für mich war der Podcast zunächst ein kleines Hobby. Ich wollte mich möglichst frei bewegen können. Im Internet war ich damals unter meinem echten Namen Larissa Vassilian nur als Journalistin zu finden. Seriös und professionell. Diese zwei Welten wollte ich voneinander trennen. Also entschied ich mich für das Pseudonym Annik Rubens.

Wichtig ist ein glaubhaftes Pseudonym, es sollte also nicht zu abgehoben klingen. Eine Tina Müller ist glaubhafter als ein Julius von Wittelsbach.

Es gibt zudem den Unterschied zwischen einem geschlossenen und einem offenen Pseudonym. Bei einem geschlossenen Pseudonym weiß niemand, wer wirklich hinter dem Namen steckt. Das ist beispielsweise sinnvoll, wenn Sie in Ihrem Podcast ein Thema anpacken, das zu Verfolgung führen könnte. Wenn Sie beispielsweise einen Sex-Podcast starten möchten, ist es wahrscheinlich ratsam, ein Pseudonym zu wählen, um keine unliebsamen Verehrer vor der Tür stehen zu haben. Ein anderes Beispiel: Sie planen einen Wirtschafts-Podcast und möchten Interna aus einer bestimmten Branche verraten. In solch einem Fall sollten Sie auch gut überlegen, ob das nicht Ihrem Ruf schaden würde, wenn Sie unter Ihrem echten Namen podcasten. Aber Achtung: Im Impressum muss eigentlich Ihr richtiger Name inklusive Adresse stehen! Mehr zu den rechtlichen Aspekten des Podcastings erfahren Sie in Kapitel 10, »Podcast & Recht«.

Wir basteln uns ein Pseudonym!

Aus meiner Zeit bei der Zeitung ist mir ein kleines Spiel in Erinnerung geblieben, wie sich meine Kollegen damals ihre Pseudonyme zurechtgezimmert haben: Sie nahmen ihren zweiten Vornamen und ihren Straßennamen. Wer also Thomas Carlo Müller heißt und in der Albrechtstraße wohnt, wird so zu Carlo Albrecht.

Ein offenes Pseudonym dagegen macht kein Geheimnis daraus, wer hinter dem Namen steckt. Ich hatte mich für ein offenes Pseudonym entschieden: Von Anfang an war klar, wer ich im wirklichen Leben bin. So ein offenes Pseudonym kann auch unter Marketinggesichtspunkten gut sein: Damit steht jeder Name für ein eigenes Themenfeld und kann dadurch deutlich unterschieden werden. Sie können dann an Ihrer eigenen Marke arbeiten, die genau auf Ihr Expertengebiet zugeschnitten ist.

1.3 Welcher Titel ist der richtige für Ihren Podcast?

Sobald Sie sich entschieden haben, unter welchem Namen Sie selbst in der Podcast-Welt auftauchen möchten, wird es Zeit, Ihrem Podcast auch einen Namen zu geben. Überlegen Sie sich gut, wie er heißen soll, denn dieser Name wird Sie über Jahre begleiten, wenn es gut läuft! Und sofern er nicht selbsterklärend ist, werden Sie immer wieder die Frage beantworten müssen, wie Sie denn auf diesen Namen gekommen sind.

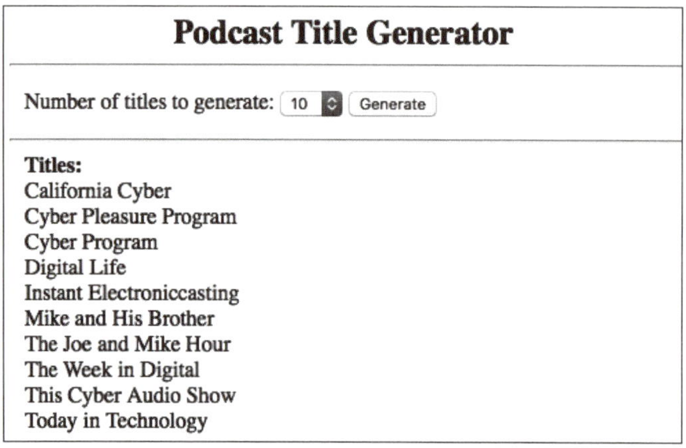

Abbildung 1.2 *Lustiges Spielzeug: Über den Podcast Title Generator können Sie sich Vorschläge zu Titeln machen lassen, deren URLs noch nicht vergeben sind (http://antimodal.com/podcast).*

Wichtig ist, dass der Titel Ihres Podcasts unverwechselbar ist. Es sollte ihn natürlich noch nicht geben, das versteht sich von selbst. Nicht nur, weil es sonst zu Verwechslungen kommen könnte – im schlimmsten Fall könnte das sogar ein juristisches Nachspiel haben.

Es ist aber gar nicht so leicht, einen neuen Titel zu finden, denn es gibt mittlerweile angeblich 250.000 Podcasts in über 100 Sprachen. Der Titel sollte zudem leicht auffindbar sein. Stellen Sie sich vor, ein potenzieller Hörer möchte nach Ihrem Podcast bei Google suchen, weiß aber nicht, wie man »Meyrawcziks Geschichten« schreibt. Schon haben Sie einen Hörer weniger. Also: Sie sollten den Titel Ihres Podcasts leicht schreiben können. Es sollte keine Varianten der Schreibweisen geben, damit Sie leicht zu finden sind. Und wenn doch, müssen Sie in den sauren Apfel beißen und mehrere URLs (Domains) kaufen, damit die Hörer Sie auch finden, wenn sie sich vertippen – vorausgesetzt, Sie möchten auch ein Blog zu Ihrem Podcast bereitstellen. In Kapitel 9, »Wie kann ich meinen Podcast noch besser machen?«, gehe ich ausführlicher darauf ein.

Der Titel sollte zudem nicht zu lang sein. Denken Sie daran, dass die meisten Hörer mobile Geräte verwenden, um Podcasts zu hören. Die Displays dieser Geräte sind recht klein; es ist also gut, wenn der Titel des Podcasts nicht zu lang ist, damit er auch auf dem kleinsten Display genügend Platz hat.

Tipp

Sie haben bereits eine Idee für den Titel Ihres Podcasts? Starten Sie eine Google-Suche in einem Privat- oder Inkognito-Fenster und sehen Sie, ob Sie zu diesem Titel bereits etwas finden. Sie sollten natürlich darauf achten, keine Markenrechte zu verletzten!

Der beschreibende Titel

Im Grunde gibt es drei verschiedene Arten von Namen für Ihren Podcast. Die einfachste Variante ist ein beschreibender Titel. Sagen Sie bereits im Titel, worum es im Podcast gehen wird. So weiß der Hörer beim Stöbern in Podcast-Verzeichnissen sofort, was ihn erwartet – oder er ahnt es zumindest. Ein beschreibender Titel ist beispielsweise »Ein Mann für Mama«: Es geht darum, dass eine junge Frau einen Mann für ihre Mutter sucht. »Late Night Last Week« fasst die amerikanischen Late-Night-Shows der letzten Woche zusammen. Und mein eigener Podcast »Slow German« bietet Deutschlernenden kleine Episoden in langsam gesprochenem Deutsch an. Der Vorteil dieser beschreibenden Titel ist, dass eine

Google-Suche (siehe Abbildung 1.3) nach dem Themenfeld die Hörer automatisch zu Ihnen führt.

Abbildung 1.3 *Die Google-Suche vervollständigt selbst – und bringt so dem Podcast »Slow German« ganz einfach und kostenlos neue Hörer.*

Der eigene Name als Titel

Es ist aber nicht immer so einfach, den Inhalt in den Titel zu packen. Oft ist genau dieser Titel auch schon vergeben. Falls dem so ist, suchen Sie nach weiteren Möglichkeiten. Unverwechselbar ist wahrscheinlich Ihr eigener Name oder Ihr Pseudonym. Der Podcast heißt dann z. B. »Lucky & Fred« – dahinter verstecken sich Lukas Heinser und Friedrich Küppersbusch – oder »The Tim Ferriss Show«, um ein nicht-deutsches Beispiel zu nennen. Schön finde ich in diesem Zusammenhang auch »@Fiene und Herr Bröcker« (siehe Abbildung 1.4); hier plaudert Podcast-Urgestein Daniel Fiene (bekannt aus »Was mit Medien«) mit seinem Chefredakteur bei der Rheinischen Post, Michael Bröcker.

Das Akronym als Titel

Durch eine Abkürzung lässt sich relativ leicht ein origineller und einzigartiger Titel finden. Ein Titel wird auf seine Anfangsbuchstaben heruntergekürzt, und schon entsteht ein neues Wort. Holger Klein hat so aus »Wer redet ist nicht tot« kurz »WRINT« gemacht, bei Maria Lorenz und Nilz Bokelberg wurde aus »Wiedersehen macht Freude« ihr »WIMAF«-Podcast.

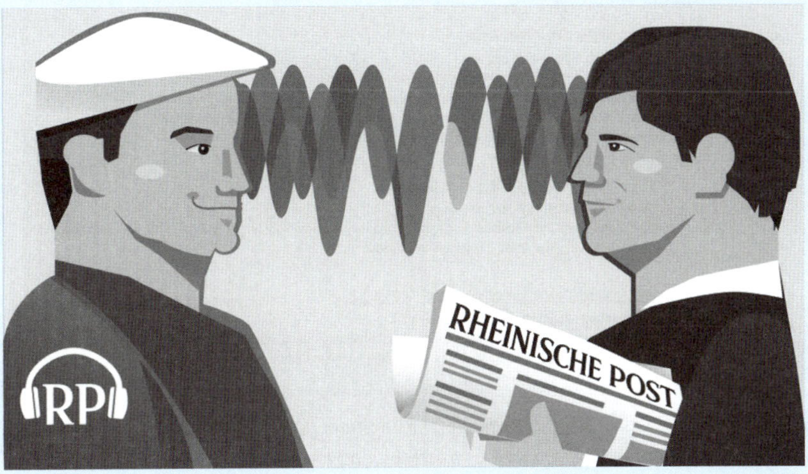

Abbildung 1.4 *Die Grafik des Podcasts »@Fiene und Herr Bröcker«*

Der originell-kreative Titel

Und nun kommt die Kür der Podcast-Titel: der originelle und kreative Name. Er macht neugierig, ist leicht zu merken und vor allem gut im Internet zu finden. Im Idealfall ist die entsprechende Domain noch frei, und es gibt auch sonst keine Treffer in der Suchmaschine. Das beste Beispiel dafür ist »Gästeliste Geisterbahn« (siehe Abbildung 1.5), der Laber-Podcast mit Nilz Bokelberg, Markus Herrmann und Donnie O'Sullivan.

Unter »Weisheit« gibt es in den Suchmaschinen im Gegensatz dazu natürlich eine Vielzahl von Treffern. Den Podcast gleichen Namens dort zu finden, geht nur mit dem Zusatz »Weisheit Podcast«.

Macher Marcus Richter hat sich allerdings einen kleinen Trick ausgedacht: Der Podcast heißt nämlich nicht »Die Weisheit«, sondern »Der Weisheit«. Und schon ist der Titel wieder einmalig.

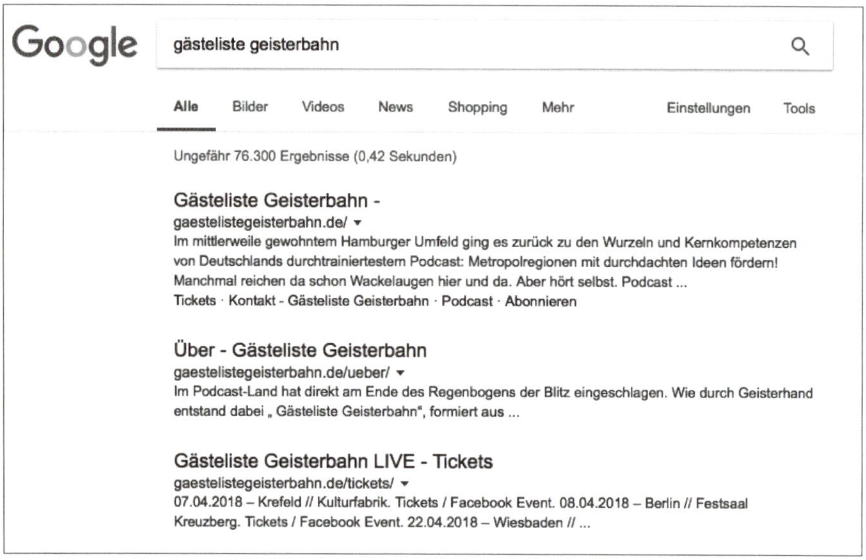

Abbildung 1.5 *Google-Treffer garantiert: Mit einem guten, weil einzigartigen Namen landen Sie in den Suchmaschinen automatisch ganz oben.*

Ein weiterer Podcast ist leicht zu finden, vorausgesetzt Sie wissen, wie man »Dilettanten« schreibt: die »Mikrodilettanten«. Nicolas Semak, Gero Langisch und Phil Schmidt sind mittlerweile alles andere als Dilettanten am Mikrofon, aber der Name ist geblieben und bleibt im Gedächtnis. Kurz nennen sich die drei auch die »Tanten«.

1.4 Welches Format passt zu meinem Podcast?

Und schon sind Sie bei den verschiedenen Formaten gelandet, wenn auch das Wort Format eigentlich viel zu sehr nach Radio klingt. Sprechen wir eher von Genre? Oder einfach von Art? Egal. Wichtig ist, dass es sowohl inhaltlich als auch technisch gesehen verschiedene Möglichkeiten gibt, einen Podcast aufzunehmen. Um die Technik geht es später, jetzt geht es erst einmal um die Theorie.

Während die althergebrachten Verbreitungswege Radio und Fernsehen für Jahre und gerne auch Jahrzehnte an einem Format festhalten, das funktioniert, hat der Podcast einen enormen Vorteil: Wer keine Lust mehr auf das eine Format hat, der wechselt einfach in das nächste. Von der einstündigen Laberei geht es rüber zum zehnminütigen News-Podcast, aus dem Sexratgeber wird vielleicht eines Tages ein Elterntagebuch. Wer weiß? Denn (private) Podcaster müssen in der Regel niemandem Rechenschaft ablegen und können vogelfrei ihre Inhalte online stellen – sofern sie sich an geltendes Recht halten.

Es gibt einige Fragen, die Sie sich bei der Suche nach dem für Sie richtigen Podcast stellen sollten:

- Wie lang sollte mein Podcast sein?
- Wie oft sollte ich eine neue Episode online stellen – und wie oft schaffe ich es wirklich?
- Möchte ich alleine oder lieber mit anderen Menschen zusammen podcasten?
- Habe ich überhaupt Zeit, mich ausführlich vorzubereiten, oder sollte ich lieber etwas machen, das keine Vorbereitung erfordert?
- Welches Format passt zu meiner Idee eines Podcasts?

Viele Podcasts bedienen ein bestimmtes Format. Es sind entweder Interview-Podcasts oder Laber-Podcasts, wie im Folgenden beschrieben. Denken Sie aber auch hier daran, dass Podcasts eine Spielwiese bieten und Sie sich nicht komplett auf ein Format festlegen müssen. Natürlich können Sie einen Laber-Podcast starten und Interviewgäste einladen, wenn Sie Lust darauf haben. Sie können auch einen sonst recht seriösen Podcast machen und hin und wieder ein paar Kollegen einladen und munter drauflos quatschen – die Grenzen sind fließend.

Die richtige Länge des Podcasts

Wie lang sollte ein Podcast sein? Darüber gibt es immer wieder hitzige Diskussionen. »Ein guter Podcast ist nicht länger als eine Stunde«, sagte beispielsweise Philipp Westermeyer von OMR und löste damit eine kleine Twitter-Lawine aus. Viele Podcast-Hörer widersprachen vehement und bezeichneten die Aussage als »Marketingquatsch«. Der Inhalt sei ausschlaggebend – wenn dieser stimme, dann sei die Länge nicht wichtig. Da viele erfolgreiche Podcasts bis zu vier Stunden lange Episoden haben, könnte da durchaus etwas dran sein, oder? Nachzulesen ist die Diskussion bei Twitter hier: *https://twitter.com/OSK_Germany/status/1017405720038260736*.

Zur Orientierung und Inspiration finden Sie im Folgenden aber erst einmal die verschiedenen Formate, die häufig in der Podcast-Welt anzutreffen sind.

Der Personality-Podcast

»Sitzt ein Mann oder eine Frau am Mikrofon« – es fängt an wie ein Witz, ist aber die einfache Definition des Personality-Podcasts. Ein Mensch sitzt alleine am Mikrofon und redet. Er erzählt aus seinem Leben, wird dabei persönlich und vielleicht auch privat. Es entsteht eine sehr besondere Nähe zwischen Hörer und Macher. Die Hörer bauen in der Regel ein enges Verhältnis zu diesen Podcasts auf, weil sie sich persönlich angesprochen fühlen und den Podcaster nach einigen Folgen zu kennen meinen. Der Podcaster wird zum Freund der Hörer, er bekommt viel Feedback und sollte dies auch mögen.

Der Vorteil dieser Art von Podcast ist, dass ein Mensch alle Entscheidungen treffen kann. Es sind keine Absprachen mit Mit-Podcastern nötig, keine großen Vorbereitungen.

Das bedeutet aber auch, dass Sie die nötige Disziplin aufbringen müssen, immer wieder aufs Neue ans Mikrofon zu treten. Sie müssen möglichst authentisch auftreten und sollten keine Rolle spielen. Zudem müssen Sie bereit sein, sich fremden Hörern zu öffnen, sonst bleibt der Podcast an der Oberfläche und wird nicht weiterführen. Und Sie müssen auf die eine oder andere Art genug erleben, um immer wieder etwas erzählen zu können.

Abbildung 1.6 *Nachts mit Katze aus München »senden« – das war mein erster Podcast »Schlaflos in München«, der von 2005–2015 aktualisiert wurde.*

Mein erster Podcast »Schlaflos in München« (siehe Abbildung 1.6), den ich 2005 aus einer Laune heraus startete, war so ein Personality-Podcast. Ich habe jeden Tag drei bis fünf Minuten lang irgendetwas erzählt. Zum Beispiel, dass mir eine Freundin einen Stoffesel geschenkt hatte – und was das bedeuten könnte. Es war ein Geplauder wie mit Freundinnen im Café.

Eines muss bei einem Personality-Podcast immer klar sein: Wie weit bin ich bereit, zu gehen? Für mich war die Grenze das Privatleben. Ich habe nie von Menschen gesprochen, die mir nahestehen. Das hätte ich als Vertrauensbruch empfunden. Ich habe versucht, im Podcast persönlich zu sein, aber nicht privat. Ich habe nur eine Facette von mir gezeigt, nicht den ganzen Menschen.

Adam Curry, der für viele als der erste Podcaster überhaupt gilt, hat in seinem Podcast freizügig erzählt, wie es seiner Tochter gerade in der Pubertät geht, was sie wieder für einen neuen Typen nach Hause gebracht hat und Ähnliches. Muss das sein? Natürlich war es amüsant, das alles zu hören. Aber war es für die Tochter (und deren Freunde) auch so amüsant, wenn der Vater vor Abertausenden von Menschen über sie redete? Genau diese Frage muss sich jeder Podcaster selbst stellen.

▷ **Der Personality-Podcast ist das richtige Format für Sie, wenn Sie sich selbst als Person präsentieren möchten und gewillt sind, auch Privates von sich preiszugeben.**

Hörtipp

Ein guter Personality-Podcast ist beispielsweise der »Einschlafen Podcast« von Toby Baier (*http://einschlafen-podcast.de*), auch wenn dieser durch seine Vorlese-Teile eine Mischform darstellt. Klassischer ist da »Jörn Schaars feiner Podcast« (*http://www.meine-url-ist-laenger-als-deine.de*).

Der Laber-Podcast

Es klingt despektierlich, ist aber gar nicht so gemeint und hat sich in der Podcasting-Szene eher als Prädikat etabliert: das Laberformat. Mehrere Menschen sitzen zusammen (oder haben sich zusammengeschaltet) und reden, wie ihnen der Schnabel gewachsen ist. Im besten Fall sind es Freunde, denen man anmerkt, dass sie sich sozusagen blind verstehen. Worüber gesprochen wird? Laber-Podcasts klingen so, als wären sie komplett improvisiert; im Hintergrund gibt es aber sehr wohl (meist) Absprachen über die Themen. Meist gibt es ein Online-Dokument, in das alle Beteiligten mögliche Themen eintragen können, denn der größte Feind des Laber-Podcasts ist natürlich, sich nichts zu sagen zu haben. Wenn es gut läuft, kann es dagegen sein, dass sich alle Beteiligten so in Rage reden, dass sie keines der aufgeschriebenen Themen brauchen. Diese werden dann eben auf die nächste Episode des Podcasts verschoben.

Was darf im Laber-Podcast nicht passieren? Nervig ist es, wenn sich alle Beteiligten ständig ins Wort fallen. Das passiert vor allem dann, wenn sie sich nicht live gegenübersitzen. In diesem Fall empfiehlt es sich, über Skype oder einen anderen Videodienst verbunden zu sein, damit sie einander Handzeichen geben können.

Abbildung 1.7 *Drei Herren treffen sich in Berlin zum gemeinsamen Podcasting: die »Mikrodilettanten« Phil Schmidt, Gero Langisch und Nicolas Semak (v. l.). Foto: Viertausendhertz*

Die ersten Folgen sind bei Laber-Podcasts oft eher zäh; das Team muss sich erst einspielen und warm werden. Im Laufe der Zeit entwickeln sich vor allem in diesem Format extrem viele Running Gags, die die Hörer nur verstehen können, wenn sie den Podcast regelmäßig hören.

Der große Vorteil an Laberformaten ist, dass sich durch die Gruppensituation eine Eigendynamik entwickelt, die meist ausgelassener ist als bei Podcastern, die allein im stillen Kämmerlein aufzeichnen. Wenn einer der Teilnehmer mal nicht so gut drauf ist, können die anderen ihn mitziehen und motivieren.

Der Nachteil liegt leider auf der Hand: Drei Terminkalender zu koordinieren ist ungleich schwieriger, als alleine eine Aufnahme zu starten – vor allem dann, wenn die Teilnehmer nicht in der gleichen Stadt wohnen.

▷ **Der Laber-Podcast ist das richtige Format für Sie, wenn Sie mit Freunden gemeinsam einen Podcast starten möchten.**

Hörtipp

Gute Laber-Podcasts sind, wie schon erwähnt, die »Mikrodilettanten« (*http://viertausendhertz.de/mikrodilettanten*, siehe Abbildung 1.7) und »Der Weisheit« (*https://blog.richter.fm/category/podcast/derweisheit*). Bei »Sträter Bender Streberg« (*https://straeterbenderstreberg.de*) treffen sich drei Männer in einem Comic-Buchladen und lassen sich dabei für YouTube filmen – aber auch der Audio-Podcast funktioniert gut. Zugpferd ist hier natürlich Torsten Sträter, bekannt aus der Poetry-Slam-Szene. Ebenfalls hörenswert ist »Fest & Flauschig« mit Olli Schulz und Jan Böhmermann (*http://www.festundflauschig.de*).

Der Interview-Podcast

In der Podcast-Welt tummeln sich extrem viele gelernte Journalisten. Daher versteht es sich von selbst, dass viele Formate sich an journalistisch gelernten Formen orientieren. Die Königsdisziplin ist dabei das Interview – es soll locker und ungezwungen klingen, muss dafür aber in der Regel gut vorbereitet sein. Ein gutes Interview erfordert viel Fingerspitzengefühl und Einfühlungsvermögen in das Gegenüber. Hier ist vor allem wichtig, zuzuhören, statt selbst zu reden.

Ein Meister des Interview-Podcasts ist einer, der es nicht gelernt hat: Marc Maron aus den USA, ein Stand-up-Comedian und Ex-Alkoholiker, der nach zwei gescheiterten Ehen und zahllosen beruflichen Abstürzen das Podcasting für sich entdeckte. Zunächst lud er Menschen ein, bei denen er sich entschuldigen wollte, dann öffnete er den Kreis und es kamen andere Comedians sowie bekannte und unbekannte Menschen aus der Showbranche zu ihm.

Die nötige Übung in der Gesprächsführung sammelt er, indem er pro Woche zwei Podcasts aufzeichnet. Mittlerweile war so gut wie jeder wichtige Hollywood-

Mensch bei ihm. Sogar US-Präsident Barack Obama (siehe Abbildung 1.8) machte während seiner Amtszeit Halt in Marons Podcast-Garage, auch wenn zum Schutz des hohen Gastes extra Scharfschützen auf den Nachbarhäusern Stellung beziehen mussten.

Abbildung 1.8 *Marc Maron in seiner Garage mit Barack Obama: Das war ein so großes Ereignis, dass es mittlerweile einer eigenen Website für die Fotos bedarf (http://marcmeetsobama.com/).*

Was Maron besonders macht, ist seine Art, ein sehr persönliches Gespräch zu führen. Er nimmt sein Gegenüber ernst, ist besonders gut vorbereitet und zeigt gleichzeitig ehrliches Interesse an den Menschen. Nichts wirkt gespielt oder geheuchelt. Maron gibt Schwächen zu oder Dinge, die er nicht weiß; er entschuldigt sich gerne für seine eigenen Unzulänglichkeiten, ohne dadurch devot zu wirken. Vielmehr wirkt er dadurch vor allem menschlich. So schafft er es, auch aus Interviewprofis noch Dinge herauszulocken, die diese vorher so noch nicht erzählt haben.

Ihm ist aber gleichzeitig wichtig, dass sein Gegenüber nach dem Interview mit dem Ergebnis zufrieden ist. Er möchte niemanden überrumpeln oder zu etwas zwingen. Maron ist ein Selfmade-Interviewer, von dem sich auch deutsche Radiojournalisten eine Scheibe abschneiden könnten. Aber Vorsicht: Ein Interview-Podcast erfordert viel Planung, damit Sie auch regelmäßig Gäste vor das Mikrofon bekommen! In Deutschland wird es wohl nie so sein wie in den USA, dass Promis zum Interview zu Ihnen nach Hause kommen. Vielmehr werden Sie sich auf die Reise machen müssen.

▷ **Der Interview-Podcast ist das richtige Format für Sie, wenn Sie das Talent besitzen, dass sich Ihnen fremde Menschen im Gespräch öffnen.**

Hörtipp

Neben Marc Marons Podcast »WTF« (*http://www.wtfpod.com*) gibt es auch den »Id10t«-Podcast (vormals »Nerdist«), der in lockerer Gesprächsatmosphäre Stars auf die Pelle rückt (*https://art19.com/shows/id10t*). Auf dem deutschen Markt sind neben öffentlich-rechtlichen Talkformaten wenige Interview-Podcasts so professionell wie »Elementarfragen« von Nicolas Semak, der allerdings recht selten erscheint (*http://viertausendhertz.de/elementarfragen*). Ein Freund des Gesprächs ist auch Holger Klein (*https://wrint.de*).

Der Themen-Podcast

Kommen wir von den Gesprächsformaten zu den Podcasts, die sich ein bestimmtes Thema vorknöpfen. Gerade Podcasts zum eigenen Wohlbefinden und zur Selbstoptimierung boomen. Da wird meditiert und abgenommen, Yoga gemacht und am Selbstvertrauen gearbeitet, was das Zeug hält.

Aber auch Sex-Podcasts (siehe Abbildung 1.9) gibt es in der jüngeren Vergangenheit einige – interessanterweise meistens von Frauen gemacht.

Abbildung 1.9 *Sex-Podcasts – derzeit hauptsächlich ein Frauenthema*

Es gibt Wirtschafts-Podcasts und Wissens-Podcasts, Sport-Podcasts und Literatur-Podcasts, Marketing-Podcasts und IT-Podcasts. Wenn Sie also ein Thema haben, für das Sie brennen und in dem Sie sich eine gewisse Bekanntheit erarbeitet haben oder erarbeiten möchten, dann entscheiden Sie sich am besten für einen Themen-Podcast.

Der große Vorteil ist, dass der Inhalt klar einzugrenzen ist. Sie müssen also meist nicht aufwendig auf die Suche nach neuen Themen gehen. Der Nachteil kann sein, dass das Thema nicht genug hergibt, um besonders viele Episoden zu produzieren. Aber ein Podcast muss auch keine unendliche Abfolge von Folgen sein; Sie können sich genauso gut vornehmen, 30 Episoden zu machen und dann aufzuhören. Wenn die einzelnen Episoden nicht tagesaktuell sind, sondern länger ihre Gültigkeit behalten, ist dies ein guter Weg. Der Podcast wird so immer neue Hörer finden, auch wenn keine neuen Folgen produziert werden.

▷ **Der Themen-Podcast ist das richtige Format für Sie, wenn Sie sich als Experte auf einem Gebiet profilieren möchten.**

Hörtipp

Hören Sie einfach mal in Themen-Podcasts rein, die Sie interessieren! Gute Beispiele sind »Besser als Sex« (*https://soundcloud.com/besseralssex*), »Happy, holy & confident. Dein Podcast fürs Herz und den Verstand« von Laura Malina Seiler (*https://lauraseiler.com*), »Die Kunst, dein Ding zu machen« von Persönlichkeitstrainer und Lifecoach Christian Bischoff (*https://www.christian-bischoff.com/podcast*) oder einer der ältesten Podcasts Deutschlands, der Medienpodcast »Was mit Medien«, der mittlerweile auch im linearen Radio bei Deutschlandfunk Nova läuft (*https://www.deutschlandfunknova.de/eine-stunde-medien*).

Der True-Crime-Podcast

Eine große, neue Podcast-Welle schwappte aus den USA zu uns, als der Podcast »Serial« (*https://serialpodcast.org*, siehe Abbildung 1.10) für Aufsehen sorgte. Er brach alle Rekorde: Nach eineinhalb Jahren konnte er 80 Millionen Downloads verzeichnen.

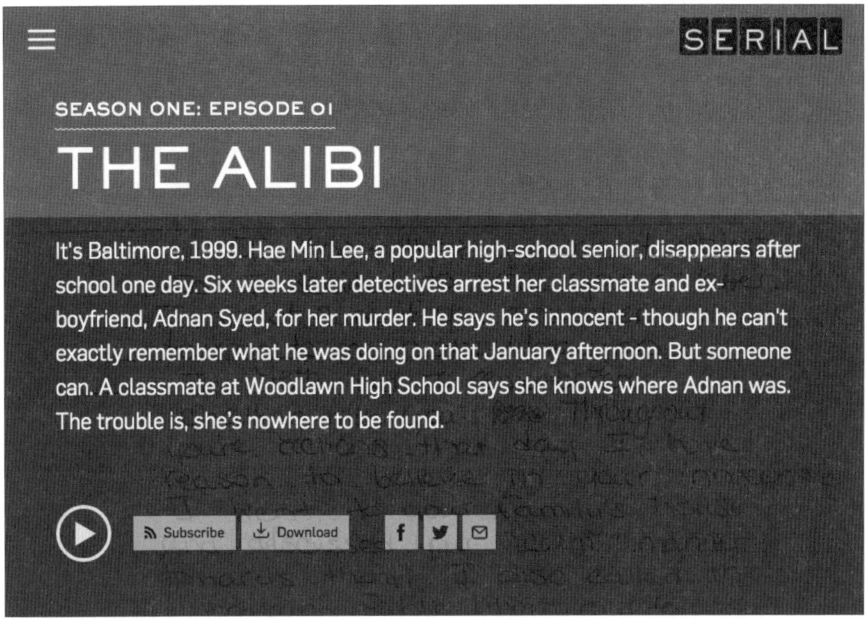

Abbildung 1.10 *Der amerikanische Podcast »Serial« löste 2014 eine neue Podcast-Welle aus und brach alle Rekorde.*

Worum es in »Serial« ging? Um einen wahren Mordfall. Ein Mann sitzt verurteilt hinter Gittern, aber hat er die 18-jährige Studentin wirklich ermordet? Eine Journalistin geht der Sache auf den Grund. Sie beginnt zu recherchieren und nimmt uns als Hörer dabei mit. Wir hören die Gespräche mit dem Verurteilten und fiebern von Folge zu Folge mit, wie es denn weitergeht.

True Crime heißt dieses Genre. Und anders als bei erfundenen Krimis ist es natürlich besonders spannend, weil es keinen allwissenden Erzähler gibt, weil wir nicht wissen, wie der Fall ausgeht, weil wir keine Garantie dafür haben, dass der Täter gefasst wird.

Im deutschsprachigen Raum hat der Podcast »Dunkle Heimat« (*https://www.antenne.de/podcast/dunkle-heimat*, siehe Abbildung 1.11) etwas Ähnliches versucht. Berni Mayer fährt in ein bayerisches Dorf, in dem vor knapp 100 Jahren sechs Menschen ermordet wurden. Es gibt viele Theorien, wer der Mörder gewesen sein könnte, aber niemand wurde verurteilt. Berni spricht mit den Bewohnern des Dorfes, mit »Fans« der Geschichte, mit Reportern der Heimatzeitung und anderen, denen dieser Fall keine Ruhe lässt.

Abbildung 1.11 *»Dunkle Heimat – der Fall Hinterkaifeck« ist eine Auftragsproduktion von Antenne Bayern.*

Derartige True-Crime-Podcasts sind viel Arbeit. Zunächst muss ein Fall gefunden werden, für den sich diese Herangehensweise eignet. Dann muss überlegt werden, wen man dafür interviewen könnte. Die Machart gleicht der einer Reportage; anders als beim Radio ist der Hörer hier allerdings näher dran, denn wir hören auch, wenn etwas nicht funktioniert oder der Reporter keuchend durch eine Wiese stapft. Auch hier ist das Zauberwort wieder: Authentizität. Wer einen True-Crime-Podcast machen möchte, muss sich mit Storytelling auskennen, mit Spannungsbögen und einer guten Audioproduktion, die manchmal Tempo macht, dann wieder Zeit zum Nachdenken lässt. True-Crime-Formate sind spannend, sie wecken Emotionen.

▷ **Der True-Crime-Podcast ist das richtige Format für Sie, wenn Sie einen Kooperationspartner haben, der die Kosten übernimmt. Es entstehen meist hohe Reisekosten. Außerdem müssen Sie das Handwerk des investigativen Journalisten und die Kunst des Storytellings beherrschen. Und Sie werden viele Arbeitstage investieren müssen, vor allem für die hörspielartige Produktion.**

Hörtipp

»Serial« ist ein sehr aufwendig produzierter Podcast aus dem True-Crime-Genre. Im deutschsprachigen Bereich ist »Dunkle Heimat« von Antenne Bayern unbedingt hörenswert.

Der Fiction-Podcast

Ähnlich aufwendig, wenn nicht sogar mit noch mehr Können als die True-Crime-Formate, werden die Fiction-Podcasts produziert. Im Grunde sind sie Hörspiele, die in mehrere Folgen aufgeteilt wurden. Von Woche zu Woche fiebern die Hörer also mit, wie es wohl weitergehen wird. Dann ist der Podcast zu Ende – und man klappt ihn zu wie ein gutes Buch.

Ein Beispiel dafür ist »The Phenomenon«. Ein seltsames Phänomen erscheint am Himmel; wir werden nicht aufgeklärt, um was es sich handelt. Wir wissen nur, dass die Menschen aufgefordert werden, in ihren Häusern zu bleiben und nicht in den Himmel zu sehen. Im Laufe der Episoden lernen wir als Hörer verschiedene Menschen kennen, von Militärs bis hin zu aufgeschreckten Bürgern, die um ihr Leben fürchten. »The Phenomenon« basiert auf einem Buch, und das zeigt auch schon: Hier muss wirklich eine ausgefeilte Geschichte erzählt werden, damit den Hörern nicht langweilig wird.

Eine Hörspielproduktion ist aufwendig, es werden viele verschiedene Stimmen gebraucht, dazu Soundeffekte und Musik, die Stimmungen vermitteln kann. Die Produktion ist teuer, und das Timing ist essenziell. Für Anfänger in der Podcast-Produktion ist der Fiction-Podcast aber auf keinen Fall zu empfehlen, eher für ein ganzes Team, zu dem erfahrene Radiomacher zählen.

▷ **Das Fiction-Format eignet sich für Sie dann, wenn Sie beispielsweise ein eigenes Buch geschrieben haben, das Sie umsetzen möchten. Alleine werden Sie hier aber in den meisten Fällen nicht weit kommen. Es würde sich anbieten, so etwas z. B. mit einer Schulklasse umzusetzen.**

Hörtipp

Im deutschsprachigen Bereich wäre hier von der Machart her am ehesten der »Radio-Tatort« (*http://www.radiotatort.de*) zu nennen, wobei dieser pro Folge einen Fall abhakt und eher ein klassisches Hörspiel als ein serielles Erzählen ist. In den USA gibt es da schon mehr zu hören: Neben dem erwähnten »The Phenomenon« (*https://www.phenomenonpod.com*) ist auch »Homecoming« (*https://www.gimletmedia.com/homecoming*, siehe Abbildung 1.12) ein spannender Fiction-Podcast – hier konnten sogar Hollywood-Stars wie David Schwimmer und Oscar Isaac verpflichtet werden.

Ebenso hörenswert ist »Limetown« (*https://www.twoupproductions.com/shows/limetown*): 300 Menschen verschwinden aus einer kleinen Stadt; niemand weiß, was aus ihnen geworden ist ...

Abbildung 1.12 *»Homecoming« ist ein Thriller aus dem Hause Gimlet – hier sind namhafte Schauspieler zu hören.*

Der Unternehmens-Podcast

Natürlich haben nicht nur Einzelpersonen und Medienunternehmen das Podcasting für sich entdeckt, sondern längst auch verschiedenste Firmen. Von Mercedes Benz bis Edeka, Greenpeace bis Bayer AG – alle ließen eigene Formate entwickeln. Aber nur wenige Unternehmens-Podcasts sind konstant über mehrere Jahre hinweg online. Entweder ist irgendwann alles gesagt oder – und das trifft wohl eher zu – das Budget wird gestrichen, weil die gesteckten Ziele nicht erreicht wurden. Diese Ziele orientieren sich bei den meisten Firmen leider noch zu sehr an den Messwerten anderer Medien, beispielsweise dem Radio oder der Zeitung. Mehr zu Unternehmens-Podcasts erfahren Sie in Kapitel 15, »So podcasten Sie für Ihr Unternehmen«.

▷ **Falls Sie in einem Unternehmen arbeiten, für das die Außenwirkung wichtig ist, können Sie überlegen, ob ein Podcast nützlich wäre. Sollte dies der Fall sein, machen Sie ein Konzept und schlagen Sie es Ihrem Chef vor!**

Hörtipp

Viele große und kleine Firmen betreiben Unternehmens-Podcasts. Diese sollten aber auf keinen Fall zu werblich sein. Perfekt ist beispielsweise »@Fiene und Herr Bröcker« (*https://rp-online.de/digitales/podcasts/podcast-von-daniel-fiene-und-michael-broecker-zur-dsgvo_aid-16457797*), in dem Daniel Fiene mit seinem Chefredakteur über die Arbeit bei der Rheinischen Post redet – sehr offen, sehr sympathisch und oft auch selbstkritisch.

Der journalistische Podcast

Eigentlich gehört auch das Interview natürlich zur journalistischen Form, hier meine ich aber eher Podcasts, die investigativ und meinungsbildend sind. Dies ist bei Marc Marons Interview-Podcast »WTF« nicht so, denn dort geht es vor allem um die Unterhaltung.

Podcasts sind eine wunderbare Spielwiese für Journalisten und vor allem auch eine Möglichkeit, sich selbstständig ohne das Korsett eines Radioformats zu präsentieren. In einem Podcast können Journalisten zeigen, was sie können – und endlich auch mal das machen, was sie wollen.

Wie kann so ein Podcast aussehen? Beispielsweise könnten Sie einen regelmäßigen Podcast über Ihre Heimatgemeinde aufnehmen und verschiedene Leute vom Bürgermeister bis zur Grundschullehrerin zu Wort kommen lassen. Das Lokale wird von den traditionellen Medien immer mehr vernachlässigt. Damit öffnet sich eine Nische für gut gemachte Podcasts.

Der Nachteil daran ist, dass ein regional derart eingegrenzter Podcast wirklich nur für die Menschen interessant ist, die dort leben. Das ist aber gleichzeitig auch der Vorteil: Der Podcast kann sich so leicht ausbreiten und neue Hörer finden. Und auch (kleine) Sponsoren zu finden, könnte in einer Gemeinde einfacher sein als in der großen weiten Welt.

Ein journalistischer Podcast könnte auch thematisch Lücken schließen, die die Medienlandschaft derzeit hat. Er könnte ein bestimmtes Thema genauer beleuchten, beispielsweise den 3D-Druck oder Elektroautos.

Holger Klein und Katrin Rönicke besprechen in »Die Wochendämmerung« (*https://wochendaemmerung.de*, siehe Abbildung 1.13) die wichtigen Themen der politischen und gesellschaftlichen Welt – mit klarer Haltung. Hier rückt also die kommentierende Information in den Vordergrund. Medienhäuser wie »Der Spiegel« und »Die Zeit« haben auch Podcasts für sich entdeckt und liefern sowohl Infoformate als auch Kommentare.

Abbildung 1.13 *Das Team von »Die Wochendämmerung«: Katrin Rönicke und Holger Klein (Abb.: Lars P. Krause)*

▷ **Ein journalistischer Podcast ist für Sie das richtige Format, wenn Sie selbst aus dem (Audio-)Journalismus kommen und ein Medium suchen, in dem Sie viel selbst gestalten können. Ihnen sollte auch daran gelegen sein, Ihr Können und sich selbst zu präsentieren, außerdem sollten Sie einen gewissen Qualitätsanspruch haben.**

Hörtipp

Einmal pro Tag informiert werden, ausführlicher als im Radio: Das ist sozusagen der Pitch von »Was jetzt?« (*https://www.zeit.de/serie/was-jetzt*) von »Zeit online«. Interessant ist, dass es den Podcast auch als Alexa-Skill gibt; er kann also in die Tagesroutine des Sprachassistenten eingebaut werden. Ein sehr bekannter und erfolgreicher privater Polit-Podcast mit journalistischem Hintergrund ist »Lage der Nation« mit Philip Banse und Ulf Buermeyer (*https://www.kuechenstud.io/lagedernation*).

Der öffentlich-rechtliche Podcast

Zuletzt sei noch kurz ein Format erwähnt, das auf dem deutschen Markt extrem verbreitet ist: die öffentlich-rechtliche Zweitverwertung von Sendungen. Hier wird selten eigens für den Podcast produziert, sondern vielmehr bereits linear (also in Radio oder TV) gesendetes Material auch auf den technischen Ausspielweg des Podcasts geschubst. iTunes und andere Podcast-Verzeichnisse werden so zu einer Art Mediathek, in der verpasste Radio- und Fernsehsendungen nachgehört bzw. nachgesehen werden können.

Podcasting bietet hier für die Hörer einen entscheidenden Vor- oder Nachteil – je nachdem, wie der Hörer es empfindet: Die Musik wird aus rechtlichen Gründen herausgeschnitten. Was bleibt, ist bei Interviewsendungen wie »SWR1 Leute« also das pure Gespräch, ohne Unterbrechungen durch Wetter, Verkehr, Nachrichten und Musik. Aus zwei Stunden Sendung werden so schnell mal 30 Minuten Podcast. Das ist sehr angenehm, wie ich finde.

Abbildung 1.14 *Was allein Bayern 2 alles online stellt – iTunes wird so zur Audiomediathek der öffentlich-rechtlichen Sender.*

Es gibt aber auch Formate, die eigens für den Podcast produziert werden; das wird hoffentlich auch ein Trend für die nächsten Jahre sein. Radio Bremen fing sehr früh damit an und produzierte die »Morgenshow Nachlese«: In knapp zehn Minuten wurde im Podcast die gerade gesendete Morgenshow noch einmal resümiert – so war zumindest die Idee. In der Realität wurde hier wunderbar geblödelt und fabuliert, viel näher und ungezwungener als im Radio selbst. Mittlerweile wurde der Podcast allerdings eingestellt.

▷ **Falls Sie wie ich beim öffentlich-rechtlichen Rundfunk arbeiten: Sorgen Sie doch dafür, dass hier mehr »webfirst« produziert wird, auch im Audiobereich!**

Hörtipp

Sehr erfolgreich ist beispielsweise »radioWissen« vom Bayerischen Rundfunk (*https://www.br.de/mediathek/podcast/radiowissen/488*) oder »Deutschlandfunk – der Tag« (*http://www.deutschlandfunk.de/deutschlandfunk-der-tag.3414.de.html*).

Der Bildungs-Podcast

Mit Podcasts kann Wissen auf eine informative, aber unterhaltsame Art und Weise vermittelt werden. Sie können Ihr Wissen beispielsweise in einer auf zwölf oder 20 Folgen begrenzten Reihe hörbar machen. Das wäre z. B. auch denkbar für eine Universität. Studierende könnten so die Grundlagen ihres Faches immer wieder hören und sie sich so besser einprägen.

Abbildung 1.15 *Jura-Vorlesung in Erbrecht? Gibt's bei der Ludwig-Maximilians-Universität München als Podcast.*

Aber auch in der Schule können Podcasts eingesetzt werden, entweder um Stoff zu vermitteln oder um selbst aktiv zu werden. Oft werden in P-Seminaren Podcasts gemeinsam mit den Schülern erstellt. In Gruppen oder Zweierteams bearbeiten sie einzelne Episoden, sie lernen die technische Umsetzung und sorgen dafür, dass am Ende der Schul-Podcast über das Intranet – oder weltweit – zu hören ist.

Zum Thema Wissensvermittlung gehört auch der Fremdsprachenunterricht: Hier können Podcasts eingesetzt werden, um das Hörverständnis der Schüler zu verbessern. Dazu müssen Sie als Lehrer nicht unbedingt Ihren eigenen Podcast erstellen. Sie können auch einen Feed mit einzelnen Folgen verschiedener Podcasts zusammenstellen, die Sie für geeignet halten. Ihre Schüler bekommen dann immer neuen Hörstoff, wenn Sie dem Feed eine neue Episode (verlinkt) hinzufügen.

1.5 Wer soll Ihren Podcast eigentlich hören?

Sie haben sich mittlerweile Gedanken gemacht über Titel, Pseudonym oder Realnamen und Format Ihres Podcasts. Aber haben Sie schon darüber nachgedacht, wer am anderen Ende sitzt? Wer soll Ihren Podcast hören? Überlegen Sie sich, wer als Zielgruppe infrage kommt. Können Sie diese eingrenzen? Faktoren dafür sind beispielsweise:

- Sprechen Sie eine bestimmte Region an?
- Richtet sich Ihr Podcast eher an Männer oder Frauen – oder an alle?
- Welche Altersgruppe könnte sich am ehesten dafür interessieren?
- Haben Ihre Hörer einen bestimmten sozialen Status/Beruf?
- Wenden Sie sich an ein eher akademisches Publikum oder an alle?
- Welche Vorkenntnisse haben Ihre Hörer, auf welchem Wissenslevel sind sie bei Ihrem Thema?

All diese Faktoren beeinflussen Inhalt und Ansprache in Ihrem Podcast. Stellen Sie sich den Prototyp Ihres Hörers vor, und sprechen Sie ihn in Gedanken direkt an. Was wünscht sich dieser Hörer wohl?

Natürlich geht es in erster Linie darum, dass Sie beim Podcasting Ihr eigener Chef sind. Aber die Hörer sollten Sie natürlich nicht aus dem Auge verlieren. Im Laufe der Zeit werden sich Ihre Hörer bei Ihnen melden, sei es durch E-Mails oder die sozialen Netzwerke – vielleicht werden Sie sich wundern, wen Sie am Ende wirklich angesprochen haben.

1.6 Lernen Sie, Geschichten zu erzählen

Storytelling ist derzeit ein richtiges und wichtiges Buzzword. Dabei ist es überhaupt nicht neu – im Gegenteil. Schon immer haben sich die Menschen gerne Geschichten erzählt. Sie saßen am Feuer und erzählten von Dingen, die sie gehört oder erlebt hatten, gaben Märchen von Generation zu Generation weiter. Wir lieben Geschichten, egal ob im Film, Buch oder Podcast. Achten Sie darauf, wie in Podcasts erzählt wird. Vor allem in US-amerikanischen Podcasts ist das gut zu beobachten. Im Folgenden stelle ich einige Beispiele vor.

Aufrütteln durch Geschichten

Der Podcast »TED Radio Hour« von NPR (*https://www.npr.org/programs/ted-radio-hour*) nimmt Auftritte der bekannten »TED Stage« und verknüpft diese mit Interviews zu einem bestimmten Thema. Auf der Bühne steht ein Mensch, der in einer Viertelstunde frei seine Geschichte erzählt. Es ist seine persönliche Geschichte, vor allem aber möchte er damit die Zuhörer unterhalten und gleichzeitig aufrütteln. Diese Geschichten sind mal rührig, mal lustig. Sie schaffen es, uns als Zuhörer zu faszinieren.

Abstraktes anschaulich machen

Die moderne Wissenschaft ist so kompliziert, dass wir sie nicht verstehen. Oder doch? Die Macher von »WNYC Radiolab« (*https://www.wnycstudios.org/shows/radiolab*) brechen auch schwierigste Sachverhalte herunter, bis diese jeder versteht. Wie sie das machen? Mit Storytelling. Sie erzählen uns Geschichten von Einzelschicksalen und kommen dann erst auf die größere Geschichte dahinter – die wissenschaftliche Entdeckung. So haben sie das Thema Vererbung natürlich erst einmal anhand von ganz normalen Menschen beleuchtet und später dann die Vererbungstheorie durch einen Chor anhörbar gemacht. Heraus kommt ein genialer Podcast, bei dem aber auch eine Folge gerne mal 100.000 US$ kosten kann.

Emotionen wecken durch Einzelschicksale

Podcasts sind wunderbar dazu geeignet, Vorurteile abzubauen. Deutlich wird das im deutschen Podcast »Transformer« des Bayerischen Rundfunks (*https://*

www.br.de/mediathek/podcast/transformer/694). Journalistin Christina Wolf begleitet ihre beste Freundin Steffi über zwei Jahre lang. In diesen zwei Jahren wird aus Steffi Henri, aus der besten Freundin ein bester Freund. Die Zuhörer verfolgen nicht nur die Verwandlung mit, die auch durch die tiefer werdende Stimme deutlich zu hören ist, sondern erleben auch die Selbstzweifel der besten Freundin Christina. »Transformer« ist ein schonungslos ehrlicher Podcast, der sicherlich dazu führt, dass mehr Verständnis für Transgender-Menschen aufgebracht wird.

1.7 Schaffen Sie Strukturen mit einem Redaktionsplan

Wichtig ist beim Podcasting, dass möglichst regelmäßig eine neue Episode erscheint. Das ist nicht nur für den Hörer wichtig, der sich darauf verlässt, Ihre Stimme zu hören, sondern auch für Sie selbst: So bleiben Sie in Übung und müssen sich selbst disziplinieren. Sonst passiert es relativ schnell, dass Sie plötzlich eine Lücke von vier bis sechs Monaten in Ihrem Podcast haben – das haben viele Podcasts schon selbst erlebt. Danach wieder anzufangen, ist gar nicht so leicht. Weitere Informationen zum Thema Dranbleiben und Motivation erhalten Sie in Kapitel 16, »Das Wichtigste zum Schluss: Dranbleiben!«.

Natürlich können Sie auch hier völlig frei bleiben – wir sind schließlich nicht beim Radio, sondern in der Podcast-Welt. Es gibt Podcasts, die völlig unregelmäßig podcasten, manche sogar mit ein bis zwei Jahren Pause. Das sind aber meist Podcasts, die zunächst sehr viel produziert und so schon ihre Hörerschaft aufgebaut haben. Wenn Sie darauf hoffen, möglichst bald viele Hörer zu haben, sollten Sie auf Regelmäßigkeit setzen und nicht zu viel Zeit zwischen Ihren Episoden verstreichen lassen.

So seltsam es klingen mag: Die Hörer (oder besser gesagt wir alle) sind durch das Fernsehen gewohnt, dass bestimmte Sendungen an einem bestimmten Tag, wenn möglich sogar zu einer bestimmten Uhrzeit auf sie warten. Sie müssen sich nicht akribisch daran halten, aber nehmen Sie sich zumindest vor, immer am gleichen Tag etwas online zu stellen. Dabei helfen ein Redaktionsplan (siehe Abbildung 1.16) und die wunderbare Technik, denn Sie können in vielen Redaktionssystemen Ihre Beiträge und Podcasts zu einer bestimmten Zeit schalten. So wird also vorgearbeitet, und sogar wenn Sie im Urlaub unter Palmen liegen, erscheint eine neue Episode.

Am einfachsten finde ich es, sich einen kostenlosen Halbjahreskalender auszudrucken und diesen dann nach und nach zu befüllen. So sehen Sie gut, wie weit Sie schon vorgeplant haben und wann Sie dringend mal wieder ans Mikro müssen. Der Plan sollte gut sichtbar in der Nähe Ihres Schreibtischs hängen, damit er Ihnen auch rechtzeitig ein schlechtes Gewissen machen kann.

Falls Sie lieber digital arbeiten, können Sie natürlich auch Erinnerungen im Handy oder Tablet eintragen, die in regelmäßigen Abständen an die Podcast-Produktion erinnern.

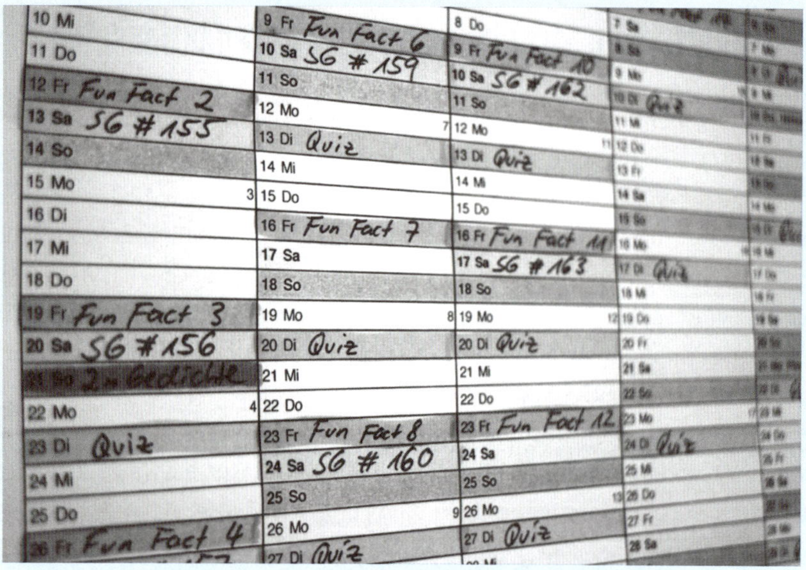

Abbildung 1.16 *Der Redaktionsplan von »Slow German«: In unterschiedlichen Farben werden verschiedene Rubriken eingetragen und vorgeplant. Und meistens geht das dann auch so online.*

1.8 Wie begrüße und verabschiede ich meine Hörer?

Achten Sie beim Hören von Podcasts einmal auf den Anfang und das Ende Ihrer Lieblingspodcasts. Wie werden die Hörer begrüßt? Wie werden sie verabschiedet? Ist das immer gleich oder wechselt es durch?

Natürlich gibt es hier keine verbindlichen Regeln. Es hat sich aber in der Podcasting-Szene eingebürgert, dass die meisten Podcaster sich ihre eigenen Floskeln ausdenken, von denen sie auch über Jahre hinweg nicht abweichen. Bei mir war das damals das eher langweilige und unkreative »Hallo Ihr Lieben«. Bei meinem Münchner Mit-Podcaster Alex Wunschel war es das »Das ist der 20. Blick über den Tellerrand, liebe Freunde der fröhlichen Marktbearbeitung«. Marc Maron begrüßt seine Hörer, indem er den Titel des Podcasts (»WTF«, steht für What the Fuck) umwandelt in »What-the-Fuckians«, »What-the-Fuckoholics«, »What-the-Fucktopians«. Und die Mikrodilettanten beginnen Ihre Episoden mit einem gewollten Versprecher: »Herzlichen Glückwunsch zu den Mikrodilettanten«.

Egal wie Sie es machen: Denken Sie vorher darüber nach. Und versuchen Sie, es nicht zu kreativ zu machen, das wirkt sonst schnell gewollt. Wahrscheinlich schleicht sich nach ein paar Episoden ganz von allein eine Begrüßung ein, die sich für Sie gut anfühlt. Und keine Angst: Sie dürfen auch später noch wechseln, wenn es irgendwann zu langweilig wird. Bei mir war es das ewig gleiche »Hallo Ihr Lieben«, das alles andere als kreativ war. Achten Sie mal darauf, wie die Moderatoren von Nachrichten-Sendungen das machen: Auch dort hat jeder seine eigene Art, das Publikum zu begrüßen.

Wichtig ist dagegen vor allem die Verabschiedung, denn die können Sie gut mit einer Handlungsaufforderung verknüpfen. Wer keine Lust darauf hat, kann abschalten – die anderen horen dann weiter.

Tipp

Um Folgendes könnten Sie am Ende z. B. bitten:

- Abonniert mich auch in den sozialen Netzwerken!
- Tragt Euch ein für meinen Newsletter!
- Besucht mich auf meiner Internetseite www...!
- Abonniert meinen Podcast!
- Gebt mir bei iTunes eine Bewertung, wenn Euch der Podcast gefällt!
- Schreibt mir Kommentare und Themenvorschläge!
- Sprecht auf meinen WhatsApp-Anrufbeantworter!
- Spendet mir einen kleinen Beitrag über PayPal!
- Unterstützt mich über Patreon!

1.9 Checkliste: Bin ich der geborene Podcaster?

Jeder kann ein Podcaster sein. Sie natürlich auch! Sie müssen auch nicht perfekt sein. Sie müssen lediglich eine gewisse Begeisterung für das Medium mitbringen, sonst wird Ihr Podcast wahrscheinlich keine lange Laufbahn vor sich haben. Hier ist eine kleine Checkliste, die Ihnen die Entscheidung leichter machen soll, ob Sie wirklich anfangen sollten, einen eigenen Podcast zu produzieren.

Checkliste

- Gibt es ein Thema, mit dem ich meine Umwelt sowieso ständig nerve?
- Kann ich frei sprechen, und hören mir andere gerne zu?
- Habe ich genug Stoff für mehrere (sehr viele) Episoden?
- Bin ich technikaffin, sorgfältig und einigermaßen organisiert?
- Habe ich regelmäßig Zeit für meinen neuen Podcast?
- Kann ich mich selbst motivieren, weiterzumachen?
- Habe ich eine dicke Haut, falls Kritik kommt?
- Macht es mir Spaß, mit den Hörern in Kontakt zu treten und die Community zu pflegen?
- Würde es mich stören, wenn keiner zuhört?
- Bin ich bereit, Geld zu investieren?

Kapitel 2
LOS GEHT'S – ERST MAL EINKAUFEN!

Für die einen ist es das Schönste am Podcasting, für die anderen das Schlimmste: technisches Equipment einkaufen. In diesem Kapitel erfahren Sie, was Sie unbedingt brauchen und was Sie sich getrost sparen können.

Mein Tipp für den Anfang lautet: Schauen Sie sich in Ihrer Wohnung um. Was haben Sie bereits an technischem Gerät herumliegen, das vielleicht für die Aufnahme eines Podcasts ausreicht? Haben Sie vielleicht ein Headset in der Schublade, das Sie früher zum Gaming oder Skypen benutzt haben? Oder einen alten MP3-Rekorder, den Sie in der Arbeit als Diktiergerät brauchten? Wenn ja, dann sollte vor dem großen Shoppingtrip erst mal ein ausgiebiger Test erfolgen. Probieren Sie aus, wie Aufnahmen mit diesen vorhandenen Mitteln klingen und testen Sie, ob Sie gerne podcasten. Später können Sie nach und nach aufrüsten. Wenn die vorhandenen Geräte allerdings zu schlecht klingen, sollten Sie rund 100 € investieren, um ein für den Anfang vernünftiges Setup zu haben.

2.1 Podcasten ohne viel Aufwand: quick and dirty (oder clean?) mit dem Smartphone

Audioaufnahmen lassen sich sehr gut auch mit dem Smartphone produzieren. Die Qualität muss sich nicht hinter der herkömmlich produzierter Podcasts verstecken, besonders wenn man davon ausgeht, wie ein Podcast konsumiert wird – nämlich in der Regel ebenfalls mit Mobilgeräten.

Das billigste Mikrofon, aber qualitativ nicht zu verachten, ist das Headset, das mit jedem Smartphone mitgeliefert wird. So können die ersten Episoden zunächst mit dem Headset aufgenommen werden. Die Audioqualität ist verblüffend gut.

Wer sich dafür entscheidet, mobil zu podcasten, sollte dennoch auf externe Mikrofone setzen. Die Auswahl ist mittlerweile sehr groß. Bewährt haben sich sogenannte Lavaliermikrofone (also Ansteckmikros) mit Klinkenstecker, der in die Kopfhörerbuchse gesteckt wird. Keine Angst: Für iPhone und iPad, die nur noch einen Lightning-Anschluss haben, wird immer ein Adapter für das Headset mitgeliefert.

Sehr beliebt ist das Røde SmartLav+, ein Lavaliermikrofon, das am eigenen Kragen oder beim Gesprächspartner angeklemmt wird. Es blendet die Nebengeräusche weitestgehend aus und produziert eine gute Soundqualität (Kosten: ca. 50 €).

In Verbindung mit dem Adapter SC6 (ebenfalls von Røde, ca. 13 €) können sogar zwei dieser Lavaliermikros gleichzeitig verwendet werden. Allerdings wird nur eine Audiospur aufgenommen, beide Stimmen vereinen sich also in einer Audiospur. Das bedeutet Disziplin in der Gesprächsführung, wenn ein Interview aufgezeichnet wird. Wer dem anderen dazwischenquatscht, der kann das später nicht mehr schneiden.

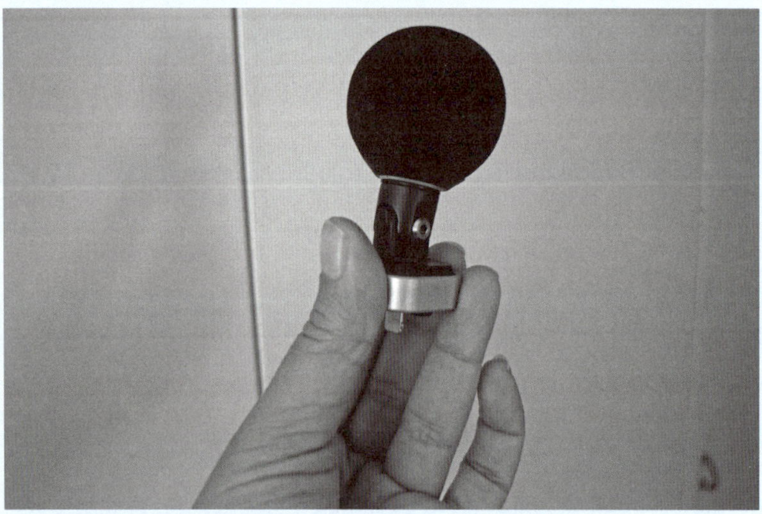

Abbildung 2.1 *Klein, aber wirklich oho: Das Shure MV88 wird an das iPhone oder iPad angesteckt und bringt eine eigene Aufnahme-App mit.*

Für alle Anschlüsse gibt es auch spezielle Handmikrofone wie das iRigMic (für Klinkenanschluss, ca. 50 €) und das iRigMicHD (für Lightning-Anschluss, ca. 130 €).

Das MV88 von Shure (ca. 135 € [illegible] 2.1) ist ein sehr hochwertiges Mini-Mikrofon mit [illegible] nd iPad, das mithilfe einer App aus [illegible] llungen für jede weitere App [illegible] mit der integrierten Kamera- [illegible] gemacht wird. Das Shure k [illegible] t und leicht zu bediene [illegible] auch für Nicht-Apple-G [illegible]

Für [illegible] nen Windschutz griff [illegible] *ad cats*, die per-m [illegible] 88 ist bereits ein M [illegible] eine »tote Katze« k [illegible] ng!

We [illegible] ikrofon des Smartphones zu arbeiten [illegible] t es ebenfalls einen Windschutz (siehe Abbil [illegible]

Abbildung 2.2 *Wichtig bei Aufnahmen draußen ist die »tote Katze«, also ein puscheliger Aufsatz für das Mikrofon, der Wind von der empfindlichen Membran fernhält (Foto: Heike Stiegler).*

Dieser ist eine Investition, auf die man nicht verzichten sollte, da sich gerade beim integrierten Mikrofon der Wind noch mehr fängt als bei externen Mikros. Bereits bei leichtem Wind kann hier eine Audioaufnahme unbrauchbar werden. Das merken Sie schon allein daran, dass Telefongespräche schwer sind, wenn das Gegenüber gerade um eine windige Ecke biegt.

»Beim mobilen Podcasten sollten Sie wenn möglich ohne Nachbearbeitung aufnehmen. Die Editier-Funktionen mit den Apps sind sehr eingeschränkt und nicht sonderlich komfortabel«, sagt Heike Stiegler, die sich auf mobile Aufnahmen spezialisiert hat (*https://heisti.com/category/mobilepodcast*). Sie führt weiter aus: »Mit Ferrite (*https://www.wooji-juice.com/products/ferrite*) ist ein Audioschnitt zwar möglich, dennoch nicht vergleichbar mit Desktop-Programmen. Es ist daher ratsam, die Episoden am Stück aufzunehmen. Auch Interviews müssen dann eben im Livecharakter produziert werden.«

Tipps aus der Praxis

Johannes Mueller und Eva Fitzelová machen einen Esperanto-Podcast, für den sie viel unterwegs sind. Sie raten: »Die Situationen, in denen man mobil podcastet, sind sehr vielfältig. Von WG-Küchen, Outdoor, Veranstaltungen mit viel Hintergrundlärm, akustisch erbärmlichen Klassenräumen/Besprechungszimmern bis zu Bühnen von Veranstaltungshallen kommt alles irgendwie vor.«

Abbildung 2.3 *Johannes Mueller live im Einsatz mit seinem gelben Koffer (Foto: Brian Moon)*

»Wenn man die Möglichkeit hat, einen Raum auszuwählen, am besten bei der Begutachtung einmal kräftig in die Hände klatschen und auf das Echo hören. Das sollte möglichst kurz sein. Ganz schlimm ist sogenanntes Flatterecho, wenn man die Echos auf das Klatschen von den gegenüberliegenden Wänden flattern hört.

Wenn man live streamt oder per Studio Link eine weitere Stimme zuschaltet, muss man auf vernünftiges Netz achten. Heißt: Kabel. Auf gar keinen Fall WLAN. Lieber Mobilfunk-LTE als WLAN. WLAN ist zu unberechenbar, was Latenz angeht (Anmerkung der Autorin: Bei der Latenz geht es sozusagen um die zeitliche Verzögerung während der Aufnahme. Sie kennen das wahrscheinlich von Übersee-Telefongesprächen aus alten Zeiten: Man fällt sich ständig ins Wort, weil die Gesprächsfetzen verzögert übertragen werden). Unbedingt immer einen Adapter mehr dabeihaben, immer ein Kabel mehr, im Zweifel noch einen USB-Akku. Auch Adapter, die man für sein eigenes Equipment nicht braucht. Wenn man auf Veranstaltungsbühnen podcastet, sollte man sich unbedingt um Verlängerungskabel kümmern!«

Mittlerweile gibt es sowohl für Android als auch für iOS eine ganze Reihe an guten Apps, die eine unkomplizierte, aber qualitativ hochwertige Aufnahme »on the go« ermöglichen. Dabei reicht die Bandbreite der einzelnen App-Funktionen von der reinen Aufnahme bis hin zur direkten Veröffentlichung auf der eigenen Wordpress-Seite. Wie so oft ist das Angebot an iOS-fähigen-Apps sehr viel größer als für Android-Geräte. Im Folgenden stelle ich einige Apps vor, die Sie ausprobieren können.

Auphonic (iOS/Android)

Der beliebte Webservice Auphonic (mehr dazu im Abschnitt »Alles in einem: Auphonic« in Abschnitt 7.3) bietet auch eine kostenlose App an. Der Vorteil ist, dass mit der Auphonic-App im Gegensatz zur Webversion auch aufgenommen werden kann. Versehen mit Metadaten, Titel und Teaser-Text wird die Audiodatei gleich zu Auphonic im Web hochgeladen. Wie auch in der Webversion wird die

Datei dort noch einmal klanglich bearbeitet und dann veröffentlicht. Dabei können Sie unter vielen Formaten und Ausspielwegen wählen. Auphonic bietet beispielsweise auch an, die Episode als sogenanntes Audiogramm zu YouTube zu senden. Dazu muss nur zusätzlich ein Foto mit hochgeladen werden.

Die Auphonic-App erhalten Sie für iOS unter *https://itunes.apple.com/de/app/auphonic-recorder/id1081792712?mt=8* und für Android unter *https://play.google.com/store/apps/details?id=com.auphonic.auphonicrecorder&hl=de*.

Mobile Podcaster (iOS)

Eine sehr umfangreiche und kostenlose iOS-App ist *Mobile Podcaster* (*https://itunes.apple.com/us/app/mobile-podcaster-record-publish-your-podcast-to-wordpress/id553754359?mt=8*).

Mit dieser App wird aufgenommen und direkt weiterverbreitet, ergänzt durch alle möglichen Informationen und Metadaten. Leider gibt es die App noch nicht für Android-Geräte. Mit Mobile Podcaster können Sie Ihre Aufnahme auch trimmen. Zudem können Voreinstellungen definiert werden, die immer gleich bleiben. Das spart Zeit. Das fertige Ergebnis kann direkt zu WordPress, Libsyn und anderen Diensten hochgeladen werden.

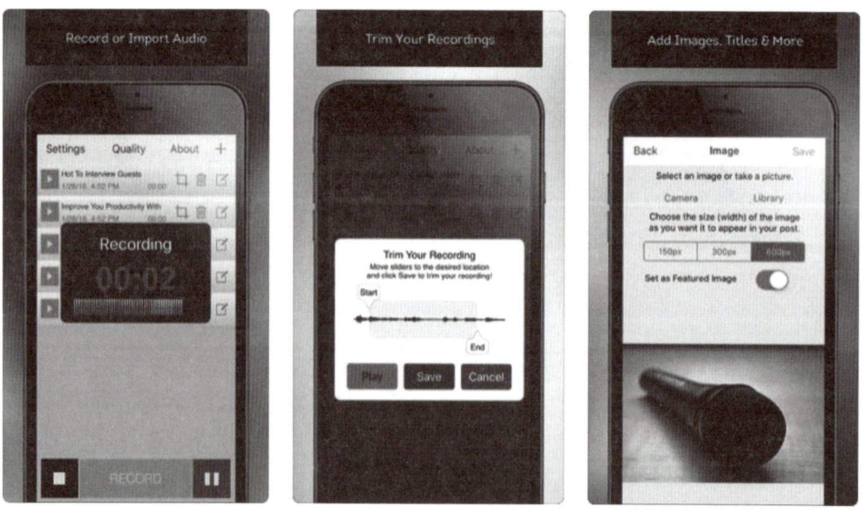

Abbildung 2.4 *Sieht ansprechend und selbsterklärend aus: die Mobile-Podcaster-App für iOS*

Ferrite (iOS)

Mit der iOS-App *Ferrite* (*https://itunes.apple.com/de/app/ferrite/id1018780185?mt=8*) ist auf dem kleinen Bildschirm des Smartphones sogar eine Mehrspurbearbeitung möglich. Noch eine Besonderheit ist, dass der Pegel während der Aufnahme wie bei einem professionellen Aufnahmegerät stufenlos nachreguliert werden kann. Zudem können Markierungen gesetzt werden, um bestimmte Teile später schneller wiederzufinden. Die kostenlose Version der App begrenzt die Aufnahmedauer. Gegen Aufpreis (In-App-Kauf kostet ca. 22 €) fällt die Begrenzung weg und es gibt alle klassischen Audiobearbeitungsfunktionen dazu, die auch Desktop-Programme anbieten.

Voice Record Pro (iOS)

Eine ebenfalls sehr mächtige Audio-App für Apple und Android-Geräte ist der *Voice Record Pro* (*https://itunes.apple.com/de/app/voice-record-pro/id546983235?mt=8*). Wer eine klassische Pegelansicht bevorzugt, ist mit dieser App gut bedient. Hier geht es allerdings mehr um die Aufnahme; typische Podcast-Funktionen fehlen.

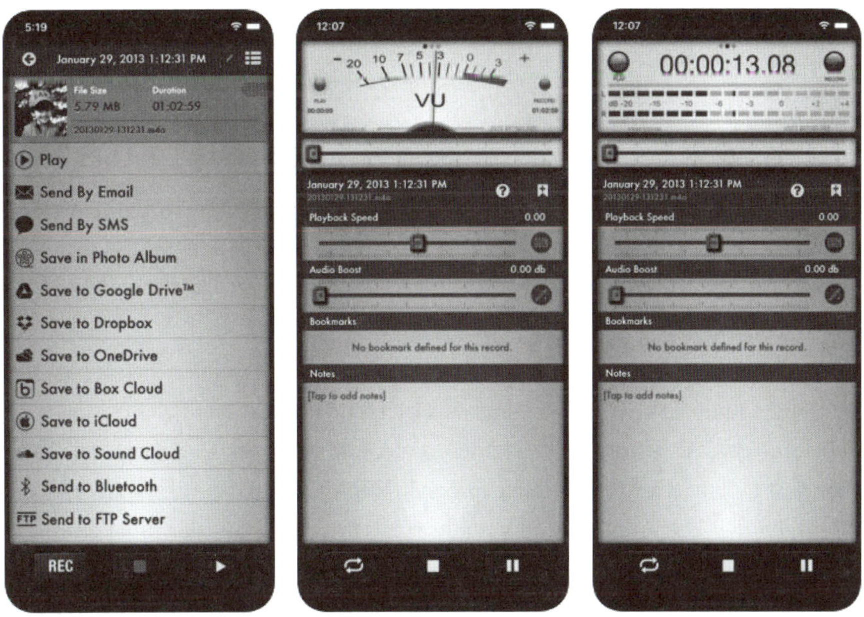

Abbildung 2.5 *Die Ansicht wirkt nostalgisch, aber der Voice Record Pro ist technisch auf dem neuesten Stand.*

Anchor (Android/iOS)

Gerade für den Einstieg in den Podcast bietet die App *Anchor* (*https://anchor.fm*, siehe Abbildung 2.6) eine sehr einfache Möglichkeit, sich auszuprobieren. Wie fühlt es sich an, einen Podcast zu produzieren und zu veröffentlichen? Ist es wirklich mein Medium? Fühle ich mich wohl mit dem eigenen Podcast? Es gibt viele Fragen, die sich vor dem Launch des eigenen Podcasts auftun. Wer sich hier noch unsicher ist und auch noch nicht viel für Equipment investieren möchte, der kann und sollte mit Anchor die ersten Schritte wagen, denn hier liegt alles in einer einzigen App vor. Alle Funktionen von der Aufnahme über die Bearbeitung bis hin zur Veröffentlichung auf einer eigenen Plattform sowie bei iTunes, Google Play oder Pocket Cast sind vorhanden.

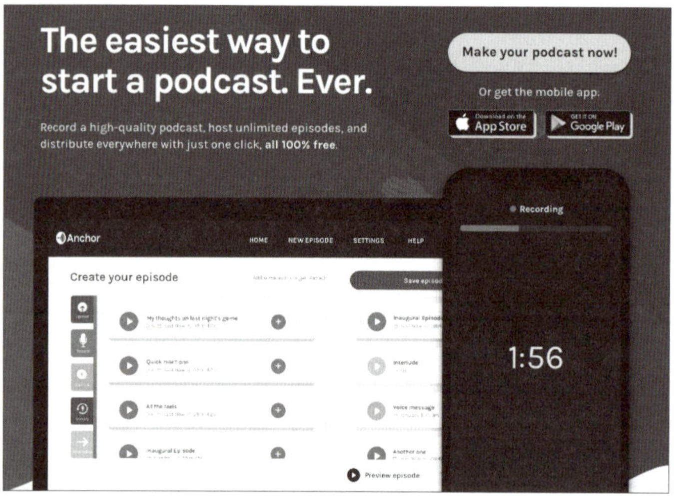

Abbildung 2.6 *Anchor macht das Podcasten leicht: Über die App oder auch über eine Desktop-Anwendung können Sie gleich loslegen.*

Die Aufnahme selbst funktioniert wie bei einem ganz normalen Telefonat. Der Aufnahmemodus aktiviert sich automatisch, indem das Smartphone ans Ohr gehalten wird, als würde man telefonieren. Ohne zusätzliches Equipment kann nun ganz einfach die Episode eingesprochen werden. Wird die Aufnahme zur Veröffentlichung freigegeben, wird sie automatisch sowohl auf der eigenen Plattform Anchor als auch auf allen anderen gängigen Podcast-Plattformen verfügbar sein. Auf Wunsch ist es auch möglich, die Episoden direkt über Twitter und Facebook zu teilen.

Wer nicht auf die Veröffentlichung über die eigene Website verzichten möchte, holt sich den angezeigten Code für die Einbettung und bindet so die Audiodatei ein, wie es auch bei YouTube und ähnlichen Videoplayern mittlerweile Usus ist.

Anchor bietet darüber hinaus einen Service, der derzeit leider nur für Englisch funktioniert, hier jedoch sehr gut: Die einzelnen Segmente bis zu drei Minuten Länge können automatisch transkribiert, also in Schrift umgewandelt werden.

Außerdem bringt Anchor eine Funktion mit, die die Interaktion zwischen den Podcastern und deren Hörern fördert. Zuhörer können auf einzelne Episoden antworten, indem sie eine Sprachnachricht senden. Mitunter entstehen dadurch sehr spannende Diskussionen, die auch in die Episode integriert werden können.

Ein weiteres Novum, das Anchor in sehr guter Qualität bereitstellt, ist die Interviewfunktion. Auch in diesem Fall läuft es wie bei einem klassischen Telefonat ab. Man wählt einen Gesprächspartner aus, kontaktiert diesen und sobald der Gesprächspartner den Anruf annimmt, startet die Aufnahme. Auf diese Weise können Gespräche mit bis zu zehn Teilnehmern aufgenommen werden. Die eigene Live-Talkshow ist also ohne viel Aufwand schnell in vollem Gange. Der Haken an Anchor ist, dass es sich um eine recht geschlossene Blase handelt, in der sich die Podcaster hier tummeln. Anchor ist aber ein guter Startpunkt, um erste Erfahrungen zu sammeln oder auch z. B. in Gruppenarbeit möglichst schnell und einfach einen Podcast zu erstellen (mit einer Schulklasse oder einem VHS-Kurs).

Achtung!

Bevor Sie einen Gesprächspartner aufzeichnen, müssen Sie diesen unbedingt darauf hinweisen! Mehr zu rechtlichen Aspekten des Podcastings erfahren Sie in Kapitel 10, »Podcast & Recht«.

2.2 Das beste Gerät für die mobile Aufnahme von Podcasts

Die japanische Firma Zoom hat sich zum Liebling der Podcasting-Szene gemausert. Eigentlich waren deren MP3-Rekorder eher für die Aufnahme von Bands in Proberäumen konzipiert. Heute sind die handlichen Geräte in vielen Podcaster-Köfferchen zu finden. Die Zoom-Rekorder gibt es in verschiedenen Größen, wodurch sie verschiedensten Ansprüchen gerecht werden. Das kleinste Gerät ähnelt eher einem Diktiergerät; die größeren sorgen dafür, dass mehrere Profimikrofone angeschlossen werden können. Der Zoom H-6 (ca. 290 €, siehe Abbildung 2.7) steht bei vielen Podcastern ganz oben auf der Wunschliste, weil er die eierlegende Wollmilchsau ist. Hier können vier Mikrofone gleichzeitig angeschlossen werden. Dazu sind auch die (guten) eingebauten Mikrofone perfekt, wenn unterwegs einmal etwas spontan aufgenommen werden soll. Zu guter Letzt kann der H-6 als Audio-Interface an den Computer angeschlossen werden und dadurch Profi-Mikrofone mit XLR-Anschluss über USB an den Rechner bringen. Was will das Podcaster-Herz mehr?

Abbildung 2.7 *Viele Knöpfe und Regler, aber dennoch relativ leicht zu bedienen: der Zoom-H-6-Rekorder mit vier Mikrofoneingängen*

Natürlich haben mittlerweile auch andere Hersteller gute MP3-Rekorder auf den Markt gebracht – von Sony bis Tascam, Korg bis Roland oder Yamaha hat jedes Unternehmen mindestens ein Aufnahmegerät im Programm. Gute Qualität bietet neben der Zoom-Familie beispielsweise der Tascam DR-40 (für ungefähr 140 €) oder der Olympus LS-P2 (für knapp 185 €).

Beim Kauf eines mobilen Rekorders sollten Sie sich mehrere Fragen stellen:

- Wieviel sind Sie bereit auszugeben?
- Wie viele Spuren müssen Sie gleichzeitig aufnehmen können?
- Wird der Rekorder eher irgendwo liegen, oder wollen Sie damit mobil sein (dann sollte er möglichst leicht sein)?
- Werden Sie sehr lange Aufnahmen machen, und muss der Rekorder einen Kartenslot für Speicherkarten haben?
- Brauchen Sie gute eingebaute Mikrofone oder eher Anschlüsse für externe Mikros?
- Wenn Sie externe Mikros verwenden: Möchten Sie XLR- oder lieber Klinkenanschlüsse?
- Braucht Ihr Mikrofon eine Phantomspeisung, die der Rekorder liefern sollte?
- Benötigen Sie die Möglichkeit, gleichzeitig einen Kopfhörer anzuschließen, um die Aufnahme abzuhören?
- Brauchen Sie einen externen Lautsprecher am Gerät, um beispielsweise Ihrem Gegenüber etwas vorzuspielen – oder reicht dafür der Kopfhörer?
- Ist es möglich, die Akkus zu wechseln, damit Sie unterwegs nicht plötzlich ohne Strom dastehen? Oder ist ein Umstieg auf Batterien möglich, wenn kein Netzteil vorhanden ist?
- Wie wichtig ist Ihnen Schnickschnack, beispielsweise ein Farbdisplay oder Touchscreen?
- Brauchen Sie einen Rekorder mit Bluetooth-Möglichkeit?

2.3 Podcasting am eigenen PC – geht das?

Bis jetzt waren wir draußen unterwegs, als mobile rasende Reporter. Wenn Ihre Podcasts allerdings vor allem zu Hause oder im Büro aufgenommen werden, bietet es sich an, dies direkt am Schreibtisch zu tun.

Besonders einfach gelingt die Aufnahme mit den vorinstallierten Programmen der Betriebssysteme, also dem Quick-Time-Player beim Mac und dem AudioRecorder bei Windows-Systemen. Sie können aber auch Software benutzen, die speziell für die Aufnahme von Audios programmiert wurde. Auf diese gehe ich in Kapitel 4, »Die passende Software für Aufnahme, Schnitt und Nachbearbeitung finden«, ausführlicher ein.

Das eingebaute Mikrofon Ihres Rechners sollten Sie nicht benutzen. Es ist zwar durchaus ausreichend, um Telefonate oder Videokonferenzen zu führen oder Ähnliches, wird aber in keinem Fall gute Aufnahmequalität liefern. Sie benötigen also ein externes Mikrofon.

Entweder Sie besorgen sich dafür ein USB-Mikrofon, das Sie direkt an den Computer anschließen können, oder Sie brauchen ein sogenanntes Audio-Interface, also einen kleinen Kasten, der als Dolmetscher zwischen einem Audiomikrofon und dem Computer dient. Das analoge Signal des Mikrofons wird durch dieses Interface zu einem digitalen Signal umgewandelt und gleichzeitig verstärkt. Manche MP3-Rekorder wie der Zoom H-6 können als Audio-Interface fungieren, es gibt aber auch Geräte, die speziell diese Funktion erfüllen.

Praxistipp

Ein Mikrofon hört besser als Ihre Ohren. Kleinste Geräusche können so auf der Aufnahme landen, ohne dass Sie es merken. Achten Sie darauf, dass bei der Aufnahme externe Festplatten ausgeschaltet sind – sie verursachen sonst oft ein Brummen oder haben ein zu lautes Lüftergeräusch. Auch das Tippen auf der Tastatur kann störend sein. Um zu verhindern, dass ungewollte Geräusche auf der Aufnahme zu hören sind, benutzen Sie am besten ein Mikrofon, das nicht auf dem Tisch steht, sondern auf einem Stativ befestigt ist und so vor Ihrem Mund hängt. Alternativ ist auch ein Headset oft eine gute Lösung.

2.4 Welches Mikrofon soll ich kaufen?

Hiermit sind wir bei dem Punkt angelangt, über den sich Podcaster vortrefflich mehrere Stunden leidenschaftlich streiten können. Denn das Mikrofon ist nun einmal das A und O beim Podcasten und jeder hat seine eigene Meinung dazu, welches das beste ist.

Während es einige Anhaltspunkte gibt, welches Mikrofon für Sie und vor allem für Ihre spezielle Stimme am besten geeignet ist, ist neben all der Technik vor allem auch das Gefühl wichtig. Daher rate ich Ihnen: Gehen Sie in ein gutes Musikgeschäft und testen Sie dort Mikrofone. Wenn es in Ihrer Umgebung keinen solchen Laden gibt, lassen Sie sich eine Auswahl von Mikrofonen schicken. Machen Sie damit Testaufnahmen, und hören Sie sich diese an: Bei welcher Aufnahme gefällt Ihnen Ihre Stimme am besten? Fragen Sie auch Menschen, die Ihnen nahestehen, und holen Sie sich eine zweite Meinung ein. Oft geht es nur um Nuancen – aber hier können Sie gerne Ihrem Gefühl folgen.

Abbildung 2.8 *In das Shure SM7B hat schon Michael Jackson gesungen – jetzt ist es unter anderem bei Marc Maron als Podcast-Mikro im Einsatz (Foto: Shure).*

Ich betone noch einmal: Sie müssen sich nicht mit Mikrofontechnik auskennen, um ein guter Podcaster zu werden. Falls es Sie aber interessiert, was hinter der Technik steckt, gebe ich Ihnen hier eine kurze Zusammenfassung.

Kugel oder Niere?

Ein Reporter steht im Wald und hat ein Mikro in der Hand – dann ist es wahrscheinlich ein Kugelmikrofon. Genauer gesagt geht es hierbei um die Richtcharakteristik. Wie nimmt das Mikrofon den Schall in seiner Umgebung auf? Wer sich damit ein bisschen auskennt, der kann fast überall die perfekte Aufnahme machen.

In der Vorstellung stehen Sie also im Wald und haben ein Mikrofon mit Kugelcharakteristik dabei. Dieses Mikrofon nimmt alles auf, was um Sie herum geschieht:

das Knacken am Boden ebenso wie den Vogel in den Baumwipfeln, den röhrenden Hirsch von links vorne und das knabbernde Eichhörnchen von rechts hinten. Es ist also das perfekte Reportermikrofon. Eigentlich. Denn es nimmt natürlich nicht nur die Geräusche auf, die auf der Aufnahme sein sollen, sondern einfach alles. Ein Interview in der Menschenmenge kann schwierig werden, weil alle sprechenden Menschen in der Umgebung mit auf der Aufnahme landen. Eine atmosphärische Aufnahme der Umgebungsgeräusche wird mit diesem Mikrofon allerdings perfekt werden.

Nierenmikrofone haben dagegen eine andere Richtcharakteristik, die, wie der Name schon sagt, nierenförmig ist. Diese Mikrofone nehmen vor allem den Schall auf, der von vorne kommt. Nebengeräusche werden ausgeblendet. Für Sänger, Moderatoren und Podcaster sind das die richtigen Mikrofone, wenn diese wissen, wie die Mikros richtig benutzt werden sollen: Sprechen Sie recht nah und vor allem sehr gerade in diese Mikrofone, und halten Sie immer den gleichen Abstand.

Praxistipp

Halten Sie das Mikrofon während der Aufnahme sehr ruhig, und vermeiden Sie Kabelgeräusche. Schlingen Sie das Kabel daher einmal locker um Ihre Hand, damit sich der Stecker nicht bewegt, so wie es schon die Schlagersänger taten.

Dynamisches oder Kondensatormikrofon?

Dynamische Mikrofone haben Sie sicher schon oft auf der Bühne bei Sängern gesehen. Sie erzeugen mechanisch selbst einen schwachen Strom, können also direkt angeschlossen werden und brauchen keine sogenannte Phantomspeisung. Daher müssen Sie mit dynamischen Mikrofonen unterwegs kein großes Equipment mitschleppen. Diese Mikros sind gut bei lauten Schallquellen geeignet. Beim Flüstern wird's allerdings schwer.

Kondensatormikrofone sind viel empfindlicher und dadurch perfekt für eine ruhige Studioatmosphäre geeignet. Der Nachteil (der im Studio keiner ist) dabei ist, dass Kondensatormikrofone eine Stromquelle benötigen, die Phantomspeisung. Strom bekommen die Mikrofone entweder durch auswechselbare Batterien im Griff, durch das Aufnahmegerät oder durch ein Mischpult.

Groß- oder Kleinmembran?

Auch diese zwei Arten von Mikrofonen haben Sie sicher schon gesehen: Kleinmembranmikrofone sehen aus wie große Stifte oder lange Zigarren. Oder noch einfacher gesagt: wie ein Rohr, in das man vorne hineinspricht. Kleinmembranmikrofone klingen sehr natürlich, unverfälscht, um nicht zu sagen neutral. Sie sind super, um Instrumente abzunehmen. Aber wollen Sie das beim Podcast?

Ihrem Namen entsprechend sind Großmembranmikrofone größer. Bei Ihnen sprechen Sie nicht vorne hinein, sondern auf der Seite. Sie sind perfekt geeignet, um im Studio Sprache oder Gesang aufzunehmen. Großmembranmikrofone haben ihren eigenen Charakter, der manche Stimmen angenehmer klingen lässt. Der Nachteil bei beiden Arten von Kondensatormikrofonen ist, dass sie sehr empfindlich sind und auch gerne alle Umgebungsgeräusche mit aufnehmen. Sie sollten also nur in sehr stiller Atmosphäre eingesetzt werden.

Abbildung 2.9 *Die wohl schönsten und leider auch mit die teuersten Mikrofone der Welt von Neumann – Kleinmembran neben Großmembran (Foto: Georg Neumann GmbH).*

Mono oder Stereo?

Da schreien jetzt aber alle ganz laut: Stereo! Oder? Allein das Wort »Mono« klingt schon altmodisch und langweilig. Aber nicht so schnell: Wie viele Münder haben Sie? Und wie viele Stimmen kommen da raus? Eine? Dann reicht doch eigentlich auch ein Monomikrofon, oder? Die Frage ist also auch hier: Was möchten Sie aufnehmen? Für eine Band bei der Probe oder die Atmosphäre im Wald ist Stereo die bessere Wahl, für Ihre eigene Stimme im Studio Mono.

XLR- oder USB-Anschluss?

Der USB-Anschluss ist Ihnen sicher geläufig: Per USB-Kabel lassen sich Geräte wie Tastaturen, Festplatten oder Kameras an den Computer anschließen. Mittlerweile gibt es auch eine ganze Reihe von USB-Mikrofonen, die Sie an den Computer anschließen können. Für Aufnahmeanfänger ist das auch durchaus sinnvoll: Am Rechner kennen Sie sich aus, die Mikrofone sind entweder Plug 'n' Play oder bringen ihre eigene Software mit, und schon können Sie loslegen.

Das Yeti von Blue (ca. 150 €) oder das Røde-Podcaster-Mikrofon (ca. 165 €) sind zwei empfohlene USB-Mikros, ebenso das Samson Meteor Mic (knapp 50 €). Der Ton wird hier sozusagen schon im Mikrofon in ein Digitalsignal umgewandelt – das klingt gut, aber nicht perfekt.

Der andere Anschluss, der bei Mikrofonen oft vorkommt und lange schon existierte, bevor es USB gab, ist der XLR-Anschluss, also ein spezieller Anschluss mit drei Pins. Diese Mikros können dann per Kabel direkt an ein Mischpult oder an ein Audio-Interface, wenn es doch wieder in den Computer gehen soll, angeschlossen werden.

Normales Mikrofon, Ansteckmikro oder Headset?

Jetzt geht es um eine weitere wichtige Frage: Wie sicher fühle ich mich am Mikrofon? Wenn ein Großmembranmikrofon vor mir steht und ich ganz nah hineinsprechen muss, werde ich mich nie unbeobachtet fühlen. Die Aufnahmesituation ist in jeder Sekunde bewusst. Das kann zwar einerseits die Konzentration auf die Sprache fördern, andererseits kann es auch ordentlich einschüchtern. Überlegen Sie also, ob das die richtige Situation für Sie ist.

Vor allem wenn Sie Interviews mit ungeübten Gesprächspartnern führen möchten, sollten Sie über gute Ansteckmikrofone nachdenken. Diese können Sie während des Gesprächs getrost vergessen, und es wird dadurch eine recht natürliche Plauderatmosphäre geschaffen. Der Nachteil ist allerdings, dass jede Kopfbewegung zu hören sein wird. Wenn Sie beim Sprechen in die andere Richtung blicken als die, in der das Mikrofon montiert ist, wird der Ton leiser. Das ist übrigens auch der Grund, warum Gäste in Talkshows meist nur ein Mikrofon haben, die

Moderatorin oder der Moderator aber zwei – für jede Richtung eines. Auch Schmuck kann störend auf die kleinen Mikrofone wirken, ebenso Schals oder andere Teile der Kleidung. Dies muss unbedingt vor der Aufnahme geklärt werden!

Gute Ansteckmikrofone sind beispielsweise die Røde-SmartLav+-Lavaliers (ca. 47 € pro Stück). Kleiner Hinweis: Ansteckmikrofone können störanfällig sein, vor allem, wenn Sie diese nicht direkt an Ihr Aufnahmegerät anschließen, sondern eine sogenannte Funkstrecke benutzen, um sich kabellos freier bewegen zu können. Machen Sie sich also vor der Aufnahme besonders gut mit der Technik vertraut. Führen Sie Probeaufnahmen durch, und suchen Sie die besten Einstellungen. Im besten Fall haben Sie jemanden dabei, der bei der Aufnahme kontrolliert, ob die Signale gut sind und alles funktioniert.

Wenn es Ihnen unangenehm ist, bei der Aufnahme still vor einem Mikrofon zu stehen, dann sollten Sie über die Anschaffung eines Headsets nachdenken. Dieses ist immer im gleichen Abstand zu Ihrem Mund, und Sie können sich damit relativ frei bewegen – beispielsweise sich auf einem Bürostuhl drehen oder auf einer Couch lümmeln. Je nach Thema des Podcasts kann diese entspannte Aufnahmesituation positiv auf die Hörer wirken. Ein kleines und unauffälliges Headset ist beispielsweise das the t.bone Earmic 500 – AKG Ear-On-Mikrofon für gut 90 €. Empfohlen wird von Ralf Stockmann und vielen anderen Podcastern auch das günstige Superlux HMC660 X für kleine 50 €.

2.5 Ich möchte ein Profi-Setup – was brauche ich dafür?

Wenn Sie schon eine Weile podcasten und merken, dass Ihnen das Aufnehmen liegt, können Sie überlegen, Ihr Setup ein wenig weiter aufzurüsten und mehr Geld zu investieren.

Pimp My Microphone: Zubehör für den guten Klang

In erster Linie können Sie darüber nachdenken, Zubehör für Ihr Mikrofon zu kaufen. Das kann beispielsweise ein gutes Stativ (Galgen) mit Spinne sein, in der Ihr Mikrofon gut befestigt ist und dennoch kein Trittschall aufgenommen wird (zusammen ca. 100 €). In einer sogenannten Spinne hängt Ihr Mikrofon frei, anstatt fest montiert zu sein. Dadurch übertragen sich Schwingungen nicht auf die Membran. Statt dem üblichen Schaumstoffüberzug können Sie sich auch einen Poppschutz kaufen und diesen am Stativ befestigen (ca. 40 €).

Falls Sie sich keine Aufnahmeecke einrichten möchten, die gut abgeschirmt ist, gibt es auch andere Möglichkeiten, um der Studioatmosphäre nahe zu kommen: Reflexionsfilter sind gebogene kleine Wände aus Schallschutzmaterial, die um das Mikrofon herum montiert werden können (Kosten: ca. 100–250 €, siehe Abbildung 2.10).

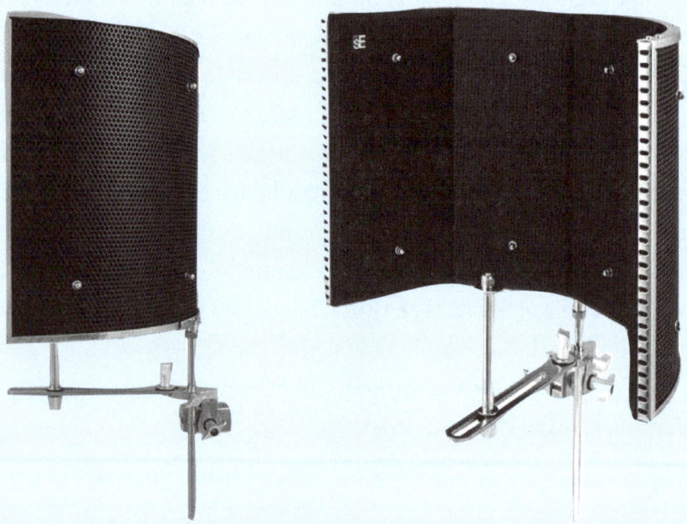

Abbildung 2.10 *Den Klang verbessern, indem der Raum möglichst trocken klingt: Ein spezieller Schallschutz (hier Reflexion Filter® von sE Electronics) schirmt das Mikrofon ab (Foto: © sE Electronics International, Inc.).*

Ein Mischpult macht das Pegeln verschiedener Signale leichter

Falls Sie mit verschiedenen Tonquellen arbeiten, also beispielsweise Ihrem eigenen Mikrofon, dem eines Gastes und einem Laptop für Zuspieler und Geräusche oder Musik, kann ein Mischpult eine passende Ergänzung Ihres Setups sein. Mischpulte gibt es schon für recht wenig Geld, und seien wir ehrlich: Es macht einfach Spaß, an den kleinen Reglern zu drehen. Kleinmixer gibt es bereits ab 35 €. Sie sind zwar nicht für die Ewigkeit, tun aber ihren Zweck: die Mischpulte der Marken t.mix von Thomann und Behringer.

Zusatzgeräte, die den Sound verbessern

Falls Sie bislang normal mit Mikrofon und externem Aufnahmegerät arbeiten, können Sie auch überlegen, ein Gerät zwischenzuschalten. Dieses kann die Aufnahmequalität verbessern oder Ihnen ermöglichen, verschiedene Einstellungen zu wählen.

Ich habe mir damals zwei Dinge gegönnt, die für mich absoluter Luxus waren: ein kleines Mischpult, damit ich mich fühlen konnte wie im Radiostudio, und einen Channel-Strip Channel One von SPL, den ich gebraucht für wenig Geld bekommen habe. Dazu kamen natürlich ein gutes Mikrofon und ein guter Kopfhörer, bei mir beides von AKG.

Manche Podcaster legen sich auch externe Kompressoren und Equalizer zu. Ob das wirklich nötig ist, sei dahingestellt. Ein guter Kopfhörerverstärker wäre eventuell noch eine Anschaffung wert, vor allem wenn Sie nicht alleine podcasten, sondern noch Gäste zuschalten. Denn durch einen Verstärker kann jeder seine eigene Lautstärke bestimmen.

Aufnehmen mit Kopfhörern

Und genau bei dieser Frage scheiden sich die Podcast-Geister: Kopfhörer oder kein Kopfhörer bei der Aufnahme? Ich bin ein Verfechter von Kopfhörern, ohne geht es nicht. Anhand einiger Beispiele kann ich erklären, warum: Für den Podcast »Tonspur Forschung« habe ich einige Zeit lang Wissenschaftler interviewt. Ich bin zu ihnen in ihre Büros oder Labore gefahren und habe dort vor Ort mit ihnen gesprochen. Das hatte den großen Vorteil, dass die Professoren sich dort heimisch und sicher gefühlt haben und dadurch viel lockerer waren als in einer Studioatmosphäre. Für mich bedeutete das allerdings viele Unwägbarkeiten, was die Tonqualität betraf. Störquellen wie reinfunkende Handys oder knisternde Neonröhren kann ich mit meinen Ohren nicht hören – aber durchaus später auf der Aufnahme. Im schlimmsten Fall ist diese dann unbrauchbar, und ich muss das Interview wiederholen. Also war meine Sicherung der Knopf im Ohr: ein kleiner, unauffälliger Kopfhörer, nur eine Seite benutzt, damit ich mich nicht vom Gegenüber abschirme. Störgeräusche habe ich so trotzdem gehört.

Auch im eigenen Setup zu Hause nehme ich immer mit Kopfhörern auf. Hier ist es wichtig, dass der Kopfhörer am Ende der Signalkette hängt, also wirklich das hört, was auf »Band« aufgenommen wird. Auch hier kann ich hören, wenn ich übersteuere oder ein Brummen oder Knacksen auftritt. So spare ich mir den Ärger, das erst nachträglich festzustellen und die Aufnahme wiederholen zu müssen.

Abbildung 2.11 *Ob groß oder klein: Kopfhörer muss sein! Zumindest bei manchen Podcastern ist das Mithören Pflicht.*

Durch eigene leidvolle Erfahrung kann ich einen weiteren Grund anführen: Wenn Sie einen Kopfhörer benutzen, der beispielsweise direkt in das Aufnahmegerät eingestöpselt ist, hören Sie, falls die Aufnahme zu Ende sein sollte. Bei mir war die Speicherkarte voll und das Gerät hat aufgehört, aufzunehmen. Ich habe aber munter noch eine halbe Stunde weitergeredet, ohne es zu merken. Letztlich müssen Sie aber für sich entscheiden, ob Sie sich mit Kopfhörer(n) wohlfühlen. Es ist vor allem Gewohnheit und eine Frage des richtigen Kopfhörermodells.

Soundboards machen es leicht, Effekte und Musik einzuspielen

Musik und Effekte können Sie zwar ohne Probleme nach der Aufnahme einfügen, aber Sie sparen sich viel Zeit, wenn Sie diese gleich während der Aufnahme zuspielen – und können so sogar darauf reagieren. Dafür gibt es einige Soundboards, also Apps, bei denen Sie in der Vorbereitung Sounds und Musik einspeichern können, die Sie dann auf Knopfdruck »abfeuern« können. Softwarelösungen wie *Zencastr* oder *Ultraschall* (mehr dazu in Kapitel 4, »Die passende Software für Aufnahme, Schnitt und Nachbearbeitung finden«) haben bereits ein integriertes Soundboard. Es gibt aber auch das Soundboard *Sound Byte* (für 39 US$ hier: *http://www.blackcatsystems.com/software/soundbyte.html*) oder die Onlinelösung *Soundboard* (*http://www.soundboard.com/*).

2.6 Von anderen Podcastern lernen: verschiedene Setups

Jeder Podcaster hat zum einen eine andere Aufnahmesituation, zum anderen aber auch meist eine längere Leidensgeschichte hinter sich, was das Equipment angeht. Da wurde schon mehrfach das Mikrofon ausgetauscht, der rauschende Mixer ausrangiert oder das Aufnahmegerät nach fehlgeschlagener Aufnahme zum Teufel gejagt. Ich habe hier fünf verschiedene Podcast-Setups zusammengetragen – als Inspiration und als Rechercheanfang. Ihr eigenes Setup müssen Sie sich dann aber doch selbst zusammenstellen.

Oliver Wunderlich und Ellen Anders im »Morgenradio«-Podcast

Das Paar nimmt jeden Abend eine Episode des »Morgenradio«-Podcasts auf. Dafür wurde speziell eine Ecke eingerichtet, die akustisch gedämmt ist und die nicht jeden Abend extra aufgebaut werden muss. Das Setup wurde folgendermaßen eingerichtet:

Zwei Audio-Technica-AT2020-Kondensatormikrofone (Niere, ca. 100 €) laufen in ein Behringer-XENYX-802-Mischpult (acht Kanäle, ca. 65 €).

Auf einem Tablet liegt das Soundboard (Custom Soundboard Pro, 1,49 € hier: *https://play.google.com/store/apps/details?id=ix.com.android.CustomSoundboardPro&hl=en_US*), über das live Effekte und Geräusche eingespielt werden können. Auch das läuft in das Mischpult. Die Skripte sind ebenfalls auf Tablets, die auf Schwanenhälsen am Mikrofonstativ installiert sind, damit sie nicht gehalten werden müssen.

Dazu tragen beide günstige Hama-HK-5618-Kopfhörer (ca. 10 €), die an einem Millenium-HA4-Kopfhörervorverstärker hängen (ca. 25 €). In den Rechner gelangt das Signal dann über das USB-Audio-Interface Presonus AudioBox SS VSL (ca. 180 €).

Aufgenommen wird mit Audacity (*https://www.audacity.de*). Geplant wird mit »workflowy« (*https://workflowy.com*).

Das Hosting und die Website laufen beim »Morgenradio« über WordPress, den Smart Podcast Player (ab 8 US$ im Monat: *https://smartpodcastplayer.com*) und Blubrry PowerPress (ab 12 US$ im Monat: *https://www.blubrry.com*).

Abbildung 2.12 *Oliver Wunderlich und Ellen Anders in ihrer Sprecherkabine, die nur für das Foto vorne offen, sonst heimelig mit dickem Plüsch verhängt ist.*

Johannes Mueller und Eva Fitzelová im Esperanto-Podcast »kern.punkto«

Die beiden Podcaster Johannes Mueller und Eva Fitzelová sind Meister des mobilen Podcastings. Sie packen ein ganzes Studio für vier Personen in einen kleinen gelben Koffer (siehe Abbildung 2.13) und haben über die Zeit gelernt, worauf es ankommt beziehungsweise welche Fehler unbedingt vermieden werden sollten.

Im Koffer finden sich drei Headsets (Beyerdynamic DT-797 PV, je ca. 300 €). Wenn die mobile Anwendung im Vordergrund steht, ist das etwas kleinere Modell DT-297 eventuell besser geeignet. Wenn sie auf Bühnen podcasten, verwenden die beiden gerne ein Saalmikrofon ähnlich dem Sennheiser E845 (ca. 120 €). Ein Saalmikrofon sollte ein dynamisches Mikrofon sein, kein Kondensatormikrofon. Johannes sagt:

»Neben den drei großen Headsets haben wir noch ein Nackenbügelmikrofon vom Typ Beyerdynamic TG H55c Tan (Anmerkung der Autorin: ca. 130 €) dabei. Das hatte ich mir seinerzeit zum Singen auf der Bühne zum Klavier zugelegt. Wir kombinieren das mit einem preisgünstigen Kopfhörer vom Mediaturn, wenn wir eine vierte Stimme im Podcast haben. Beim Einsatz eines solchen Nackenbügelmikrofons muss man den passenden Speiseadapter haben. Beim Kauf also darauf achten.«

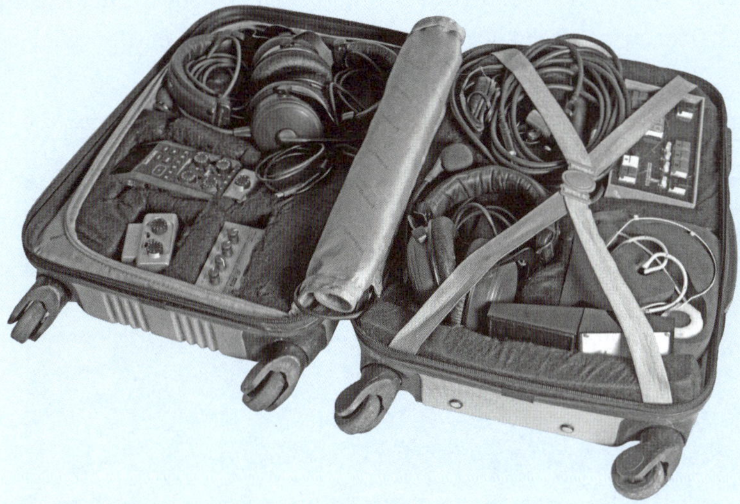

Abbildung 2.13 *Der gelbe Koffer von Johannes und Eva: Hier ist ein ganzes Studio für vier Personen versteckt.*

Aufgenommen wird mit einem Zoom H-6. Der ist klein und kompakt und mit seinen aufsteckbaren Mikrofonen auch dazu geeignet, mal ein Konzert mitzuschneiden. In der deutschsprachigen Podcaster-Szene ist er so eine Art »Goldstandard«. Aber das ist noch nicht alles: Als Kopfhörerverstärker nehmen die beiden den Behringer HA400 (ca. 22 €). Der passt auch in das Köfferchen, in dem der H-6 geliefert wird, wenn man es ganz kompakt braucht. Kopfhörerverstärker sind insofern wichtig, weil dadurch jeder seine eigene Lautstärke des Kopfhörers einstellen kann.

Und noch ein Tipp von den Profis: Den HA400 betreiben sie mit einem USB-nach-12V-Spannungswandler. Dieser sollte jedoch nicht vom Laptop gespeist werden, der auch den H-6 speist, sonst gibt es eine hässliche Brummschleife. Verwenden Sie besser einen USB-Akku. Den DAW-Controller mit Räuspertasten (Mutingbuttons) haben sie selbst entwickelt und gebaut. Schaltpläne und Programmcode finden Sie auf *https://github.com/johannes-mueller/Podregilo*.

Alex Wunschel vom Podcast »Blick über den Tellerrand«

Alex Wunschel gehört zu den Podcast-Pionieren in Deutschland. Er hat sich auf das Thema Marketing spezialisiert und produziert nicht nur seinen »Blick über den Tellerrand« im Homeoffice, sondern auch Unternehmens-Podcasts mit Experteninterviews. Dementsprechend hochwertig ist sein Equipment mittlerweile.

Abbildung 2.14 *Der »PodPimp« Alex Wunschel, wie wir ihn kennen und lieben: nie unauffällig, immer mit Meinung und viel Humor.*

Daheim im »Nymphcastle«, wie er sein Zuhause nennt, hat sich Alex ein Studio mit dem dynamischen Großmembranmikro Heil Sound PR 40 (ca. 440 €) und dem TritonAudio-FetHead-Filter-Signalverstärker (ca. 75 €) eingebaut. Dann geht das Signal über einen Aphex 230 Master Voice Channel (Vorverstärker und Kompressor, nicht mehr verfügbar), damit es besser klingt. Ein AD-Wandler (Audient iD4, ca. 135 €) wandelt das Audiosignal so um, dass das MacBook Pro es versteht. Dort wird dann mit Audio Hijack (59 US$, von Rogue Amoeba, *https://rogueamoeba.com/*

audiohijack) aufgenommen. Jingles spielt Alex heute mit der Farrago-App ein (*https://rogueamoeba.com/farrago*, 35 US$), früher mit dem Soundboard und via iPad. Schnitt und Mastering erfolgen mit Adobe Audition (*https://www.adobe.com/de/products/audition.html*) und dem guten alten Audacity.

Im Büro hat sich Alex Wunschel ebenfalls eine Sprecherkabine eingebaut. Hier ist ein Neumann TLM 103 im Einsatz (ca. 1.200 €), das an einem Focusrite Scarlett 2i2 (AD-Wandler und PreAmp, ca. 120 €) hängt und so direkt in ein MacBook Air führt, an dem mit Audio Hijack aufgenommen wird. Schnitt und Mastering erfolgen auch hier mit Adobe Audition. Wenn der PodPimp mal mobil unterwegs ist, packt er zwei Røde Procaster (ca. 150 €) ein und nimmt diese mit einem Olympus-LS-100-Rekorder auf (ca. 290 €, siehe Abbildung 2.15).

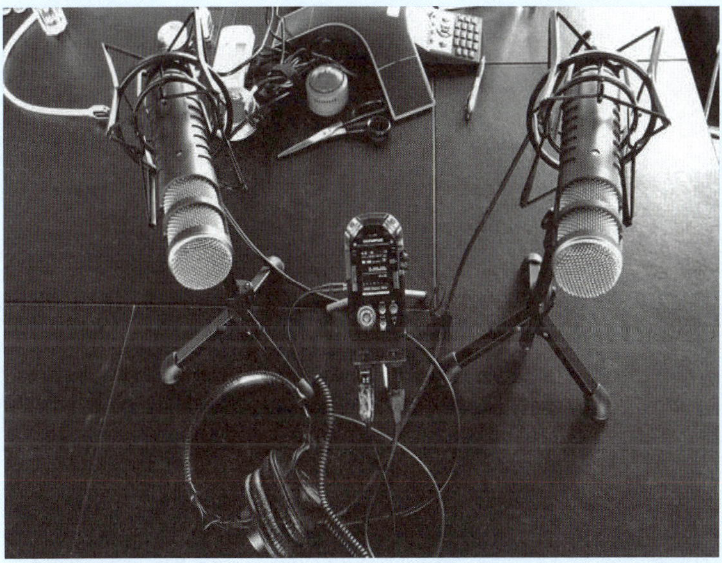

Abbildung 2.15 *Klein und leicht: das mobile Setup von Alex Wunschel mit zwei Mikros und einem MP3-Rekorder*

Marc Marons Podcast-Garage für »WTF«

Marc Maron, der schon Präsident Barack Obama zu Gast hatte und regelmäßig Hollywood-Größen interviewt, verwendet als alter Radio-Hase das Shure-SM7B-Mikrofon (ca. 370 €, siehe Abbildung 2.8). Aufgenommen wird am Mac Mini mit der mitgelieferten Software GarageBand. Als Mischpult verwendet Maron einen

Samson MDR6, der mittlerweile nicht mehr verkauft wird. So kann er die Stimmen seiner Gäste einfach und unauffällig pegeln.

Mein eigenes Setup für »Slow German«

Ich nehme einmal pro Monat vier Folgen »Slow German« auf. Diese sind geskriptet und werden vom Handy-Display abgelesen, das auf einem Schwanenhals montiert ist. Ich spreche in ein AKG-C214-Großmembranmikrofon (ca. 266 €) und höre mich über einen AKG-K240-Kopfhörer (ca. 55 €). Das Mikrofon läuft durch einen Channel One von SPL (gebraucht ca. 520 €) in mein Aufnahmegerät, den Sony PCM-M10 (nicht mehr lieferbar). Später bearbeite ich die Files ganz simpel am Mac mit Audacity und Auphonic.

Abbildung 2.16 *Das Setup von »Slow German« – es hat schon Tradition, dass im Schrank aufgenommen wird. Dort klingt es am besten!*

Zum Podcast gehört eine WordPress-Seite, die mit dem Smart Podcast Player und mit MemberPress (*http://memberpress.com*) ausgestattet ist. MemberPress ist ein Plug-in, das dafür sorgt, dass Teile der Seite nur für Abonnenten zugänglich sind. Das Hosting liegt auf einem geteilten all-inkl-Server, ändert sich aber immer mal wieder.

Kapitel 3

DIE (MÖGLICHST) PERFEKTE AUFNAHME

Sie möchten an der frischen Luft ohne Windgeräusche podcasten? Oder bleiben Sie lieber in Ihrem Wohnzimmer, aber da rauscht es? In diesem Kapitel bekommen Sie Tipps, damit die Aufnahme gut klingt.

Natürlich wäre es schön, wenn Sie ein eigenes Studio hätten. Ein perfekt gedämmtes kleines Refugium, in dem Ihr Mikrofon Tag und Nacht nur darauf wartet, dass Sie einen Podcast aufnehmen möchten. Wo Sie sofort loslegen können, wenn Sie das Podcast-Fieber packt, ohne langes Aufbauen und Umstöpseln. Diesen Traum vom eigenen Profistudio werden sich die wenigsten Podcaster erfüllen können, aber Sie werden dennoch ein Setup finden, das für Sie perfekt ist.

Je nachdem, was für eine Art von Podcast Sie aufnehmen möchten, gibt es verschiedene Szenarien und damit verbunden auch spezifische Probleme, die auftauchen können.

3.1 Die Tücken der Aufnahme im eigenen Zuhause

Am einfachsten ist es, wenn Sie in Ihren eigenen vier Wänden aufnehmen. Damit wird die Hürde sehr niedrig, wirklich regelmäßig zu podcasten, denn Sie müssen nicht extra irgendwo hinfahren, sondern lediglich die Tür hinter sich schließen, bevor Sie loslegen.

Sobald Sie alles eingerichtet haben, wird die Aufnahme in Ihrem Zuhause auch eine große Freude sein – bis dahin kann es aber noch ein wenig dauern. Nehmen Sie sich Zeit dafür, die perfekte Umgebung für Ihre Aufnahmen zu finden und sich alles so einzurichten, dass Sie sich wohlfühlen und es gut klingt.

So machen's die anderen

Marc Maron zeichnet seinen Podcast »WTF« in seiner Garage auf, einem vollgestellten kleinen Raum. An den Wänden stehen Bücherregale, die sich unter der Last der vielen Bücher biegen. Dazwischen liegen viele kleine Souvenirs und Musikinstrumente. Dinge aus Marcs Vergangenheit. Kitsch. Tand. Aber das Wichtige ist: Hier fühlt er sich sicher und wohl. Hier lässt er seinen Blick schweifen lassen und findet Ideen für neue Gesprächsthemen. Das kann keine Radiostudioatmosphäre schaffen. Und die Gäste haben das Gefühl, ins Allerheiligste ihres Gastgebers vorgelassen zu werden – ein Vertrauensbeweis.

Für die Aufnahme im eigenen Zuhause oder Büro gilt: Sie können zwar das aufgenommene Material später am Computer nachbearbeiten und dort beispielsweise gleichbleibendes Rauschen entfernen, aber das sollte immer nur eine Notlösung sein. Das Ziel für jeden Podcaster und Radiomenschen ist, von Beginn an eine möglichst gute Aufnahme im Kasten zu haben, an der später kaum noch etwas gemacht werden muss. Martin Bauer, Audio Producer bei Bayern 3 und Podcast-Experte, hat mir verraten, wie es eine alte Tontechnikerweisheit prägnant zusammenfasst: Shit in, Shit out!

Tipp aus der Podcast-Praxis

Und Action! Ganz so einfach ist es nicht, denn eine Aufnahme kann durchaus auch mal etwas verschlucken. Drücken Sie daher erst auf »Record« und zählen Sie dann bis drei, bevor Sie mit der Aufnahme loslegen! Sonst kann es passieren, dass der Anfang Ihres Podcasts fehlt, weil das Aufnahmegerät noch nicht in die Gänge gekommen war.

Finden Sie den richtigen Raum

Sehen Sie sich in Ihrer Wohnung oder Ihrem Haus um. Welcher Raum eignet sich besonders gut für die Aufnahme? Ein kleiner Tipp: Bad und Küche sind es nicht. Suchen Sie sich einen Raum, der möglichst klein ist. Auch von draußen sollten kaum Geräusche hereinkommen; besser ist also ein Raum, der zum Hinterhof statt zur Straße führt. Gut ist ein Raum, der möglichst wenige glatte Flächen – also wenige Glasfenster, keinen Fliesenboden, keine Schrankwand –, dafür am besten einen dicken Flauschteppich und dicke Vorhänge hat. Klar, einen Raum, der all diesen Voraussetzungen entspricht, hat wohl keiner von uns. Aber suchen Sie den Raum in Ihrer Wohnung, der dem am Nächsten kommt.

In meinem Fall war das immer der begehbare Kleiderschrank oder besser gesagt eine Besenkammer (siehe Abbildung 3.1). Hier gab es kein Fenster, der Raum war winzig und es gab viele Textilien – meine Kleider. Bei der Aufnahme habe ich noch eine Decke auf den Boden gelegt, damit auch dieser nicht zu glatt war. Und schon klang das Ganze so gut, dass es auch im Radio gesendet werden konnte. Alternativ können Sie auch einen Kleiderständer mit Wäsche aufstellen, das verbessert den Klang auch schon merklich.

Abbildung 3.1 *Podcasten im Schrank: Dort gibt es viele Textilien und wenige glatte Oberflächen (Foto: Mathias Vietmeier).*

Bereiten Sie den Raum für die Aufnahme vor

Jetzt wird das ausgesuchte Zimmer zum Studio. Räumen Sie Ihr Aufnahme-Equipment hierher. Überlegen Sie, was Sie alles brauchen (siehe Kapitel 2, »Los geht's – erst mal einkaufen!«). Versuchen Sie, möglichst wenige Kabel zu verlegen und keine unnötigen Geräte herumstehen zu haben. Alles sollte übersichtlich sein und ohne Schnickschnack auskommen, denn: Was nicht unbedingt nötig ist, könnte später bei der Aufnahme sogar stören, weil z. B. Geräusche entstehen, die nicht gewollt sind. Dazu später mehr. Machen Sie sich wie ein Pilot eine kleine Checkliste, damit Sie nichts vergessen.

Checkliste vor der Aufnahme

- Schließen Sie die Tür.
- Falls vorhanden: Ziehen Sie die Vorhänge zu.
- Bei Parkett- oder Fliesenboden: Legen Sie eine Decke auf den Boden.
- Schalten Sie elektrische Geräte aus beziehungsweise ziehen Sie den Stecker: Zimmerspringbrunnen, Funktelefone, Mikrowelle etc.
- Falls sie am Computer aufnehmen: Schließen Sie alle Programme, die Sie nicht unbedingt für die Aufnahme brauchen, und schalten Sie die Systemtöne aus. Achten Sie auch darauf, dass Ihr Computer nicht eventuell mitten in der Aufnahme damit beginnt, Softwareupdates zu starten.
- Falls Sie mit einem Smartphone oder Tablet arbeiten, schalten Sie es unbedingt auf Flugmodus, um bei der Aufnahme nicht gestört zu werden.
- Falls Sie das WLAN nicht unbedingt brauchen, schalten Sie es aus.
- Falls es im Zimmer nur Neonröhren gibt, schalten Sie diese aus und nutzen Sie stattdessen eine kleine Schreibtischlampe oder Ähnliches.
- Falls im Zimmer ein Schrank steht, öffnen Sie dessen Türen; das ist besser als eine geschlossene Schrankwand.
- Checken Sie das Aufnahmemedium: Ist noch genug Platz auf der Speicherkarte oder Festplatte?
- Weg von der Technik, hin zum Inhalt: Haben Sie Ihre Notizen dabei oder wissen Sie, worüber Sie heute sprechen möchten? Falls Ihre Notizen auf einem elektronischen Gerät vorliegen (wir möchten schließlich alle Papier sparen): Hat dieses Gerät noch genügend Akkulaufzeit?

Ich kann mir vorstellen, dass Ihnen das wie übertriebener Aberglaube vorkommt. Wenn Sie nicht glauben, dass diese Maßnahmen etwas an der Aufnahmequalität verändern, machen Sie folgendes: Lassen Sie das Mikrofon aufzeichnen, was Sie tun. Sprechen Sie mit: »So klingt es am Anfang«. Dann schließen Sie die Tür und den Vorhang und sprechen wieder: »So klingt es mit geschlossener Tür und zugezogenem Vorhang«. Und so weiter. Sie werden merken, dass sich der Klang der Aufnahme verändert.

Warum das alles? Ein Tontechniker würde sagen: »Da ist Raum drauf.« Ihr gesprochener Ton breitet sich im Zimmer aus und wabert dann sozusagen darin herum. Je größer der Raum, je mehr glatte Flächen, desto mehr wird der Ton zurückgeworfen und nicht verschluckt. Es entsteht »Raum«, und das wird als störend empfunden. Im schlimmsten Fall hallt es sogar; daher ist z. B. das gekachelte Badezimmer keine gute Wahl.

Abbildung 3.2 *Nichts für Menschen, denen es in engen Räumen ohne Fenster nicht gefällt: Die Sprecherkabine von Alex Wunschel. Decke und Wände sind mit Akustikschaumstoff verkleidet – dem Klang zuliebe.*

Wenn es ganz schlimm ist, können Sie Akustikschaumstoff (auch Akustik-Absorber oder Noppenschaumstoff genannt, siehe Abbildung 3.2) kaufen und an den Wänden anbringen. Das ist nicht hübsch, aber wirkungsvoll. Sie kennen diesen Schaumstoff sicher aus Filmen über Radiosender: Meist sind das graue, dicke Schaumstoffbahnen, die mit pyramidenförmigen Noppen überzogen sind. Diese sorgen dafür, dass der Schall nicht auf eine glatte Wand trifft, sondern auf eine Wand mit vielen Unebenheiten, was optimal für guten Klang ist. Günstiger als dieser Akustikschaumstoff sind dicke Vorhänge, beispielsweise aus Molton.

Da das Auskleiden mit Vorhängen oder Schaumstoff recht aufwendig ist, kann es sinnvoll sein, sich eine Ecke des Raumes auszusuchen, dort alles herzurichten und diese Ecke dann genau so zu belassen, anstatt jedes Mal neu aufzubauen. Das senkt auch die Hemmschwelle, eine neue Episode aufzunehmen. Wenn Sie erst die Technik aufbauen und einpegeln müssen, dauert es viel zu lang, bis Sie mit der eigentlichen Aufnahme beginnen können. Sie werden nach der anfänglichen Euphorie immer seltener Lust haben, eine neue Episode aufzuzeichnen. Viel schöner und praktischer ist es, wenn alles fertig ist und auf Sie wartet.

Es gibt im Internet eine Menge Bauanleitungen für Sprechkabinen. Diese hier kostet alles in allem rund 1.500 €, der Bau wird mit Videos dokumentiert: *https://www.bonedo.de/artikel/einzelansicht/sprachkabine-im-eigenbau.html*.

Der richtige Abstand zum Mikrofon und die Einstellungen

Einer der häufigsten Fehler von Anfängern ist der falsche Abstand zum Mikrofon. Bei der Aufnahme sollten Sie auf keinen Fall zu weit weg vom Mikro sein, denn dann klingen Sie auch so, als würden Sie weit weg sitzen – und Sie geben dem Raumklang den Vortritt. Je halliger der Raum, je größer die Nebengeräusche, desto näher sollten Sie ans Mikrofon gehen!

Tipp aus der Praxis

Manchmal werden Sie merken, dass leise Schmatzgeräusche auf der Aufnahme sind. Aber wo kommen diese her? Zum einen von der zu trockenen Mundschleimhaut – halten Sie also ein Glas (stilles) Wasser parat und befeuchten Sie immer wieder Ihren Mund. Wer es ganz genau nimmt, kann auch einen Lippenpflegestift verwenden, denn auch die Lippen sind manchmal zu trocken und fangen dann an, Nebengeräusche zu produzieren. Amerikanische Podcaster empfehlen gerne, dass sich die männlichen Exemplare vor der Aufnahme rasieren sollten, damit die Bartstoppeln nicht am Mikro schaben, aber so nah sollten Sie sowieso nicht ans Mikro heran.

Zwei Tipps noch, was Getränke angeht: Sie sollten vor oder während Ihrer Aufnahme keine Getränke mit Kohlensäure trinken. Warum, versteht sich von selbst, oder? Weniger verbreitet ist das Wissen um Milch: Milch sorgt dafür, dass Sie eine belegte Stimme haben und sich eventuell häufiger räuspern müssen. Verzichten Sie vor der Aufnahme also auf Milchkaffee und Müsli.

Oliver Bertram, Podcast-Urgestein (»Couchpotatoes«) und Hörbuchregisseur, geht noch einen Schritt weiter. Er sagt: »Es geht auch um das Essen! Also kein Käsebrötchen vor der Aufnahme und kein Salami-Baguette, sonst hat man viel zu viel Spucke im Mund«. Und: »Zwölf Stunden vor dem Sprechen lieber keine Dinge essen, bei denen der Magen rebellieren könnte, also stark gewürztes indisches Essen zum Beispiel. Sonst hört man auf der Aufnahme nur noch Geglugger.«

Falls die Stimme versagt oder kratzig beziehungsweise belegt ist oder Sie gerade eine Erkältung haben, können Sie in der Apotheke nachfragen. Es gibt Lutschbonbons, die der Stimme guttun (beispielsweise Islamoos oder GeloMyrtol Revoice), und natürlich auch einige Tees, die die Stimme ölen.

Zehn bis 15 cm Abstand zum Mikrofon sind meist genau richtig (siehe Abbildung 3.3). Strecken Sie Daumen und kleinen Finger weit aus – genau diese Spanne sollte (je nach Mikrofon) zwischen Ihren Mund und das Mikrofon passen. Auch hier bietet es sich an, Tests aufzunehmen.

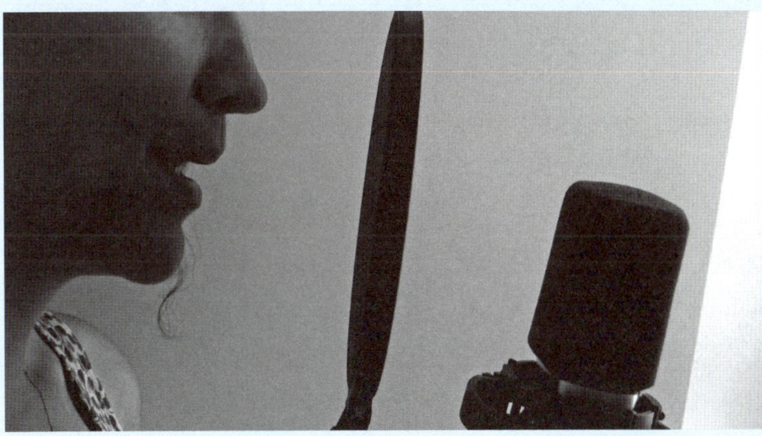

Abbildung 3.3 *Der perfekte Sprechabstand ist wichtig, sonst ist zu viel Raum auf der Aufnahme und es hallt.*

Lassen Sie die Aufnahme laufen, und gehen Sie in fünf-Zentimeter-Schritten weiter weg vom Mikro. Kommentieren Sie genau das auf der Aufnahme. Anschließend hören Sie sich die Aufnahme an, und finden Sie so den für Sie und Ihr Mikro perfekten Abstand. Das müssen Sie natürlich nicht jedes Mal machen. Merken Sie sich einfach den richtigen Abstand, und halten Sie ihn auch in Zukunft ein.

Im nächsten Schritt starten Sie die Aufnahme. Pegeln Sie sich ein. Reden Sie so, wie Sie später im Podcast auch sprechen werden. Bedenken Sie, dass Sie vielleicht auch mal lachen und dadurch lauter werden. Lachen Sie also einmal kurz künstlich auf. Keine Sorge, Sie sind alleine, niemand hört Sie. Nun steuern Sie die Aufnahme so aus, dass sie nicht im roten Bereich landet. Blicken Sie dafür, während Sie sprechen (oder lachen), auf Ihr Aufnahmegerät (sei es mobil, ein Computer oder sonst eine Art von Rekorder, siehe Abbildung 3.4). Behalten Sie dabei den Pegel im Blick. Das ist meist eine Skala von mehreren dB links und rechts der Null. Versuchen Sie, gerade gut unter der Null zu bleiben.

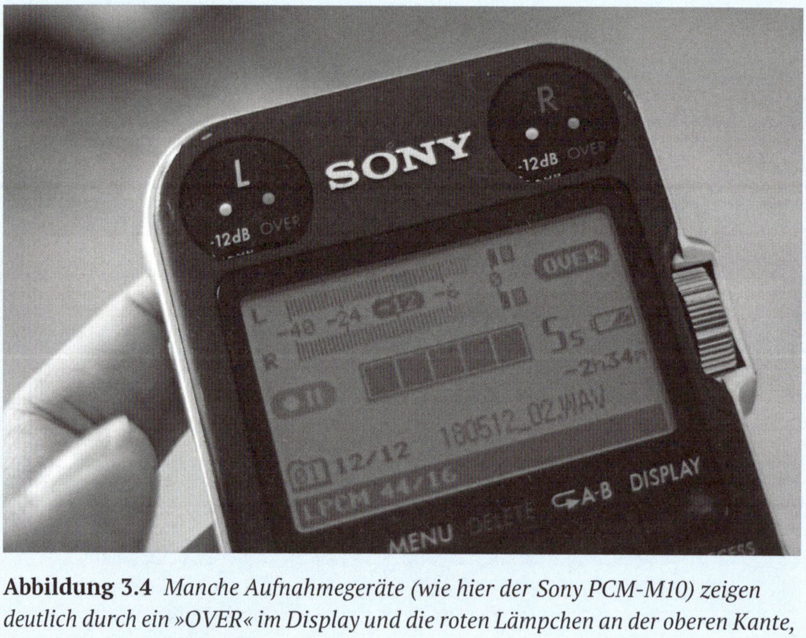

Abbildung 3.4 *Manche Aufnahmegeräte (wie hier der Sony PCM-M10) zeigen deutlich durch ein »OVER« im Display und die roten Lämpchen an der oberen Kante, dass die Aufnahme übersteuert ist.*

Haben Sie diese Einstellung gefunden, gehen Sie lieber noch etwas weiter nach unten – sicher ist sicher, denn in der Aufregung sprechen Sie vielleicht doch etwas lauter. Zu laute Geräusche können Sie später nicht retten; die Aufnahme ist an dieser Stelle übersteuert und somit nicht zu gebrauchen. Zu leise Stellen können Sie in Maßen allerdings gut später noch anheben.

Gönnen Sie Ihrem Mikrofon das nötige Zubehör

Wenn Sie recht nah am Mikrofon sind, werden Sie feststellen, dass manche Buchstaben nervige Nebengeräusche produzieren. Das sind die Buchstaben »P« oder »T«, also genau die, bei denen viel Luft im Spiel ist. Diese Luft prallt auf die zarte Membran des Mikrofons und verursacht Störgeräusche, die Sie leider auch in der späteren Bearbeitung nicht mehr ganz entfernen können. Damit das nicht passiert, muss die Luft vor dem Mikrofon abgefangen werden. Dafür sorgen entweder die Schaumstoffaufsätze, die oft schon passend zum Mikrofon mitgeliefert werden, oder ein sogenannter *Poppschutz* (siehe Abbildung 3.5). Das ist ein Rahmen, der mit feinem Stoff bespannt ist. So einen Poppschutz können Sie sich aus einer Nylonstrumpfhose selber basteln – Anleitungen dafür gibt es im Internet – oder natürlich auch kaufen.

Abbildung 3.5 *Der Poppschutz verhindert, dass Luft an das empfindliche Mikrofon kommt. Die Aufhängung in einer Mikrofonspinne hilft gegen Erschütterungen.*

Viele Mikrofone sind sehr empfindlich, daher mögen sie auch keine Vibrationen. Trittschall ist das eine Problem, aber auch kleine Erschütterungen wie das Tippen auf einer Tastatur können zu hören sein, wenn das Mikrofon auf dem gleichen Tisch steht wie die Tastatur. Dagegen hilft eine Mikrofonspinne. In diesen Ring ist das Mikrofon mit Gummibändern eingespannt – es schwebt also, anstatt fest montiert zu sein. So fangen die Bänder die Erschütterung ab, anstatt sie ans Mikrofon weiterzugeben. Am besten ist es also, wenn Sie ein Stativ haben, an dem das Mikrofon in einer Spinne angebracht ist. So landet wirklich nur Ihre Stimme im Mikro und nicht jedes Nebengeräusch. Mehr Informationen zum Zubehör beim Podcasting erhalten Sie in Kapitel 2, »Los geht's – erst mal einkaufen!«.

Hilfe, es brummt! Was kann ich tun?

Ein häufiges Problem bei der Einrichtung eines neuen Podcast-Setups ist die Brummschleife. Irgendwo hat sich ein Brummen eingeschlichen, das konstant auf jeder Aufnahme zu hören ist. Das ist äußerst lästig – und oft leider auch äußerst schwer zu beheben. Manchmal aber sind es Kleinigkeiten, die das Brummen verursachen. Versuchen Sie Folgendes:

- Ist irgendwo in Ihrer Nähe ein Netzteil im Einsatz? Versuchen Sie, es zu entfernen. Wenn es für die Aufnahme nötig ist, überlegen Sie, ob Sie es durch Batterien oder ein anderes Netzteil ersetzen können.
- Verwenden Sie eventuell billige, schlecht abgeschirmte Kabel? Wenn ja, tauschen Sie diese aus.
- Versuchen Sie, alle elektronischen Geräte, die Sie für die Aufnahme brauchen, aus der gleichen Steckdose zu speisen; mit Mehrfachsteckdosen geht das ohne Probleme.
- Ziehen Sie Kabel ab, die nichts mit Ihrer Aufnahme zu tun haben, beispielsweise das Antennenkabel des Fernsehers oder die Ladestation für das Telefon.
- Gibt es Kabel, die sich kreuzen? Versuchen Sie, das zu vermeiden und Kabel in nötigem Abstand voneinander auszulegen.

Noch eine gute Nachricht zum Brummen: Meist hilft gegen das Brummen, einen sogenannten Massefilter (»galvanische Trennung«) in die Signalkette einzubauen. Das ist ein kleines Kabel mit einem dicken Zwischenteil, das es schon für ca. 15 € im Handel zu kaufen gibt.

Hilfe gibt's im Forum

So lästig all diese Probleme sind, Sie können sich sicher sein: Andere kämpfen mit genau den gleichen Tücken! Daher gibt es in Internetforen auf viele Fragen gute Antworten. Als Podcast-Forum in Deutschland hat sich das Sendegate-Forum etabliert: *https://sendegate.de*. Es gibt übrigens auch das schöne System der Podcastpat:innen: Das sind erfahrene Podcaster, die Anfänger beraten und diesen helfen. Zu erreichen sind sie unter *podcastpatinnen@das-sendezentrum.de*.

3.2 Aufnahmen im Freien

Sie planen einen Reise-Podcast oder möchten gerne Interviews bei einem gemütlichen Spaziergang führen? Dann wird Ihr größter Feind der Wind sein. Nehmen Sie sich einen guten Kopfhörer mit, damit Sie während der Aufnahme hören, falls es problematische Windgeräusche gibt. Versuchen Sie, das Mikrofon vor dem Wind zu schützen. Das geht natürlich am einfachsten durch einen Überzug aus Schaumstoff oder einen »Puschel«, also einen plüschig wirkenden Überzieher mit langen Haaren, die den Wind nicht an das Mikrofon lassen. Tontechniker nennen dieses Zubehör *tote Katze*.

Manchmal ist das allerdings nicht genug. Dann müssen Sie kreativ werden: Öffnen Sie Ihre Jacke und halten Sie eine Jackenhälfte vor das Mikrofon, damit dieses geschützt ist. Drehen Sie sich mit dem Körper gegen den Wind, und werden Sie so selbst zum Windbrecher. Wenn es gar nicht anders geht, müssen Sie sich in Torbögen oder hinter Hauswände flüchten. Es soll schon Podcaster gegeben haben, die sich bei Wind in die kleinen Holzhäuschen auf Spielplätzen geflüchtet haben ...

Christian Möller ist Journalist, Moderator und Podcaster aus Berlin. In seinem Podcast »Durch die Gegend« (*https://viertausendhertz.de/durch-die-gegend*, siehe Abbildung 3.6) beim Label Viertausendhertz interviewt er Menschen – aber nicht im Studio, sondern unterwegs. »Die guten Gedanken kommen im Gehen«, so die Idee dahinter. Möller ist daher absoluter Experte, was die Aufnahme im Freien angeht, und ist nie ohne Windschutz unterwegs.

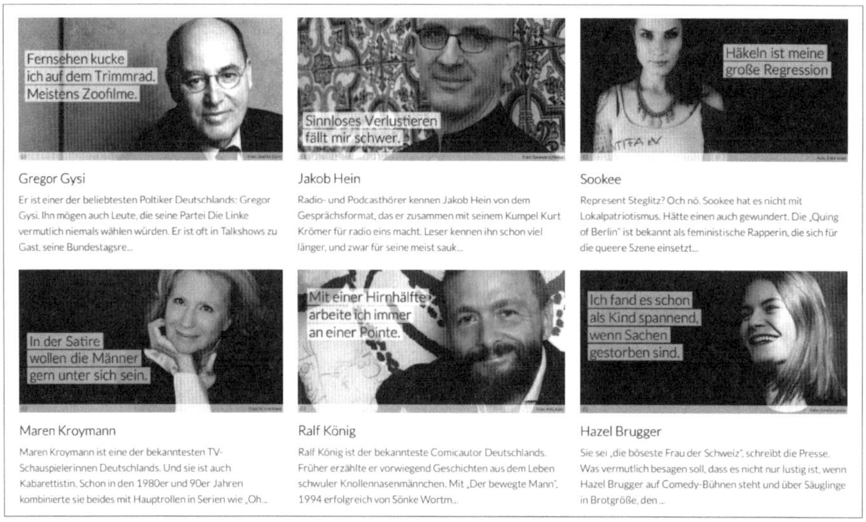

Abbildung 3.6 *Verschiedenste Menschen bekommt Christian Möller vor sein Mikrofon. Statt gemütlich im Studio zu sitzen, geht er mit ihnen nach draußen.*

Draußen gibt es zwei Möglichkeiten, gute Aufzeichnungen zu machen: entweder mit einem Headset beziehungsweise mit Ansteckmikrofonen oder mit einem Handmikrofon. Christian Möller sagt dazu:

> *»Bei einem Headset oder bei Ansteckern kann man besonders gut kontrollieren, dass die Stimme relativ direkt auf das Mikrofon trifft, und wenn man am Anfang beide Gesprächspartner sorgfältig auspegelt und die Mikros nicht verrutschen, bleibt das Ganze ja auch ungefähr gleich. So hätte man beide Stimmen gleichmäßig aufgezeichnet.«*

Der Nachteil bei diesem Setup ist, dass man entweder eine digitale Funkstrecke (gibt es inzwischen bezahlbar, aber ganz billig ist das auch nicht) oder zwei Aufnahmegeräte benötigt, eines für jeden Gesprächspartner. Dann ergibt sich aber wieder das Problem, dass Rekorder nie exakt dieselbe Laufgeschwindigkeit haben: Die Aufnahmen laufen zeitlich leicht auseinander. »Das in der Postproduktion zu synchronisieren, ist eine Heidenarbeit, zu der ich niemandem raten kann, zumal dann nicht, wenn das Podcast-Format länger als 30 Minuten dauern soll«, so Christian Möller.

Aus diesen Gründen verwendet Christian Möller ein externes Handmikrofon, also ein klassisches Reportermikrofon, und bewegt es zwischen dem Gast und sich hin und her:

»Die Stimmen sind dann nicht immer völlig gleichmäßig, es erfordert auch ein bisschen Übung, mal einen kleinen Einwurf zu machen, da man dem Gesprächspartner das Mikrofon wegziehen muss. Aber insgesamt ist das für mich bisher die beste Lösung.«

Das nächste Problem bei der Aufzeichnung im Freien ist, dass es viele Unwägbarkeiten gibt. Es können mitten im besten Zitat Geräusche auftreten, die man dort eigentlich nicht haben möchte: eine Kaffeemaschine, einen Motorroller, ein schreiendes Kind. Was tun? Christian Möller empfiehlt für solche Fälle:

»Möglichst transparent damit umgehen, würde ich sagen. Das fällt mir leicht, da ich mir mit ›Durch die Gegend‹ ein Format gewählt habe, bei dem die unterschiedlichen Atmos zum Konzept gehören. Ich will, dass da auch mal ein Auto durch die Antwort fährt. Ich denke, wenn das im Ganzen inhaltlich motiviert ist, stört die Hörer das auch nicht – das ist zumindest das Feedback, das ich bekomme. Was man nicht machen kann: Audio aus sehr stark unterschiedlichen Atmos/Umgebungen einfach zusammenfügen, ohne dass das auffällt. Eine Möglichkeit ist dann, mit Brüchen zu arbeiten und Musik zwischen einzelne Takes zu setzen. Oder aber, wenn der Wechsel nicht ganz so stark ist – also eher leise Straße/laute Straße –, dann kann man z. B. ein Auto oder Moped durchfahren lassen und dabei mit Blenden arbeiten, um einen Übergang zu schaffen.«

Wer im stillen Kämmerlein podcastet, hat seine Ruhe. Da kommt niemand vorbei und guckt komisch, weil ein Mikrofon im Zimmer ist. Draußen kann das durchaus passieren:

»Ja, die Leute gucken oft, daran muss man sich einfach gewöhnen. Denn: Sie gucken auch nur. Meist gucken sie schnell wieder weg, weil ihnen das auch etwas peinlich ist. Einfach ostentativ zurückgucken und lächeln. Außer von ein paar präpubertierenden Jungs, die dann komischerweise IMMER fragen, ob es Fernsehen ist, obwohl doch nirgends Kameras zu sehen sind, bin ich noch nie richtig gestört worden. Entweder ist das dann lustig und man lässt es drin oder es erledigt sich im Schnitt.«

Zurück beim technischen Know-how erklärt Christian Möller, man solle sich gut überlegen, ob man Umgebungsgeräusche mit auf der Aufnahme haben will oder lieber nicht. Wenn ja, sollte man am besten ein Mikrofon mit Kugelcharakteristik verwenden; dieses nimmt den Schall aus allen Richtungen gleichmäßig auf. Wenn lieber nicht, sollte lieber eine Niere oder ein Shotgun-Mikrofon eingesetzt werden, das stark auf die Schallquelle gerichtet ist (Richtmikrofon).

Beim Aufnahmegerät arbeitet er mit dem Low-Cut-Filter, der die tiefen Frequenzen wie Rumpelgeräusche vom Kabel außen vor hält. Am besten probieren Sie vorher mal etwas herum, damit Sie ein Gefühl für die Unterschiede bekommen.

3.3 Hilfe, nicht alle Teilnehmer sind am selben Ort!

Sie möchten Interviews mit Experten führen, die am anderen Ende Deutschlands oder gar der Welt sitzen? Oder Sie möchten einen Laber-Podcast machen mit Freunden, die längst in alle Windrichtungen verstreut leben? Das ist an sich kein großes Problem, erfordert aber eventuell mehr Zeit in der Nachbearbeitung. Es gibt einige Grundregeln, damit Sie ein möglichst gutes Ergebnis erzielen:

- Nutzen Sie nicht das eingebaute Mikrofon Ihres Computers. Es ist zum einen nicht gut genug, zum anderen sitzen Sie in der Regel zu weit davon entfernt. Schließen Sie also wenn möglich ein USB-Mikrofon an. Wählen Sie dieses auch als Soundquelle aus, sonst kann es passieren, dass trotz angeschlossenem Mikro doch das interne verwendet wird.
- Benutzen Sie bei der Aufzeichnung unbedingt Kopfhörer. So sind die Spuren sauber voneinander getrennt, und es gibt keine Echos. Sie können auf diese Art auch später leichter etwas schneiden, weil jeder Teilnehmer auf seiner eigenen Spur aufgezeichnet ist.
- Versuchen Sie unbedingt, die Software so einzurichten, dass jeder Teilnehmer auf einer eigenen Spur aufgezeichnet wird. Auf diese Weise können Sie in der Nachbearbeitung Störgeräusche leichter beseitigen.
- Vermeiden Sie, während der Aufzeichnung zu tippen oder andere Geräusche zu machen, solange der andere Teilnehmer spricht. Das sollte bei der Aufzeichnung eines Podcasts ohnehin selbstverständlich sein, allein schon des Respekts wegen und weil Sie aufmerksam zuhören sollten, wenn Ihr Gegenüber spricht. Falls Sie es doch tun müssen, schalten Sie Ihr Mikrofon auf stumm. Vergessen Sie aber nicht, es rechtzeitig wieder einzuschalten!
- Falls Sie die Wahl zwischen WLAN und LAN haben, sollten Sie unbedingt auf die Kabelvariante setzen. Diese ist in der Regel doch verlässlicher und schneller als das Gefunke zwischen einer Basisstation und Ihrem Rechner. Außerdem kommt es auch zu weniger Störgeräuschen.

Skype durch Aufzeichnungssoftware aufrüsten und die Alternative Discord

Es gibt verschiedene Möglichkeiten, verschiedene Stimmen aufzuzeichnen. Weit verbreitet und in der Grundversion kostenlos ist natürlich Skype als Telefon-Ersatz (*https://www.skype.com/de/get-skype*). Seit der Version 8 der Software ist es nun endlich möglich, Anrufe direkt in der Software aufzuzeichnen (siehe Abbildung 3.7). Dazu genügt während eines Anrufes ein Klick auf das »+«-Zeichen rechts unten. Hier ist die Aufnahmefunktion versteckt. Der oder die Gesprächspartner werden automatisch durch einen kurzen Text über die Aufzeichnung informiert, damit es nicht zu rechtlichen Problemen kommt – mehr dazu in Kapitel 10. Nach der Aufnahme kann diese einfach heruntergeladen werden.

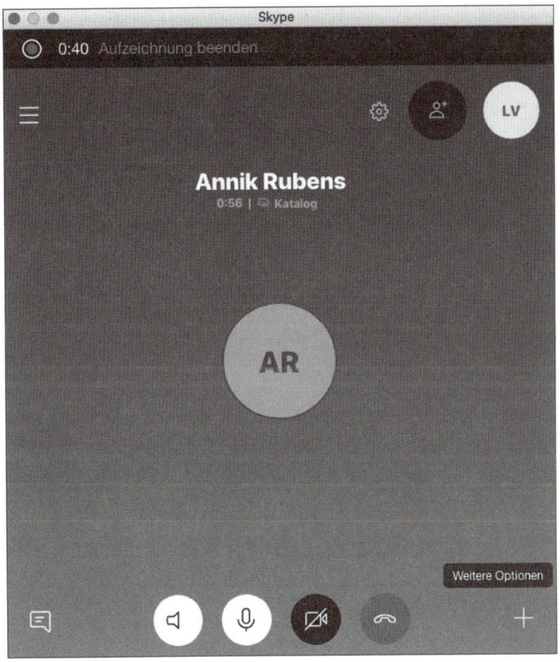

Abbildung 3.7 *Rechts unten auf das »+« geklickt, schon ist die Aufzeichnung möglich. Der Status der Aufnahme wird ganz oben angezeigt und kann auch hier wieder gestoppt werden.*

Verschiedene Software-Lösungen machen es ebenfalls möglich, Skype-Calls aufzuzeichnen. Für den Mac hat sich der »Call Recorder for Skype« (*http://www.ecamm.com/mac/callrecorder*, kostenlose Testversion, dann ca. 40 Dollar, siehe Abbildung 3.8) durchgesetzt, auf der Windows-Plattform nutzen viele »Pamela«

(*http://www.pamela.biz/de*, nach Test ca. 15 Euro). Weitere kompatible Lösungen sind hier aufgelistet: *https://support.skype.com/en/faq/FA12395/how-can-i-record-my-skype-calls*.

Abbildung 3.8 *Per Skype telefonieren, mit dem Call Recorder aufzeichnen – fertig ist der Podcast.*

Falls Sie mit Skype und Ultraschall aufnehmen möchten, gibt es eine Besonderheit: Hier können Sie die Schaltung so aufbauen, dass Sie auch ohne Mischpult und Kabel eine N-1-Schaltung hinbekommen. Diese sorgt dafür, dass es bei der Aufnahme keine Rückkopplungsschleife gibt. Aber jeder Teilnehmer hört auch, was der andere sagt. Vor allem ist wichtig, dass hier Sounds aus dem Soundboard von beiden Teilnehmern gehört werden können, während die Aufnahme läuft. So können beispielsweise Höreranrufe auf dem Anrufbeantworter eingespielt werden, auf den dann beide Gesprächspartner Bezug nehmen.

Aufgebaut ist die Schaltung so, dass Sie selbst alle Spuren hören, also die eigene Stimme, die Geräusche aus dem Soundboard und Ihren Gesprächspartner (bezeichnet als N). Ihr Gesprächspartner bekommt ebenfalls diese Spuren zugeschickt, außer natürlich die seiner eigenen Stimme (N-1). Denn wenn diese zeitversetzt zu ihm zurückkäme, würde ein lästiges Echo entstehen, das die Sprechenden leicht aus dem Konzept bringt.

Mittlerweile schwenken übrigens viele Podcaster um – sie benutzen nicht länger Skype, sondern Discord (*https://discordapp.com*). *Discord* (siehe Abbildung 3.9) wurde 2015 in San Francisco gestartet und richtet sich vor allem an Gamer. Sie können hier den kostenlosen Text- und Sprachchat verwenden, um während des Spiels miteinander verbunden zu sein.

Abbildung 3.9 *Alles schwarz: Discord ist nicht so hell und nicht so übersichtlich wie Skype, klingt dafür aber besser.*

Aber auch Podcaster entdecken Discord immer öfter für sich. Die Sprachqualität sei besser als bei Skype, wird behauptet. Neben der Browseroberfläche gibt es auch eine App, die heruntergeladen werden kann. Dann können Sie sich hier einen »Channel« anlegen, also für Ihren Podcast eine eigene kleine Community aufbauen. In den Einstellungen können Sie genau festlegen, wie der Sound klingen soll. Wer keinen Kopfhörer benutzt, kann hier das entstehende Echo ausblenden lassen. Auch Nebengeräusche werden automatisch ausgeblendet, und leise Gesprochenes wird angehoben.

Es empfiehlt sich wie bei jeder Sprachsoftware, einige Testaufnahmen zu machen und dann zu sehen, welche Einstellung für Sie speziell die beste ist. Am Mac können Sie das Signal dann beispielsweise mit Audio Hijack aufnehmen.

Aufnehmen über den Browser mit Zencastr

Erstaunlich gut und einfach funktioniert die Aufnahme über das Internet mit *Zencastr* (*https://zencastr.com*, kostenlose Testphase, dann 20 US$ pro Monat für uneingeschränkte Aufnahmen oder kostenlose Variante mit acht Aufnahmestunden pro Monat und bis zu zwei Gästen, siehe Abbildung 3.10). Hier geht es um eine Browserlösung, es ist also keine Installation von Software nötig. Besonders gut eignet sich diese Art der Aufnahme, wenn Sie einmalig mit Menschen sprechen möchten, die sich mit Audioproduktion gar nicht auskennen und ein möglichst einfach bedienbares Setup brauchen.

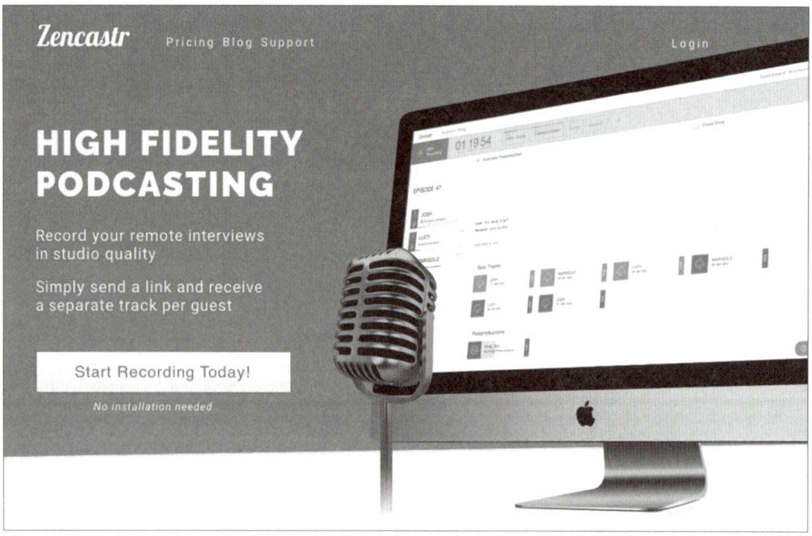

Abbildung 3.10 *Zencastr macht den Browser zum Aufnahmestudio.*

So geht die Aufnahme mit Zencastr: Ein Teilnehmer legt sich dort einen Account an und kann dann Interviewpartner oder weitere Podcaster einfach zur Unterhaltung einladen, indem er ihnen einen Einladungs-Link schickt. Klicken diese auf ihren Link, tauchen sie im übersichtlichen Browserfenster von Zencastr auf (siehe Abbildung 3.11). Nach der Aufnahme landet das fertige Audio als unkomprimiertes WAV und/oder als MP3 in der eigenen Dropbox und kann anschließend weiterbearbeitet werden. Falls Sie keine Dropbox besitzen, können die Dateien auch gleich manuell heruntergeladen werden. Ein integriertes Soundboard sorgt dafür, dass Sie beispielsweise ein Intro, Outro oder andere Geräusche während der Aufnahme spontan abspielen können.

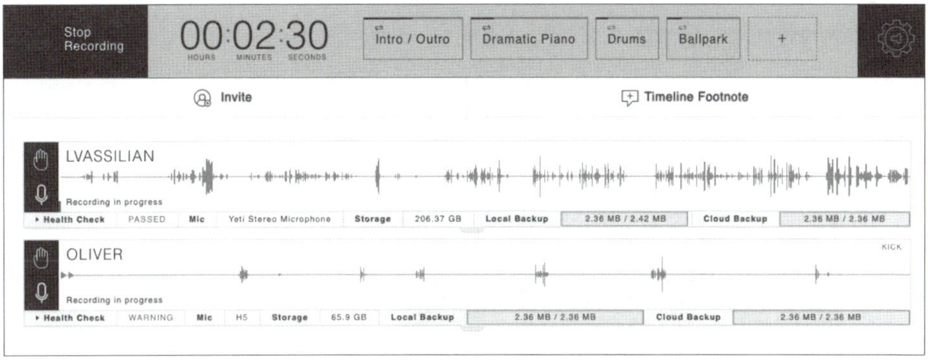

Abbildung 3.11 *Übersichtlich und leicht zu bedienen: die Browserlösung Zencastr*

Zencastr bietet viele Einstellungsmöglichkeiten an, damit die Aufnahme möglichst gut wird. Sie können z. B. auswählen, welches Mikrofon im Einsatz ist oder auch, ob Sie sich selbst auf dem Kopfhörer hören möchten. Wie bei allen Aufnahmelösungen empfiehlt es sich auch hier, vor der eigentlichen Podcast-Episode ausführliche Tests zu machen, damit Sie mit dem Tool vertraut sind und am Ende wirklich alles auf der Aufnahme ist, was dort sein soll.

Die Lösung aus Deutschland: bodalgoCall

Bodalgo (*https://www.bodalgo.com*) ist eigentlich eine Vermittlungsplattform für Sprecher des Münchners Armin Hierstetter. Da es aber oft passiert, dass ein Sprecher im Studio steht und der Regisseur oder Auftraggeber der Sprachaufnahme in einer anderen Stadt oder sogar in einem anderen Land sitzt, wurde bodalgoCall (*https://www.bodalgo.com/de/call*) ins Leben gerufen. So können sich bis zu sechs Teilnehmer einfach über den Browser verbinden, ohne Setup und komplizierte Anmeldung – und kostenlos.

Die Audioübertragung erfolgt mit bis zu 320 kBit/s, das genügt also vollkommen für eine sehr gute Aufnahme. Die Latenz ist gering, sodass sich die Teilnehmer nicht gegenseitig ins Wort fallen.

Auf der Startseite geben Sie einen Raumnamen ein, den Sie selbst erfinden. Anschließend bekommen Sie einen Link, den Sie Teilnehmern weitergeben können. Diese treten dann Ihrer kleinen Konferenzschaltung bei (siehe Abbildung 3.12). Aufnehmen können Sie über die übliche Software wie Audacity, Hindenburg, ein anderes Programm oder kleinere Tools wie Audio Hijack.

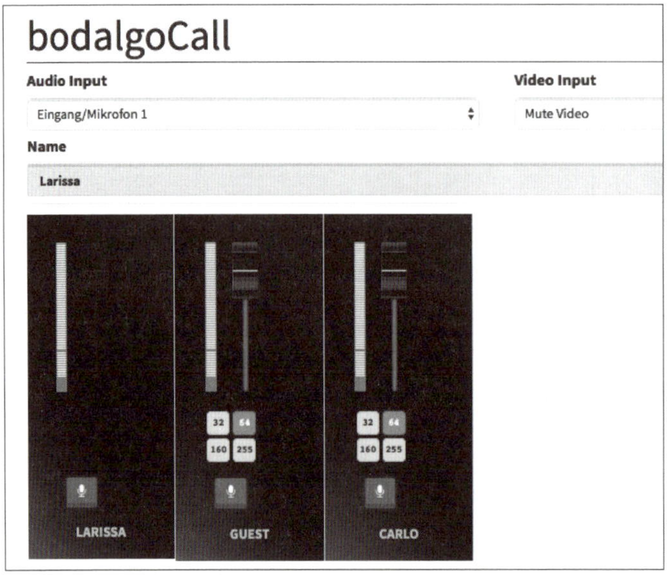

Abbildung 3.12 *Sehr einfach einzurichten und noch dazu kostenlos: bodalgoCall erlaubt eine Konferenzschaltung von bis zu sechs Teilnehmern.*

Studio Link als Plug-in oder Softwarelösung

Eine ebenfalls deutsche Lösung, um möglichst gute Audioqualität aus dem Internet zu holen, ist das kostenlose *Studio Link* (*https://studio-link.de*).

Hier installiert sich jeder Teilnehmer einmalig eine kleine Software auf dem Rechner. Bei Start des Programms öffnet sich ein Browserfenster, und Sie bekommen Ihre eigene ID (siehe Abbildung 3.13). Diese fungiert als Telefonnummer. So können Sie sich gegenseitig anrufen und dann die Anrufe aufzeichnen.

Alternativ und empfehlenswerter gibt es auch ein Studio-Link-Plug-in für die Audiosoftware Reaper/Ultraschall (siehe Abbildung 3.14). Ausführlichere Informationen zu Reaper/Ultraschall können Sie in Kapitel 4, »Die passende Software für Aufnahme, Schnitt und Nachbearbeitung finden«, nachlesen. Nach Einrichtung fließt die Studio-Link-Tonspur direkt in Ultraschall und kann dort ausgepegelt und aufgenommen werden. Studio Link wird als stabiler bezeichnet und soll eine höhere Audioqualität haben als Skype. Auch um das ziemlich verwirrende Routing, damit keine Rückkopplungsschleife entsteht, müssen Sie sich in dieser Konstellation nicht kümmern – das machen Ultraschall und Studio Link automatisch.

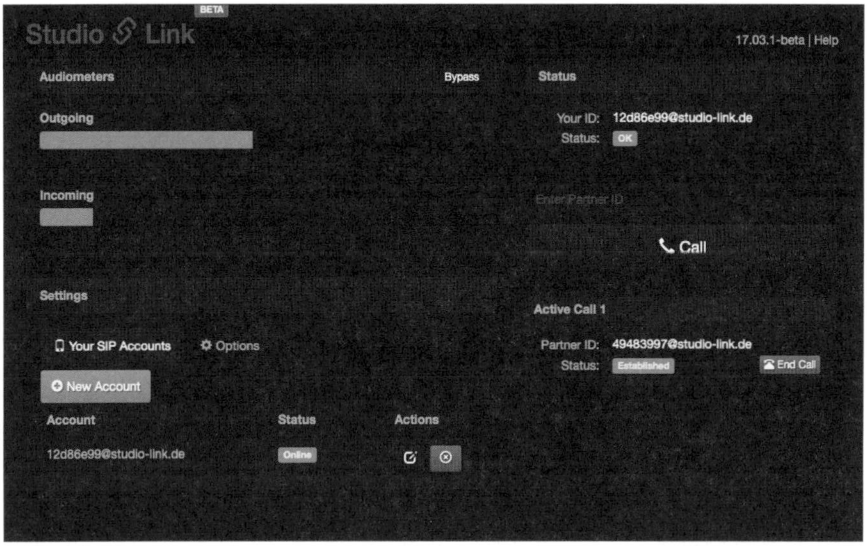

Abbildung 3.13 *Nach der Installation von Studio Link öffnet sich ein Browserfenster. Anhand einer ID kann der Gesprächspartner angerufen werden.*

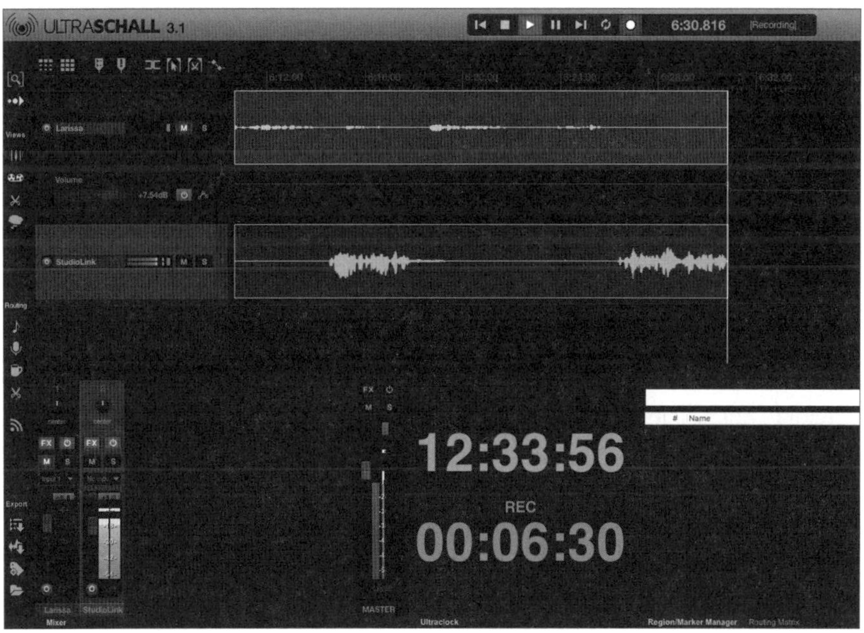

Abbildung 3.14 *Studio Link läuft hier direkt in Ultraschall (Reaper) hinein und kann dort ausgesteuert und aufgenommen werden.*

Studio Link nimmt genau das auf, was der Sprecher in sein Mikrofon spricht, nicht das, was beim Hörenden ankommt wie bei Skype. Das bedeutet, dass eventuelle Störgeräusche in der Leitung oder Aussetzer, die durch eine schlechte Verbindung entstehen, nicht auf der Aufnahme landen.

Ein weiterer Vorteil ist, dass Ultraschall alle Spuren der Gesprächsteilnehmer einzeln aufnehmen kann. Am Ende liegt also auf jeder Spur ein Teil des Gesprächs. So lässt sich die Episode leicht schneiden.

Das verschickte Studio

Max-Jacob Ost vom »Rasenfunk«-Podcast hat eine gute Lösung gefunden, um Interviewpartner in guter Qualität zu befragen: Er schickt ihnen ein Paket mit dem nötigen Equipment. Darin enthalten sind ein Superlux-HMC-660-X-Headset (ca. 40 €) und zwei Adapter (XLR auf Klinke und doppelte Klinke auf einfache Klinke für all diejenigen, die nur einen Eingang haben und nicht zwei). Damit kann der Gast rein theoretisch auch via Smartphone aufnehmen. Solange es Studio Link aber nur für den Rechner gibt (eine mobile Version ist in Arbeit), nimmt Max-Jacob Ost auch so auf. Auf jeden Fall klingt diese Variante besser als über das Telefon. »Schlechten Klang kann man sich nicht mehr leisten«, sagt Max. Vier derartige Pakete hat Max geschnürt, die sich regelmäßig auf die Reise zu den Interviewpartnern in ganz Deutschland machen.

Die beste Lösung: der Double-Ender

Egal wie Sie es anstellen: Mit Softwarelösungen und über das Internet werden Sie nie die perfekte Audioqualität bekommen. Skype ist beispielsweise anfällig für Aussetzer, die sich aufb der Aufnahme nicht korrigieren lassen. Auch andere Artefakte (künstliche Geräusche) sind oft mit dabei.

Wer also regelmäßig einen Podcast mit anderen Menschen aufzeichnen möchte, sollte einen sogenannten Double-Ender machen: Jeder hat ein »richtiges« Podcast-Studio mit gutem Mikrofon und Möglichkeit der Aufzeichnung. Dann verbinden Sie sich beispielsweise über Skype in einer Videokonferenz. Das dient allerdings lediglich dazu, sich zu sehen und sich Zeichen geben zu können, damit sie sich nicht ins Wort fallen. Dieser Schritt ist optional; Sie können sich auch auf das Gespräch verlassen, ohne sich zu sehen.

Sie tragen bei der Schalte selbstverständlich Kopfhörer. Dann beginnen Sie Ihre Aufzeichnung. Dabei zeichnet sich jeder selbst auf. Vereinbaren Sie zu Beginn ein Klatschen. Das erleichtert dem Teilnehmer, der die Spuren später schneiden muss, das Synchronisieren.

Tipp aus der Praxis

Auch bei der Vorbereitung muss alles gut klappen, wenn die Teilnehmer in verschiedenen Städten wohnen. Legen Sie sich am besten ein Google Doc oder eine andere Art von Cloud-Dokument an, damit Sie beide gleichzeitig daran arbeiten können. Hier können Sie Themen eintragen und über die Woche hinweg Links posten, mit denen sich der andere Teilnehmer beispielsweise vor der Aufnahme beschäftigen soll. Sie können auch per Slack oder über einen Messenger Ideen hin und her spielen. Am Ende sollten Sie dennoch in einem überschaubaren Dokument landen, das Sie lesen können, ohne viel zu scrollen. Bei der Aufnahme ist übrigens klar: Finger weg von der Tastatur. Das lenkt ab, und die Tippgeräusche sind zu hören.

Die Spuren werden nach der Aufzeichnung beispielsweise in eine Dropbox hochgeladen oder auf einen Server gestellt. Danach beginnt für einen der Podcaster die Arbeit; er mischt alle Spuren in einem Audiobearbeitungsprogramm zusammen. Als Ergebnis klingt es so, als wären alle im selben Raum gewesen. Falls es Verzögerungen in der Verbindung gab, es also länger dauerte, bis einer der Teilnehmer antwortete, können Sie diese Pausen in der Nachbearbeitung herausschneiden.

Podcaster-Tipp: Redeanteile messen

Marcus Richter alias Monoxyd macht seit vielen Jahren Podcasts, bei denen die Gesprächspartner aus anderen Städten zugeschaltet sind. Derzeit sind das bei »Der Weisheit« Malik Aziz in Aachen, Marcus Richter und Patricia Cammarata in Berlin und Frau Kirsche in Bremen. Jeder der Teilnehmer nimmt sich selbst am PC mit einem guten USB-Mikrofon auf. Die Schalte selbst funktioniert über Ultraschall und Studio Link. Als Back-up nehmen die Teilnehmer sich selbst zur Sicherheit auch auf. Zu Beginn der Aufnahme wird eine Checkliste durchgegangen: Sind die Handys aus? Steht etwas zu trinken bereit? Ist die Aufnahme wirklich gestartet? Erst wenn alle Fragen beantwortet sind, geht der eigentliche Podcast los. Zu Beginn dieser Viererkonstellation wurden bewusst die Redeanteile der einzelnen Teilnehmer gemessen. Wer am meisten sprach, wurde gebeten, die Redezeiten einzuschränken, schweigsamere Teilnehmer wurden gebeten, mehr zu sprechen. So entsteht beim jetzigen Hören ein sehr ausgeglichener Podcast. Anfängern rät Marcus Richter, sich vor Beginn ein Konzept zurechtzulegen. Bei »Der Weisheit« ist das eine Stunde Sendezeit über alltägliche Dinge.

Abbildung 3.15 *Marcus Richter am Mikrofon während des Events »Jugend hackt« (Foto: Leonard Wolf, CC-BY 4.0)*

3.4 Ablesen oder frei sprechen?

Es klingt so einfach und ist doch so schwierig: vom Blatt ablesen, ohne dass es sich abgelesen anhört. Das können in der Regel nur Radiomenschen, die es jahrelang geübt haben. Die meisten Menschen tendieren dazu, beim Vorlesen eine unnatürliche Sprachmelodie zu haben. Entweder sie leiern, oder sie betonen viel zu viele Worte. Wenn Sie darauf achten, wie beispielsweise die Sprecher der Tagesschau betonen, werden Sie merken, dass meist nur ein Baustein pro Satz betont wird. Das ist aber gar nicht so einfach, wenn Sie den Text nicht vorher entsprechend markiert haben, wie es die Profis tun.

Für die meisten Podcaster ist daher die bessere Lösung, Stichworte aufzuschreiben und dann möglichst frei zu sprechen. Wahrscheinlich wird es dann viele »Ähs« oder auch mal einen falschen Satzbau geben, aber das klingt immer noch natürlicher als ein geleierter Vortrag. Die Hörer werden lieber zuhören.

Sie werden auch merken, dass Sie Lieblingswörter, Füllwörter oder Ähnliches benutzen. Daran können Sie zu einem späteren Zeitpunkt arbeiten. Jetzt ist erst einmal wichtig, möglichst natürlich zu bleiben, auch wenn die Aufnahme läuft. Seien Sie nicht zu streng zu sich selbst, denn auch hier brauchen Sie vor allem eins: Übung. Mit der Routine kommt auch die Lockerheit ganz von selbst.

Sie können es sich und Ihrer Stimme aber auch ein bisschen einfacher machen, indem Sie z. B. nicht im Sitzen podcasten, sondern sich möglichst gerade hinstellen. Falls es ein langer Podcast wird, können Sie auch eine Art Barhocker anschaffen, auf den Sie sich aber nicht fläzen, sondern eher anlehnen. Eine gerade Haltung gibt ihrer Lunge Platz; so hat Ihre Stimme mehr Volumen.

Ihre Notizen sollten Sie aufhängen oder, sofern Sie ein Tablet oder Smartphone benutzen, mit einem Schwanenhalshalter einklemmen. So haben Sie die Hände frei und können auch mal gestikulieren, während Sie sprechen.

Tipp aus der Praxis

Wenn Sie das Rascheln von Papier vermeiden möchten oder einen Video-Podcast planen, können Sie auch eine der vielen Prompter-Apps herunterladen. So können Sie Ihren Text importieren und ihn dann mit der für Sie perfekten Geschwindigkeit abrollen lassen oder ihn mit einer Fernsteuerung selbst kontrollieren.

3.5 So führen Sie ein gutes Interview

Das Schlimme an guten Interviews ist, dass sie so einfach aussehen und dabei so schwer sind! Ein gutes Interview klingt wie ein lockeres Gespräch, wie Geplauder, das ohne Ziel und Planung seinen Weg nimmt. Dabei stecken meistens viel Vorbereitung und durchaus ein roter Faden dahinter, den der Fragensteller sich vorher zurechtgelegt hat.

Die Vorbereitung

Vor dem Interview kommt die Recherche. Lesen Sie so viel Sie können über Ihr Gegenüber, falls es sich um eine Person des öffentlichen Lebens handelt. Suchen Sie nach einem Wikipedia-Artikel oder Videos auf YouTube. Sehen Sie nach, ob es eventuell auch vorherige Video- oder Audiointerviews gibt. So finden Sie heraus, mit wem Sie es zu tun haben. Ist Ihr Gegenüber eher schüchtern oder eher schlagfertig? Ist Ihr Gast leicht zu interviewen oder eher eine harte Nuss? Forschen Sie nach, ob er oder sie in den sozialen Netzwerken unterwegs ist und sich dort öffentlich äußert. Auch dadurch können Sie viel über Ihren Interviewpartner lernen. Hat der Gast einen Twitter-Kanal oder einen öffentlichen Facebook-Auftritt? Postet er viel auf Instagram oder Snapchat?

Während Sie sich informieren, können Sie sich bereits Notizen machen und eventuell Fragen aufschreiben, die Ihnen eingefallen sind. Überlegen Sie anschließend, was das Ziel Ihres Interviews ist. Möchten Sie eher sachlich über ein bestimmtes Thema sprechen, beispielsweise über die Forschung dieses Menschen? Oder geht es Ihnen darum, ihn als Menschen zu zeigen, möglichst emotional und nah?

Tipp aus der Podcast-Praxis

Viel beruhigter sind Sie bei jeder Aufnahme (aber ganz besonders bei einem Interview, das ungern wiederholt werden möchte), wenn Sie ein technisches Back-up haben. Überlegen Sie also, ob Sie neben dem normalen Aufnahmegerät z. B. Ihr Handy bei der Aufnahme mitlaufen lassen. Die Qualität wäre damit zwar nicht so perfekt, aber immerhin besser als eine komplett verlorene Aufnahme. Stellen Sie das Smartphone aber unbedingt auf Flugmodus, sonst knattert es eventuell in die Originalaufnahme hinein!

Sobald Sie sich dieses Ziels bewusst sind, schreiben Sie sich Fragen auf, die darauf hinführen. Es sollten einige allgemeine Fragen dabei sein, denn diese brauchen Sie für den Beginn des Gesprächs. Sortieren Sie anschließend die Fragen: Gibt es heikle Fragen, bei denen Ihr Gesprächspartner eventuell dicht macht oder gar den

Raum verlässt? Diese Fragen stellen Sie natürlich ganz nach hinten; oder Sie überlegen, wie Sie sie formulieren könnten, ohne den Gast zu verärgern. Zu Beginn des Gesprächs geht es zunächst darum, Vertrauen zu fassen, sich kennenzulernen. Denken Sie also über nettes Geplänkel zum Einstieg nach: Fragen über den bisherigen Tagesverlauf, über die Stadt, über die Heimat. Danach geht es in die Tiefe, um am Ende des Gesprächs wieder etwas belangloser zu werden.

Vielleicht haben Sie mit der Zeit auch ein kleines Arsenal an eigenen Fragen, die immer wieder gut funktionieren? Merken Sie sich diese Fragen, die überraschende oder erheiternde Ergebnisse gebracht haben!

Soweit zu meiner Meinung, dass Sie sich auf ein Interview ausführlich vorbereiten sollten. Chris Hardwick vom »ID10T«-Podcast (*https://art19.com/shows/id10t*, vormals »The Nerdist«) geht ganz anders an seine Gespräche heran: Er behauptet, sich gar nicht vorzubereiten, um offener und neugieriger zu sein. Das kann durchaus funktionieren – bei Hollywood-Stars, die sich zu verkaufen wissen und sozusagen als Selbstläufer funktionieren, indem sie ohne Punkt und Komma reden, sobald Sie ihnen ein Mikrofon vor die Nase halten. Ich wäre ohne Vorbereitung schon einige Male auf die Nase gefallen, denn vor allem Wissenschaftler prüfen oft schon sehr genau, ob der Fragensteller sich eingelesen hat. Das zeugt schließlich auch von Respekt.

So verhalten Sie sich während des Interviews

Bereiten Sie sich auch technisch so gut vor, dass der Interviewgast während des Gesprächs möglichst wenig davon mitbekommt. Es nervt, wenn das Gegenüber erst noch ewig Kabel sortieren und Akkus wechseln muss. All das sollten Sie im Vorfeld erledigt haben. Ihre Notizen sollten griffbereit und in Sichtweite, aber nicht vorherrschend sein. Im besten Fall haben Sie sich so gut vorbereitet, dass Sie Ihre Notizen gar nicht brauchen und das Gespräch auch so fließt. Falls es aber stockt, werden Sie dankbar sein, auch etwas aufgeschrieben zu haben.

Ich habe die Erfahrung gemacht, dass die Anordnung der Stühle einen Einfluss auf die Redeatmosphäre hat. Sitzt man sich an einem Tisch gegenüber, wirkt der Tisch manchmal wie eine trennende Barriere. Viel lockerer ist es, wenn Sie sich über Eck gegenübersitzen, also beispielsweise Sie selbst an der schmalen Kante des Tisches, das Gegenüber an der langen Kante. Falls Sie ein mobiles Aufnahmegerät oder Mikrofon verwenden und sich selbst und den Gast im Wechsel aufnehmen möchten, bietet sich das ohnehin an, da Sie sonst einen sehr, sehr langen und starken Arm brauchen, um das Gerät die ganze Zeit über den Tisch zu halten.

Besonders wichtig ist zu guter Letzt der Blickkontakt: Versuchen Sie, möglichst den Blickkontakt zu halten, wie in einem normalen Gespräch auch. Starren Sie weder auf Ihre Notizen noch auf Ihr Aufnahmegerät, sondern konzentrieren Sie sich freundlich auf Ihr Gegenüber. Nicken Sie zustimmend, lächeln Sie, wenn es passend ist. Nehmen Sie Anteil am Gespräch und versuchen auch Sie auszublenden, dass eine solche Aufnahme eine gänzlich unnatürliche Situation darstellt. Aber Vorsicht: Gerade als Anfänger neigen viele dazu, durch Einwürfe wie »Aha« oder »Ja, ja« und Ähnliches zu zeigen, dass sie sich für den Gesprächspartner interessieren. Denken Sie daran, dass all das auch auf der Aufnahme zu hören sein wird! Zeigen Sie also lieber stumm Begeisterung.

Tipp aus der Podcast-Praxis

Sie werden merken, dass nicht die Fragen das Schwerste an einem guten Interview sind. Schwieriger ist es, Stille auszuhalten. Stellen Sie Ihre Frage – und seien Sie dann ruhig! Wenn der Partner nicht gleich antwortet, beginnen Sie nicht wieder zu sprechen und Ihre Frage umzuformulieren oder zu erklären. Warten Sie ab, auch wenn es schwerfällt. Die Antwort wird kommen, und sie wird gut sein. Die Pause können Sie nachher herausschneiden.

Falls Ihnen während der Aufnahme auffällt, dass der Gesprächspartner stark gestikuliert und gerne auch mal gegen den Tisch hämmert, bitten Sie ihn freundlich, dies zu lassen. Jede Erschütterung wird auch auf Ihrer Aufnahme zu hören sein (ein Grund mehr, Kopfhörer bei der Aufnahme zu tragen!) und ist nachträglich nur schwer oder gar nicht zu löschen. Das gilt auch für Armreifen oder anderen Schmuck, der gerne klimpert; dieser darf gerne für die Aufnahme abgenommen werden. Scheuen Sie sich nicht davor, solche Dinge anzusprechen – dies zeigt lediglich Ihre Professionalität, weil Sie eine qualitativ gute Aufnahme haben möchten!

Scheuen Sie auch nicht davor zurück, Teile des Gesprächs zu wiederholen. Falls Ihr Gegenüber sich in Schachtelsätze verrennt, bitten Sie ihn oder sie, das gleiche noch einmal etwas kürzer zu erklären. Wenn Sie freundlich bitten, hat niemand etwas dagegen. Oder Sie stellen eine Frage, die nochmals in die gleiche Richtung führt. Bei der Nachbearbeitung des Gesprächs werden Sie dankbar sein, mehrere Schnittvarianten zu haben.

Tipp aus der Podcast-Praxis

Nehmen Sie sich im Gespräch zurück – lassen Sie Ihrem Gegenüber den Raum, den er oder sie braucht. Es gibt wenig nervigeres als einen Interviewer, der mehr redet als sein Gast. Hören Sie sich Episoden von Marc Marons Gesprächen im »WTF«-Podcast an – und Sie hören den Meister.

So organisieren Sie Ihren Interview-Podcast

Wenn Sie sich als Format den Interview-Podcast ausgesucht haben, brauchen Sie immer wieder neue Gesprächspartner. Das ist am Anfang einfach, wird aber immer schwieriger. Oder es wird zum Selbstläufer, aber das ist eher selten. Tim Ferriss, der durch sein Buch »Die 4-Stunden-Woche« bekannt wurde und heute ein eifriger Podcaster ist, hat einige seiner Tipps verraten: Er hält sich einen bestimmten Tag der Woche für Interviews frei. So kann er sich ganz darauf einstellen und konzentrieren. Auch die Terminvereinbarung fällt so leichter, weil er immer weiß, dass dieser Tag der Woche reserviert ist. Ferriss produziert seine »Tim Ferriss Show« (*https://tim.blog/podcast*) vor, und zwar so, dass er immer drei bis vier Folgen im Kasten hat. Falls er einmal krank wird oder keine Zeit hat, bleibt eine konstante Veröffentlichung dennoch garantiert.

3.6 Schreiben fürs Hören

Falls Sie sich doch dazu entschieden haben, Ihren Podcast abzulesen, sollten Sie sich mit dem Schreiben fürs Hören beschäftigen. Wenn Sie etwas lesen, können Sie immer ein paar Wörter zurückspringen, um diese noch einmal zu lesen, wenn Sie etwas nicht verstanden haben. Sie selbst bestimmen das Tempo. Als Hörer können Sie zwar auch »zurückspulen«, tun dies aber wahrscheinlich selten. Sie müssen sich auf das Sprechtempo einlassen und versuchen, dem Inhalt zu folgen. Zudem sind Sie eher in einer passiven Stimmung als in einer aktiven Lesestimmung, die Konzentration ist also womöglich nicht so hoch wie beim Lesen.

Daher folgt geschriebene Sprache anderen Regeln als gesprochene Sprache. Wenn Sie einen Text schreiben und diesen einfach vorlesen, werden Ihre Hörer

Ihnen schwer folgen können. Sie müssen den Text unbedingt bearbeiten, bevor Sie ihn einsprechen. Ich erkläre im Folgenden, wie Sie am besten vorgehen.

Teilen Sie Sätze auf

Das Hörverständnis wird schon dadurch besser, dass Sie ellenlange Schachtelsätze vereinfachen und in mehrere Sätze aufteilen. Der Vorteil daran ist auch, dass Sie beim Einsprechen mehr Gelegenheiten zum Atmen haben – bei einem langen Satz geht Ihnen sonst schnell die Puste aus. Versuchen Sie, nur eine Information pro Satz zu vermitteln, das genügt. Nehmen Sie sich also nicht elf Sekunden für den folgenden Satz:

Das Buch handelt von einer wohlhabenden Familie, die im 18. Jahrhundert in den Niederländischen Antillen eine Farm betreibt, um dort ein autarkes Leben zu führen und darüber schließlich eine wissenschaftliche Abhandlung zu schreiben.

Teilen Sie den Satz stattdessen wie folgt auf:

Das Buch handelt von einer wohlhabenden Familie. Sie lebt im 18. Jahrhundert auf den Niederländischen Antillen. Dort betreibt sie eine Farm. Die Familie möchte ein autarkes Leben führen. Darüber wird sie schließlich eine wissenschaftliche Abhandlung schreiben.

Holen Sie die Hauptinformation nach vorne

Überlegen Sie sich, was das Wichtigste in Ihrem Text ist. Genau das holen Sie nach vorne, ganz an den Anfang. Warum? Ganz einfach: Damit die Hörer sich nicht so viel merken müssen. Die Information bekommen sie gleich zu Beginn, daraufhin können sie entscheiden, ob es sie überhaupt interessiert oder nicht.

Sagen Sie also nicht:

»Die Hinterhöfe in Schwabing sind besonders schön. Vor allem im Sommer blühen sie förmlich auf. Dann spielen hier die Kinder, alte Menschen sitzen auf Bänken und unterhalten sich und die Katze streift durch das hohe Gras, das um die kleine Birke im Mittelpunkt wächst. Am Samstag findet hier ein Hofflohmarkt statt, der wie jedes Jahr ein voller Erfolg sein wird.«

Ändern Sie stattdessen die Reihenfolge:

»Am Samstag findet in Schwabing wie jedes Jahr ein Hofflohmarkt statt. Die Hinterhöfe in Schwabing sind besonders schön. Vor allem im Sommer blühen sie förmlich auf. Dann spielen hier die Kinder, alte Menschen sitzen auf Bänken und unterhalten sich und die Katze streift durch das hohe Gras, das um die kleine Birke im Mittelpunkt wächst.«

Stellen Sie die Sätze um

Die deutsche Sprache hat eine Besonderheit parat: Sie versteckt das wichtige Verb gerne am Schluss des Satzes. Das ist aber besonders beim Hören ein Nachteil: So wissen wir gar nicht, was da eigentlich geschieht. Drehen Sie den Satz einfach so um, dass das Verb nach vorne wandert.

Es sollte also nicht heißen:

»Am Samstag, den 18. September, treffen sich die Gebirgsschützen im Baldhamer Hof, um dort gemütlich bei Wein und Bier zu feiern.«

Sagen Sie lieber:

»Gefeiert wird am Samstag, den 18. September im Baldhamer Hof. Dort treffen sich die Gebirgsschützen.«

Wagen Sie Wiederholungen

Bei geschriebenen Texten sind Wiederholungen tabu. Das ist auch kein Wunder, denn hier können die Augen beliebig oft im Text nach oben springen, um etwas Nachzulesen. Beim Hören geht dies nicht. Daher dürfen Sie gerne Wörter wiederholen, wenn diese wichtig sind. Und noch etwas unterscheidet die Text- von den Audiowiederholungen: Während Sie beim Schreiben versuchen würden, möglichst Synonyme zu benutzen, sollten Sie dies beim Texten fürs Hören vermeiden. In der Tageszeitung werden in so einem Fall gerne aus den Feuerwehrmännern die Floriansjünger und aus den Fahrrädern die Drahtesel. Wiederholen Sie besser wirklich das gleiche Wort, damit die Hörer nicht unnötig verwirrt werden.

Vermeiden Sie den Nominalstil

Wir sind leider alle das typische Bürokratendeutsch gewöhnt und haben diesen Stil auch teilweise selbst übernommen. Gehen Sie daher Ihren Text durch, und wandeln Sie den Nominalstil um. Das bedeutet für Sie also: Halten Sie Ausschau nach großgeschriebenen Wörtern mit den Endsilben »-ung«, »-heit«, »-mus«, und werden Sie sie los! Aus »der Unterhaltung zweier Menschen« wird »haben sich zwei Menschen unterhalten«. Aus »die Verabschiedung des Gesetzes« wird »wird das Gesetz verabschiedet«. Übrigens ist in diesem Zusammenhang auch wichtig, dass Sie das Aktiv bevorzugen und das Passiv vermeiden.

Machen Sie Zahlen verständlich

Gut, zugegeben, ein typischer Radiovergleich ist schon ziemlich ausgelutscht: Flächen werden dort sehr gerne in der Größe von Fußballfeldern oder von Schwimmbecken angegeben. Tatsache ist aber, dass gerade beim Hören Zahlen schwer zu verstehen sind, vor allem dann, wenn sie in Relation zueinander gesetzt werden. Versuchen Sie daher, dem Zuhörer einen Vergleich an die Hand zu geben, den er sofort erfassen kann.

Im Radio könnte es heißen:

»Die Arbeitslosenzahl liegt nun bei 2,28 Millionen, während sie 2006 noch bei 4,49 Millionen lag.«

Ergänzen Sie diese Angaben:

»Die Arbeitslosenzahl liegt nun bei 2,28 Millionen, während sie 2006 noch bei 4,49 Millionen lag. Es gab vor zwölf Jahren also fast doppelt so viele Arbeitslose wie jetzt.«

Keine Fremdwörter!

Versuchen Sie, vor allem beim Sprechen auf komplizierte Fremdwörter zu verzichten, es sei denn, diese sind in Ihrer Branche verbreitet und damit auch in Ihrem Corporate-Podcast unbedingt notwendig. Bleiben Sie bei den deutschen Wörtern, auch wenn es manchmal schwerfällt.

Lesen Sie Ihren Text nach dem Schreiben einmal laut vor

Wenn Sie Ihren Text fertig geschrieben und fürs Hören bearbeitet haben, nehmen Sie einen Stift (oder die Computermaus) zur Hand und lesen Sie den Text halblaut vor. Kommen Sie irgendwo ins Stocken oder stolpern Sie an einer bestimmten Stelle? Markieren Sie diese Stellen und versuchen Sie, diese noch einmal zu bearbeiten, damit sie verständlicher und leichter zu lesen sind. Vielleicht ist der Satz doch noch zu lang und Sie haben nicht genug Luft, ihn zu lesen? Vielleicht verwirrt Sie die Satzstellung beim Lesen? Korrigieren Sie die Stellen, die Sie beim Lesen gestört haben.

Kapitel 4

DIE PASSENDE SOFTWARE FÜR AUFNAHME, SCHNITT UND NACHBEARBEITUNG FINDEN

Das Mikrofon steht bereit, das Podcast-Konzept auch – nun fehlt nur noch eine Möglichkeit zur Aufnahme. Und danach sollten Sie die Aufnahme zumindest grob schneiden. In diesem Kapitel lernen Sie, welche Programme Ihnen dabei helfen.

Die meisten Audioschnittprogramme kommen ursprünglich aus dem Musikbereich. Das merken Sie recht schnell daran, dass diese vollkommen überfrachtet sind. Sie bieten eine Fülle an Spuren, verschiedenste Effekte und Bearbeitungswerkzeuge an, dabei brauchen Sie als Podcaster eigentlich höchstens eine Handvoll davon. Das ist verwirrend und führt wahrscheinlich dazu, dass Sie lange brauchen, um sich in diese Programme einzuarbeiten und damit produktiv zu werden. Es geht zum Glück auch anders.

Aber langsam – zunächst möchte ich einige grundlegende Hinweise zu Audiosoftware geben. In diesen Programmen wird Ihre Aufnahme als Audiospur angezeigt, die einer Wellen- beziehungsweise Zackenform gleicht (siehe Abbildung 4.1).

Abbildung 4.1 *Audio lesen lernen: Mit der Zeit werden Sie lernen, was die Darstellung der Wellenform bedeutet.*

Stellen, die besonders laut sind, lassen die Zacken nach oben und unten symmetrisch wachsen. Besonders leise Passagen sind nur als waagerechter Strich zu sehen. Musik sorgt dafür, dass die Spur ohne Unterbrechung mit Zacken besetzt ist. Bei Sprache sind immer wieder Lücken dazwischen, denn ohne Atmen geht das Sprechen eben nicht.

Wichtig sind bei den verschiedenen Programmen, dass sie drei grundlegende Dinge können, die für Podcaster relevant sind: Sie sollten eine Aufnahmemöglichkeit bieten (zumindest wenn Sie direkt am Rechner und nicht über ein externes Aufnahmegerät aufnehmen möchten), sie sollten eine gute Schnittoberfläche haben und sie sollten letzten Endes auch verschiedene Arten der Speicherung anbieten (z. B. ein Abspeichern als MP3-Datei, das am häufigsten für Podcasts verwendete Format).

Eine gute Software nimmt Ihnen viel Arbeit ab, denn bei der Produktion Ihrer Podcast-Episoden werden Sie die immer gleichen monotonen Aufgaben erledigen müssen. Umso wertvoller ist es, wenn die Programmierer dies bedacht haben und Ihnen Voreinstellungen oder auch eine Automatisierung verschiedener wiederkehrender Arbeitsschritte ermöglichen.

Wenn Sie noch nie mit einer Audiosoftware gearbeitet haben (diese Programme werden DAW genannt, Digital Audio Workstation), sollten Sie sich die Zeit nehmen und das für Sie beste Programm finden, indem Sie Testversionen herunterladen und eigene Schneideübungen machen. Denn auch hier entscheidet oft der Bauch und nicht der Kopf: Das eine Programm mag noch so viele Vorteile haben, aber wenn Sie es nicht gerne bedienen, entscheiden Sie sich doch für ein anderes Tool. Ich habe einige Fragen zusammengestellt, die Ihnen die Entscheidung erleichtern.

Entscheidungshilfe-Fragen

- Nehme ich mit der Software auch auf oder brauche ich sie nur für den Schnitt?
- Brauche ich die Möglichkeit einer Mehrspurbearbeitung oder reicht mir eine Spur?
- Bin ich bereit, für die Software Geld auszugeben?
- Bin ich bereit, mich ausführlich in das Programm einzuarbeiten, oder möchte ich lieber möglichst gleich loslegen?
- Ist es mir wichtig, wie eine Software aussieht, oder kann ich das ignorieren, solange sie gut funktioniert?

- Ist es für mich wichtig, Schnitte wieder rückgängig machen zu können, oder reicht es mir, bei Fehlern alles Schritt für Schritt zu löschen und dann zu wiederholen?
- Verwende ich im Podcast viele Toneffekte und Musikschnipsel und ist es daher für mich wichtig, Produktionsmusik und Geräusche bereits integriert zu haben?

Natürlich können im Folgenden nicht alle auf dem Markt erhältlichen Audioprogramme vorgestellt werden. Ich beschränke mich auf vier Programme, die unterschiedliche Anforderungen befriedigen.

Tipp

Egal welches Programm Sie benutzen: Nehmen Sie immer möglichst »lossless« auf, also im Format WAV oder AIFF. Die Dateien sind dann zwar recht groß, können aber ohne Qualitätsverluste bearbeitet und am Ende in eine MP3-Datei komprimiert werden. Genauer gesagt: Eine Audiodatei im WAV- oder AIFF-Format ist unkomprimiert, sie ist also genau so, wie sie aufgenommen wurde. Eine MP3-Datei dagegen wurde bereits einmal verkleinert und hat dadurch an Qualität verloren. Die Datei ist zwar kleiner, dadurch ist aber das Audio auch nicht mehr so perfekt wie bei der ursprünglichen Aufnahme. Wenn Sie jetzt an der bereits verkleinerten Datei herumarbeiten und diese abermals verkleinern (komprimieren, zu einer MP3-Datei beispielsweise), verliert sie weiter an Qualität. Sie können sich das so vorstellen, als würden Sie von einem hochaufgelösten Foto eine Kopie machen und diese Kopie nochmals kopieren. Kurzum: Lassen Sie es. Arbeiten Sie immer mit der großen, aber dadurch qualitativ guten WAV- oder AIFF-Datei. Ihr Original sollten Sie aber irgendwo archivieren, damit Sie im Notfall darauf zurückgreifen können.

4.1 Perfekt für Anfänger und kostenlos: Audacity

Vorneweg sei gesagt: Das kostenlose Open-Source-Programm *Audacity* (*https://www.audacityteam.org/*) gibt es seit dem Jahr 2000, und es ist wahrscheinlich das hässlichste Programm auf der Liste. Es sieht seit Jahren gleich aus und gewinnt auf keinen Fall einen Schönheitspreis (siehe Abbildung 4.2).

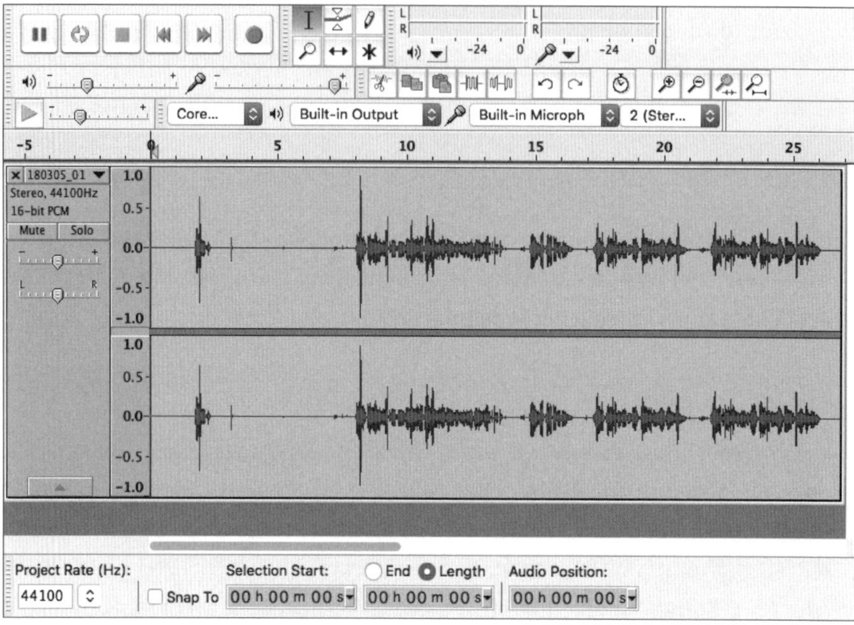

Abbildung 4.2 *Nicht schön, aber leicht zu bedienen: Audacity orientiert sich an einem Textverarbeitungsprogramm.*

Das muss es aber auch gar nicht, denn das Gute an Audacity ist, dass es sich für einen Schneideanfänger recht intuitiv bedienen lässt, da die Befehle aus der Textverarbeitung übertragen wurden. Copy & Paste ist hier mit »Strg & C« und »Strg & V« genauso möglich wie in Ihrem Word-Dokument. Ebenso können Sie Bereiche mit der Maus markieren und dann auf »Entfernen« drücken – schon ist der Teil gelöscht.

Audacity gibt es sowohl für Mac als auch für Windows. Es ist ein Mehrspureditor. Sie können hier also durchaus mehrere Gesprächsteilnehmer auf eigene Spuren packen und diese mit Musik oder Geräuschen untermalen.

Natürlich können Sie mit Audacity auch aufnehmen, falls Sie kein Aufnahmegerät haben und sich Ihr Podcast-Studio am eigenen Schreibtisch eingerichtet haben. Dabei läuft das Mikrofonsignal direkt in Audacity und wird dort aufgezeichnet.

Im oberen Bereich sind Bedienknöpfe, die denen eines alten Kassettenrekorders ähneln und selbsterklärend sind (siehe Abbildung 4.3). Mit ihnen können Sie zum Anfang oder zum Ende der Datei springen, aufnehmen, die Aufnahme stoppen oder pausieren und wieder starten.

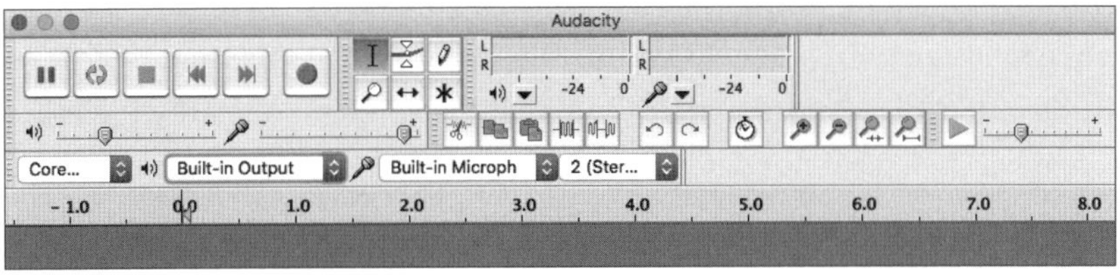

Abbildung 4.3 *Nicht mehr Knöpfe als unbedingt nötig: Audacity kommt aufgeräumt daher und ist dadurch übersichtlich.*

Die Mikrofonquelle kann ebenso ausgewählt werden wie die Ausgabequelle und ist mit einem eigenen Pegel-Display angezeigt.

Zum Abhören der Spuren können Sie die Geschwindigkeit mit Klick auf den grünen Pfeil und das Verschieben des dazugehörigen Reglers schneller oder langsamer einstellen. Lupensymbole sorgen dafür, dass Sie all das sehen, was gerade wichtig ist. Sie können also heranzoomen oder auch wieder auf Abstand gehen, wenn Sie sich besser orientieren möchten. Spezielle Audiosymbole machen es leicht, markierte Teile auf »stumm« zu schalten (siehe Abbildung 4.4) oder den markierten Bereich bestehen zu lassen und den Rest auszublenden.

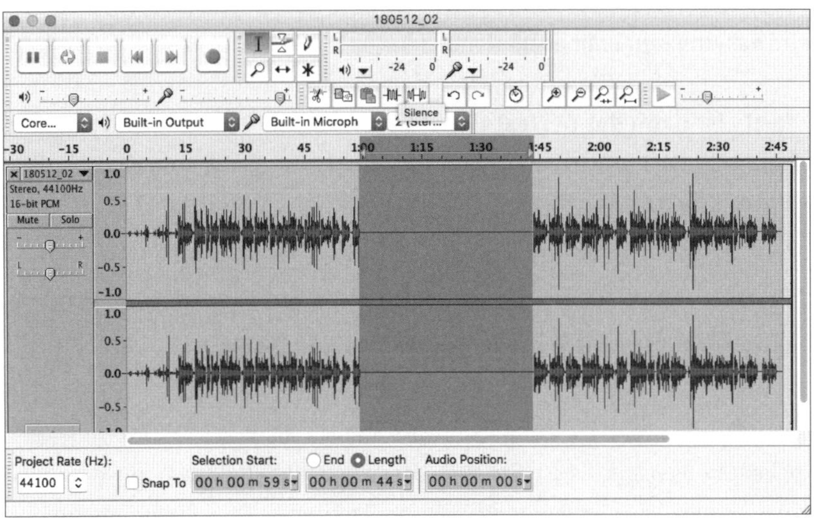

Abbildung 4.4 *Ein Klick auf den Button »Silence« lässt den ganzen markierten Bereich verstummen.*

Soviel zum groben Überblick von Audacitys Bedienleisten. Jetzt zu einem Nachteil: Beim Schnitt (mehr dazu in Kapitel 5, »Worauf Sie beim Schnitt achten sollten«) müssen Sie darauf achten, dass Audacity auch hier in der einfach zu bedienenden Grundfunktion so funktioniert wie eine Textverarbeitungssoftware: Schnitt bleibt Schnitt, gelöscht bleibt gelöscht. Sie können zwar Arbeitsschritte rückgängig machen, aber nur der Reihe nach. Das heißt, auch gute und erfolgreiche Schritte müssen Sie wieder rückgängig machen, anstatt nur einen kleinen Fehler zu beheben wie in anderen Programmen.

Kommen wir zurück zu den positiven Seiten der kostenlosen Software: Audacity bietet den Nutzern auch einige Effekte beziehungsweise Nachbearbeitungsmöglichkeiten an. Sie können Ihre Spuren normalisieren oder auch einzelne Teile in der Lautstärke anheben sowie Fades setzen. Zudem können Sie die Geschwindigkeit oder Tonhöhe einzelner Bereiche oder Spuren ändern. Darüber hinaus ist es möglich, in gewissem Maße ein gleichbleibendes Rauschen zu entfernen.

Nach der Bearbeitung können Sie Ihre Audiodatei in verschiedenen Formaten speichern und mit den nötigen Metadaten versehen.

Bei all diesen Möglichkeiten sei aber noch einmal betont, dass es sich bei Audacity um ein kostenloses Tool handelt, das bei professioneller Anwendung schnell an seine Grenzen stößt. Für einen schnellen Schnitt oder das bloße Putzen einer Datei ist Audacity vollkommen ausreichend. Bei komplexen Produktionen wird das Arbeiten unübersichtlich.

▷ **Audacity ist dann das perfekte Tool für Sie, wenn Sie sich nicht lange in den Audioschnitt einarbeiten möchten, nicht viel Geld ausgeben wollen und wenige Effekte benötigen.**

4.2 Für Mac-User vorinstalliert: GarageBand

Ist doch praktisch, wenn die nötige Software einfach schon da ist! Das ist der Fall bei Apples *GarageBand*: Es ist für Mac-User kostenlos und auch auf dem iPad erhältlich (*https://www.apple.com/de/mac/garageband/*). Das Programm richtet sich in erster Linie an Hobbymusiker und bietet daher eine Menge Instrumente und Ähnliches an. Das können Sie getrost ignorieren. Viel besser: Es gibt eine

Voreinstellung für Sprachaufnahmen, und diese ist genau das Richtige für Podcasts (siehe Abbildung 4.5). Wenn Sie nicht gerade die Einstellung »Telefonstimme« oder »Roboterstimme« auswählen, können Sie gleich mit der Aufnahme beginnen. Jede Spur hat eine eigene Pegelanzeige; Sie können also genau sehen, wie laut Sie gerade sprechen und das dann entsprechend aussteuern.

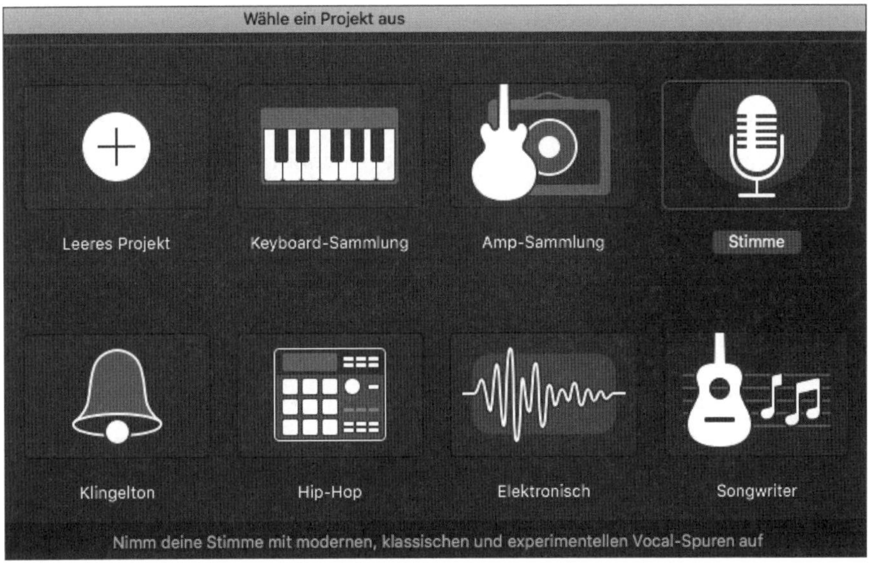

Abbildung 4.5 *Zu Beginn fragt GarageBand, welche Voreinstellungen verwendet werden sollen. Praktisch hierbei ist, dass bei »Stimme« alles gut für Podcaster passt.*

Anfängern werden durch kleine Textbotschaften auch Tipps gegeben, um gängige Fehler zu vermeiden. So ploppt z. B. ein Fenster auf, wenn die eingebauten Lautsprecher und das eingebaute Mikrofon zur Aufnahme verwendet werden sollen. Dies könne zu Rückkopplungen führen, heißt es dann (siehe Abbildung 4.6).

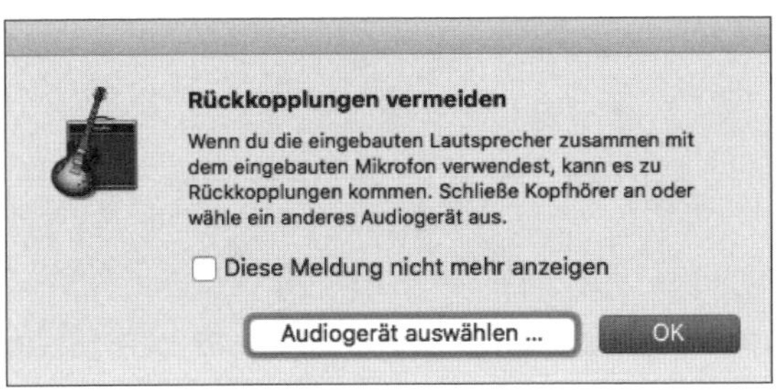

Abbildung 4.6 *Lernen durch Fehlermeldungen: GarageBand versucht, gängige Anfängerfehler der User zu vermeiden.*

Ein großer Vorteil von GarageBand ist, dass es gleich mit einem kleinen Soundarchiv ausgestattet ist. Sie können in Ihren Podcasts also die GarageBand-Loops, -Trenner und -Intros verwenden, ohne dafür Geld zahlen zu müssen. Dies kann aber auch ein Nachteil sein, denn natürlich sind Sie nicht der einzige Podcaster auf der Welt, der das gemerkt hat. Daher sind die Loops nicht einzigartig, sondern recht oft in (vor allem amerikanischen) Podcasts zu hören.

Auch in GarageBand können Sie direkt aufnehmen und dann schneiden. Das Schöne an diesem Programm ist, dass es im Gegensatz zu Audacity nicht destruktiv schneidet. Wenn Sie also am Ende Ihrer Produktion feststellen, dass ein einziger Schnitt vielleicht ein Wort zu viel weggeschnitten hat, können Sie dies nachträglich korrigieren, ohne alle bereits erfolgten Schnitte wieder rückgängig machen zu müssen.

Vom Aussehen her richtet sich GarageBand nach analogen Geräten in einem Probenraum: Effektgeräte sehen aus, als hätten sie richtige Drehregler, an denen man herumspielen kann (siehe Abbildung 4.7).

Während GarageBand früher hervorragend dafür geeignet war, Kapitelmarken in Podcasts einzufügen und diesen eigene Bilder und Links zuzuordnen, wurde diese Funktionalität mittlerweile leider wieder eingestellt. Das ist also kein Pluspunkt mehr für GarageBand, was die Produktion von Podcasts angeht.

Abbildung 4.7 *Apples dunkel gestaltetes GarageBand kommt mit guten Voreinstellungen für Sprachaufnahmen daher.*

▷ **GarageBand ist für Sie das perfekte Tool, wenn Sie ohnehin an einem Mac arbeiten und sich erst einmal mit dem Audioschnitt vertraut machen möchten, ohne Geld auszugeben.**

4.3 Open Source extra für Podcaster: Ultraschall

Ralf Stockmann ist selbst Podcaster und hat sich ausführlich mit der Technik des Aufnehmens beschäftigt. Kurz zusammengefasst war sein Fazit beim Vergleich der verfügbaren Software: Was es so auf dem Markt gibt, taugt nicht für Podcasts. Zumindest nicht optimal. Aus dieser Situation entstand im Laufe der Zeit Ultraschall (*http://ultraschall.fm*).

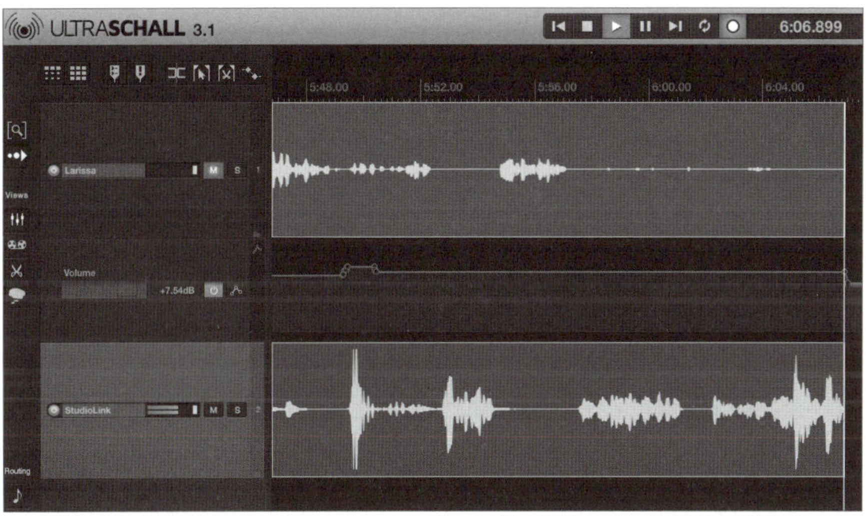

Abbildung 4.8 *Die Oberfläche von Ultraschall: aufgeräumt und für Podcaster optimiert.*

Ultraschall ist keine eigenständige Software, die Sie herunterladen können, sondern sozusagen eine Podcast-Erweiterung, die auf eine bestehende Audiosoftware aufsetzt (siehe Abbildung 4.8). Diese bestehende Software heißt *Reaper* (*https://www.reaper.fm/*) und ist eigentlich für Musiker gedacht. Daher ist sie dementsprechend unübersichtlich und für Podcaster überladen. Wer braucht schon eine Taktanzeige beim Podcasten?

Reaper kostet eine einmalige Gebühr von 60 US$ für eine kleine Lizenz, mit der die meisten Podcaster auskommen sollten. Die große Lizenz kostet 225 US$. Wenn Sie sich nicht sicher sind, ob Sie mit Reaper zurechtkommen, können Sie sich eine Testversion herunterladen, die 60 Tage lang gültig ist.

Hintergrund

Hinter Reaper steckt übrigens das Team, das Ende der 90er-Jahre auch die mittlerweile legendäre Software *Winamp* geschrieben hat.

Sobald Reaper auf Ihrem Rechner installiert ist, müssen Sie Ultraschall einrichten. Folgen Sie dabei genau der Anweisung auf der Ultraschall-Internetseite; kleinste Abweichungen sorgen dafür, dass das Konstrukt nicht funktioniert. Verwenden Sie unbedingt nur die Version von Reaper, die auf der Erklärungsseite von Ultraschall genannt und verlinkt wird.

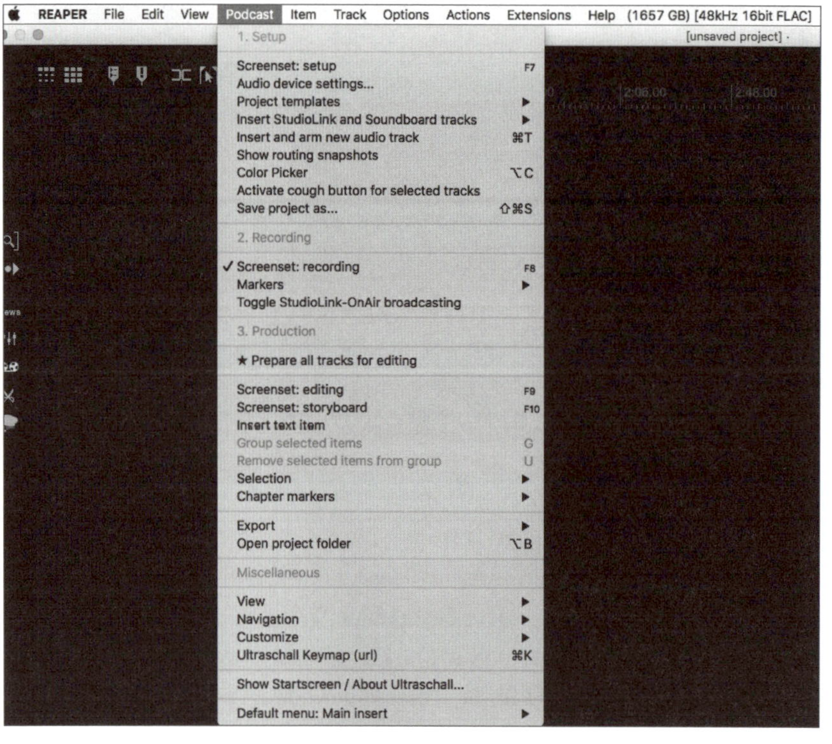

Abbildung 4.9 *Von oben nach unten abzuarbeiten: Das Podcast-Menü von Ultraschall bzw. Reaper zeigt, was alles zu tun ist.*

Mit neueren Versionen funktioniert die Software nicht. Ultraschall orientiert sich an der typischen Podcast-Produktion (siehe Abbildung 4.9).

Es bietet verschiedene Ansichten und Optionen für die Vorbereitung des Podcasts, für die Aufnahme und für den Schnitt an. *Presets* (also Voreinstellungen) merken sich alles, was Sie bei früheren Aufzeichnungen eingestellt haben.

Im Vorbereitungsmodus können Sie damit beginnen, verschiedene Spuren anzulegen: eine für Ihr eigenes Mikrofon, eine beispielsweise für ein integriertes Soundboard, um Intro, Outro und andere Geräusche direkt live während der Aufnahme einzuspielen, und eine für Studio Link, um einen Gast hinzuzuschalten. Sie können jede einzelne Spur auspegeln, um die richtige Lautstärke zu finden. Auch ein *Ducking* bietet Ultraschall an; das bedeutet, dass ein vorhandenes Musikbett automatisch leiser wird, sobald Sie anfangen zu sprechen. Das klingt mehr nach Radio als nach Podcast, ist aber schlichtweg Geschmackssache.

Etwas kompliziert gestaltet sich das *Routing*: Welcher Input-Kanal soll zu welchem Output-Kanal laufen? Hier wird es ein wenig Übung erfordern, bis Sie die perfekte Einstellung für Ihren Podcast gefunden haben. Ralf Stockmann produziert allerdings unermüdlich Tutorial-Videos, in denen er geduldig alle Funktionen erklärt. Er steht auch für Fragen im Sendegate-Forum oder per Twitter zur Verfügung.

Das Routing können Sie sich vorstellen wie das Verkabeln verschiedener Geräte: An welchen Lautsprecher soll welches Mikrofon angeschlossen sein? Soll der Gast auch alle Spuren oder nur eine bestimmte hören? Das wird hier digital gelöst und erfordert daher ein wenig Fingerspitzengefühl und vor allem Übung.

Bei der Aufnahme können Sie direkt Kapitelmarken setzen, die später beschriftet werden. Auch Schnittmarken können Sie während der Aufnahme hinzufügen, um später bestimmte Teile schneller zu finden und diese dann beispielsweise herausschneiden zu können.

Ultraschall wird ständig weiterentwickelt und hat daher laufend neue Funktionen, über die in Screencasts informiert wird. Beispielsweise wurde hinzugefügt, dass mit nur einem Klick ein öffentlicher Stream mit Chat gestartet werden kann (siehe Abbildung 4.10). Dafür wird erneut Studio Link verwendet. An den vielen Updates ist zu sehen, dass hier Menschen am Werk sind, die selbst mit der Software ihre Podcasts produzieren und merken, was noch fehlt oder was verbesserungsfähig ist.

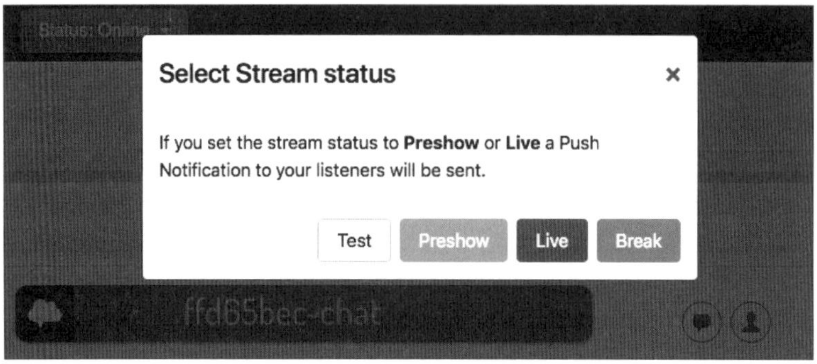

Abbildung 4.10 *Ein Klick öffnet das Stream-Fenster im Browser – so einfach war der Live-Stream bislang selten.*

Diese Ultraschall-Live-Streams landen übrigens automatisch bei Podlive (*https://podlive.io*), einer Plattform, über die Hörer immer sehen können, was gerade live gesendet wird (siehe Abbildung 4.11).

Abbildung 4.11 *Wer mit Ultraschall und Studio Link OnAir seinen Podcast live sendet, der landet übrigens direkt bei der Plattform Podlive (https://podlive.io) und kann dort gehört werden.*

In der dritten und letzten Phase des Podcast-Workflows – der Produktion – hält Ultraschall die Möglichkeit parat, nicht-destruktiv zu schneiden. Schnitte können also jederzeit rückgängig gemacht oder angepasst werden, ohne wie bei anderen Programmen (Audacity) alle Schritte chronologisch wieder rückgängig machen zu müssen. Das Original bleibt erhalten. Diese Art zu schneiden nennt sich *nicht-destruktiv*, es wird also nichts zerstört.

Ultraschall normalisiert die Lautheit auf –16 LUFS; das ist der Standard, auf den sich viele Podcaster geeinigt haben. Detailliertere Informationen dazu erhalten Sie in Kapitel 7, »Kleine Audiokunde: das Mastering«.

Auch weitere Bearbeitungseffekte sind eingebaut, beispielsweise Expander, Noisegate, Kompressor und Limiter sowie EQ. Wer gebaute Beiträge mit Ultraschall machen, also abwechselnd Moderation und O-Töne verknüpfen möchte, der kann einen sogenannten *Storyboard-Modus* einschalten und sich aus einer Clip-Datenbank bedienen und den Beitrag genauso wie ein Puzzle zusammensetzen.

▷ **Ultraschall ist für Sie das perfekte Tool, wenn Sie regelmäßig Podcasts (eventuell mit Gästen) produzieren möchten und bereit sind, sich mit Tutorials in ein Programm einzuarbeiten.**

4.4 Für Journalisten und Podcaster entwickelt: Hindenburg

Ähnlich wie Ultraschall richtet sich das in Dänemark entwickelte *Hindenburg* (*https://hindenburg.com/de*) nicht an Musiker, sondern spezialisiert sich auf die Sprachaufnahme. Journalisten können mit Hindenburg sehr einfach und übersichtlich gebaute Beiträge herstellen und diese direkt an ihre Radiostation abschicken. Auch für Podcaster ist Hindenburg gut geeignet.

Die kleinste Hindenburg-Lizenz kostet 85 €; die erweiterte Lizenz, mit der auch Mehrspuraufnahmen möglich sind, kostet 350 €. Auch hier gibt es wieder eine Testversion, die 30 Tage lang gültig ist. Es gibt auch regelmäßig Sonderpreis-Aktionen. Wer geduldig ist, kann die Vollversion für wenig Geld erwerben!

Für Podcaster gibt es einige Funktionen, die automatisiert sind. Beispielsweise kann Hindenburg persönliche Stimmprofile einrichten, zudem gleicht es Pegel verschiedener Spuren automatisch an (siehe Abbildung 4.12). Telefongespräche können über Skype aufgezeichnet werden.

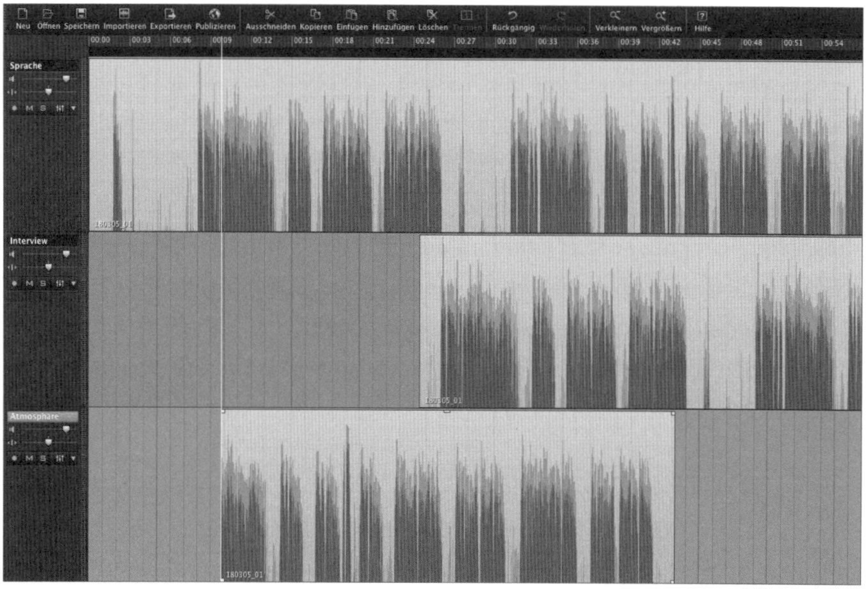

Abbildung 4.12 *Hindenburg wirkt aufgeräumt und erledigt viele Aufgaben wie das Anpassen der Lautstärken verschiedener Spuren automatisch.*

In einer separaten Spalte können Sie bei Hindenburg Geräusche, Interviewschnipsel und ähnliche Dinge »ablegen«, um diese später in Ihren Podcast einzubauen. Reportagen und gebaute Beiträge sind so sehr leicht und übersichtlich zu realisieren (siehe Abbildung 4.13).

Sie können auch die Ausspielwege einmal einstellen. Anschließend wird Hindenburg bei jeder Episode Ihres Podcasts automatisch die Datei beispielsweise auf den FTP-Server und auf Soundcloud stellen.

Was früher auch in GarageBand möglich war, ist bei Hindenburg integriert: Sie können Kapitel erstellen und diese mit eigenen Bildern versehen.

Es gibt für Podcaster zwei verschiedene Versionen von Hindenburg: Journalist und Journalist PRO. Die Journalist-Lizenz ist recht günstig, die PRO-Lizenz kostet rund vier Mal so viel.

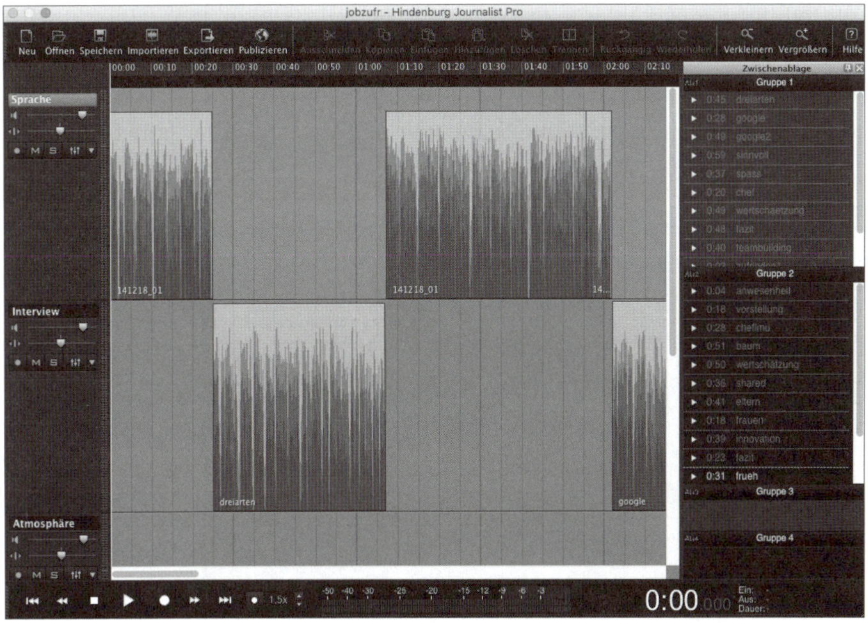

Abbildung 4.13 *Die Zwischenablage (rechte Spalte) ermöglicht es, einzelne Bausteine einer Reportage einfach und übersichtlich im fertigen Audio zu verwenden.*

▷ **Hindenburg ist vor allem dann für Sie das perfekte Tool, wenn Sie aus vielen verschiedenen Tonschnipseln einen Podcast basteln möchten. Dann ist die Software an Übersichtlichkeit nicht zu überbieten.**

4.5 Macht Profis die Nachbearbeitung einer nicht perfekten Aufnahme leichter: iZotope RX 6

Auch echten Aufnahmeprofis passiert es hin und wieder, dass sie ein Klackern von Schmuck oder ein anderes Störgeräusch überhört haben. Im Normalfall wäre die komplette Aufnahme dann unbrauchbar – das muss aber nicht sein. Es gibt Software, die sich auf die Rettung solcher Dateien spezialisiert hat, z. B. iZotope RX 6 (*https://www.izotope.com/en/products/repair-and-edit/rx/pricing.html*). Die günstigste Variante gibt es ab ca. 130 US$; die Standardvariante für fast 400 US$ hat viele Möglichkeiten, die sinnvoll sind.

Mit iZotope können Sie bestimmte Geräusche isolieren und herausfiltern, ohne an der Sprachspur etwas zu verändern (siehe Abbildung 4.14). Sie können Rauschen, zu starkes Zischen und viele andere störende Sounds entfernen. Die teurere Variante kann sogar Atmer erkennen und unterdrücken, falls Sie zu den Menschen gehören, die natürliche Atemgeräusche stören. Die Software ist für Windows und Mac gleichermaßen erhältlich.

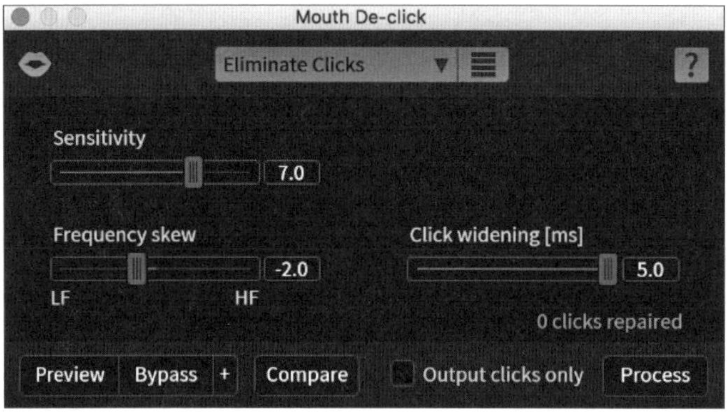

Abbildung 4.14 *Das typische Klicken oder Schmatzen, wenn Sie den Mund öffnen: Anstatt es einzeln zu löschen, können Sie iZotope das erledigen lassen.*

Kapitel 5

WORAUF SIE BEIM SCHNITT ACHTEN SOLLTEN

Es gibt Podcaster, die ihren Podcast völlig ungeschnitten und ungefiltert online stellen. Dagegen ist nichts zu sagen. Oft kann der Schnitt aber das Tempo der Episode oder die Stimmung verändern. In diesem Kapitel lernen Sie die Grundlagen des Audioschnitts.

Sobald Sie Ihre Aufnahme im Kasten haben, sollten Sie noch einmal kurz mit einem Audioschnittprogramm Ihrer Wahl (siehe Kapitel 4) einen kleinen Frühlingsputz starten. Der Grobschnitt dient in erster Linie dazu, dass Ihr Podcast leichter gehört werden kann; Fehler, zu lange Pausen oder Störgeräusche werden gelöscht.

Anschließend können Sie die Episode noch durch Musik, Einspieler oder Ähnliches aufhübschen   das passt aber nicht zu jedem Format. Finden Sie heraus, wieviel Schnitt und Nachbearbeitung zu Ihren Episoden passt, oder ob sie doch besser klingen, wenn sie möglichst »roh« sind.

In diesem Kapitel wird erklärt, wie Sie Ihre Datei schneiden können. Verwendet wurde dabei für die Screenshots größtenteils das kostenlose Open-Source-Programm Audacity, das auf Mac und PC gleichermaßen funktioniert. Weitere Informationen zu diesem Programm finden Sie in Abschnitt 4.1, »Perfekt für Anfänger und kostenlos: Audacity«.

5.1 Erster Schritt: der Grobschnitt

Beginnen Sie damit, Ihre Datei grob von dem zu säubern, was später nicht dort hingehört. Zunächst einmal sind das beispielsweise viele Sekunden Stille am Anfang der Aufnahme. Diese sollten Sie als Erstes wegschneiden. In Audacity markieren Sie dazu den stillen Bereich (auf dem kein Ausschlag des Tons zu sehen ist) und löschen diesen durch die Taste »Entfernen« auf Ihrem Computer (siehe Abbildung 5.1).

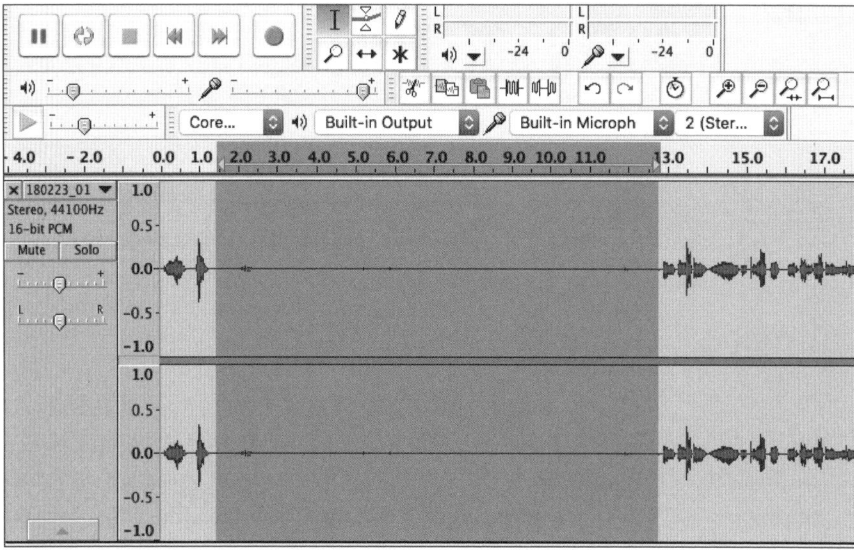

Abbildung 5.1 *Entfernen Sie die Stille zu Beginn der Aufnahme in Audacity.*

Als Grundregel beim Schnitt achten Sie bitte darauf, dass Sie zunächst einmal die richtige Ansicht wählen: Können Sie gut sehen, was Sie gerade schneiden, oder sollten Sie den Ausschnitt lieber ein wenig vergrößern? Dazu können Sie die Lupensymbole verwenden oder die Tastenkombination CTRL (bzw. beim Mac cmd) + 1 drücken (alle Shortcuts für Tastenfreunde gibt es hier: *https://manual.audacityteam.org/man/keyboard_shortcut_reference.html*). Schneiden Sie auch nicht zu knapp an dem, was später stehenbleiben soll, sonst laufen Sie Gefahr, dass die Sprachaufnahme angeschnitten und somit unnatürlich klingt.

Schneiden Sie bitte nicht nur auf Sicht, auch wenn das in dieser Art von Software sehr verlockend scheint. Hören Sie sich Ihren Schnitt an, nachdem Sie ihn ausgeführt haben. So können Sie ihn notfalls korrigieren, bevor es zu spät ist. Nach jedem erfolgten Schnitt sollten Sie sich das Ergebnis kurz anhören. Klingt es so, wie Sie das wollten? Klingt es natürlich? Oder haben Sie versehentlich etwas weggeschnitten, das eigentlich für das Verständnis oder die Hörqualität wichtig war?

Achten Sie auch auf das Ende Ihrer Aufnahme und sorgen Sie dafür, dass hier ebenfalls nicht etliche Sekunden Stille, Raschelgeräusche oder Ähnliches zu hören sind. Schneiden Sie die Aufnahme nach Ihrer Verabschiedung ab.

Tipp aus der Praxis

Das schadet nie: Speichern Sie Ihre geschnittene Aufnahme alle paar Minuten ab, damit nichts verlorengeht, falls das Programm abstürzen sollte. Behalten Sie dabei aber das Original unter einem anderen Namen bei – so haben Sie immer noch ein Back-up, falls etwas schiefgeht.

Als Nächstes gibt es vielleicht Versprecher, die Sie auf der endgültigen Aufnahme nicht haben möchten. Auch hier kommt es wieder auf Ihr Podcast-Format an: Wenn Sie einen Laber-Podcast aufnehmen, der die Hörer vor allen Dingen unterhalten und möglichst authentisch klingen soll, stören kleine Versprecher nicht. Sofern Sie aber beispielsweise einen Unternehmens-Podcast aufgenommen haben, sollte dieser möglichst seriös sein und darf keinesfalls falsche Fakten oder unprofessionell wirkende Sprechpassagen enthalten.

Machen Sie derartige Ausrutscher im Audio am besten kenntlich, indem Sie schon bei der Aufnahme eine Schnittmarke setzen. Das ist bei vielen Aufnahmegeräten und in Software wie Ultraschall möglich. Alternativ können Sie auf der Aufnahme auch zwei Mal mit der Zunge schnalzen oder drei Mal in die Hände klatschen, das ist dann deutlich zu sehen (siehe Abbildung 5.2). Setzen Sie danach noch einmal mit der Aufnahme beim letzten vollständigen Satz an. Wiederholen Sie also nicht nur das Wort, bei dem Sie sich gerade versprochen hatten, sondern den kompletten Satz, und lassen Sie davor und danach ein bis zwei Sekunden Stille bei der Aufnahme. So ist es viel leichter, später zu schneiden.

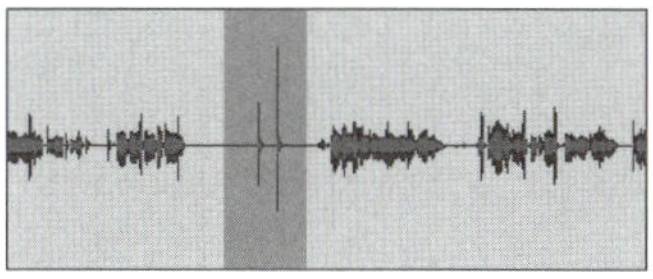

Abbildung 5.2 *Wenn Sie sich während der Aufnahme versprechen, schnalzen Sie kurz zwei Mal mit der Zunge. Das ist später deutlich als »Schnittmarke« zu erkennen.*

Anfang und Ende sind sauber, grobe Versprecher sind entfernt – so könnte das Audio jetzt online gehen. Wenn Sie möchten, können Sie aber auch noch weiter »putzen«.

5.2 So entfernen Sie Ähs, Atmer und Störgeräusche

Wenn Sie in Ihrem Podcast frei sprechen, werden Sie bald merken, dass Sie bestimmte Füllwörter immer wieder benutzen. Das fällt höchstwahrscheinlich niemandem außer Ihnen auf, aber Sie selbst wird es stören. In erster Linie sollten Sie versuchen, sich bei der nächsten Aufnahme selbst zu disziplinieren und diese Wörter zu vermeiden. In gewissem Maße können Sie diese Wörter auch nachträglich im Schnitt entfernen. Das Gleiche gilt für das lästige »Äh«, das die meisten Menschen gerne benutzen, anstatt die Stille zuzulassen, die entsteht, während wir einen Gedanken fassen (siehe Abbildung 5.3).

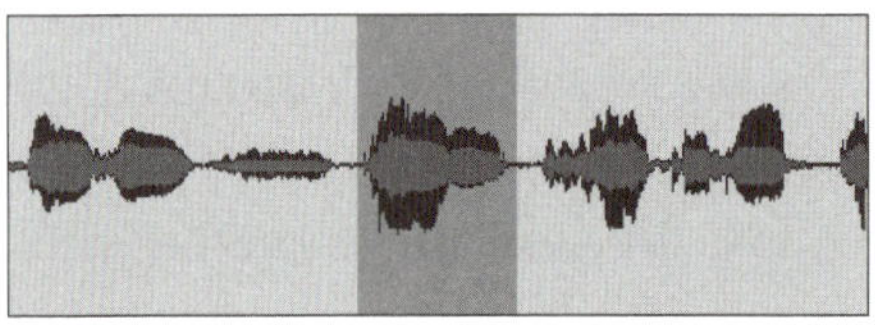

Abbildung 5.3 *Ein klassisches »Äh« aus meinem Mund im Podcast »Schlaflos in München«*

Wenn es um Details geht, ist es wichtig, die Ansicht stark zu vergrößern. Suchen Sie also erst die Stelle, die Sie schneiden möchten, und vergrößern Sie dann den Ausschnitt, wie vorhin bereits beschrieben.

Wenn das Wort oder das »Äh« so schön isoliert dasteht wie in diesem abgebildeten Beispiel, können Sie es getrost schneiden. Achten Sie dabei darauf, dass Sie die Stille vor und nach dem Äh zumindest zum Teil stehenlassen, sonst wirkt im Anschluss der ganze Satz gehetzt, wenn dort von einem Wort zum anderen gesprungen wird. Hören Sie sich nach dem Schnitt den Satz noch einmal an – klingt es natürlich oder merken Sie, dass geschnitten wurde? Einen Schnitt sollten Sie nicht hören können; sonst lassen Sie ihn lieber oder versuchen es noch einmal besser.

Ein Hauptfehler bei Anfängern besteht darin, dass sie gerne Atmer oder Stille zwischen zwei Worten wegschneiden. Diese Stille setzen wir aber in der Regel bewusst beim Sprechen ein, um Sachverhalte zu betonen. Wer alle Atmer aus seinen Sätzen schneidet, klingt anschließend gehetzt und unnatürlich. Beim Anhören solcher Aufnahmen wissen wir nicht, was komisch daran klingt; wir merken aber sehr wohl, dass irgendetwas nicht stimmt. Denn keiner von uns kommt ohne Atmung aus, oder?

Wenn Sie sich dazu entscheiden sollten, dass Sie Ihre Atmer nicht hören möchten, dann gibt es eine andere Methode, als diese komplett herauszuschneiden: Markieren Sie die Atmer und löschen Sie sie nicht weg, sondern machen Sie sie stumm (siehe Abbildung 5.4). Dafür gibt es in Audacity ein Werkzeug, das durch eine unterbrochene Audiolinie symbolisiert wird (siehe Abbildung 5.5). In anderen Schnittprogrammen können Sie die Lautstärkelinie an dieser Stelle einfach so weit absenken, dass das Atmen unhörbar wird.

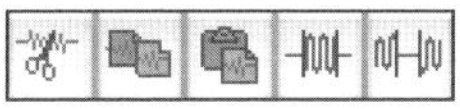

Abbildung 5.4 *Einige Symbole von Audacity gibt es nicht in der Textverarbeitung – zum Beispiel den Knopf, um etwas stumm zu schalten.*

Wenn Sie bewusst Hörbücher anhören, werden Sie merken, dass die Atmer einen wahren Glaubenskrieg ausgelöst haben. Manche Produktionsfirmen machen jeden einzelnen Atmer lautlos, andere lassen diese bewusst drin. Auch bei den Hörern gibt es beide Lager. Ich bevorzuge es, wenn ich die Sprecher atmen höre, denn immerhin ist das unsere natürliche Art, zu sprechen.

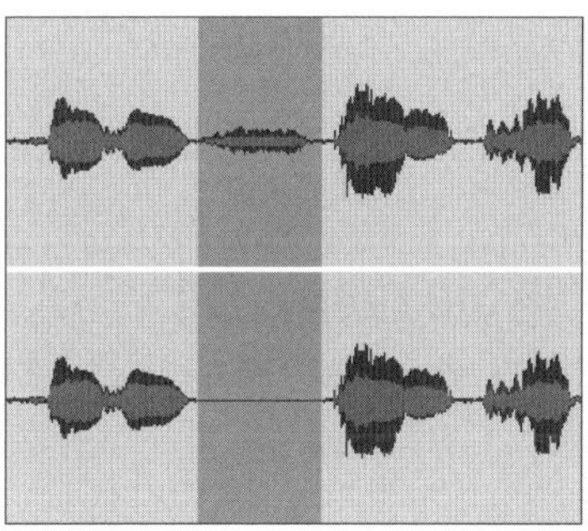

Abbildung 5.5 *Oben sehen Sie den Atmer deutlich, unten ist an dieser Stelle nur Stille.*

Auf diese Weise können Sie auch Störgeräusche aller Art entfernen, beispielsweise wenn Ihnen bei der Aufnahme eine Tasse heruntergefallen ist, wenn Sie in einer stillen Sequenz, während Ihr Gesprächspartner gerade am Mikrofon war, auf der Tastatur getippt haben oder Ähnliches. Markieren Sie diese Bereiche in Ihrer Tonspur, und machen Sie sie lautlos.

Im optimalen Fall hören Sie sich Ihre komplette Aufnahme nach dem Schnitt noch einmal an. So können Sie feststellen, ob Sie vergessen haben, einen Versprecher zu schneiden, ob irgendwo eine störende Pause herrscht oder ob ein Geräusch zu hören ist, das Ihnen nicht gefällt. Um Zeit zu sparen, können Sie das Abhören beschleunigen: Dazu gibt es bei Audacity eine kleine Skala mit Regler und einem grünen Play-Button davor. Sie können hier durch den Regler die Geschwindigkeit einstellen (verlangsamen oder bis zu drei Mal so schnell) und anschließend auf den grünen Pfeil klicken, um wirklich in der eingestellten Geschwindigkeit zu hören (siehe Abbildung 5.6). Das hört sich in Audacity zwar nach Micky-Maus-Stimme an, aber daran gewöhnen Sie sich schnell beim Testhören.

Abbildung 5.6 *Wie schnell darf's denn sein? Mit diesem Werkzeug können Sie in Audacity die Abhörgeschwindigkeit einstellen.*

Husten, Räuspern oder Ähnliches sollten Sie auf jeden Fall herausschneiden. Schließlich soll derjenige, der in einer stillen Umgebung Ihren Podcast hört, nicht vor Schreck vom Stuhl fallen, wenn Sie ohne Vorwarnung in sein Ohr husten. Aber Vorsicht: All das ist vor allem dann leicht zu löschen, wenn die Geräusche isoliert sind, also wenn beispielsweise jemand in die Stille hustet. Wenn aber gehustet wird, während jemand spricht, und beides ist auf derselben Spur, dann lassen Sie lieber die Finger davon – das werden Sie als Schnittanfänger nicht hinbekommen.

5.3 Damit niemand erschrickt: Setzen Sie Fades ein!

Audacity und jede andere Audiosoftware bietet Ihnen die Möglichkeit, Hörbares sanft ansteigen oder ausklingen zu lassen. Diese Funktion sollten Sie nutzen. Bei Musik können Sie recht langsam ein- oder ausblenden. Dazu markieren Sie mit der Maus den Bereich, den Sie bearbeiten möchten. Dann klicken Sie auf »Einblenden« oder »Ausblenden« – je nachdem, in welche Richtung die Lautstärke ansteigen soll (siehe Abbildung 5.7). Auch wenn es zunächst komisch wirkt, ein Fade kann auch bei Sprache angenehm wirken. In diesem Fall würden Sie aber nicht wie in der Abbildung mehrere Sekunden einblenden, sondern lediglich die erste Silbe oder gar nur die ersten ein bis zwei Buchstaben auswählen. Wenn Sie beim Einsprechen mit besonders viel Elan bei der Sache waren, wirkt nämlich auch Sprache oft wie ein »Bellen« oder Anschreien. Durch einen winzigen Fade nehmen Sie der Aufnahme diesen Charakter und lassen den Einstieg sanfter wirken. Probieren Sie aus, ob dies Ihre Aufnahme verbessern kann.

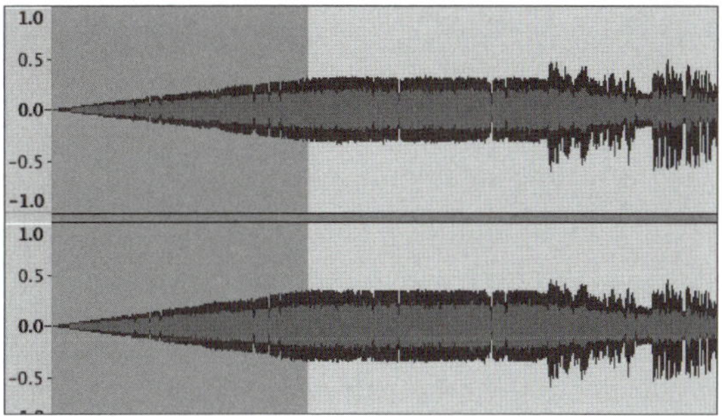

Abbildung 5.7 *Links ist die Musik ganz leise, dann wird sie immer lauter, bis sie auf dem normalen Level der Episode angekommen ist.*

5.4 Lautstärke anpassen und Hüllkurven verwenden

Vielleicht fällt Ihnen beim Schnitt auf, dass manche Passagen unterschiedlich laut sind. Mehr zu diesem Phänomen erfahren Sie in Kapitel 6, »Musik und Geräusche für Ihren Podcast«, aber hier seien schon kurz drei Aspekte erwähnt: Zum einen können Sie nach dem Grobschnitt unter »Effekt« auf »Normalisieren« klicken. So wird alles schon mal ein wenig angehoben, ohne die lauteste Passage zu übersteuern. Zum anderen können Sie einzelne Passagen markieren und diese lauter oder leiser machen. Dazu klicken Sie unter »Effekte« auf den Punkt »Verstärken«, auch wenn dies unlogisch klingt. Wenn die Passage leiser werden soll, verschieben Sie den Regler nach links, wenn sie lauter werden soll nach rechts (siehe Abbildung 5.8).

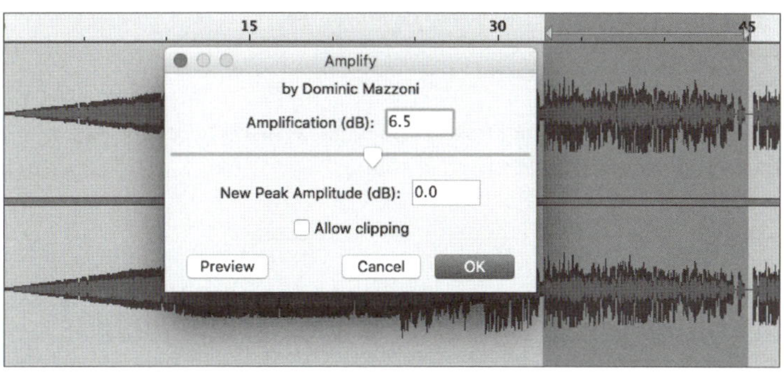

Abbildung 5.8 *Lauter oder leiser? Kein Problem. Voreingestellt ist automatisch der höchste Wert, der möglich ist, ohne zu clippen, also ohne zu übersteuern.*

Gehen Sie vorsichtig mit dieser Funktion um und hören Sie sich unbedingt nach der Bearbeitung an, was Sie da gerade getan haben. Sonst kann es passieren, dass bestimmte Passagen plötzlich merkbar lauter oder leiser werden.

Sinnvoll kann diese Lautstärkenanpassung aber dann sein, wenn Sie beispielsweise ein Interview geführt haben. In diesem Interview hatten Sie ein Aufnahmegerät in der Hand und haben dieses zwar sehr nah an den eigenen Mund gehalten, beim Schwenk zum Gegenüber den Abstand zu diesem aber leider zu groß gewählt. Oder das Gegenüber hat eine deutlich leisere Stimme als Sie selbst. Dann können Sie relativ leicht dafür sorgen, dass beide Gesprächspartner am Ende der Bearbeitung gleich laut klingen.

Die dritte Variante ist aufwendiger, ermöglicht dadurch aber auch ein genaueres Manipulieren der Lautstärke. Dafür ist ein Werkzeug nötig, das sich *Hüllkurve* nennt. Klicken Sie dieses Tool an, erscheint auf Ihrer gesamten Audiospur eine Vielzahl an blauen Linien. Diese blauen Linien können Sie an jedem beliebigen Punkt anklicken und dadurch kleine Bearbeitungspunkte erschaffen (siehe Abbildung 5.9). Diese können Sie durch Ziehen nach oben oder unten bewegen, entsprechend wird die Lautstärke dadurch ebenfalls punktgenau nach oben oder unten korrigiert.

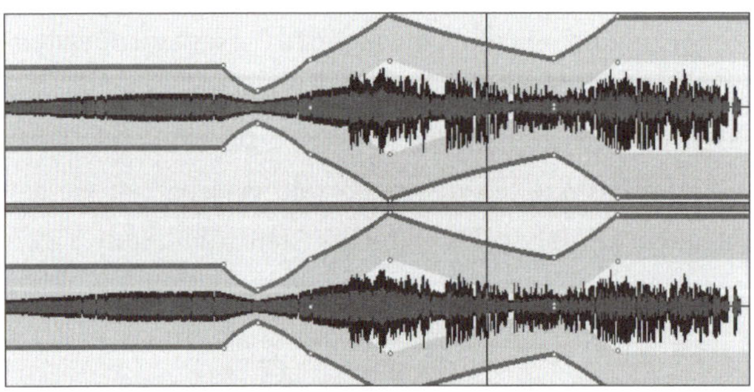

Abbildung 5.9 *Sieht fast schon aus wie Kunst: Das Hüllkurvenwerkzeug sorgt dafür, dass die Lautstärke sehr flexibel verändert werden kann.*

5.5 Warum sollten Sie auf mehreren Spuren schneiden?

Wenn Sie Ihren Podcast allein im stillen Kämmerlein aufnehmen, reicht Ihnen wahrscheinlich erst einmal eine Spur aus. Oder? Nein, wahrscheinlich nicht mal dann! Sie nehmen zwar Ihre Stimme auf einer Spur auf, wollen aber sicherlich danach noch ein Intro und Outro anfügen, oder? Wenn ja, so ist es sinnvoll, wenn diese zusätzlichen Aufnahmen auf einer getrennten Spur liegen. Denn nur so können Sie mit den meisten Bearbeitungsprogrammen (auf jeden Fall aber in Audacity) beide Töne miteinander mischen.

Angenommen, Sie haben ein Intro, in dem zuerst Musik erklingt, dann erwähnt eine Stimme den Namen Ihres Podcasts, anschließend geht die Musik noch ein wenig weiter. Die Musik wird leiser – und genau jetzt sollten Sie anfangen zu sprechen. Wenn Sie nur eine Spur für Ihren kompletten Schnitt verwenden, müssen Sie die Musik abschneiden, um Ihre Sprache anzufügen. Dies ist nur dann nicht nötig, wenn Ihr Bearbeitungsprogramm über eine Crossfade-Option verfügt, bei der beide Spuren überkreuz verblendet werden. Aber selbst dann ist es schöner, auf zwei Spuren selbst zu überblenden.

Gerade für Anfänger ist es viel einfacher, die Sprachspur auf eine andere Spur zu legen als die Musikspur und beide dann so lange zu verschieben, bis es angenehm klingt. Sie können dadurch auch die einzelnen Spuren unterschiedlich laut aussteuern.

Außerdem wird es oft übersichtlicher, wenn Sie beispielsweise verschiedene Gesprächspartner auf einzelne Spuren verteilen (siehe Abbildung 5.10).

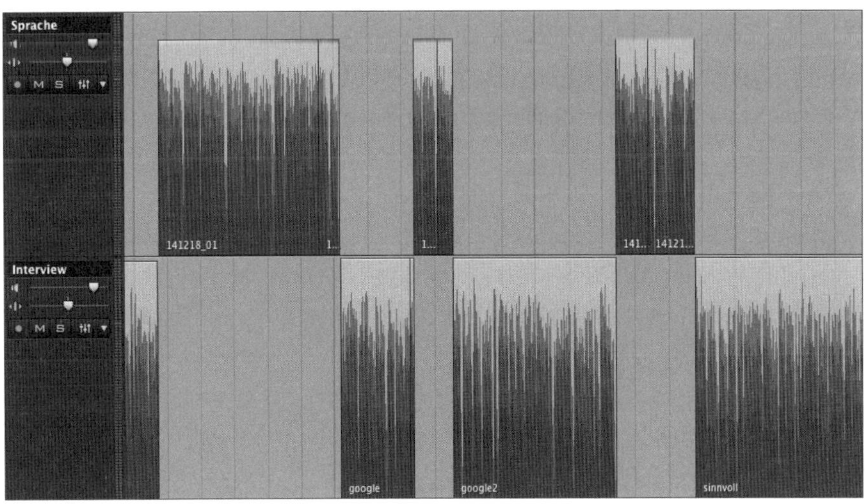

Abbildung 5.10 *Ein Interview in der Software Hindenburg – jeder Gesprächsteilnehmer hat seine eigene Spur.*

So können Sie übrigens auch die ganze Spur eines Sprechenden lauter oder leiser machen, ohne jede einzelne Aussage anzupacken.

5.6 Speichern Sie Ihre Podcast-Episode nach dem Schnitt ab

Natürlich sollten Sie während des Schnitts immer mal wieder zwischenspeichern. So gehen Sie auf Nummer sicher, falls der Computer mittendrin abstürzt. Speichern Sie also Ihr Audacity-Projekt ab. Audacity speichert Daten nach dem folgenden Muster: Zu Ihrem Schnitt-Projekt wird eine Datei mit der Endung *.aup* erstellt. Das ist ein Format, das nur Audacity öffnen kann. Diese Datei merkt sich sozusagen, welche Audioschnipsel zu Ihrer Aufnahme gehören und wo Sie Schnitte gesetzt haben.

Zu dieser Datei gehört ein Ordner mit dem gleichen Titel und dem Suffix *_data*. In diesem Ordner sind die wahren Audioschnipsel enthalten. Diese sind schön verschachtelt in mehrere Unterordner und pro Schnipsel ungefähr 1 MB groß. Die einzelnen Schnipsel sind mit der Dateiendung *.au* versehen.

Diese Speicherstruktur ist für Sie eigentlich gar nicht wichtig. Allerdings sollten Sie darauf achten, dass beide Teile Ihres Projekts, also die Datei mit der Endung *.aup* und der dazugehörige Ordner mit den Audioschnipseln, nicht verschoben beziehungsweise voneinander getrennt werden. Sonst kann es passieren, dass Audacity die Schnipsel nicht mehr findet und Sie Lücken in Ihrem Audio haben.

Sind Sie zufrieden mit dem Ergebnis Ihres Schnitts? Dann speichern Sie Ihre Episode ab! Um das zu tun, gibt es verschiedene Möglichkeiten. Empfehlenswert ist es, Ihre geschnittene Datei zunächst im WAV-Format zu speichern. So haben Sie eine zwar sehr große, dafür aber qualitativ sehr gute, weil unkomprimierte Datei, auf die Sie zurückgreifen können. Falls Sie z. B. später merken, dass doch noch ein Schnitt fehlt, können Sie diese WAV-Datei öffnen und den Schnitt setzen, ohne Audioqualität einzubüßen. Legen Sie also die WAV-Datei Ihrer Podcast-Episode in Ihr Archiv.

Jetzt können Sie auch die Audacity-Datei und den dazugehörigen Ordner löschen. Diese nehmen unnötig Platz weg, und Sie können an der Datei jederzeit durch die WAV-Datei weiterarbeiten. Der einzige Unterschied ist, dass die Audacity-Projektdatei es Ihnen bei Mehrspuraufnahmen erlaubt, einzelne Spuren zu verschieben oder auf einzelnen Spuren zu schneiden. In der WAV-Datei ist alles auf eine (Mono- beziehungsweise Stereo-)Spur vereinfacht. Fades und Ähnliches können Sie hier nicht mehr verschieben.

Der nächste Schritt ist, dass Sie sich eine komprimierte Datei erstellen lassen. Diese Datei wird auch genau die sein, die Sie später ins Internet hochladen und die dann von Ihren Hörern gehört werden wird. Das gängigste Format ist dafür die MP3-Datei. Die Open-Source-Software Audacity nutzt für die Komprimierung den LAME-Encoder, den Sie sich einmalig herunterladen müssen. Wie das geht, steht in der Audacity-Anleitung.

Danach können Sie Ihre Datei als MP3 exportieren und dort noch die Einstellungen festlegen, beispielsweise wie stark die Datei komprimiert sein soll. Mehr zu diesen Werten erfahren Sie auch in Kapitel 8, »Metadaten und das richtige Audioformat«.

Kapitel 6

MUSIK UND GERÄUSCHE FÜR IHREN PODCAST

Sie haben Ihre eigene Stimme aufgenommen, eventuell noch einen Interviewgast befragt und Ihre erste Episode geschnitten, aber irgendetwas fehlt noch. Wie wäre es mit ein wenig Musik?

Podcasts sind Hörabenteuer. Sie nehmen ihre Hörer mit in andere Welten. Daher sollten Sie sich überlegen, wie Sie diese Hörreise möglichst spannend und ansprechend gestalten. Neben Ihrem eigenen Format und den Inhalten Ihres Podcasts kommt es auch auf die Untermalung und Ausschmückung mit Musik und Geräuschen an. Übertreiben Sie es aber nicht. Nutzen Sie diese Effekte als Unterstreichung, und setzen Sie sie mit Bedacht ein.

Schwierig ist bei der Verwendung von Musik und Geräuschen vor allem die rechtliche Situation. Bitte seien Sie besonders vorsichtig, was das angeht. Mehr zur rechtlichen Seite des Podcastings erfahren Sie in Kapitel 10, »Podcast & Recht«.

6.1 Wiedererkennung ist wichtig: Besorgen Sie sich Intro und Outro

Nun haben Sie eine fertig geschnittene Episode – aber sie klingt noch recht roh. Überlegen Sie sich, wie Sie die Aufnahme akustisch anreichern können. Wichtig sind vor allem ein Intro und ein Outro.

Nehmen Sie eine typische Hörsituation: Ihr Hörer steht am Postschalter in einer langen Schlange. Er hört die nächsten 15 Minuten verschiedene Podcasts.

Erst kommt ein kurzer Nachrichtenpodcast. Als dieser fertig ist, schließt sich die nächste Episode aus der Playlist gleich an: Ihr Podcast. Wie soll der Hörer am Postschalter wissen, was er da jetzt hört? Sein Smartphone oder MP3-Player steckt in der Hosentasche, er hat die Hände nicht frei, weil er ein riesiges Paket hält. Er muss also allein durch seine Ohren herausfinden, was ihn da gerade erwartet.

Natürlich können Sie zu Beginn einfach sagen, was Sache ist: »Hier ist Annik Rubens, und Sie hören den Podcast ›Schlaflos in München‹.«

Aber genau wie im Alltag, wenn wir Logos wiedererkennen und Farben bestimmter Postautos den richtigen Zulieferern zuordnen können (um im Bild zu bleiben), sind auch beim Hören Wiedererkennungseffekte wichtig.

Denken Sie an die Radiostationen: Auch wenn es manchmal nervt, sind die richtigen Jingles zur richtigen Zeit wichtig, um bei uns bestimmte Schlüsselreize auszulösen. Ohne auf den Inhalt zu hören, wissen wir sofort, dass jetzt die Nachrichten oder die Verkehrsdurchsagen beginnen. Genau das sollten Sie mit Ihrem Podcast auch erreichen.

Aber woher kann dieses Intro kommen? Genau hier liegt die Schwierigkeit, denn gute Musik kommt von guten Musikern, und die möchten verständlicherweise mit ihren Kompositionen Geld verdienen. Dagegen ist natürlich auch nichts zu sagen. Vor allem zu Beginn einer Podcasting-Karriere sind viele Anfänger aber nicht bereit, viel Geld in Musik zu investieren. Aus diesem Grund hatte Podcast-Pionier Adam Curry mit seinem Geschäftspartner Ron Bloom bereits 2005 das sogenannte *Podsafe Music Network* ins Leben gerufen. Dabei handelte es sich um eine Plattform, auf der Musik von Künstlern hochgeladen wurde, um in Podcasts gespielt werden zu können. Der Vorteil für die Musiker war Bekanntheit und Verbreitung, denn die Namensnennung war wie bei Creative-Commons-Lizenzen meist Voraussetzung. Heute träumen Podcaster von einer derartigen Plattform mit Musik, die kostenfrei und ohne Sorgen verwendet werden kann. Vorsicht ist geboten, aber es gibt Wege und Möglichkeiten.

Wie in Kapitel 4, »Die passende Software für Aufnahme, Schnitt und Nachbearbeitung finden«, schon erwähnt, kommen manche Audioschnittprogramme wie GarageBand mit kostenlosen Loops und Geräuschen daher (siehe Abbildung 6.1). Diese genau so zu verwenden, wie sie angeboten werden, ist nicht ratsam, denn viele Menschen benutzen die gleiche Software, wodurch Sie kein Alleinstellungsmerkmal haben. Wenn Sie aber viele verschiedene dieser Loops nehmen und daraus etwas Neues schaffen, ist das eine gute Idee.

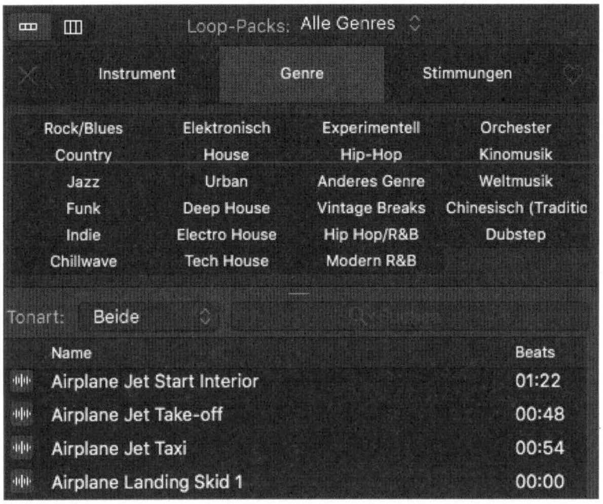

Abbildung 6.1 *Schöne Schatzkiste: Loops und Geräusche aus der Bibliothek von Apples GarageBand*

Falls Sie selbst ein Instrument spielen oder im Freundes- und Verwandtenkreis jemanden haben, der das tut, überlegen Sie gemeinsam, ob Ihnen ein schönes Intro einfällt. Denn so umgehen Sie ein großes Problem, das die gesamte Podcasting-Szene umtreibt: die rechtlich unbefriedigende Situation von Musik in Podcasts. Darauf gehe ich in Kapitel 10, »Podcast & Recht«, noch ausführlicher ein.

Sie können auch eine Band ansprechen, die nicht bei der GEMA unter Vertrag steht, und diese um die Produktion eines kleinen Intros bitten – entweder gegen die Nennung des Namens der Band oder gegen eine kleine Geldspende. Ich habe damals eine kanadische Band namens »The Rantings of Eva« per E-Mail kontaktiert und darum gebeten, einen Teil eines Songs verwenden zu dürfen. Sie waren sofort einverstanden. Den Namen der Band inklusive Link zu deren Website habe ich dann auf meinem Blog erwähnt, zudem habe ich immer wieder auch im Podcast selbst auf die Band hingewiesen. Das reichte als Gegenleistung aus.

Es gibt im Netz auch Dienste wie beispielsweise *http://heppinez-music.de* oder *https://fiverr.com*, über die Sie sich Intros komponieren lassen können.

Natürlich existieren auch andere Musikquellen, die Podcaster verwenden können. Wichtig ist, dass Sie immer auf die geltenden Lizenzen achten. Es gibt sogenannte Produktionsmusik, die Sie verwenden können. Sie sollten aber unbedingt im Kleingedruckten nachsehen, ob dort die Verwendung für Internetproduktionen oder Audio-Podcasts ausdrücklich erlaubt ist. Diese kostet in der Regel etwas Geld, ist aber meist auch mit kleinem Budget bezahlbar.

Achtung!

Seien Sie besonders vorsichtig, was die Verwendung von Musik angeht! Lesen Sie unbedingt die Lizenzbedingungen und achten Sie darauf, dass diese auch in Deutschland gültig sind. Ihr Podcast wird bei manchen Portalen dann als kommerziell eingestuft, wenn er beispielsweise über Affiliate-Links eine Gewinnerzielungsabsicht signalisiert. Oft ist es auch so, dass Sie die Lizenz nicht für Ihren Podcast (also die Serie an sich) erwerben können, sondern für jede einzelne Episode erneut kaufen müssen. Das kann schnell ins Geld gehen. Im Folgenden gebe ich Hinweise auf Musikquellen. Sie müssen aber selbst dafür Sorge tragen, ob die Musik auf diesen Portalen in Ihrem speziellen Podcast verwendet werden darf oder nicht. Bei Internetseiten, die beispielsweise aus den USA stammen, sollten Sie sicherheitshalber in einem zweiten Schritt bei der GEMA nachsehen, ob der gefundene Künstler in Deutschland nicht doch eventuell vertreten wird und somit nicht ohne entsprechende Lizenz verwendet werden kann.

Kurzum, für den Beziehungsstatus von Podcasts und Musik gilt: It's complicated …

Das Podcastmodell der GEMA

Sehr viele Musikstücke sind bei der GEMA verzeichnet. Die GEMA (Gesellschaft für musikalische Aufführungs- und mechanische Vervielfältigungsrechte) ist ein Verein mit über 70.000 Mitgliedern, deren Nutzungsrechte sie in Deutschland verwaltet. Kurz gesagt: Ein Musiker wird Mitglied bei der GEMA und diese sorgt dafür, dass er auch Geld erhält, wenn irgendein Radiosender am anderen Ende der Republik seine Musik spielt. Die Radiosender haben in der Regel ihre Vereinbarungen mit der GEMA schon lange getroffen, und alles ist in trockenen Tüchern.

Aber wie ist das mit Podcasts, den relativ neuen Verbreitungswegen für Musik? Denn anders als beim gesendeten Radio wird hier die Musik vervielfältigt: Der Podcaster entscheidet sich für einen Titel, packt diesen in seine Episode und jeder Hörer des Podcasts lädt die MP3 inklusive der Musik herunter. Warum sollte also noch irgendjemand diesen Titel kaufen, wenn er ihn kostenlos im Podcast bekommt? Genau dieses Dilemma hat dazu geführt, dass es bei der GEMA eine spezielle Lizenz für Podcaster gibt (*https://online.gema.de/lipo/podcast*).

Die GEMA-Lizenz für Podcaster

Sie gilt für alle Anbieter von nicht-gewerblichen Podcasts,

- die mit ihren Podcasts keine Einnahmen erzielen oder nicht mehr als 300,00 € (netto) pro Monat einnehmen,
- deren Podcast nicht häufiger als einmal täglich erscheint,
- die in jedes Musikwerk in ihrem Podcast in der Weise hineinmoderieren (»talk over«) oder die jeden Song in der Weise ein- und ausblenden, dass er nicht isoliert werden kann,
- die die Episoden ihres Podcasts nicht mit Schnittmarken versehen, die dazu geeignet sind, einzelne Songs zu isolieren,
- die in ihrem Podcast Musikwerke zu maximal 50 % ausspielen,
- die in den Episoden ihres Podcasts nicht mehr Musik verwenden als bis zu 75 % der Gesamtlänge der einzelnen Episode,
- deren Podcasts nicht mehr als 31 Musikwerke + Intro/Outro im Monat enthalten,
- deren Podcasts als Audiodateien (keine Videodateien) angeboten werden,
- die ihren Podcast direkt auf der eigenen Webseite anbieten,
- deren Episoden sich nicht nur auf einen einzelnen Künstler beziehen, und die in der Bezeichnung des Podcasts und in den Bezeichnungen der einzelnen Episoden weder die Namen von Musikwerken noch von Interpreten nennen.

Diese zehn Punkte müssen bei Ihnen passen, wenn Sie die Lizenz benutzen möchten. Drei verschiedene Lizenzen können Sie dann auswählen: Intro und Outro kosten 5 € pro Monat, Intro, Outro und fünf Songs kosten 10 € pro Monat und Intro, Outro und 31 Songs kosten 30 € im Monat. Wenn Sie nicht ganz sicher sind, ob das Lizenzmodell bei Ihrem Podcast passt oder ob Sie die Kriterien erfüllen können, bietet die GEMA die Möglichkeit an, mit ihr per E-Mail an *podcasting@gema.de* in Kontakt zu treten.

Jamendo

2005 wurde die Musikplattform *Jamendo* (*https://www.jamendo.com*) in Luxemburg gegründet. Heute kommt sie modern daher und bietet Musik unter Creative Commons-Lizenzen und darüber hinaus. Der Slogan auf der Internetseite lautet daher auch: »GEMAfreie Musik zur kommerziellen Nutzung – unsere Lizenzen decken alle Rechte«. Es gibt verschiedene Pakete von rund 10 € bis 300 €. Für Podcaster bietet sich das Paket für rund 50 € pro Projekt an.

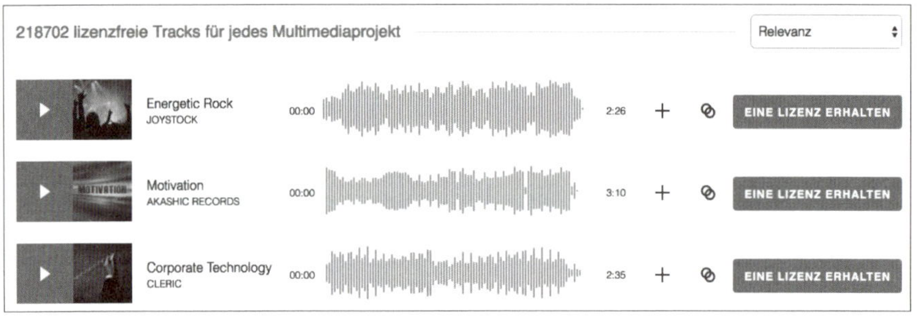

Abbildung 6.2 *Bei Jamendo gibt es für jeden Podcaster die richtige Musik – Sie müssen sie nur finden ...*

Die Suche kann eingeschränkt werden, indem beispielsweise nach »ohne Gesang« oder »mit Gesang«, nach »männlich« oder »weiblich« gesucht wird, wenn Sie denn genaue Vorstellungen davon haben, was Sie suchen (siehe Abbildung 6.2). Auch das Genre kann ausgewählt werden, also ob es eher in Richtung Jazz, Rock, Pop oder Hip-Hop gehen soll.

Sie können bei Jamendo das vorherrschende Instrument auswählen, wenn Sie beispielsweise gezielt auf der Suche nach einem Klavier-Intro sind. Ebenso können Sie auch die Geschwindigkeit des Stücks benennen, sollten Sie z. B. für Ihren Meditations-Podcast eher auf der Suche nach einem langsamen Stück sein.

Die Seite stellt zudem Begriffe zur Verfügung, die die Stimmung oder den Einsatzzweck genauer beschreiben sollen, also von »happy« über »christmas« bis »videogame«. Haben Sie einen Titel gefunden, der Ihnen gefällt, bekommen Sie auf der Detailseite genauere Informationen über Lizenzbedingungen und Kosten des Songs.

Audiyou

Sehr viel kleiner ist die Seite *Audiyou* (*https://www.audiyou.de*). Dahinter versteckt sich eine privat finanzierte, gemeinnützige Initiative aus Deutschland. Alle Beiträge bei Audiyou sind ausschließlich zur nicht-kommerziellen Nutzung freigegeben. Wenn also beispielsweise Schüler einen Podcast erstellen, der im eigenen Intranet der Schule heruntergeladen werden kann und ohne Werbung oder andere Gewinnerzielungsabsichten auskommt, können sich die Schüler hier bedienen. Alle anderen Podcaster, die also doch hoffen, ein paar Euro mit ihren Audios zu verdienen, können sich über diese Plattform auf die Suche nach Titeln machen, mit deren Erstellern sie dann erst einmal Kontakt aufnehmen. So kann direkt verhandelt werden, was eine kommerzielle Nutzung der Musik denn kosten soll, sofern sie möglich ist.

Klangarchiv

Das *Klangarchiv* (*https://www.klangarchiv.com*) von Albrecht Linden in Hürth bietet einen speziellen Tarif für Podcaster an: Für 65 € (pro Titel) können Sie sich hier eine »Web & Telefon«-Lizenz kaufen. Sortiert ist das Archiv nach verschiedenen Genres wie Filmmusik, Easy Listening oder New Age und Weltmusik. Stichworte wie »freundlich«, »positiv« oder »groovy« machen es einfacher, einen passenden Titel zu finden. Player zum Vorhören sind ebenso vorhanden wie die Möglichkeit, eine Demo-Version herunterzuladen (siehe Abbildung 6.3).

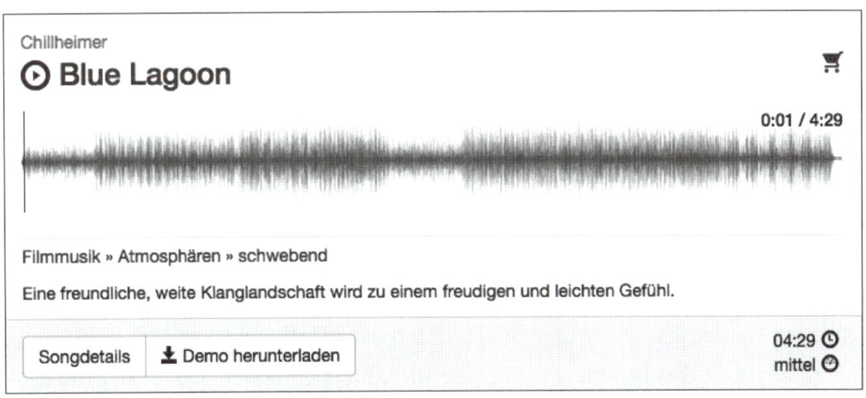

Abbildung 6.3 *Vorhörfunktion eines Musiktitels beim Klangarchiv mit der Option, eine Demo-Version herunterzuladen*

Haben Sie sich dann für einen Titel entschieden, können Sie diesen in den Warenkorb legen und die entsprechende Lizenz kaufen. Die Lizenz erlaubt es Ihnen, den gekauften Musiktitel in unbegrenzt vielen Podcasts einzusetzen. Sofern Sie aber ähnlich einer Agentur für verschiedene Nutzer arbeiten, brauchen Sie für jeden Nutzer eine eigene Lizenz.

Musopen

2012 wurde ein interessantes Projekt ins Leben gerufen: *Musopen* (*https://musopen.org*) möchte Musik freilassen (»Set Music Free«). Das bedeutet, dass Musiktitel, die nicht länger durch ein Copyright in den USA geschützt sind und somit wieder »Public Domain« (gemeinfrei) sind, auf dieser Plattform verfügbar gemacht werden.

Dazu müssen Sie zwei Dinge verstehen: An einem Musikstück haben zwei Seiten ihre Rechte. Nehmen wir als Beispiel das allseits berühmte »Last Christmas« von »Wham!«. Geschrieben wurde es von George Michael, somit bekommt dieser auch Geld für jede Ausstrahlung im Radio und auf ähnlichen Wegen. Da der Musiker allerdings verstorben ist, geht das Geld an seine Erben – bis 70 Jahre nach seinem Tod. Danach dürfen wir alle es kostenlos verwenden. In Deutschland würde diese Seite also beispielsweise durch die GEMA vertreten.

Die zweite Seite, die an einem Musikstück ihre Rechte hat, sind diejenigen, die das Stück aufgeführt haben. In diesem Fall wären das George Michael und Andrew Ridgeley als Duo »Wham!«. Diese Rechte vertritt in Deutschland die GVL, die Gesellschaft zur Verwertung von Leistungsschutzrechten.

Nun ist also eine Aufnahme der 9. Sinfonie von Beethoven natürlich längst gemeinfrei, denn der Komponist Ludwig van Beethoven starb 1827 und ist dadurch länger als 70 Jahre tot. Ich darf im Podcast aber dennoch keine Aufnahme der Berliner Philharmoniker verwenden, weil ich dadurch die Leistungsschutzrechte der »Performer« verletzen würde.

Hier kommt nun Musopen ins Spiel. Die Nutzer nehmen gemeinfreie Musik und spielen sie neu ein, sodass beide Seiten der Musikrechte geklärt sind (siehe Abbildung 6.4). Das ist eine schöne Idee, allerdings können Sie als Podcaster niemals ganz sicher sein, dass die Stücke auch korrekt hochgeladen wurden. Genau das gleiche Dilemma haben Sie allerdings bei jeder Creative-Commons-Bilddatei auch. Bei all der Vorrede haben Sie es sich auch schon gedacht: Auf Musopen ist nur klassische Musik zu finden.

Abbildung 6.4 *Mal eben eine Beethoven-Sonate einspielen? Gar nicht so leicht. Daher zeigt die Sternchenbewertung, wie gut die Nutzer das neu aufgenommene klassische Stück finden.*

YouTube Audio-Bibliothek

Seit der Berufswunsch einer ganzen Generation »YouTuber« oder »Instagrammerin« lautet, richten sich die Plattformen auch immer mehr auf die Produzenten und nicht nur auf die Konsumenten aus. YouTube hat beispielsweise eine Audio-Bibliothek (*https://www.youtube.com/audiolibrary/music*), aus der sich Videomacher bedienen können (siehe Abbildung 6.5).

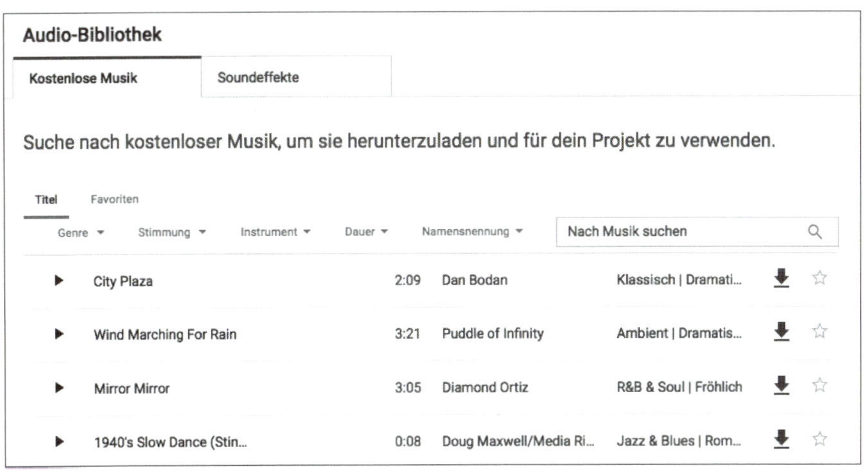

Abbildung 6.5 *Die Audio-Bibliothek von YouTube: Hier kann ausgewählt werden, ob beispielsweise eine Namensnennung erforderlich ist.*

Falls Ihr Podcast vor allem YouTube als Ausspielweg nutzt, dürfte das auch für Sie eine reizvolle Quelle sein. Ob auch normale Podcaster die Musik verwenden dürfen, darüber streitet sich die Community. Grund ist der Passus in den Nutzungsbedingungen:

> *»Musik aus dieser Bibliothek ist ausschließlich für die Nutzung in deinen Videos und anderen von dir erstellten Inhalten bestimmt.«*

Für dieses Buch wurde bei YouTube direkt angefragt, ob die Nutzung in Podcasts erlaubt ist – leider ohne Antwort.

Free Music Archive

Das *Free Music Archive* (*http://freemusicarchive.org*) bietet eine schier endlose Menge an Titeln an, die unter den verschiedensten Creative-Commons-Lizenzen laufen (siehe Abbildung 6.6).

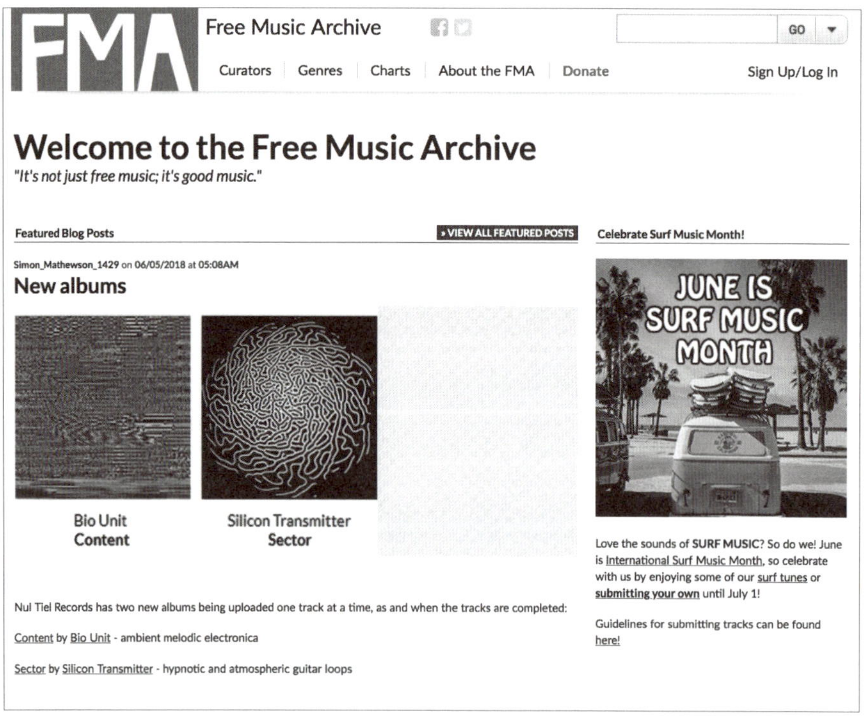

Abbildung 6.6 *Ein Portal, das durchaus Reichweite hat: Im Free Music Archive schaffen es die beliebtesten Titel auf über vier Millionen Visits*

Bei jedem Titel ist genau angegeben, was Sie mit diesem machen dürfen und was nicht. Sie können bei den meisten Stücken auch direkt mit dem Künstler Kontakt aufnehmen und beispielsweise nähere Vereinbarungen treffen oder nachfragen, wenn Sie sich nicht sicher sind, was die Verwendung angeht.

Sounddogs

Sounddogs (*https://www.sounddogs.com*) rühmt sich, die erste Online-Datenbank für Produktionsmusik und Soundeffekte gewesen zu sein (siehe Abbildung 6.7). Gegründet wurde der Dienst 1996. Über eine Million Tracks sind verfügbar, und auch Hollywood scheint sich laut eigener Aussage der Seite gerne bei der Plattform zu bedienen.

Die Geräusche oder Musikstücke können vorgehört und nach dem Kauf in hoher Qualität heruntergeladen werden. Da die Plattform englischsprachig ist, muss auch auf Englisch gesucht werden. Ein »Miau« bringt also nichts, ein »Meow« viele verschiedene Katzenlaute. Viele Geräusche kosten unter einem Dollar, ein ganzes Klavierstück zwischen einem und 150 US$.

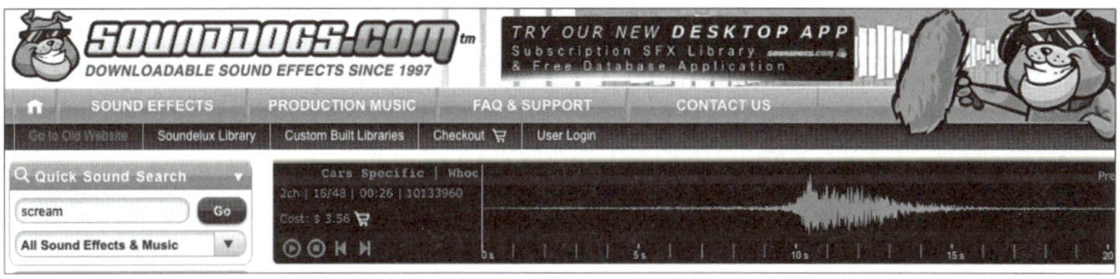

Abbildung 6.7 *Eine tierische Geräusche-Datenbank: Bei Sounddogs finden Sie sowohl Hundebellen als auch schöne Klaviermusik.*

Cayzland

Cayzland (*https://www.cayzland.de*) ist ein Tonstudio in der hessischen Stadt Haiger. Hier wird eigens GEMA-freie Musik produziert, die dann in Filmen, Werbespots oder anderen Medien verwendet werden kann. Auf der Internetseite können Sie sich durch verschiedene Melodien klicken und nach etwas suchen, das für Ihren Podcast geeignet sein könnte (siehe Abbildung 6.8).

Vier verschiedene Lizenzpreise bietet Cayzland an: Für Musikstücke wird eine einmalige Zahlung von 45 € fällig, für Jingles sind es 25 €, für Geräusche und

Loops jeweils 12 €. Inhaber Sven Backes weist aber darauf hin, dass sich die Preise natürlich ändern können und er eventuell in Zukunft auch einen speziellen Podcast-Tarif anbietet.

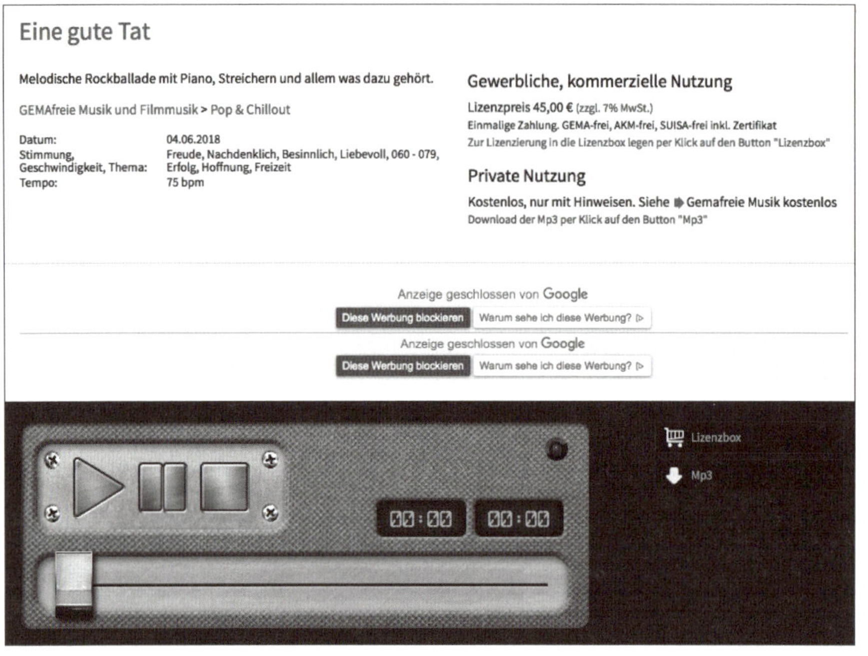

Abbildung 6.8 *Ausführliche Beschreibung des Titels, ansprechender Player und verständliche Lizenzen: Cayzland macht es vor allem deutschen Podcastern einfach.*

Eine Lizenz ist bei Cayzland nicht projektbezogen, sondern gilt für den Podcaster, der sich die Lizenz gekauft hat. Daher können Sie ein und denselben Titel durchaus für mehrere Podcast-Episoden verwenden, beispielsweise als Intro. Eine Podcast-Agentur darf aber nicht eine Lizenz für verschiedene Podcasts nutzen.

Noch mehr Quellen für Musik

Der Podcaster und Programmierer Dirk Primbs hat eine Liste mit weiteren Musikquellen zusammengestellt, die ständig erweitert und aktualisiert wird: *https://docs.google.com/spreadsheets/d/1f9ISOzcWjnplEc6YbmVkOOVyALk6NTnFrMXwZwIt7Q/edit#gid=0.*

6.2 Musikbetten – unbequem oder gemütlich?

Wenn Sie sich bei der Produktion Ihres Podcasts am klassischen Radio orientieren, dann wird mit Sicherheit unter jeder Ihrer Podcast-Episoden ein Dauergedudel zu hören sein. Denn das hat sich vor allem bei den Privatradios seit Jahren eingeschlichen und ist für uns zum normalen Hörverhalten geworden, sobald wir die großen Rundfunksender einschalten. Die Stille ist hier der Feind – jede Sekunde wird mit Sounds vollgestopft. Dadurch entsteht leicht eine gehetzte, übertrieben fröhliche Atmosphäre. Das ist beim Morgenradio natürlich sinnvoll und auch gewollt, aber möchten Sie, dass Ihr Podcast so klingt? Wahrscheinlich nicht, denn ein Podcast ist in den meisten Fällen eben nicht Radio. Sie kriechen meist durch Kopfhörer zu Ihren Hörern, sind ganz nah bei ihnen, eher wie im Zwiegespräch mit einem Freund. Da darf es auch mal still sein. Da dürfen Sätze nachwirken.

Daher noch einmal laut und deutlich: Vermeiden Sie lästige Musikbetten. Podcasts dürfen sich in dieser Hinsicht sehr gerne von Radiosendungen unterscheiden. Stille auszuhalten ist nicht leicht, aber Sie sollten es trainieren. Denn gerade die Pausen sagen manchmal mehr als noch so viele Worte.

6.3 Machen Sie Ihren Podcast erlebbar durch Geräusche

Je nach Podcast-Format kann es gut passen, Ihren Podcast mit Geräuschen zu »verzieren«. Auch hier sei wieder betont: Übertreiben Sie es nicht. Aber Sie können sich durchaus überlegen, ob manche Stellen für ein Geräusch geeignet wären. Dazu zählen beispielsweise ein Telefonklingeln, das wiederkehrt und auf die Rubrik der Hörerfragen auf dem Anrufbeantworter hinweist, oder ein Miauen oder ein Kuh-Muhen. Was auch immer – werden Sie kreativ, und machen Sie Ihren Podcast dadurch ein wenig bunter.

Geräusche können Sie wie oben beschrieben in Soundarchiven wie Sounddogs erwerben, denn auch sie unterliegen dem Urheberrecht. Urheber der Geräusche ist in diesem Fall natürlich nicht die muhende Kuh, sondern der Mensch, der die Kuh aufgezeichnet und ihr Muhen ins Internet gestellt hat.

Und genau da sind wir schon bei der rechtlich sichersten Variante, was Geräusche angeht: Machen Sie die Geräusche selbst! Nehmen Sie Ihr Aufnahmegerät, und gehen Sie auf Geräuschejagd in die freie Natur. Überlegen Sie sich vorher, was Sie gebrauchen können, und fangen Sie die Geräusche dann möglichst isoliert und ohne Nebengeräusche ein.

Kapitel 7
KLEINE AUDIOKUNDE: DAS MASTERING

Mastering? Es gibt ganze Firmen von Tontechnikern, die sich auf das Mastering von Musik spezialisiert haben. In diesem Kapitel lernen Sie, wie Sie selbst Ihren Podcast durch die Audioverschönerung schicken können.

Vorneweg sei gesagt: Je besser Ihr Audiosignal gleich bei der Aufnahme ist, desto weniger müssen Sie in der Nachbearbeitung machen. Umgekehrt gesagt heißt das: Wenn die Aufnahme an sich Müll ist, wird sie es wahrscheinlich auch bleiben. Versuchen Sie daher, von Anfang an ein möglichst gutes Signal aufzunehmen. Eliminieren Sie Störgeräusche bei der Aufnahme, z. B. das Rauschen des Computer-Lüfters oder Windgeräusche, falls Sie draußen aufnehmen (mehr dazu in Kapitel 3, »Die (möglichst) perfekte Aufnahme«).

Sorgen Sie vor der Aufnahme dafür, dass Ihr Pegel stimmt. Das bedeutet, dass Sie die Aufnahmelautstärke finden, die für Ihre Art zu sprechen genau richtig ist. Die Aufnahme darf auf keinen Fall übersteuern, denn das kann im Nachhinein nicht mehr repariert werden. Nehmen Sie zu leise auf, laufen Sie Gefahr, dass zu viel Raum auf der Aufnahme ist. Lassen Sie sich also Zeit und pegeln Sie Ihre Lautstärke gewissenhaft ein, damit Sie sich später beim Schnitt nicht ärgern müssen (siehe Abbildung 7.1).

Abbildung 7.1 *Die meisten Audio-Aufnahmeprogramme und -Geräte bieten eine gute Möglichkeit an, die richtige Lautstärke zu finden – so wie hier die Software GarageBand von Apple mit dem grünen, gelben und roten Bereich.*

7.1 Wieso muss ich meine Audios »mastern«?

Sie müssen natürlich gar nichts. Aber ich empfehle es Ihnen. Durch das Mastering klingt Ihr Podcast besser, satter. Die Lautstärke schwankt nicht mehr stark, sondern wirkt gleichbleibend. Das ist vor allem dann wichtig, wenn Ihre Hörer den Podcast beispielsweise in der U-Bahn oder in einer anderen lauten Umgebung hören. Da stört es sehr, wenn manche Passagen kaum zu verstehen sind, während andere Stellen einem buchstäblich ins Ohr brüllen.

Es gibt zwei Möglichkeiten: Sie können gleich bei der Aufnahme entweder durch Geräte, die zwischen Mikrofon und Aufnahmegerät beziehungsweise Computer hängen, bestimmte Parameter einstellen. Diese sorgen dann dafür, dass das Tonsignal schon bevor es in Ihr Aufnahmegerät läuft besser klingt. Möglich ist das bei vielen Setups auch in Ihrer Aufnahmesoftware, dort werden ähnliche Geräte simuliert (siehe Abbildung 7.2).

Die andere Möglichkeit ist die Nachbearbeitung. Bei der Nachbearbeitung können Sie geringe Störgeräusche ausgleichen, beispielsweise den Rausch-Ton einer nervigen Klimaanlage, der Ihnen bei der Aufnahme nicht aufgefallen ist. Sie können dann auch Lautstärken angleichen, z. B. von zwei unterschiedlich laut sprechenden Gesprächspartnern, die nicht richtig gepegelt wurden.

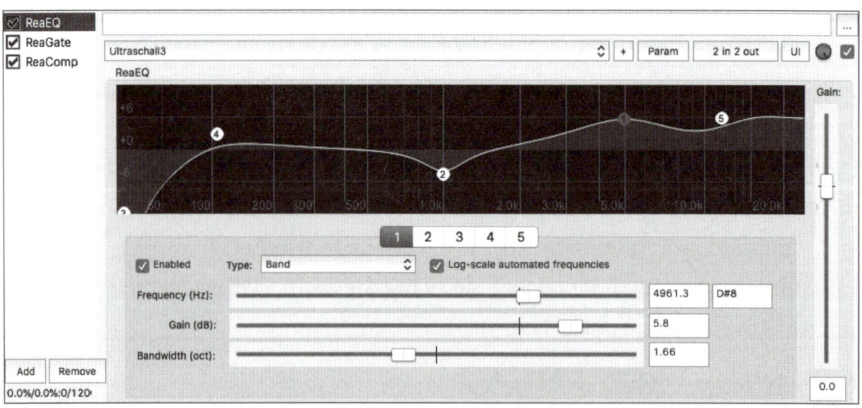

Abbildung 7.2 *Bei der Nachbearbeitung in Reaper (Ultraschall) lassen sich die einzelnen Einstellungen wie hier der Equalizer recht einfach verändern.*

Welchen Weg Sie gehen, entscheiden Sie selbst. Bei einem mobilen Setup wird es auf die Nachbearbeitung hinauslaufen, da Sie sicherlich nicht mit großem Gerät durch die Gegend laufen möchten. Falls Sie sich ein Podcast-Studio einrichten und bereit sind, Geld zu investieren, ist die analoge Variante praktisch, weil sie Ihnen Zeit spart und die Aufnahme gleich zu Beginn gut klingt. Der Nachteil ist, dass es auf der Aufnahme zu hören ist, wenn Sie etwas falsch eingestellt haben. Bei der Softwarebearbeitung tüfteln Sie an einer recht rohen Audiodatei herum und können alles bei Bedarf wieder rückgängig machen. Das zeigt, dass beide Varianten Vor- und Nachteile haben.

Tipp aus der Praxis

Für Anfänger empfiehlt es sich, eine möglichst gut klingende Aufnahme zu machen und diese dann durch Software wie Auphonic (mehr dazu am Ende des Kapitels) nachträglich zu bearbeiten.

7.2 Diese Werte sind für Ihren Podcast wichtig

Sie können durch die Lektüre einiger Zeilen sicher nicht zum Tontechniker werden. Dennoch ist es sinnvoll, zu wissen, welche Optionen es gibt, und ein wenig damit zu experimentieren. Vorneweg sei verraten: Es gibt eine sehr einfache Möglichkeit, sich nicht selbst mit dem Mastering beschäftigen zu müssen, sondern andere damit zu beauftragen.

Tipp

Falls Sie Ihr Audio nachträglich mithilfe von Software mastern möchten, speichern Sie bitte vorher unbedingt die Originalaufnahme ab und rühren Sie diese nicht an! Arbeiten Sie stets an einer Kopie. So können Sie alle ungewollten Beschädigungen im Notfall wieder rückgängig machen.

Kommen wir erst einmal zur Theorie. Im Folgenden erfahren Sie, welche verschiedenen Einstellungsmöglichkeiten es gibt, an wie vielen Rädchen Sie also drehen können, um die Aufnahme zu verändern. Die Rädchen können hier entweder richtige analoge Rädchen zum Anfassen oder aber auch virtuelle Rädchen in einer Software sein – das hängt ganz von Ihrem Equipment ab. Entweder Sie schalten Geräte zwischen Ihr Mikrofon und das Aufnahmegerät und beeinflussen so schon die Klangqualität bei der Aufnahme. Oder Sie nehmen recht »pur« auf und bearbeiten das Audio danach in der entsprechenden Software.

Egal wie Sie es angehen: Die Schritte sind in der richtigen Reihenfolge angegeben. Wenn Sie sich also selbst am Mastering versuchen möchten, sollten Sie dies in der nachfolgenden Abfolge tun.

Der Equalizer holt das Beste aus Ihrer Stimme

Zuerst wenden Sie sich dem Equalizer zu, kurz EQ genannt. Der Equalizer kann verschiedene Frequenzen betonen oder herausnehmen (siehe Abbildung 7.3). So können Sie das Klangbild bearbeiten. Wer zu sehr brummt, kann hier die Bässe etwas herausdrehen; wer zu sehr piept, braucht vielleicht mehr Bässe. Drehen Sie aber nicht zu sehr an den Reglern, sonst klingt es schnell unnatürlich! Bitten Sie entweder einen Freund, Ihnen beim Einstellen zu helfen, oder nehmen Sie die unterschiedlichen Einstellungen auf und entscheiden Sie beim Abhören. Denn selber sprechen und einstellen klappt nur sehr schwer, da Sie sich immer auch selbst in Ihrem Kopf hören.

Noch ein großer Vorteil des Equalizers ist, dass ein High-Pass-Filter z. B. dafür sorgen kann, dass nur Geräusche über einer bestimmten Frequenz aufgenommen werden. Alles andere wird herausgefiltert. Da unsere Stimmen kaum Frequenzen unter 85 Hz bereithalten, kann ein Filter für 80–100 Hz eingesetzt werden. Mit diesem sind Störgeräusche nicht mehr zu hören. Die Rauschreduzierung kann sehr sinnvoll sein, wenn die Umgebung nicht ganz still ist.

Abbildung 7.3 *Sieht aus wie ein echtes Gerät mit Reglern und silbernen Kippschaltern, ist aber eine Software. Apples GarageBand bietet den Usern diese Oberfläche an.*

Einmal am Gate gedreht, schon wird's still

Wer den Gate falsch einstellt, weiß sofort, was er macht. Stellen Sie sich vor, Sie hören ein Radiointerview. Der Gesprächspartner ist per Telefon zugeschaltet. Auch wenn er nicht redet, wäre normalerweise ein recht lautes Rauschen zu hören. Damit dies nicht passiert, wird am Gate gedreht – und schon wird es still, sobald der Gesprächspartner nicht redet. Seien Sie vorsichtig mit dem Gate, denn je nachdem, wie Sie ihn einstellen, wird er stille Partien Ihres Podcasts nicht durchlassen. Der Name sagt es bereits: Der Gate ist der Türsteher Ihrer Audioaufnahme. Stellen Sie ihn zu stark ein, wird auch ein kurzes, dramaturgisch eingesetztes Flüstern nicht mehr durchkommen. Stellen Sie ihn richtig ein, wird Stille zu wahrer Stille, ohne Rauschen und Nebengeräusche.

Der Kompressor macht's gleichmäßig lauter

Bei dieser Art von Kompression geht es nicht darum, eine Datei zu verkleinern, wie Sie es sonst beispielsweise vom ZIP-Verfahren her kennen. Diese Art von Kompression kümmert sich um Ihr Audio: Sehen Sie sich Ihre Aufnahme an. Dort sind viele riesige Zacken nach oben und nach unten, dazwischen sind wieder ganz kleine Zacken. Kennen Sie das vielleicht auch von Filmen? Manchmal ist die Sprachspur ganz leise und Sie müssen ran an die Fernbedienung, um überhaupt etwas zu verstehen. Wenn dann die Musik einsetzt, ist es plötzlich wieder viel zu laut

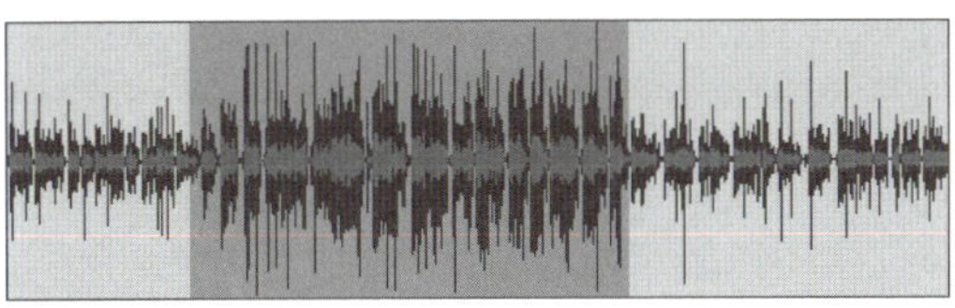

Abbildung 7.4 *In Audacity wurde ein Teil der Aufnahme komprimiert, der Rest bleibt unbearbeitet.*

Die Kompression nimmt laute Geräusche oder Teile der Aufnahme und mildert sie etwas ab. Leise Anteile werden erhöht (siehe Abbildung 7.4). So werden also die Unterschiede zwischen lauten und leisen Passagen minimiert. Danach kann die Gesamtlautstärke der Aufnahme hochgedreht werden, also wirkt eine Aufnahme nach der Kompression lauter – und ist es auch. Privatradiostationen machen das sehr deutlich hörbar. Ihr Podcast wird durch eine gute (nicht zu starke) Kompression auch in lauten Umgebungen wie im Straßenverkehr oder in der U-Bahn gut verständlich.

Normalisieren macht alles schön laut

Der letzte Schritt in der Mastering-Kette sollte das Normalisieren sein. Nachdem die Peaks durch die vorherigen Schritte entfernt wurden, kann alles schön gleichmäßig angehoben werden (siehe Abbildung 7.5). Aber auf welchen Wert? Darüber gab es lange Zeit Streitigkeiten.

Angenommen, ein Podcast-Hörer hört vier verschiedene Podcasts nacheinander. Bei einem davon muss er die Lautstärke hochdrehen, weil er sonst nichts versteht, beim nächsten erschrickt er, weil dieser so laut ist. Damit das nicht passiert, haben sich die Podcaster auf eine gewisse Lautstärke geeinigt, wobei jede Plattform wieder andere Werte hat. Viele Podcaster veröffentlichen ihre Aufnahmen mit –16 bis –19 LUFS.

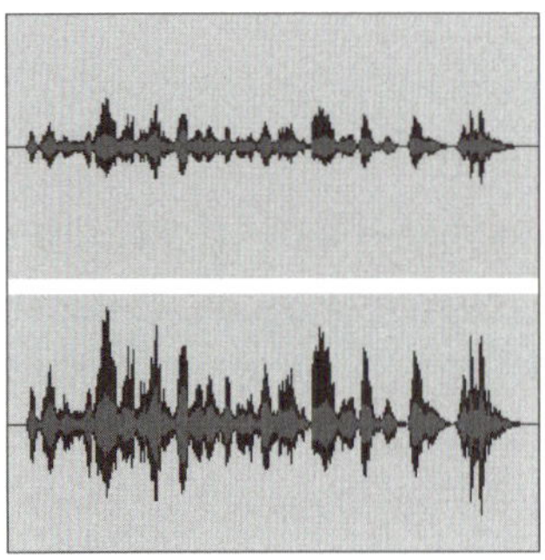

Abbildung 7.5 *Eine Sprachaufnahme vor (oben) und nach (unten) der Normalisierung in Audacity*

Die Sache mit den LUFS

Zunächst einmal: Was bedeutet LUFS? Dahinter verbirgt sich eine Abkürzung, und zwar *Loudness Units relative to Full Scale* (Lautheits-Einheiten relativ zu digitalem Vollpegel). Es ist eine Einheit für »absolute Lautheit«. Eingeführt wurde sie in der Empfehlung R 128 der EBU, der European Broadcasting Union. In der EBU haben sich 72 Rundfunkanstalten aus 56 Staaten zusammengeschlossen. Die Empfehlung R 128 ist ein technisches Regelwerk, das definiert, wie der Ton in Hörfunk und im Fernsehen ausgesteuert werden soll. Denn auch beim Fernsehen nervt es natürlich sehr, wenn Sie von einem Sender zum nächsten umschalten und dann erst einmal angebrüllt werden, weil die Lautstärke zwischen den Sendern so schwankt.

Die EBU hat einen Wert von –23 LUFS für Radiostationen festgelegt. Spotify liegt bei –14 LUFS, YouTube bei –13 LUFS. Auphonic hat sich die Mühe gemacht, verschiedene Podcasts zu messen; der Durchschnittswert lag bei –19 LUFS. In der Nachbearbeitung erlaubt Auphonic den Usern, selbst zu entscheiden. Für Podcasts, die vor allem mobil gehört werden, empfiehlt Auphonic –16 LUFS.

Der Limiter bremst die Lautstärke ein

Der Limiter setzt Ihnen Grenzen – oder zumindest Ihrem Audio. Einmal eingestellt, lässt er kein Übersteuern zu. Das Signal wird daran gehindert, den eingestellten Schwellenwert zu übersteigen.

Der De-Esser – damit's nicht zischt

Er steht an dieser Stelle ganz hinten, weil nicht jeder einen braucht, ist aber für mich unverzichtbar: der De-Esser. Durch meine Zahnstellung zische ich beim »S« ziemlich stark, und das klingt auf der Aufnahme unangenehm und kann auch zu einer Übersteuerung der Aufnahme führen.

Abbildung 7.6 *Bei mir darf ein analoges Gerät meine Aussprache geraderücken: ein Channel One von SPL.*

Der De-Esser ist ein Regler, der genau die Frequenz abmildert, auf der wir zischen (siehe Abbildung 7.6). Aber Vorsicht: Wer zu viel De-Esser einstellt, der klingt am Ende so, als würde er lispeln. Wer nur ein wenig zischt, der sollte versuchen, gleich bei der Aufnahme die Mikrofonstellung zu verändern, bevor er einen De-Esser einsetzt. S-Laute werden meist vom Mund nach unten abgestrahlt. Das Mikrofon sollte also so eingestellt werden, dass die Membranmitte nicht direkt vor den Mund, sondern ein wenig darüber in Richtung Nase gerichtet ist. So landet das Zischen nicht auf der Aufnahme.

7.3 Klingt zu kompliziert? Geht auch einfacher!

Falls Sie jetzt mit hängenden Schultern vor den Reglern Ihres Mischpults oder Ihrer Software sitzen und sich denken: »Versteh ich sowieso nicht, alles blöd ...« – es gibt Rettung. Einige Programme haben das Mastering mit in den Funktionsumfang aufgenommen und nehmen Ihnen die Arbeit mal mehr, mal weniger ab.

Alles in einem: Auphonic

Es gibt sozusagen den Superhelden der Podcastszene, ein Wesen mit flatterndem Umhang, das Ihr Audio mitnimmt und als perfekt gemastertes Podcast-Episödchen wieder zu Ihnen schickt (siehe Abbildung 7.7). Dieser Superheld heißt *Auphonic* (*https://auphonic.com*). Dahinter steckt eine Firma in Graz.

Abbildung 7.7 *Auphonic ist eine österreichische Firma, die Podcastern das Leben leicht macht.*

Sie als Nutzer laden Ihre Podcast-Datei fertig geschnitten, aber ansonsten tontechnisch unbearbeitet auf die Server von Auphonic hoch. Dabei ist es mehr oder weniger egal, in welchem Format die Datei vorliegt, aber am besten unkomprimiert, z. B. als WAV. Nach wenigen Minuten bekommen Sie eine Datei zurück, die besser klingt, die richtige Lautstärke hat und je nach Ihren Vorlieben auch bereits in eine MP3-Datei umgewandelt wurde.

Doch nicht nur das: Auphonic bietet sogar den Service an, die fertige Datei gleichzeitig an verschiedene Orte hochzuladen, beispielsweise auf einen FTP-Server, zu Soundcloud und gleichzeitig zu Facebook und zu YouTube als Audio mit Standbild oder Audiogramm.

Damit das alles noch schneller geht, können Sie mit verschiedenen *Presets* arbeiten, also mit Voreinstellungen (siehe Abbildung 7.8). Für jede Art von Podcast können so ein anderes Intro, ein anderes Coverbild, eine andere Beschriftung und andere Server automatisch hinzugefügt werden.

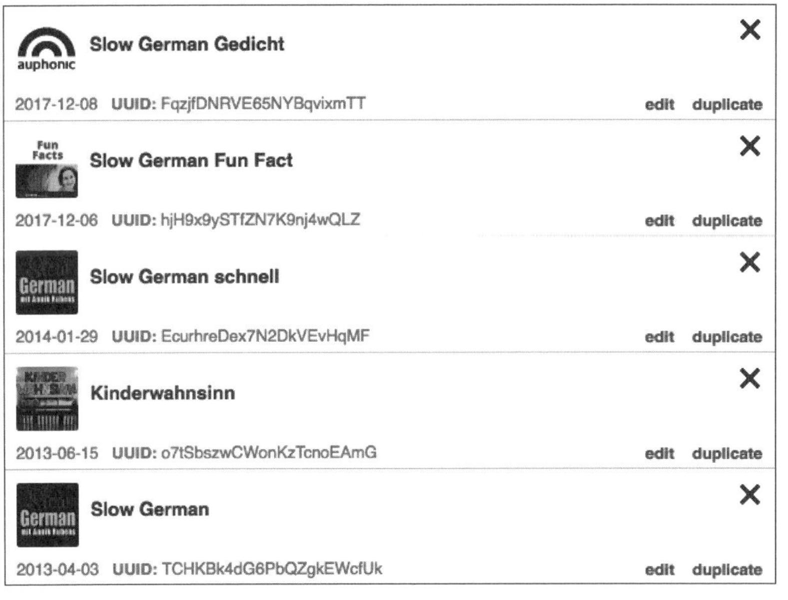

Abbildung 7.8 *Verschiedene Presets für verschiedene Podcasts oder Podcast-Rubriken bei Auphonic*

So geht's: Sie laden Ihre WAV-Datei über die Internetseite von Auphonic hoch und beschriften diese dort, indem Sie eine Maske ausfüllen. Nach dem Upload der Datei können Sie das Fenster getrost schließen und weiterarbeiten, denn so eine

WAV-Datei kann ziemlich groß werden. Entsprechend lang dauert die Bearbeitung im Hintergrund. Wenn Auphonic fertig ist, bekommen Sie eine E-Mail mit dem nötigen Link. Dann können Sie Ihre Datei blitzblank und wunderschön herunterladen.

Tipp aus der Praxis

Falls Sie Probleme beim Upload Ihrer großen WAV-Datei haben, weil der Browser zickt, können Sie diese auch auf einen FTP-Server oder in eine Dropbox laden und Auphonic freundlich bitten, sie dort abzuholen.

Aber was tut Auphonic da im stillen Kämmerlein mit Ihrer Datei? Zunächst werden Lautstärkeschwankungen ausgeglichen, wenn z. B. auf Ihrer Aufnahme zwei Sprecher in unterschiedlicher Lautstärke miteinander gesprochen haben. Dieser *Adaptive Leveler* kann wie alle Audio-Algorithmen ein- und ausgeschaltet werden (siehe Abbildung 7.9).

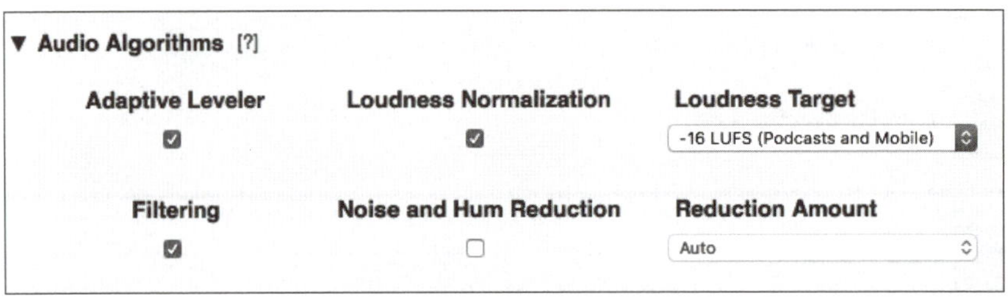

Abbildung 7.9 *Sie müssen nur Häkchen setzen, und schon arbeitet Auphonic für Sie wie ein Mastering-Genie.*

In der *Loudness Normalization* wird die Lautheit – die vom Menschen empfundene Lautstärke – normalisiert. Das bedeutet, dass zunächst der lauteste Punkt in der Aufnahme gesucht wird, dann wird das gesamte Material soweit verstärkt, wie es dieser lauteste Punkt zulässt.

Auphonic verknüpft dies mit dem *Loudness Target*. Dieses ist voreingestellt auf –16 LUFS für Podcasts. Sie können es auch verändern, aber das ist nicht ratsam.

Das Häkchen bei *Filtering* sorgt dafür, dass tiefe Frequenzen gedämpft werden. Dabei werden z. B. Brummstörungen oder Trittschall herausgefiltert.

Noise and Hum Reduction versucht, gleichbleibende Störgeräusche wie das Rauschen einer Klimaanlage oder das Brummen eines Kühlschranks zu entfernen. Dies funktioniert aber nicht immer. Probieren Sie es daher lieber aus und entfernen Sie gegebenenfalls das Häkchen, wenn eigentlich gar keine Störgeräusche auf der Aufnahme vorhanden sind.

Fertig! Schon bekommen Sie Ihre Datei wieder, mit der passenden Lautheit, ohne störende Nebengeräusche und mit einem satteren Klang (siehe Abbildung 7.10).

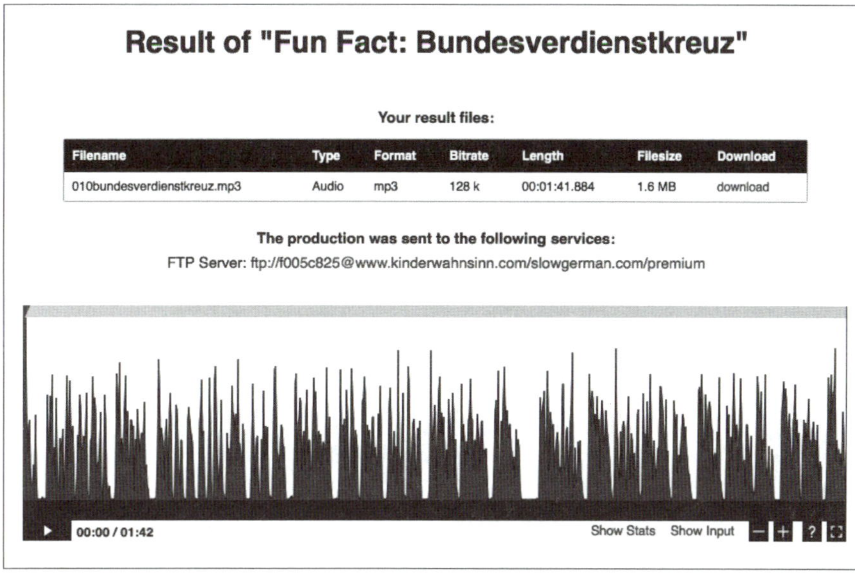

Abbildung 7.10 *Die Datei ist fertig bearbeitet und steht bei Auphonic zum Download bereit – auf dem FTP-Server liegt sie schon. Sie können sich die bearbeitete Datei auch gleich im Browser-Player anhören.*

Tipp aus der Praxis

Auphonic kann mittlerweile auch mit mehreren Spuren arbeiten. In diesem Fall wird zuerst jede Spur separat klanglich verschönert, am Ende werden sie zusammengemischt. Wichtig dabei ist, dass alle Spuren genau gleich lang sein müssen! Falls das nicht so ist, können Sie am Ende der zu kurzen Spuren (beispielsweise in Audacity) noch Stille hinzufügen. Und noch ein Tipp: Wenn die Aufnahme nicht wie gewünscht klingt, kann man sie ohne erneuten Upload und ohne Mehrkosten noch einmal editieren, also an den Werten in Auphonic etwas verändern und die Datei neu rendern lassen.

Passt die Loudness für Sie an: Levelator

Falls Sie mit Ihrem Audio an sich zufrieden sind und nur eine Möglichkeit suchen, die Lautstärke (korrekter gesagt Loudness) anzupassen, können Sie auch das winzige und kostenlose Programm *Levelator* von »The Conversation Network« nutzen. Sie ziehen Ihre WAV- oder AIFF-Datei einfach auf das kleine Fenster, und schon wird sie angepasst (siehe Abbildung 7.11). Das ist vor allem praktisch, falls Sie zwei Stimmen aufgenommen haben, die dann anschließend nicht gleich laut auf der Aufnahme zu hören sind. Falls Ihre Episode allerdings Musik enthält, sollten Sie den Levelator nicht unbedingt einsetzen – das schafft das kleine Programm nicht sonderlich gut.

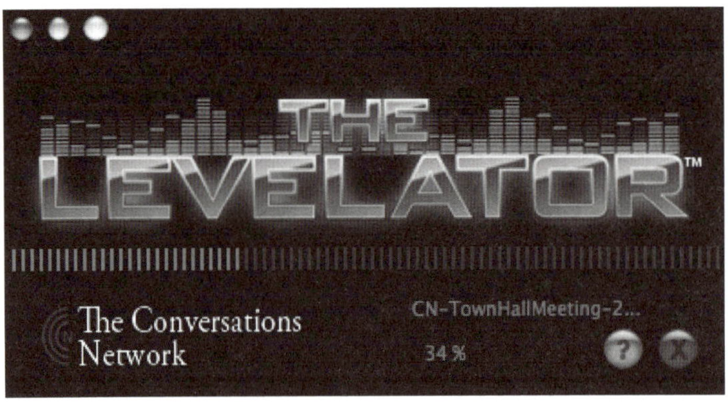

Abbildung 7.11 *Winziges Programm, große Wirkung: Der Levelator verbessert Ihr Audio.*

Die Ein-Klick-Lösung von Ultraschall

Sollten Sie sich dazu entschieden haben, Ihren Podcast mit Reaper aufzunehmen und/oder zu bearbeiten, können Sie dort auf eine praktische Ein-Klick-Lösung für das Mastering zurückgreifen (siehe Abbildung 7.12).

Der Ultraschall-Dynamics-2-Effekt bündelt Expander, Limiter, Kompressor und Noisegate. Danach haben Sie eine fertig bearbeitete Episode, die auch gleich den richtigen Wert von –16 LUFS hat.

Die Benutzung des Effekts ist recht einfach: Sie nehmen in Ultraschall auf und schneiden die Spur anschließend. Danach wählen Sie die Spur aus und klicken auf das »FX«-Symbol bei der jeweiligen Spur. Dort ist standardmäßig schon der Effekt »Ultraschall Dynamics« aufgeführt. Sie müssen jetzt nur noch die kleine

Checkbox davor anklicken, damit das Mastering klappt. Auch dazu gibt es wie immer gute Screencasts als Erklärung. Damit Sie nicht jedes Mal alles aufs Neue einstellen müssen, können Sie die Einstellungen als »Preset« (Voreinstellung) speichern.

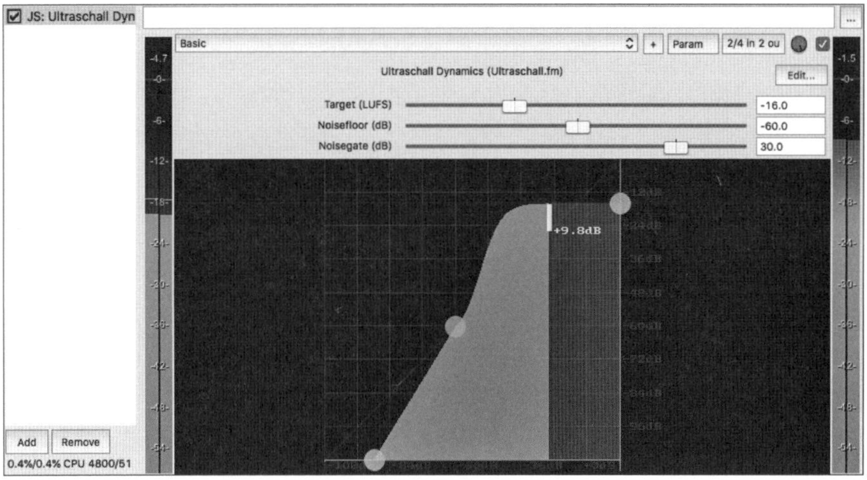

Abbildung 7.12 *Einfach und schnell: Die Ein-Klick-Lösung von Ultraschall*

Kapitel 8

METADATEN UND DAS RICHTIGE AUDIOFORMAT

Ihre Aufnahme ist im Kasten und fertig bearbeitet. Und nun? Bevor Sie Ihren Podcast in die Welt hinausschicken, müssen Sie noch einige Informationen hinzufügen und die Datei so verkleinern, dass sie leicht ins Netz passt.

Ihre Podcast-Episode ist jetzt wahrscheinlich eine AIFF- oder eine WAV-Datei. Das ist auch gut so, denn diese beiden Formate sind unkomprimiert. Sie können sie also immer wieder öffnen, verändern und abspeichern, ohne dass die Datei einen Qualitätsverlust erleidet. Behalten Sie die unkomprimierte Datei unbedingt mindestens so lange, bis Ihr Podcast online ist. Eventuell können Sie diese auch archivieren oder das Format *FLAC* nutzen (Free Lossless Audio Codec). FLAC ist Open Source und macht die Dateien kleiner, ohne Daten zu verlieren. Programme wie Audacity und Ultraschall bieten das Speichern im Format FLAC an.

8.1 Welche Komprimierung Sie wählen sollten

Um im Internet auch ohne Flatrate unterwegs gehört werden zu können, sollte Ihre Podcast-Episode möglichst gut klingen, aber dennoch möglichst wenig Speicherplatz benötigen. Also muss eine Möglichkeit her, die Datei zu verkleinern, sie zu komprimieren. In den meisten Audiobearbeitungsprogrammen können Sie die Datei in das gewünschte Format exportieren und dort einstellen, wie stark die Komprimierung sein soll (siehe Abbildung 8.1).

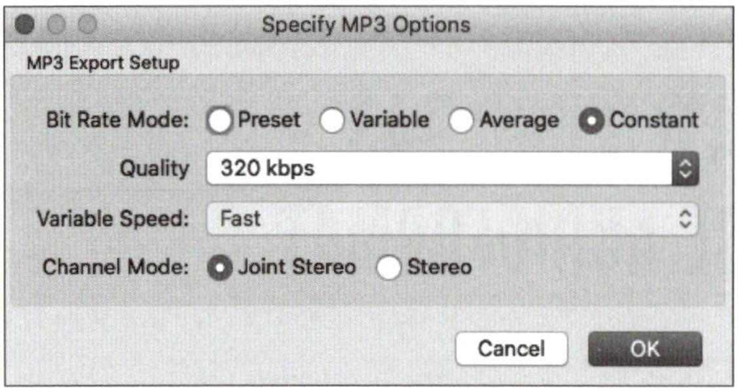

Abbildung 8.1 *Auswahlmöglichkeiten bei der Komprimierung in Audacity: 320 kbps sind auf jeden Fall zu viel für Ihren Podcast.*

Die zwei am meisten verbreiteten Standards der Komprimierung sind *MP3* und *M4A*. MP3 wurde in Deutschland ab 1982 entwickelt. M4A (AAC) war als Nachfolger gedacht, es schafft gleiche Qualität bei kleinerer Dateigröße.

Was bringt nun die MP3-Komprimierung? Zur Verdeutlichung: Sie haben für Ihren Podcast eine Minute mit Musik und Sprache aufgenommen, also in Stereo. Diese Datei ist als WAV-Datei ungefähr 10 MB groß. Wenn Sie diese nun zu einer MP3-Datei komprimieren, bleibt noch rund 1 MB übrig. Dahinter steckt eine Technik, die für den Menschen ohnehin Unhörbares entfernt. Damit kann die Datei kleiner gemacht werden, als sie vorher war. Das Verfahren ist seit Ende 2017 patentfrei.

Anders ist es beim Nachfolge-Codec AAC, der das Format einer M4A-Datei ausspuckt. Hier gibt es weiterhin gültige Patente. Die Qualität dieser Komprimierung ist besser, die Verbreitung auf Apple-Geräten ist kein Problem. Viele andere Player können dieses Format allerdings nicht wiedergeben.

Die Empfehlung: MP3 oder M4A im Podcast?

Da das MP3-Format sich etabliert hat, ist es auf allen Geräten abspielbar. Sie sollten Ihren Podcast also auf jeden Fall als MP3-Feed ausliefern. Falls Sie andere Formate anbieten möchten, dann nur zusätzlich zum MP3-Feed. Allerdings sorgt das oft für Verwirrung, vor allem wenn Sie kein ausgewiesenes Tech-Publikum haben. Außerdem verwässern verschiedene Feeds die Chancen auf eine Platzierung in den iTunes-Charts, da die Hörer sich auf zwei Feeds aufteilen. Überlegen Sie sich also, ob es in Ihrem Fall sinnvoll ist, mehrere Feeds anzubieten und sich dadurch auch ein erhebliches Maß an Mehrarbeit aufzuhalsen.

Es gibt ein weiteres Datei-Format, das zumindest hin und wieder in der Podcast-Welt auftaucht: *Ogg Vorbis*. Dahinter versteckt sich ein patentfreies Audioformat, also eine Open-Source-Lösung. Einige Podcasts wie »Alternativlos« (*https://alternativlos.org*) bieten gleich drei Feeds an: einen für MP3, einen für Ogg Vorbis und einen für Opus (siehe Abbildung 8.2). *Opus* ist ein vergleichsweise junger Audio-Codec mit besonders guter Klangqualität.

Anhören, Download

Die Folge gibt es als mp3, als Ogg Vorbis und als als Ogg Opus. Opus ist mit Abstand der kleinste Download, dann Ogg Vorbis, dann mp3. Von der Audioqualität sind die alle vergleichbar, Opus > Vorbis > MP3. MP3 bieten wir vor allem für antike oder schrottige mobile Endgeräte an. VLC kann Opus abspielen, alle modernen Browser (außer IE/Edge und Safari) auch (Edge soll es demnächst kriegen).

Mit halbwegs aktuellen Browsern könnt ihr das direkt im Browser hören (Dauer: zwei Stunden, 56 Minuten):

Abbildung 8.2 *Charmant gelöst: Frank und Fefe vom »Alternativlos«-Podcast machen sich die Mühe, drei Feeds zur Verfügung zu stellen. Sie erklären aber auch ganz genau, was sie von MP3 halten...*

Bleiben wir dennoch beim am meisten verbreiteten Weg, der MP3-Version. Nun bleibt eine große Glaubensfrage: Wie sehr darf ich den Podcast verkleinern, damit er immer noch gut klingt? Hierzu sagt nahezu jedes Portal und jeder Podcaster etwas anderes:

Hoster	Sample Rate	Stereo Bit Rate	Mono Bit Rate
Auphonic	48 kHz	112 kbps	80 kbps
Libsyn	44,1 kHz	192 kbps	96 kbps
Blubrry	44,1 kHz	128 kbps	96 kbps

Abbildung 8.3 *Es gibt nicht den einen Weg, sondern viele: Hier wird am Beispiel von drei Hostern gezeigt, wie unterschiedlich die Einstellungen sind.*

Damit Sie sich selbst ein Bild machen können: Eine Sample Rate von 44,1 kHz und 128 kbps für Stereo liefern eine Tonqualität, die nur schwer von der einer Audio-CD zu unterscheiden ist. Ich selbst habe mich daher immer an diese Zahlen gehalten, aber bei einer Mono-Datei eine weitaus niedrigere gewählt.

Manche Player im Internet konnten – zumindest bis vor einigen Jahren – die Sample Rate von 48 kHz nicht richtig wiedergeben (siehe Abbildung 8.4). Die Datei klang dann wie von Micky Maus vorgelesen. Das haben die Entwickler zwar hoffentlich mittlerweile im Griff, die gängige Sample Rate ist aber im ganzen Internet immer noch bei 44,1 kHz, weil Sony das damals zu Beginn des CD-Alters so spezifiziert hat.

Was ist eine Sample Rate überhaupt? Eine digitale Aufnahme besteht aus vielen kleinen Teilchen, den *Samples*. In diesen Samples ist sozusagen die Information gespeichert. Die *Sample Rate* gibt an, wie dicht diese Samples aneinander gepackt werden, wie oft in einer Sekunde sozusagen der Ton gespeichert wird. Bei den erwähnten 44.100 Hertz werden also auf der Aufnahme in einer Sekunde 44.100 Tonwerte gespeichert. Je höher der Wert ist, desto exakter ist die Aufnahme.

Abbildung 8.4 *Schöne Player gibt es im Netz überall, vor allem natürlich bei Audio-Podcasts. Falls Ihr Podcast in diesen Playern komisch klingt, überprüfen Sie mal Ihre Sample Rate!*

Sofern Sie noch gerne wissen möchten, was sich hinter der ominösen *Bit Rate* verbirgt, hier eine sehr vereinfachte Erklärung: Die Bits sind die Daten, die Sie speichern möchten. Sie definieren also mit dieser Einstellung, wie viele Daten pro Sekunde gespeichert werden sollen. Entsprechend gilt: Je weniger Daten, desto schlechter die Qualität.

Achten Sie bei den Einstellungen unbedingt darauf, dass Sie »constant bit rate« (konstante Bit Rate) auswählen (siehe Abbildung 8.5). Hier geht es den Podcastern weniger um die Soundqualität, sondern vielmehr darum, dass manche Geräte (vor allem von Apple) sonst bestimmte Timecodes falsch setzen. Die Zeit kann dann bis zu einer Minute falsch angezeigt werden, und Sie können dadurch nur schwer gute Shownotes anbieten. Daher nutzen Podcaster die konstante Bit Rate, auch wenn diese ein bisschen mehr Speicherplatz braucht.

Wie stark soll ich den Podcast komprimieren?

Ich empfehle eine Sample Rate von 44,1 kHz und 128 kbps für eine Stereo-Aufnahme. Das reicht völlig aus. Wenn Sie das nicht so recht glauben, komprimieren Sie Ihre Ursprungsdatei gerne mal höher und mal niedriger und versuchen Sie, einen Unterschied herauszuhören. Bitten Sie auch unbeteiligte Hörer, dies zu tun.

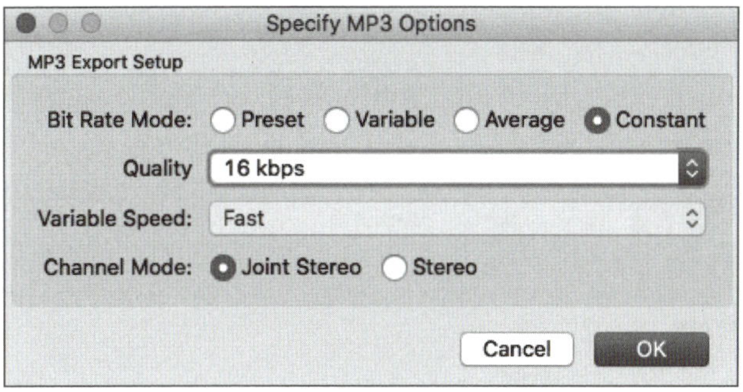

Abbildung 8.5 *In Audacity leicht für die MP3-Kompression einzustellen: konstante Bit Rate, Bit-Tiefe und mehr.*

Zweiter Streitpunkt ist die sogenannte *Bit-Tiefe* oder Sampling-Tiefe. Sie beeinflusst die Dynamik der Aufnahme. Und natürlich klingt eine 24-Bit-Aufnahme toller als eine 4-bit-Aufnahme. Aber das braucht es im Podcasting nicht. Halten Sie sich hier an 16-Bit, damit haben Sie einen guten Mittelweg gefunden.

Jetzt können Sie Ihren Podcast eigentlich komprimiert abspeichern – aber Halt! Da ist noch etwas! Und zwar die Sache mit den Metadaten ...

8.2 Welche Metadaten braucht mein Podcast?

Zum Verständnis: Sie haben jetzt eine MP3-Datei, die gut klingt, aber ansonsten noch ziemlich nackt ist. Wenn Sie diese Datei einem Hörer schicken würden und dieser würde sie öffnen, dann wäre auf seinem Display nur der Dateiname zu lesen, also so etwas wie »meinpodcast.mp3«. Es wäre kein Cover dabei, kein Titel, kein Episodentitel, kein Hinweis auf den »Künstler«, also auf Sie selbst. Das müssen Sie unbedingt noch anpacken, bevor die Datei auf Reisen geht! Solche Informationen werden als *Metadaten* bezeichnet. Das sind Daten, die sozusagen wie ein kleiner Rucksack auf den Rücken Ihrer MP3-Datei geschnallt werden. Diese Daten werden *ID3-Tags* genannt.

Dabei gibt es grundsätzlich zwei Arten von Metadaten: Feed-Daten und Episoden-Daten. Die einen betreffen Ihren kompletten Podcast selbst, also die ganze Serie. Diese Daten werden in Ihren RSS-Feed eingefügt und gehören zur Grundausstattung (siehe Abbildung 8.6). Pflegen Sie diese sorgsam, und aktualisieren Sie diese auch hin und wieder!

Suchen Sie je nach Setup den Bereich in Ihrer Software, in dem Sie die Metadaten pflegen können. Versuchen Sie, möglichst viele Felder auszufüllen.

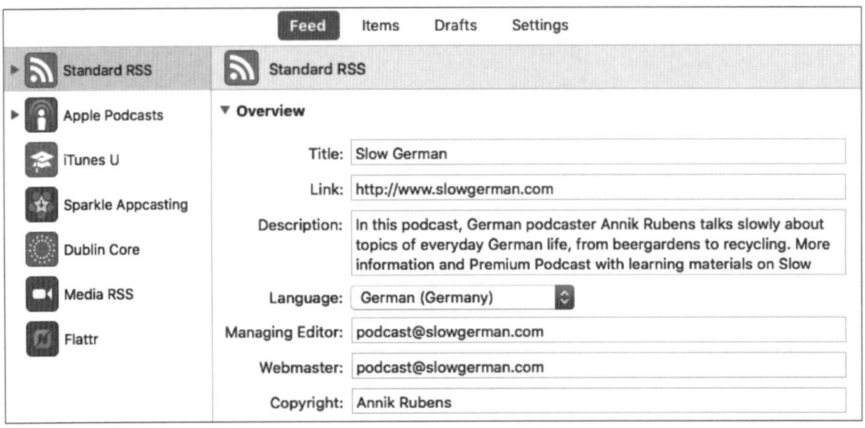

Abbildung 8.6 *Schön übersichtlich können Sie Ihre Podcast-Feed-Informationen in der Software Feeder eintragen.*

Was muss unbedingt rein? Beginnen Sie natürlich mit dem Titel Ihres Podcasts und einem vielsagenden Untertitel (das ist wichtig für die Suchmaschinen!). Unerlässlich sind auch Ihr Podcaster-Name (ob Pseudonym oder Klarname haben Sie längst entschieden, siehe Kapitel 1, »Ich möchte meinen eigenen Podcast – wie fange ich das bloß an?«) und die Einsortierung Ihres Podcasts in eine der vielen gängigen Kategorien.

Die Podcast-Kategorien

Bei *podcast.de* werden folgende Kategorien angeboten:

- Nachrichten
- Zuhause
- Kinder
- Gesundheit
- Welt
- Wissen
- Musik
- Wissenschaft
- Hörbücher
- Computer
- Religion
- Unterhaltung
- Kunst
- Freizeit
- Gesellschaft
- Wirtschaft
- Sport
- Regionales

Die am häufigsten hier verwendete Kategorie ist »Musik«, gefolgt von »Gesellschaft« und »Wirtschaft«. Versuchen Sie, Ihren Podcast genau in die Kategorie einzustellen, in der Ihre potenziellen Hörer suchen sollen. Manchmal fällt die Einordnung schwer, aber Sie können auch eine zweite und dritte Kategorie angeben, das macht die Sache leichter.

Die Kategorien bei iTunes

- Komödie
- Nachrichten und Politik
- Technologie
- Bildung
- Familie und Kinder
- Gesellschaft und Kultur
- Gesundheit
- Kunst
- Musik
- Regierung und NGOs
- Religion und Spiritualität
- Spiele und Hobbys
- Sport und Freizeit
- TV und Film
- Wirtschaft
- Wissenschaft und Medizin

Die Einordnung in Kategorien bewirkt, dass Sie die Hörer erreichen, die nicht nach Ihrem Podcast speziell suchen, sondern sich in einer bestimmten Region des Verzeichnisses aufhalten und dort stöbern – also sozusagen Laufkundschaft. Alle Verzeichnisse, auch iTunes, haben spezielle Unterseiten für die Kategorien. Hier sind Sie viel leichter zu finden als auf der großen und überfüllten Gesamtseite des Portals.

Die Unterkategorien, die iTunes anbietet, sind hier zu finden: *https://help.apple.com/itc/podcasts_connect/?lang=en#/itc9267a2f12*. Nur die hier genannten Kategorien und Unterkategorien werden von iTunes unterstützt. Solange iTunes ein wichtiges Verzeichnis in der Podcast-Welt ist, sollten Sie darauf achten, dass Ihre Kategorie kompatibel ist. Im Feed taucht die iTunes-Kategorie sogar als eigene Zeile auf (<itunes:category>).

In den meisten Programmen und bei Diensten wie Auphonic können Sie aus einer Liste von Kategorien auswählen und müssen nicht selbst im Feed etwas ändern.

Was gehört noch in die Metadaten Ihres Podcasts? Geben Sie eine E-Mail-Adresse an, unter der Sie erreichbar sind. Meist können Sie auch einen Link zu Ihrer Podcast-Seite im Internet setzen. Dieser Link taucht dann in den verschiedenen Podcast-Verzeichnissen auf. Neugierige Hörer können so auf Ihre Seite kommen, um mehr Informationen zu bekommen.

Denken Sie auch an ein aussagekräftiges quadratisches Coverbild. Das Coverbild ist Ihr Aushängeschild – es ist der erste Eindruck, den stöbernde Podcast-Freunde von Ihrem Podcast bekommen werden. Ist das Bildchen im Verzeichnis ansprechend, werden sie vielleicht draufklicken und können sich dann auch vom Inhalt überzeugen lassen. Weitere Tipps hierzu erhalten Sie in Kapitel 9, »Wie kann ich meinen Podcast noch besser machen?«.

Knifflig wird es bei der Beschreibung Ihres Podcasts. Verwenden Sie Zeit darauf, an diesem Text zu feilen. Beschreiben Sie Ihren Podcast in wenigen griffigen Sätzen, die potenziellen Hörern Lust darauf machen, reinzuhören. In dieser Beschreibung sollten zum einen mögliche Gäste oder Mit-Podcaster, das Thema des Podcasts und die Häufigkeit des Erscheinens (siehe Abbildung 8.7) erwähnt werden.

Abbildung 8.7 *Der Beschreibungstext von »Lage der Nation« erwähnt Thema, Mitwirkende und Auszeichnungen – und macht Lust, reinzuhören.*

Und auch an die Suchmaschinen sollten Sie bei diesem Text denken: Google und Co. sollten durch Ihre Beschreibung die nötigen Keywords bekommen, um zu ahnen, worum es in Ihrem Podcast geht. So kommen neue Hörer auch wirklich zu Ihnen, wenn sie etwas suchen.

Die zweite Art der Metadaten sind die, die Sie zu jeder einzelnen Folge Ihres Podcasts hinzufügen müssen. Hier finden die sogenannten Shownotes ihren Platz, also detaillierte Informationen über den Inhalt der jeweiligen Episode, versehen mit weiterführenden Links und eventuell auch Timecodes, damit die Hörer wissen, wann ein bestimmtes Thema besprochen wurde. Auch hierzu erfahren Sie mehr in Kapitel 9, »Wie kann ich meinen Podcast noch besser machen?«.

Sie können diese Metadaten ergänzen, indem Sie diese beispielsweise gleich beim Abspeichern Ihrer geschnittenen Audiodatei in Audacity oder Hindenburg eingeben.

Alternativ können Sie sie auch bei der automatisierten Nachbearbeitung in Auphonic angeben. Dort steht Ihnen eine Maske zur Verfügung, in die Sie alles Nötige eintragen können (siehe Abbildung 8.8).

Abbildung 8.8 *Ein Teil der Maske, die bei Auphonic für jede Episode ausgefüllt werden sollte. Sie können Felder als Voreinstellung (»Preset«) speichern.*

Wenn dann aus der WAV-Datei eine MP3-Datei gemacht wird, werden die Informationen automatisch ergänzt.

WordPress-Plug-ins wie PowerPress von Blubrry (*https://de.wordpress.org/plug-ins/powerpress*) suchen sich die nötigen Informationen aus dem Blogeintrag und aus Infos, die Sie bei der Installation des Plug-ins eingetragen haben, zusammen.

Sie können die Metadaten auch in einem Programm wie iTunes hinzufügen. Wählen Sie dort einfach den Titel aus und klicken Sie auf »Informationen«, dann taucht ebenfalls eine Maske auf, die Sie ausfüllen können (siehe Abbildung 8.9).

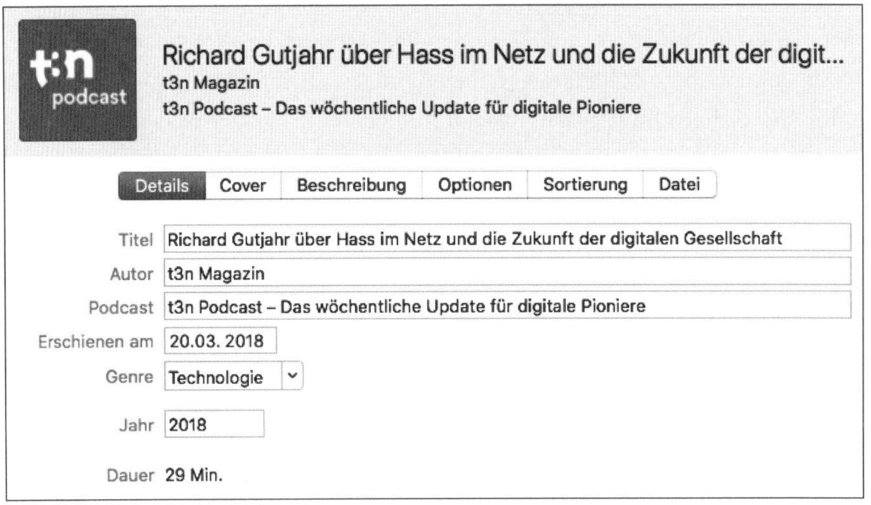

Abbildung 8.9 *Über die Länge des Episodentitels lässt sich streiten, aber in iTunes können Sie alle Metadaten eintragen und ein Coverbild hochladen.*

Es gibt auch spezielle kleine Tagging-Programme, die die Beschriftung einer Audiodatei mit Metadaten übernehmen. Beispiele dafür sind für Windows das kostenlose *MP3Tag* (*https://www.mp3tag.de*) oder der *ID3 Tag Editor* (*http://www.id3tageditor.com*), für den Mac gibt es für 20 US$ *MetaBliss* (*http://www.metabliss.com*) oder für beide Plattformen das kostenlose *MusicBrainz Picard* (*https://picard.musicbrainz.org*).

Eines ist klar: Es ist nervig, diese Metadaten einzutragen. Viel lieber würden Sie Ihren Podcast gleich hochladen und fertig. Aber machen Sie sich die Mühe. Nicht nur Ihre Hörer werden es Ihnen danken, sondern auch die Suchmaschinen, denn diese können mit einer unbeschrifteten Audiodatei so gar nichts anfangen.

8.3 Was sind Kapitelmarken – und lohnt sich der Aufwand?

Zu Beginn des Podcastings um das Jahr 2004 herum gab es eine tolle Sache: Die Podcast-Pioniere konnten ihrem Podcast mit der Software GarageBand von Apple Kapitel hinzufügen, also Sprungmarken. So wurde ein langer Podcast fast zu einem Hörbuch. Den Kapiteln konnten eigene Links, eigene Titel und eigene Bilder (siehe Abbildung 8.10) zugeordnet werden.

Abbildung 8.10 *Lange her: Zu jedem Kapitel ein eigenes Bild, eine eigene Überschrift und der passende Timecode – das ging mit früheren Versionen der Software GarageBand (hier eine Podcast-Folge mit Kapitelmarken in iTunes).*

Die Hörer konnten so die Kapitel überspringen, die sie nicht interessierten. Zudem wurden auf neuen MP3-Playern die passenden Bilder angezeigt, wenn sich das Thema änderte.

Viele Player konnten mit diesen Kapitelmarken allerdings nichts anfangen, also hatten einige Podcaster zwei Feeds: einen mit, einen ohne Kapitelmarken. Die Hörer hatten die Wahl, welchen der Feeds sie abonnierten.

2013 hat Apples Software GarageBand die Kapitelmarken wieder eingestellt. Der Aufschrei hielt sich in Grenzen, denn außerhalb Deutschlands benutzt kaum jemand Kapitelmarken. Sie sind aber deswegen noch lange nicht tot. Im Gegenteil: Mittlerweile haben die anderen Formate dazugelernt, und auch MP3-Dateien können Kapitelmarken enthalten.

Auphonic unterstützt das Erstellen von Kapitelmarken. Hier können Sie entweder eine passende Datei hochladen oder die einzelnen Kapitel mit dazugehörigem Timecode und URL sowie einem eigenen Bild in eine Maske eintragen (siehe Abbildung 8.12). Mit etwas Aufwand verbunden geht das auch in Audacity, Ultraschall und einigen anderen Programmen.

Abbildung 8.11 *In der Smartphone-App »Pocket Casts« gut zu sehen: die Kapitelmarken unter dem Coverbild*

Der Sinn und Zweck von Kapitelmarken ist umstritten. Viele Apps und Player zeigen sie gar nicht erst an. Kritiker sagen, dass Podcast-User vor allem in den Situationen hören, in denen es ihnen ohnehin nicht möglich ist, zusätzliche Informationen aufzunehmen, z. B. am Steuer eines Autos oder beim Joggen. Ist also alles vergebliche Liebesmüh? Wird Zeit aufgewendet für ein Feature, das keiner nutzt?

Jein, denn dieses Argument betrifft eher die Zusatzfunktionen der Kapitelmarken wie Bilder und Links. Kapitel zu überspringen ist aber auch einem Jogger oder Autofahrer durch einen kurzen Klick möglich.

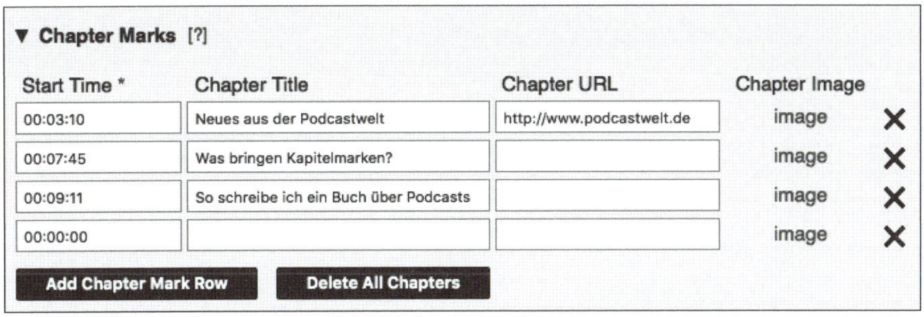

Abbildung 8.12 *In Auphonic können Sie für jedes Kapitel Timecodes einfügen, Kapitelüberschriften eintragen und Links sowie Bilder verknüpfen.*

Kapitelmarken bringen einige Vorteile mit sich: Sie sorgen dafür, dass der Podcast eine Struktur erhält. User können gezielt Themen finden oder diese überspringen. Und die Kapitel beziehungsweise deren korrekte Beschriftung sorgen für eine Fülle an Metadaten, über die sich Suchmaschinen freuen. Denn Podcasts sind ansonsten ein eher maues Feld für Suchmaschinenoptimierung, wie Sie in Abschnitt 9.6, »Was hat Podcasting mit SEO zu tun?«, nachlesen können.

Wann und wie sind Kapitelmarken sinnvoll?

- Bei langen Podcasts über mehrere Stunden, die klar abgegrenzte Themen abhandeln (Beispiel: »Freak Show«, *https://freakshow.fm*, siehe Abbildung 8.11), sind Kapitelmarken sehr sinnvoll.
- Wer Kapitelmarken verwendet, sollte während des Podcasts darauf hinweisen – vor allem, wenn Bilder und Links angezeigt werden.
- Kapitelmarken können ein Add-on sein, also ein Mehrwert, den Sie beispielsweise nur zahlenden Abonnenten geben (Beispiel: »Bits und so«, *http://www.bitsundso.de*)

Eine Alternative zu richtigen Kapitelmarken ist es, wenn Sie die exakten Timecodes mit einer griffigen Überschrift in die Shownotes schreiben. So kann jeder Hörer selbst »spulen«, bis er an der richtigen Stelle ist, und auch die Suchmaschinen freuen sich.

Kapitel 9
WIE KANN ICH MEINEN PODCAST NOCH BESSER MACHEN?

Am Wichtigsten ist es, dass Ihr Podcast gut klingt. Aber er sollte auch gut aussehen! In diesem Kapitel erfahren Sie, wie Sie Ihren Podcast noch besser machen können.

Sie können ganz puristisch einen Podcast erstellen, die Audioepisoden ins Internet stellen und fertig. Das war's. Es würde natürlich ausreichen, um damit eine kleine Gruppe von Freunden zu erreichen. Je nachdem, welches Ziel Sie sich mit Ihrem Podcast gesteckt haben, sollten Sie aber noch ein paar Schritte weiter gehen. Denn Ihre Chancen auf mehr Hörer erhöhen sich, wenn Sie beispielsweise auf ein ansprechendes Coverbild setzen und sich damit wirklich Mühe geben. Verzeichnisse wie iTunes nehmen gar nur Podcasts als Empfehlung auf die Startseite, wenn diese ein gutes Coverbild vorweisen können. Es gibt noch einige andere Dinge, die Ihren Podcast zu einer runden Sache machen und Ihren Hörern dadurch ein gutes Gefühl geben.

9.1 Darum ist das Aussehen Ihres Podcasts so wichtig

Natürlich geht es bei einem Podcast ums Hören, darum, Geschichten zu erzählen. Aber das ist nicht alles. Versetzen Sie sich selbst in die Lage des Hörers. Öffnen Sie iTunes oder ein anderes Verzeichnis. Sie alle sind mittlerweile sehr auf optische Reize ausgelegt, und das entspricht auch unseren täglichen Gewohnheiten. Wir blättern täglich durch Hunderte von Instagram-Bildern, Facebook-Posts und Tweets.

Gleiches gilt für das Podcast-Verzeichnis. Wo bleiben wir hängen? Ich würde gerne behaupten bei den inhaltlich stärksten Themen, bei aktueller Politik oder meinungsstarken Kommentaren. Aber in Wahrheit sind es die stärksten Bilder. Sie ziehen uns an, sie machen uns neugierig, sie lösen einen Klick-Impuls aus. Es ist die Schaufensterauslage, die uns gefällt und wegen der wir stehenbleiben, um uns dann die Produkte genauer anzusehen (siehe Abbildung 9.1).

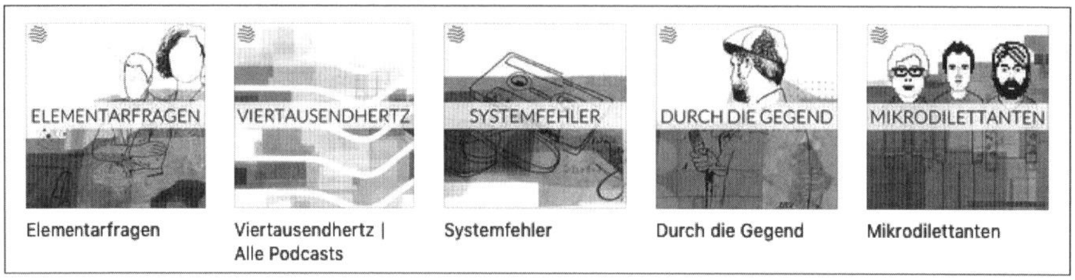

Abbildung 9.1 *Sofort zu erkennen: Die Coverbilder des Podcast-Labels Viertausendhertz haben ihre eigene Handschrift und stechen dadurch ins Auge.*

Ob wir dann wirklich bei dem ausgesuchten Podcast bleiben, steht auf einem anderen Blatt, denn da zählt wirklich die technische und inhaltliche Umsetzung und die Art der Präsentation. Aber um die Laufkundschaft zu unserem Podcast zu locken, brauchen wir einen starken optischen Reiz, ein gutes Coverbild (siehe Abbildung 9.2).

Abbildung 9.2 *Völlig unterschiedliche Gestaltung – welches Bild hätten Sie angeklickt?*

Sofern Sie selbst ein gutes grafisches Gespür und die nötige Software zur Verfügung haben, ist die Gestaltung wahrscheinlich kein Problem für Sie. Wenn nicht, sollten Sie sich im Freundes- und Bekanntenkreis umsehen und einen Profi suchen. Sie sollten auch bereit sein, für ein gutes Coverbild Geld auszugeben und einen Grafikdesigner zu engagieren – hier wäre ein Sparkurs der falsche Weg.

Ein Podcast-Cover sollte quadratisch sein, um in den Verzeichnissen in gleicher Größe wie die Konkurrenten angezeigt zu werden.

Spezifikationen für ein Podcast-Cover von iTunes (gilt auch für andere Plattformen)

- Größe: mindestens 1.400 × 1.400 Pixel, wenn möglich 3.000 × 3.000 Pixel
- Auflösung: 72 dpi
- Format: JPG oder PNG
- Farbspektrum: RGB
- Datei nicht zu groß!

Das Coverbild sollte zum Inhalt Ihres Podcasts passen. Wenn Sie eher humorvoll an Themen herangehen, darf auch das Bild verspielt und bunt sein. Sofern der Podcast eher seriös ist, sollte auch das Bild dies ausdrücken. What you see is what you get. Bei Personality-Podcasts ist es natürlich wichtig, den Moderator in den Mittelpunkt zu stellen und ihn auch abzubilden. Jeder Podcast-Hörer ist gespannt, wie der Mensch aussieht, dem er da gerade zuhört!

Warum Ihr Cover so riesig sein muss? Nicht nur, weil es dann beispielsweise über Apple TV gut aussieht, sondern weil sich manche Podcast-Verzeichnisse aus den Grafiken eigene Banner basteln, um einige Podcasts besonders hervorzuheben (siehe Abbildung 9.3). Diese tauchen dann auf der Startseite oder auf der Seite der Kategorie auf. Und wer hier landet, bekommt auf jeden Fall neue Hörer!

Abbildung 9.3 *Schön groß ganz oben und immerhin schön breit weiter unten: iTunes bastelt kleine Banner, um Podcasts hervorzuheben.*

9.2 Gönnen Sie Ihrem Podcast eine Internetseite

Wie schon gesagt, reicht es vollkommen, einen Audio-Podcast aufzunehmen und diesen im Internet zu veröffentlichen. Denken Sie aber auch darüber nach, Ihren Podcast durch eine eigene Blogseite zu ergänzen. Die Vorteile liegen klar auf der Hand: Zum einen wäre es schon sehr praktisch, wenn es eine URL zu Ihrem Podcast gäbe, über die sich Hörer weiter informieren und durch die sie auch in Kontakt zu Ihnen treten können (siehe Abbildung 9.4). Hier können Sie zudem alle Links zu den Dingen veröffentlichen, über die Sie im Podcast gesprochen haben.

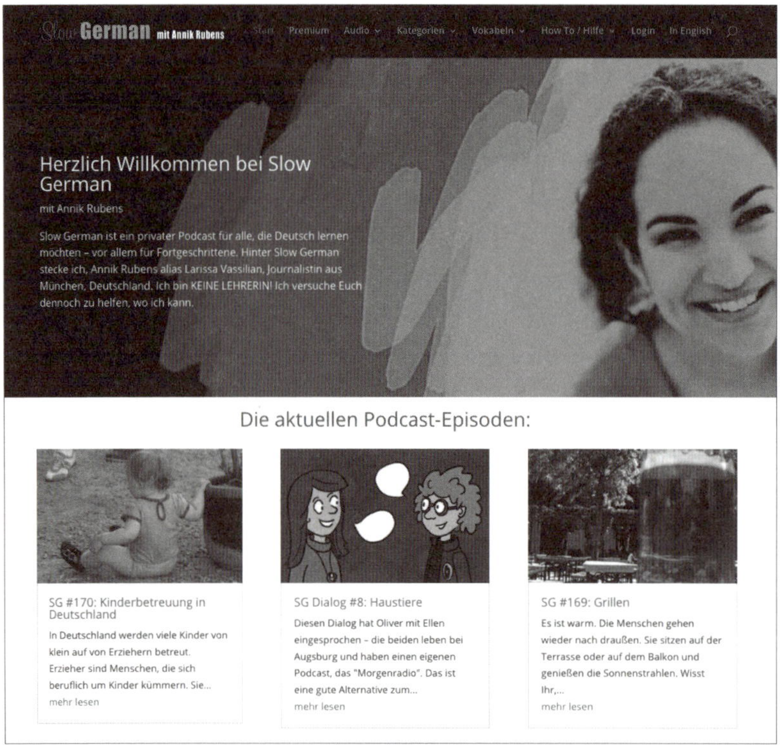

Abbildung 9.4 *So eine Seite macht zwar Arbeit, bringt aber auch neue Hörer: Knapp 6.000 Besucher hat die Seite »Slow German« täglich.*

Noch ein Pluspunkt ist, dass Sie auch für die Suchmaschinen so leichter aufzufinden wären. Audio ist für Suchmaschinen nach wie vor ein Problem; Google weiß nicht, worüber Sie in Ihrem Podcast sprechen. Wenn Sie aber in ausführlichen Blogeinträgen inklusive der nötigen Stichworte aufschreiben, worum es geht, werden Sie auch von Hörern gefunden, die vielleicht noch nicht einmal wissen, was ein Podcast eigentlich ist, die sich aber für Ihr Thema interessieren.

Falls Sie immer noch nicht überzeugt sind, ein letzter Punkt: Es ist nach wie vor recht schwierig, einen Podcast weiterzuempfehlen. Die Podcast-URL (also die Adresse des Feeds) ist oft lang und kryptisch. Auch hier wird vorausgesetzt, dass der Empfänger weiß, was er mit einer RSS-Adresse anfangen soll. Haben Sie aber eine URL *wie https://podcastXY.de*, können Sie diesen Link sehr leicht an interessierte Hörer kommunizieren.

Durch die eigene Domain haben Sie nun auch eine gute E-Mail-Adresse, die Sie im Podcast erwähnen können. Es ist enorm wichtig, dass die Hörer Sie ohne größere Probleme kontaktieren können. Eventuell können Sie auch Affiliate-Links posten (mehr dazu in Kapitel 14, »Geld verdienen mit Podcasts«), um ein wenig Geld zu verdienen. Oder Sie rufen sogar ein Business-Modell ins Leben, das zusätzliche Inhalte für bezahlende Kunden anbietet. Überredet? Gut.

Wenn Sie sich für eine eigene Podcast-Internetseite entscheiden, sollte sich das grafische Cover auch dort fortsetzen. Das Banner sollte in ähnlicher oder gleicher Farbigkeit vorliegen und einen Wiedererkennungseffekt bieten. Bedenken Sie dies am besten gleich, wenn Sie Ihr Cover gestalten – so ist der Umbau mit dem Rohmaterial der Grafik recht einfach.

Achten Sie darauf, dass Ihre Seite auch mobil gut funktioniert. Ihre Hörer sollten mit wenigen Klicks vom Smartphone oder Tablet aus in der Lage sein, direkt zu Ihren Audioepisoden zu gelangen. Falls sie WordPress benutzen, achten Sie darauf, dass Ihr Template (das das Layout vorgibt) responsiv ist. Das heißt, dass es sich je nach Bildschirmgröße verändert, um gut lesbar zu bleiben.

Es ist übrigens gar nicht verkehrt, eine eigene Seite zu gestalten, auf der genau erklärt wird, was ein Podcast eigentlich ist und wie die Hörer diesen abonnieren können. So verbreitet, wie wir vielleicht denken, ist dieses Wissen noch lange nicht.

Tipp

Falls Sie regelmäßig Gäste im Podcast haben, können diese Ihnen helfen. Bitten Sie sie, auf der eigenen Homepage einen Link zu Ihrem Podcast zu setzen.

Wenn es um die Frage geht, welches System Sie für Ihre Podcast-Seite verwenden sollten, können Sie aus verschiedenen Lösungen auswählen: Es gibt Anbieter (siehe Kapitel 11, »Raus damit! Das Hosting«), die Ihnen eine kleine Internetseite gleich mitliefern. Mit etwas mehr Aufwand können Sie sich über Software wie WordPress oder ein ähnliches Baukastensystem auch eine eigene Seite bauen und haben so mehr Gestaltungsspielraum. Nahezu jede Software hat mittlerweile die Möglichkeit, Audio-Player einzubauen, und genau das ist für Sie wichtig.

Was gehört alles auf so eine Seite? Im Folgenden finden Sie einige Grundelemente, die unbedingt auf Ihre Podcast-Seite gehören.

Installieren Sie einen Audio-Player

Eine eigene Seite macht es vor allem Menschen, die technisch nicht so fit sind, leichter, Ihren Podcast zu hören. Die Hörer müssen keine App installieren oder etwas herunterladen, sondern lediglich auf Ihre Seite surfen. Damit das auch klappt, müssen Sie auf Ihrer Seite kleine Audio-Player installieren. Sobald Ihre Hörer auf einen Knopf klicken, können sie etwas hören (siehe Abbildung 9.5).

Es gibt verschiedene Player im Netz, die Sie als Code-Schnipsel installieren können. Bei WordPress übernehmen das Plug-ins. Wie das genau funktioniert, können Sie in Abschnitt 11.2, »Seien Sie unabhängig mit der Bloggersoftware WordPress«, nachlesen. Sie müssen dann nur noch angeben, auf welche MP3-Datei der Player ansprechen soll. Suchen Sie sich den Player aus, der zu Ihrem Podcast passt und mit dem Sie am besten klarkommen. Natürlich sollte er auch gut aussehen und leicht zu bedienen sein.

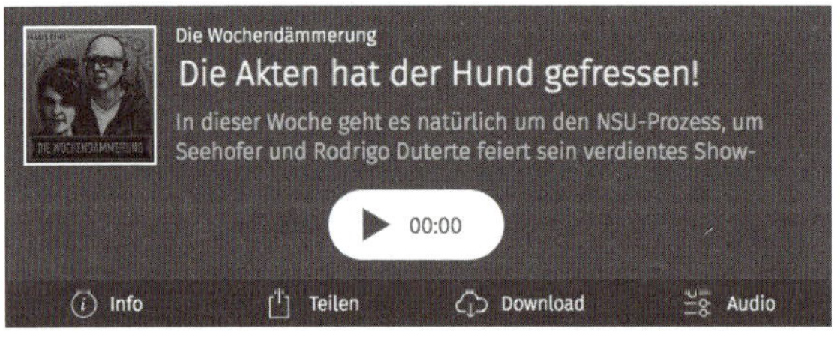

Abbildung 9.5 *Schöner Player: »Die Wochendämmerung« nutzt den Podlove Web Player.*

Machen Sie den Abo-Button gut sichtbar

Binden Sie Ihren RSS-Feed auf Ihrer Seite auf jeden Fall gut sichtbar ein, denn er sollte das Kernstück Ihres Podcasts sein. Die Hörer sollen sofort sehen, wie und wo Sie Ihren Podcast abonnieren können (siehe Abbildung 9.6). Das kann entweder das übliche kleine Symbol mit den drei Wellen oder auch das Podlove-Widget sein. Letzteres teilt den verschiedenen Podcatchern (Podcast-Programmen) die benötigten Infos mit, je nachdem, ob der Hörer mit einer mobilen App, einer Software auf dem Rechner oder einem manuellen Download arbeiten möchte.

Abbildung 9.6 *Alle Informationen zum Podcast-Abo auf einen Blick: »Die Wochendämmerung« bietet sowohl die Feeds zum händischen Kopieren als auch einen »Abonnieren«-Button von Podlove an, der diesen Vorgang automatisiert.*

Bieten Sie Kontaktmöglichkeiten an

Podcasts sind keine Einbahnstraße, sie sollten von der Interaktion mit den Hörern leben. Daher sollten Sie auf jeden Fall verschiedene Kontaktmöglichkeiten anbieten. Neben der gut sichtbaren E-Mail-Adresse ist beispielsweise noch ein Kontaktformular sinnvoll (siehe Abbildung 9.7).

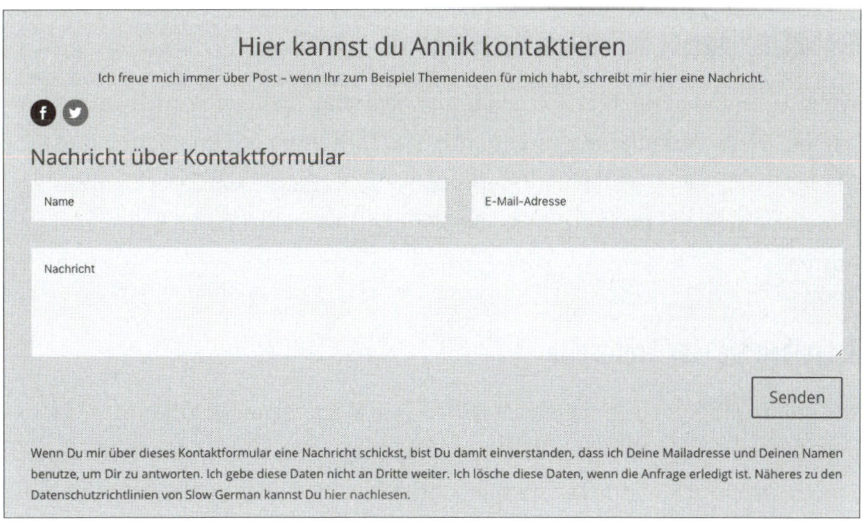

Abbildung 9.7 *Halten Sie das Kontaktformular klein; mehr als Name, Nachricht und E-Mail-Adresse brauchen Sie von Ihren Hörern nicht.*

Kontaktformulare unterliegen vielen Regeln, bitte informieren Sie sich in diesem Zusammenhang über die Datenschutz-Grundverordnung DSGVO.

Achten Sie auf Rechtssicherheit

Ihre Seite muss ein Impressum, einen Datenschutzhinweis und in bestimmten Fällen auch allgemeine Geschäftsbedingungen und eine Widerrufsbelehrung haben. Machen Sie sich bitte schlau, wie die aktuelle Situation ist. Mehr zu rechtlichen Aspekten des Podcastings erfahren Sie auch in Kapitel 10, »Podcast & Recht«.

Beantworten Sie häufige Fragen

Es ist natürlich kein Muss, aber eine Empfehlung, häufige Fragen zu beantworten. Denn Sie werden im Laufe der Zeit merken, dass die immer gleichen Fragen an Sie herangetragen werden. Wie sind Sie auf den Titel Ihres Podcasts gekommen? Wo ist die Folge 1, die so legendär sein soll, aber nirgends mehr auffindbar ist? Treten Sie demnächst live irgendwo auf? Schreiben Sie eine Seite, auf der all diese Fragen beantwortet werden. So können Sie immer wieder auf diese Seite verweisen, wenn die Fragen gestellt werden.

Geben Sie Hinweise auf soziale Netzwerke

Wenn Sie auf anderen Plattformen unterwegs sind, sollten Sie auch darauf hinweisen. Diese Verknüpfung sorgt dafür, dass Ihre Hörer auf Ihre Seiten und Profile in sozialen Netzwerken aufmerksam werden. Zu diesem Zweck gibt es verschiedene Widgets für WordPress, Sie können aber natürlich auch einfach Links posten.

Schreiben Sie eine Profilseite

Die größte Frage zu jedem Podcast lautet: Wer steckt eigentlich dahinter? Befriedigen Sie ruhig die Neugier der Hörer, und posten Sie einen kleinen Steckbrief. Posten Sie ein schönes Foto von sich, und geben Sie einige persönliche Informationen preis – aber natürlich nur so viele, wie Sie möchten.

Binden Sie einen Kalender ein

Falls es feste Termine gibt, die mit Ihrem Podcast verbunden sind, sollten Sie diese in einem Kalender oder als Liste anzeigen. Das können sowohl Live-Auftritte sein als auch Möglichkeiten, als Hörer aus der Ferne live bei der Aufnahme einer neuen Episode dabei sein zu können (siehe Abbildung 9.8).

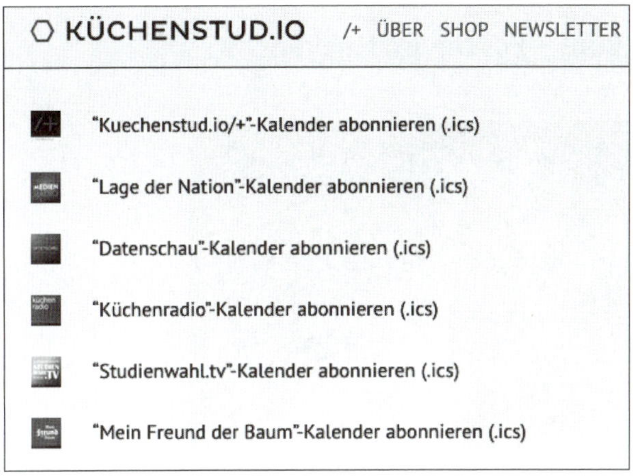

Abbildung 9.8 *Eine Liste tut es auch, aber das Küchenstudio pflegt sogar abonnierbare Kalender im .ics-Format (https://www.kuechenstud.io/kalender).*

9.3 Das gehört unbedingt in Ihre Shownotes

Eines der Elemente, das unbedingt auf Ihre Podcast-Internetseite gehört, um das Sie aber auch ohne Seite nicht herumkommen, sind die *Shownotes*. Shownotes sind Notizen oder Zusatzinformationen, die Sie zu jeder Episode Ihres Podcasts schreiben sollten. Sie tauchen auf Ihrer Seite und im Beschreibungstext der Episode auf, wenn jemand Ihren Podcast beispielsweise über das Smartphone hört. Sie sollten auch auf einer entsprechenden Internetseite erscheinen.

Wofür werden Shownotes verwendet? Zum einen gibt es oft Hörer, die noch einmal etwas nachschlagen möchten, die Ihren Podcast im Auto gehört haben und sich dann zu Hause daran erinnern, dass Sie ein Produkt, eine URL oder etwas anderes erwähnt haben, mit dem sie sich noch einmal näher beschäftigen möchten.

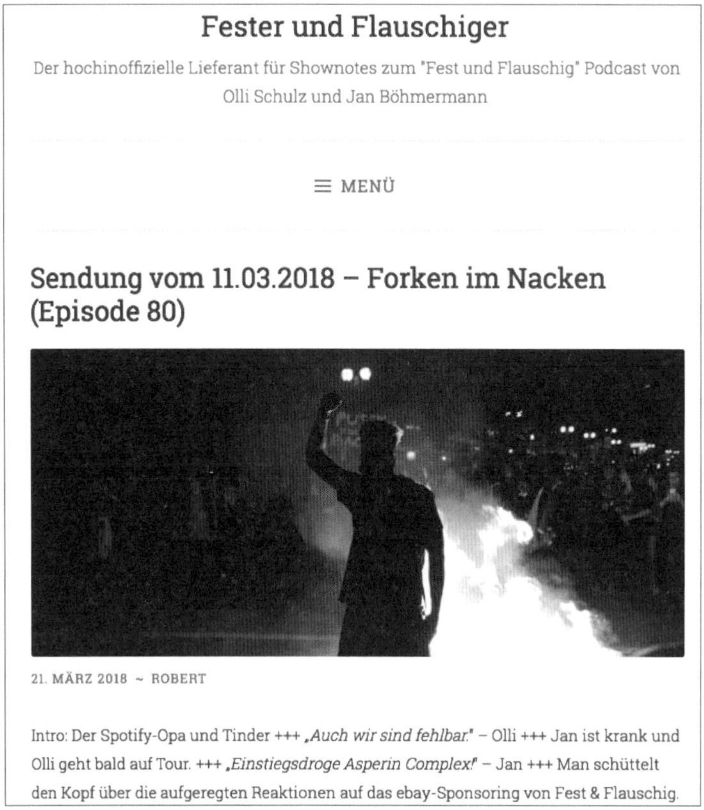

Abbildung 9.9 *Es gibt auch Fans, die Shownotes liefern, beispielsweise zum Podcast »Fest & Flauschig« (https://festerundflauschiger.wordpress.com).*

Fügen Sie daher in Ihre Shownotes immer möglichst alles ein, was Sie im Podcast erwähnt haben, wenn machbar mit dazugehörigen oder weiterführenden Links.

Das Format beziehungsweise das Aussehen ist ziemlich egal: Sie können Shownotes anlegen, indem Sie erst den passenden Timecode aufschreiben und dann nur ein Stichwort, sozusagen eine Kapitelüberschrift, setzen. Genauso gut können Sie Shownotes auch als Fließtext schreiben und Links grafisch durch die im Internet gängige Unterstreichung herausheben. Wichtig sind der Inhalt und die Übersichtlichkeit, damit Ihre Hörer schnell das finden, was sie suchen.

Vielleicht stoßen über die Shownotes auch ganz neue Hörer zu Ihnen, die Ihren Podcast gar nicht kennen. Denn in den Shownotes können Sie Ihren Podcast verschriftlichen und sozusagen die nötigen Stichwörter liefern, damit Suchmaschinen Sie finden (siehe Abbildung 9.10). Sorgen Sie daher für Überschriften oder kurze Zusammenfassungen, die wichtige Suchwörter (Keywords) enthalten. Eventuell können Sie auch das ganze Transkript online stellen, sofern es eines gibt, und dieses mit Timecodes an Ihre Audiodatei knüpfen.

- Aus der Preshow: Lumpen sammeln und Tee trinken
- Chris ist mit der Noorderlicht unterwegs
- Infos zur [SV Noorderlicht, engl.]
- Curiously Polar Folge 37: Barents Sea [curioslypolar.com, engl.]
- Canon patentiert Fingerabdrucksensor an der Kamera
- Security [xkcd, engl.]
- Alte Frage neuer Test. Die teure Kamera in Laienhand [chip.de]
- Mirrorless Adapters 2018 Update (Metabones, Sigma, Commlite) [YouTube, engl.]
- WERBUNG: Jimdo, bau' Dir Deine Website – 15,- € auf die Pro-Pakete mit Code BELICHTIGUNG (Jimdo-Magazin: 11 Jahre Jimdo)
- #hsfrage: Ab wann gilt eine Seite als kommerziell?
- Rechtsbelehrung-Podcast von Marcus Richter und Thomas Schwenke [Rechtsbelehrung.com]

Abbildung 9.10 *Der Podcast »Happy Shooting« nimmt es genau mit den Shownotes und verlinkt vieles, Timecodes fehlen allerdings. Wichtig: Die Werbung ist deutlich gekennzeichnet und hebt sich so vom redaktionellen Inhalt ab.*

Keine Lust, selbst abzutippen?

Manche Hosting-Dienste wie Podigee bieten eine automatische Transkription Ihres Podcasts an. Das ist vor allem in der deutschen Sprache meist alles andere als perfekt, aber ein Anfang (*http://podigee.com/de/features/automatische-transkription*). Sie können auch Dienstleister wie Audiotyped (*http://audiotyped.com*) nutzen, die Ihre Audiodatei abtippen. Noch rudimentär, aber ein guter Ansatz ist das Crowdsourcing für Shownotes in der »kollaborativen Plattform für Sendungsnotizen« (*https://shownot.es*). Hier tun sich die Hörer zusammen und tragen Shownotes ein (siehe Abbildung 9.9).

Sobald Sie Ihre Shownotes getippt und mit Timecodes versehen haben, können Sie diese übrigens auch zu Kapitelmarken machen. Dieses Thema wird ausführlicher in Abschnitt 8.3, »Was sind Kapitelmarken – und lohnt sich der Aufwand?«, behandelt.

Am Ende Ihrer Shownotes können Sie (die immer gleichen) Links zu Social-Media-Kanälen, zum Wunschzettel der einzelnen Podcaster, einer Kontaktmöglichkeit oder Ähnlichem anhängen (siehe Abbildung 9.11). Diese Informationen tauchen dann in jeder Ihrer Episoden auf, also auf allen Playern. Sie machen es Hörern leicht, mit Ihnen in Kontakt zu treten oder Ihnen etwas Gutes zu tun.

Auch wenn Ihnen das komisch vorkommen mag: Podcast-Hörer sind ein sehr spezielles und liebenswertes Völkchen. Für viele von ihnen ist es ganz normal, mit dem Podcast-Macher in Kontakt zu treten, diesen zu unterstützen und ihm vielleicht sogar ein kleines Geschenk zu machen. Daher ist es schön, wenn Sie eine Kontaktmöglichkeit anbieten und auch einen Hinweis darauf geben, womit man Ihnen eine Freude machen könnte.

Speichern Sie diese Zeilen einfach als HTML-Passage in einem Texteditor ab. Dann müssen Sie sie nicht jedes Mal neu schreiben, sondern können sie einfach per Copy & Paste einfügen. Aber Vorsicht: Der Text wird nicht immer gleich schön aussehen. Manche Podcast-Apps zerschießen den Code und lassen beispielsweise keine Umbrüche zu. Ein Fließtext wie in Abbildung 9.11 ist also angeraten, lediglich mit Links versehen.

> ***Und jetzt?***
> *Schreibt uns Kommentare oder schickt uns Mails! Abonniert per RSS oder iTunes! Die nächsten Liveauftritte stehen im Kalender. Schreibt uns eine Rezension bei iTunes oder Panoptikum! Oder schickt Geschenke an Malik (Wunschliste, Flattr), Marcus (Wunschliste, Paypal, Spenden), Frau Kirsche (Wunschliste) und/oder Patricia (Wunschliste, Flattr, Buch kaufen)!*

Abbildung 9.11 *»Der Weisheit« von Marcus Richter fügt den Shownotes alles Wichtige an Informationen hinzu, um die einzelnen Teilnehmer zu kontaktieren.*

9.4 Schaffen und pflegen Sie eine Community

Als Podcaster sind Sie erst einmal ein Einzelkämpfer. Sie produzieren im stillen Kämmerlein Ihre Episoden und müssen mit sich selbst klarkommen, wenn Sie unzufrieden mit dem Ergebnis sind. Das wird aber nicht lange so bleiben, denn zu jedem Podcast gehören natürlich die Hörer. Mal sind es mehr, mal sind es weniger. Gerade zu Beginn Ihres Podcasts ist es wichtig, auch an den Aufbau Ihrer eigenen Community zu denken.

Abbildung 9.12 *Medienforscherin Nele Heise beschäftigt sich seit vielen Jahren mit allem, was Podcasting an Forschungsansätzen bietet (Foto: Florian Hohmann).*

Nele Heise ist freie Medienforscherin und Referentin für digitale Medien und Kommunikation in Hamburg. Viele Podcaster kennen sie von zahlreichen Vorträgen, die sie gehalten hat – und von der Liste weiblicher Podcasterinnen, die sie angelegt hat, um diese zu fördern und sichtbar zu machen.

Auch mit dem Thema Podcasts und Community hat sie sich ausgiebig beschäftigt. »Jeder Podcast fängt erst mal klein an, und am Anfang geht es um die Frage des Überlebens in Sachen Reichweite. Aber Reichweite oder Publikum und Community sind zwei völlig unterschiedliche Dinge«, erklärt sie. Während es sich bei der Reichweite um die schieren Zahlen handelt, also um eine anonyme Masse an Hörern, ist die Community sozusagen der Stammtisch.

Nutzen Sie Ihre Community, um Reichweite zu generieren

Zur Community gehören die echten Fans. Jene, die sich bewusst mit dem Podcast beschäftigen und die bereit sind, Zeit und eventuell auch Geld zu investieren. »Von Beginn an ist Interaktion mit der eigenen Community enorm wichtig«, sagt Nele Heise. Ein Podcaster solle aktiv mit seiner Community umgehen, sie kennenlernen und eine Bindung entstehen lassen, die Hörer auch in Prozesse einbinden, die zur Entstehung des Podcasts gehören. Nele Heise meint weiter:

»Mundpropaganda oder, wie ich sie nenne, Ohr-zu-Ohr-Propaganda ist im Podcasting elementar, genau so verbreiten sich neue Podcasts. Einer hat etwas Gutes gehört und sagt es weiter. Eine gute Community ist also eine Hilfsmannschaft für den Podcaster. In diesem sehr persönlichen Medium ist die Bindung sehr wichtig.«

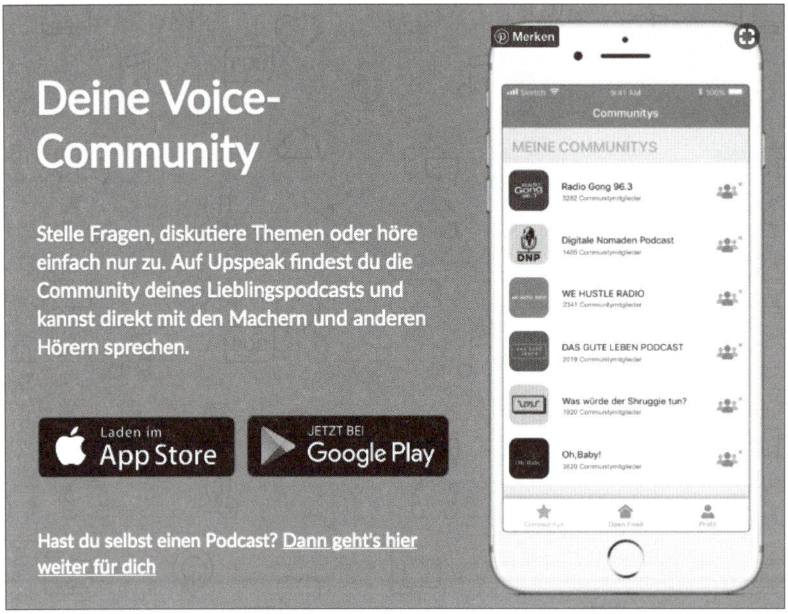

Abbildung 9.13 *Die App Upspeak (https://www.upspeak.de) hat den Community-Gedanken zum Geschäftsmodell gemacht: Hier können sich die Fans austauschen.*

Beziehen Sie Ihre Community aktiv mit ein

Verstehen Sie es bitte nicht falsch: Sie sollen nicht zur Marionette Ihrer Community werden und nur noch tun, was diese möchte. Aber vielleicht gibt es in der Entstehung Ihres Podcasts einige Fragen, die Sie sich selbst stellen, bei deren Beantwortung eine Gruppe interessierter Menschen durchaus helfen könnte. Wichtig sind die persönliche Ansprache und der direkte Aufruf, etwas zu tun.

Sie können im Podcast beispielsweise darum bitten, auf Ihrer Internetseite Kommentare zu hinterlassen oder Ihnen eine E-Mail mit Verbesserungsvorschlägen oder konkreten Lösungsideen zu schicken. Vielleicht dürfen sich Ihre Hörer auch Gesprächspartner wünschen, die sie gerne im Interview hören würden.

Manchmal sind es Kleinigkeiten wie eine Landkarte (siehe Abbildung 9.14), auf der sich jeder verewigen kann, die schon zu einem Zusammengehörigkeitsgefühl führen – und das, ohne viel Arbeit zu machen.

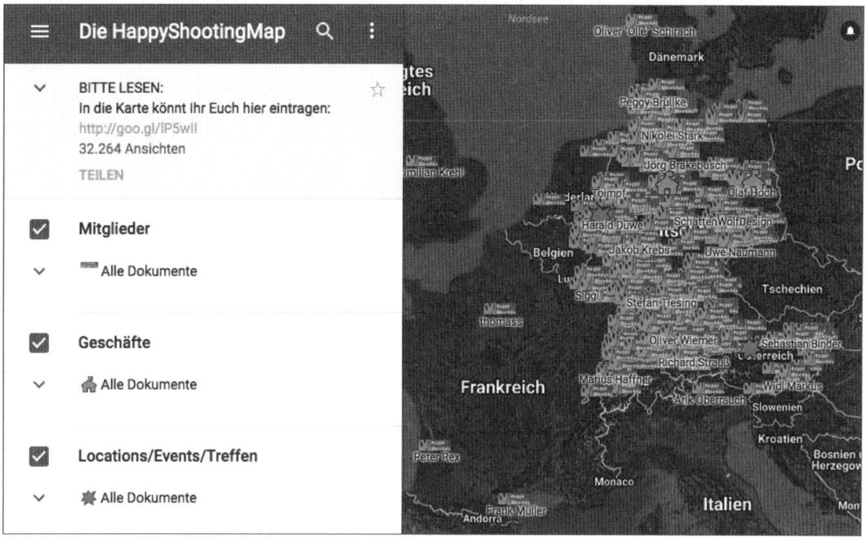

Abbildung 9.14 *Der Foto-Podcast »Happy Shooting« hat seine Hörer in einer Google-Landkarte verortet.*

Wichtig ist, dass Sie auch im Podcast selbst immer wieder auf dieses Feedback eingehen: Sagen Sie ruhig, dass Sie eine E-Mail von XY erhalten haben, und diskutieren Sie dann darüber – natürlich nur, wenn das zu Ihrem Format passt. Ansonsten kann so ein Feedback-Kanal auch schriftlich auf Ihrem Blog gewürdigt werden.

Ihre Hörer können auch dazu aufgefordert werden, gute Bewertungen bei iTunes abzugeben oder dort Kommentare zu hinterlassen. Einige vermuten, dass die Anzahl an Bewertungen und Kommentaren durchaus von großen Podcast-Verzeichnissen registriert wird und dafür sorgen kann, dass Ihre Episoden hervorgehoben werden oder Sie in Rubriken wie »Neu und beachtenswert« auftauchen. Sie müssen mithilfe Ihrer Community dafür sorgen, dass Ihr Podcast sichtbar wird.

In vielen Podcasts entwickeln sich mit der Zeit Running Gags oder sogar Memes – und viele davon wurden von der Community angestoßen (siehe Abbildung 9.15).

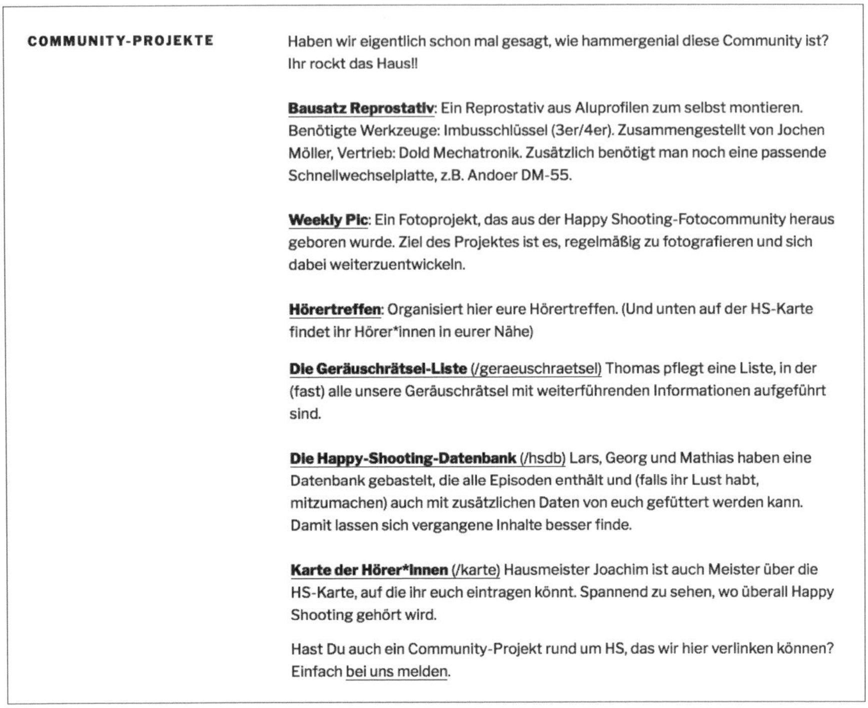
COMMUNITY-PROJEKTE

Haben wir eigentlich schon mal gesagt, wie hammergenial diese Community ist? Ihr rockt das Haus!!

Bausatz Reprostativ: Ein Reprostativ aus Aluprofilen zum selbst montieren. Benötigte Werkzeuge: Imbusschlüssel (3er/4er). Zusammengestellt von Jochen Möller, Vertrieb: Dold Mechatronik. Zusätzlich benötigt man noch eine passende Schnellwechselplatte, z.B. Andoer DM-55.

Weekly Pic: Ein Fotoprojekt, das aus der Happy Shooting-Fotocommunity heraus geboren wurde. Ziel des Projektes ist es, regelmäßig zu fotografieren und sich dabei weiterzuentwickeln.

Hörertreffen: Organisiert hier eure Hörertreffen. (Und unten auf der HS-Karte findet ihr Hörer*innen in eurer Nähe)

Die Geräuschrätsel-Liste (/geraeuschraetsel) Thomas pflegt eine Liste, in der (fast) alle unsere Geräuschrätsel mit weiterführenden Informationen aufgeführt sind.

Die Happy-Shooting-Datenbank (/hsdb) Lars, Georg und Mathias haben eine Datenbank gebastelt, die alle Episoden enthält und (falls ihr Lust habt, mitzumachen) auch mit zusätzlichen Daten von euch gefüttert werden kann. Damit lassen sich vergangene Inhalte besser finde.

Karte der Hörer*innen (/karte) Hausmeister Joachim ist auch Meister über die HS-Karte, auf die ihr euch eintragen könnt. Spannend zu sehen, wo überall Happy Shooting gehört wird.

Hast Du auch ein Community-Projekt rund um HS, das wir hier verlinken können? Einfach bei uns melden.

Abbildung 9.15 *Der Foto-Podcast »Happy Shooting« hat eine so aktive Community, dass auf der Internetseite sogar verschiedenste Community-Projekte aufgeführt sind.*

Die Voraussetzungen für eine aktive Community sind kontinuierliche Arbeit und Interaktion.

Markus N. sagte am **Juni 29, 2018 um 21:09** :

Kann man Reinhard auch Bier für euch vor die Tür stellen ?
Bin öfter in NW.
(schonmal falsch unter einen älteren Cast gepostet)

Kommentiere ↓

methodischinkorrekt
sagte am **Juli 1, 2018 um 19:13** :

Hi Markus,
das ist sehr lieb gemeint, aber zu Hause lieber nicht 🙂 Ich merke allerdings, dass wir vielleicht echt mal nen Hörertreffen in der Pfalz machen müssen.
Den Leuten aus Landau schulde ich auch noch ein Bier 🙂

Abbildung 9.16 *Kostet Zeit, ist es aber wert: Auf Kommentare sollten die Podcaster auch selbst mal antworten. Hier: die Herren von »Methodisch Inkorrekt«, dem Wissenschafts-Podcast.*

Geben Sie Ihrer Community Treffpunkte

»Podcaster vergessen häufig, dass sie auch andere Kanäle zur Verfügung haben«, sagt Nele Heise. Während jeder einzelne natürlich nicht auf Facebook, Twitter, Instagram, YouTube, im Forum, per E-Mail und sonst wie zu erreichen sein muss, ist es dennoch ratsam, zu überlegen, wo sich die eigenen Hörer gerne herumtreiben, und dort dann ebenfalls ein virtuelles Zelt aufzuschlagen.

Eine Facebook-Gruppe kann einen geschützten Raum bieten, in dem die treuesten Fans über neue Themenideen diskutieren können. Über Twitter können schnell Fragen zwischen Podcaster und Hörern ausgetauscht und beantwortet werden. Und eine E-Mail-Adresse sorgt dafür, dass eine unkomplizierte Anfrage unter vier Augen möglich ist. »Hier muss jeder seinen eigenen Weg finden und darauf achten, dass Aufwand und Ergebnis in einem guten Verhältnis stehen«, rät Nele Heise.

Bei den Treffpunkten geht es übrigens nicht unbedingt um Sie als Podcaster. Auch untereinander müssen Ihre treuesten Fans die Möglichkeit haben, sich irgendwo auszutauschen. Denn so wie Fußballfans durch die Liebe zum eigenen Verein etwas gemeinsam haben, haben Podcast-Fans ebenfalls eine gemeinsame Leidenschaft, und darüber spricht man eben gern.

9.5 Produzieren Sie einen Trailer für Ihren Podcast

Seit 2017 gibt es die Möglichkeit bei Apples iTunes, einen Trailer einzubinden. Mit iOS 11 können Sie festlegen, ob Ihr Podcast ein fortlaufendes Projekt oder in Staffeln unterteilt ist. Je nachdem wofür Sie sich entscheiden, können Sie Ihren Podcast im iTunes-Verzeichnis und auf der Podcast-App von Apple unterschiedlich anzeigen lassen. Ein Serien-Podcast zeigt beispielsweise sinnvollerweise die erste Folge ganz oben an, ein fortlaufender Podcast die jüngste Folge.

Sie können im Feed auch Dateien markieren, die Bonusmaterial oder eben ein Trailer sind. Ein Trailer sollte kurz und knackig sein und neugierig machen auf Ihren Podcast. Viele Rundfunkanstalten posten zuerst einen kurzen Trailer, bevor die eigentlichen Episoden auf den Feed geladen werden. So haben die Verzeichnisse Zeit, den Feed bereits aufzunehmen und anzuzeigen, sodass zum Start alles gut funktioniert.

9.6 Was hat Podcasting mit SEO zu tun?

SEO steht für Suchmaschinenoptimierung, für *Search Engine Optimization*, und ist eigentlich ein Buzzword aus dem Marketing, das normale Menschen selten hören (müssen und wollen). Als Podcaster ist es für Sie aber durchaus von Belang, ob Ihr Podcast gefunden wird oder nicht. Also sollten Sie alles dafür tun und die Informationen eintragen, die für Suchmaschinen relevant sind. Das ist auch deshalb wichtig, weil Google gerade ins Podcasting-Geschäft einsteigt und dafür sorgen möchte, dass mehr Hörer interessante Podcasts finden.

Natürlich möchten Sie in iTunes gefunden werden, wenn jemand Ihren Podcast noch nicht kennt, sich aber für Ihr Thema interessiert. Von Bayern1 gibt es den Podcast »Betthupferl«. In Bayern weiß zwar so gut wie jeder, dass ein Betthupferl eine kleine Süßigkeit vor dem Einschlafen ist, aber jeder andere potenzielle Hörer würde diesen Podcast nie finden, wenn er auf der Suche nach »Gutenachtgeschichten« ist. Also muss genau dieses Wort mit dem Podcast verknüpft sein, um gefunden zu werden.

Es gibt ein paar Dinge, die Sie tun können, um besser gefunden zu werden. Denken Sie beispielsweise schon bei der Auswahl Ihres Podcast-Titels darüber nach, ob er relevante Keywords enthält. Besonders einfach wäre natürlich »Marketing-Tipps vom Profi«, diesen Podcast würde jeder Hörer finden, der nach Marketing-Tipps sucht. Oft ist es aber nicht so einfach, den eigenen Podcast zu benennen – oder es gibt schlichtweg schon einen Konkurrenten mit diesem Namen.

Also denken Sie weiter: Können Sie Ihren Podcast ergänzen? Beispielsweise »Krautgerupfe – der Garten-Podcast«: So kommt das Wort »Garten« in den Titel, und Garten-Fans finden Sie bei der Stichwortsuche (ein gutes Beispiel: siehe Abbildung 9.17).

Das Gleiche gilt für die einzelnen Episodentitel. Versuchen Sie, diese möglichst anschaulich zu texten. Denken Sie auch hier an Keywords. Halten Sie sich aber kurz – der Titel sollte auch auf einem schmalen Smartphone-Display leicht zu erfassen sein. So schön Wortspielereien sind, ein guter Episodentitel sollte neugierig machen und dazu führen, dass jemand draufklickt (siehe Abbildung 9.18).

Abbildung 9.17 *Mehr Keyword geht nicht: Der Garten-Podcast »Gartenradio« macht alles richtig.*

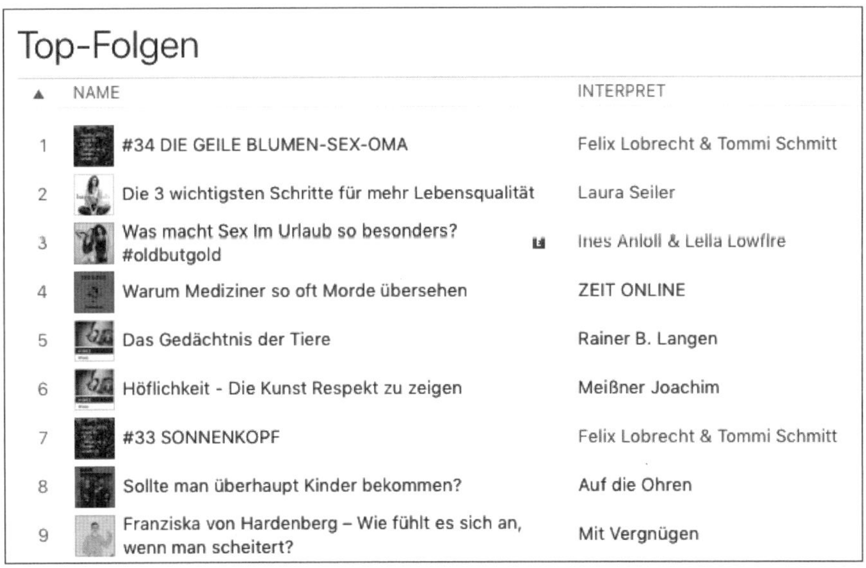

Abbildung 9.18 *Auf welchen Episodentitel hätten Sie spontan geklickt? Die Überschrift muss neugierig machen, damit sie funktioniert.*

Setzen Sie gleich bei der Einrichtung Ihres Podcasts die richtige Kategorie ein. Versehen Sie sowohl den Podcast selbst als auch die einzelnen Episoden mit den richtigen Stichwörtern (siehe Abbildung 9.19). Beides ist für Suchmaschinen relevant.

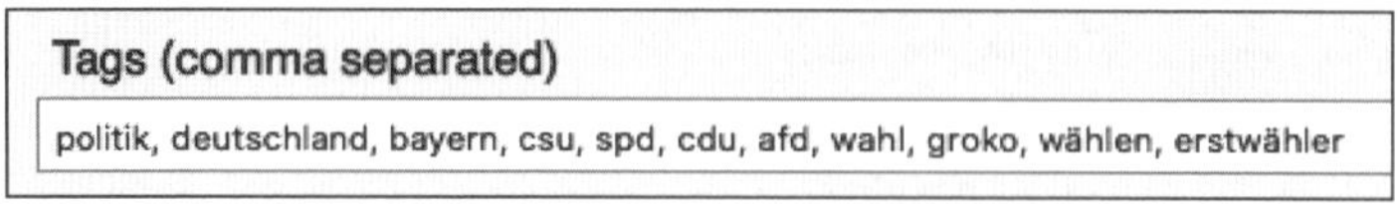

Abbildung 9.19 *Mehr ist mehr: Überlegen Sie, wonach Ihre potenziellen Hörer suchen könnten – genau das sind Ihre richtigen Stichworte.*

All diese Informationen stehen übrigens im RSS-Feed, dem Gerüst Ihres Podcasts (nähere Erläuterungen dazu in Kapitel 11, »Raus damit! Das Hosting«). Und genau hier holen sich die Podcast-Verzeichnisse und -Apps alle Infos, die sie brauchen. So ist es für Sie im Grunde ein Leichtes, die Informationen immer aktuell zu halten. Sie liegen einzig und allein in Ihrer Hand und werden von einer einzigen Stelle aus abgerufen. Und diese Stelle muss zu jeder Zeit aktuell sein.

Falls Sie Ihren Podcast mit WordPress und einem entsprechenden Plug-in erstellen (mehr dazu ebenfalls in Kapitel 11), können Sie sich eines der zahlreichen Plug-ins für die Suchmaschinenoptimierung bedienen. Das weit verbreitete Plug-in *Yoast SEO* bittet Sie, sich ein passendes Keyword für die Episode auszudenken und den Titel und die Beschreibung der einzelnen Blogeinträge zu verbessern. Ein einfaches Ampelsystem (siehe Abbildung 9.20) zeigt Ihnen jeweils, wie gut Ihre Einträge optimiert sind und was Sie eventuell noch verbessern können.

Wenn Sie Ihren Podcast übrigens selbst auf WordPress und nicht auf einer externen Seite wie Libsyn hosten, haben Sie für Suchmaschinen noch einen Vorteil: Alle Links führen zur gleichen URL. Das macht sie stärker.

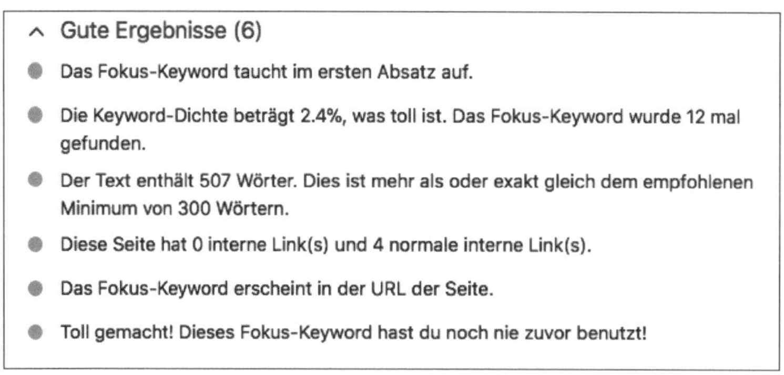

Abbildung 9.20 *Das Wordpress-Plug-in Yoast SEO schimpft nicht nur, es lobt auch, wenn Sie etwas richtig machen.*

Übertreiben Sie es nicht mit der Optimierung, aber beschäftigen Sie sich ein wenig damit, damit Sie verstehen, was hinter den Suchmaschinen steckt.

9.7 Podcasten Sie auch auf YouTube

Beim Stichwort Suchmaschine denken wir alle wahrscheinlich zuerst an Google. Und welcher Dienst gehört zu Google? Das Videoportal YouTube! Daher ist es gar nicht blöd, wenn Ihr Podcast auch auf YouTube zu finden ist. Laden Sie Ihren Podcast mit Standbild hier hoch (bei Auphonic geht das automatisch). Sofern Sie auch ein Transkript haben, laden Sie dieses ebenfalls bei YouTube hoch, und zwar als Untertitel und als Beschreibung unter dem Video. Das hilft nicht nur Deutschlernenden und Gehörlosen, sondern auch der Suchmaschine.

Die Untertitel zu machen, geht übrigens ganz einfach: Melden Sie sich zunächst in Ihrem Kanal an und gehen Sie auf das Video, das Untertitel bekommen soll. Unter dem Video gibt es für Sie den Button »Video bearbeiten«. Im nächsten Fenster können Sie »Untertitel«, die Sprache »Deutsch« und dann »Neue Untertitel hinzufügen« auswählen. Die automatisch erstellten Untertitel sollten Sie löschen, denn diese sind mit unzähligen Fehlern gespickt und verwirren mehr, als dass sie nützen.

Abbildung 9.21 *In dieser Maske werden bei YouTube die Untertitel festgelegt. Sie können in Echtzeit verschoben oder ausgebessert werden.*

Nun gehen Sie auf »Transkribieren und automatisch synchronisieren« und warten, bis sich ein neues Fenster öffnet. In das daraufhin erscheinende Textfeld können Sie den kompletten Text Ihrer Podcast-Datei hineinkopieren und dann auf »Timing festlegen« klicken. YouTube selbst wird die Audiodatei mit dem Text abgleichen und die Untertitel so an die richtige Stelle schieben. Das nimmt Ihnen eine Menge Arbeit ab! Im Nachhinein können Sie dennoch alles ändern und zurechtrücken, wie es Ihnen gefällt – und eventuell auch an dem einen oder anderen Zeilenumbruch noch arbeiten (siehe Abbildung 9.21).

9.8 Lassen Sie eine eigene App für Ihren Podcast programmieren

Zugegeben, nicht jeder Podcast braucht eine eigene App. Im Gegenteil: Es ist für die Hörer nervig, wenn sie jeden Podcast in einer eigenen App statt zentral verwaltet in einer Podcasting-App hören müssen. Aber falls Ihr Podcast einiges an Zusatz-Content parat hat, können Sie über eine eigene App durchaus nachdenken.

Malte Kirchner hat für den Podcast »Apfelfunk« (*https://apfelfunk.com/funkgeraet*), den er gemeinsam mit Jean-Claude Frick betreibt, eine App programmiert (siehe Abbildung 9.22). Hier bekommt der Podcast-Hörer eine Push-Nachricht, sobald es etwas Neues gibt. Eine Episodenliste gibt Zugriff auf das Archiv und macht die Shownotes durchsuchbar. Und natürlich gibt es eine Kontaktmöglichkeit.

Abbildung 9.22 *Hier passt die App zum Podcast: Den »Apfelfunk« gibt es auch für das Smartphone.*

Soweit, so Standard. Aber dazu haben sich die beiden Podcaster noch einiges überlegt, das die App zu einem wirklich guten Werkzeug für beide Seiten macht, sowohl für die User als auch für die Podcaster selbst: Eine Hörerkarte zeigt, wo die Hörer der Show sich aufhalten. Malte Kirchner und Jean-Claude Frick können regelmäßig über die App Umfragen unter ihren Hörern starten und die Ergebnisse direkt in ihren Podcast einbinden. Die Hörer können zudem interessante Nachrichten über einen Empfehlungsmechanismus weitergeben und so kuratieren.

Nicht jeder kann selbst so eine App programmieren, das ist klar. Es gibt aber auch Dienstleister, die das mittlerweile übernehmen (beispielsweise bei *http://www.shoutem.com/app/podcast*). Einige Hoster wie Libsyn bieten auch Pakete an, in denen eine (sehr einfach gehaltene) Podcast-App enthalten ist. Aber wie gesagt: Eigentlich ist so eine App nur dann sinnvoll, wenn sie wirklich als Möglichkeit gesehen wird, direkten Kontakt zu den Hörern aufzubauen und diesen dann in den Podcast einfließen zu lassen.

9.9 Auch Podcasts brauchen einen Workflow

Am Anfang ist jeder Schritt der Podcast-Erstellung spannend, aber spätestens nach den ersten 100 Folgen nerven auch viele Schritte. Überlegen Sie sich daher, wie der perfekte Workflow für Ihren Podcast aussieht. Welche Reihenfolge bietet sich an? Machen Sie sich ruhig eine Checkliste, damit Sie wie ein Pilot alle nötigen Schritte beachten, um das Episodenflugzeug sicher zu starten (siehe Abbildung 9.23).

In so einer Checkliste können Sie auch Passagen aufschreiben, die Sie immer wieder brauchen, um diese dann mit Copy & Paste einfach einzufügen.

Schreiben Sie Ihren Workflow inklusive Login-Daten und Links zu WordPress, Auphonic und allen anderen Plattformen, die Sie ansteuern müssen, auf. Anschließend schieben Sie die einzelnen Schritte so zusammen, dass sie möglichst effektiv sind.

Wenn Sie beispielsweise gerade den Text Ihrer Episode im Zwischenspeicher haben, um diesen in Ihr Blog als Shownotes zu posten, dann posten sie den Text doch auch gleich noch bei YouTube in den Beschreibungstext oder in den Feeder, mit dem Sie Ihren Feed erstellen. Das soll nur ein Beispiel sein, um zu zeigen, dass

Sie einige Schritte sparen können, wenn Sie an Ihrem Workflow ein wenig herumdoktern.

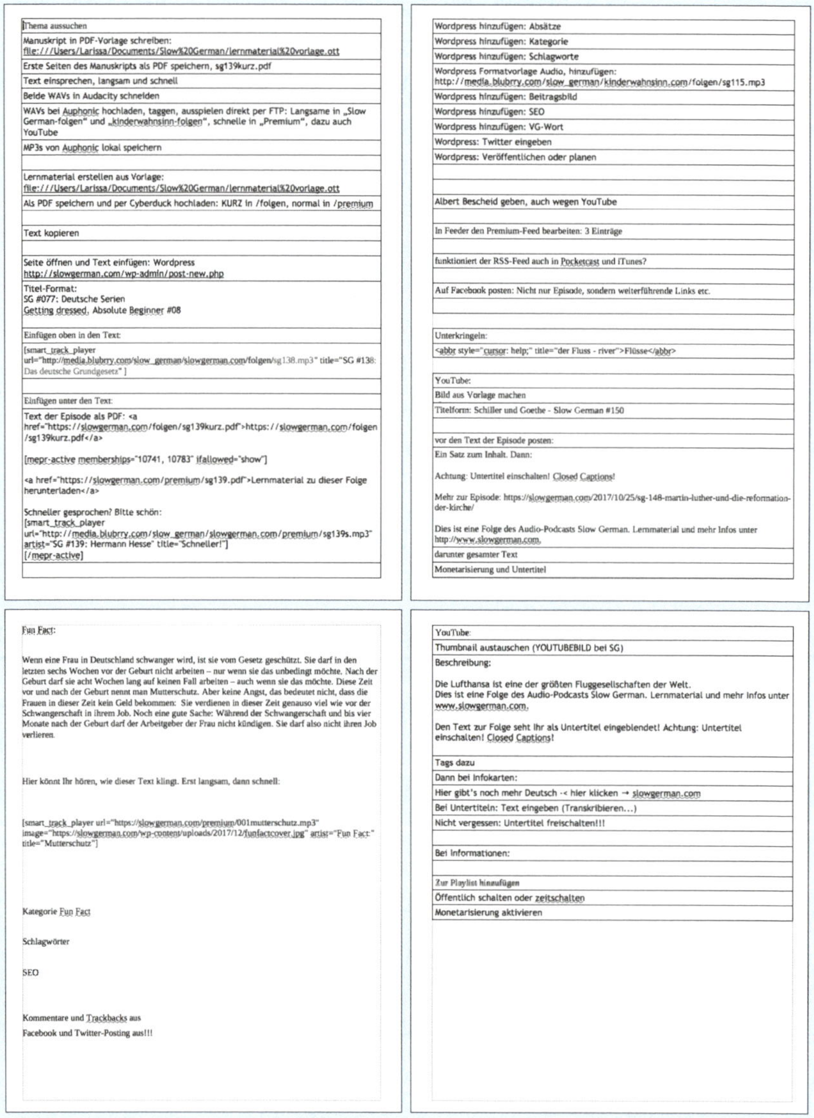

Thema aussuchen
Manuskript in PDF-Vorlage schreiben: file:///Users/Larissa/Documents/Slow%20German/lernmaterial%20vorlage.ott
Erste Seiten des Manuskripts als PDF speichern, sg139kurz.pdf
Text einsprechen, langsam und schnell
Beide WAVs in Audacity schneiden
WAVs bei Auphonic hochladen, taggen, ausspielen direkt per FTP: Langsame in „Slow German-folgen" und „kinderwahnsinn-folgen", schnelle in „Premium", dazu auch YouTube
MP3s von Auphonic lokal speichern
Lernmaterial erstellen aus Vorlage: file:///Users/Larissa/Documents/Slow%20German/lernmaterial%20vorlage.ott
Als PDF speichern und per Cyberduck hochladen: KURZ in /folgen, normal in /premium
Text kopieren
Seite öffnen und Text einfügen: Wordpress http://slowgerman.com/wp-admin/post-new.php
Titel-Format: SG #077: Deutsche Serien Getting dressed, Absolute Beginner #08
Einfügen oben in den Text:
[smart_track_player url="http://media.blubrry.com/slow_german/slowgerman.com/folgen/sg138.mp3" title="SG #138: Das deutsche Grundgesetz"]
Einfügen unter den Text:
Text der Episode als PDF: <a href="https://slowgerman.com/folgen/sg139kurz.pdf">https://slowgerman.com/folgen/sg139kurz.pdf</a> [mepr-active memberships="10741, 10783" ifallowed="show"] <a href="https://slowgerman.com/premium/sg139.pdf">Lernmaterial zu dieser Folge herunterladen</a> Schneller gesprochen? Bitte schön: [smart_track_player url="http://media.blubrry.com/slow_german/slowgerman.com/premium/sg139s.mp3" artist="SG #139: Hermann Hesse" title="Schneller!"] [/mepr-active]

Wordpress hinzufügen: Absätze
Wordpress hinzufügen: Kategorie
Wordpress hinzufügen: Schlagworte
Wordpress Formatvorlage Audio, hinzufügen: http://media.blubrry.com/slow_german/kinderwahnsinn.com/folgen/sg115.mp3
Wordpress hinzufügen: Beitragsbild
Wordpress hinzufügen: SEO
Wordpress hinzufügen: VG-Wort
Wordpress: Twitter eingeben
Wordpress: Veröffentlichen oder planen
Albert Bescheid geben, auch wegen YouTube
In Feeder den Premium-Feed bearbeiten: 3 Einträge
funktioniert der RSS-Feed auch in Pocketcast und iTunes?
Auf Facebook posten: Nicht nur Episode, sondern weiterführende Links etc.
Unterkringeln:
<abbr style="cursor: help;" title="der Fluss - river">Flüsse</abbr>
YouTube:
Bild aus Vorlage machen
Titelform: Schiller und Goethe - Slow German #150
vor den Text der Episode posten:
Ein Satz zum Inhalt. Dann: Achtung: Untertitel einschalten! Closed Captions! Mehr zur Episode: https://slowgerman.com/2017/10/25/sg-148-martin-luther-und-die-reformation-der-kirche/ Dies ist eine Folge des Audio-Podcasts Slow German. Lernmaterial und mehr Infos unter http://www.slowgerman.com.
darunter gesamter Text
Monetarisierung und Untertitel

Fun Fact:

Wenn eine Frau in Deutschland schwanger wird, ist sie vom Gesetz geschützt. Sie darf in den letzten sechs Wochen vor der Geburt nicht arbeiten – nur wenn sie das unbedingt möchte. Nach der Geburt darf sie acht Wochen lang auf keinen Fall arbeiten – auch wenn sie das möchte. Diese Zeit vor und nach der Geburt nennt man Mutterschutz. Aber keine Angst, das bedeutet nicht, dass die Frauen in dieser Zeit kein Geld bekommen: Sie verdienen in dieser Zeit genauso viel wie vor der Schwangerschaft in ihrem Job. Noch eine gute Sache: Während der Schwangerschaft und bis vier Monate nach der Geburt darf der Arbeitgeber der Frau nicht kündigen. Sie darf also nicht ihren Job verlieren.

Hier könnt Ihr hören, wie dieser Text klingt. Erst langsam, dann schnell:

[smart_track_player url="https://slowgerman.com/premium/001mutterschutz.mp3" image="https://slowgerman.com/wp-content/uploads/2017/12/funfactcover.jpg" artist="Fun Fact:" title="Mutterschutz"]

Kategorie Fun Fact

Schlagwörter

SEO

Kommentare und Trackbacks aus

Facebook und Twitter-Posting aus!!!

YouTube:
Thumbnail austauschen (YOUTUBEBILD bei SG)
Beschreibung: Die Lufthansa ist eine der größten Fluggesellschaften der Welt. Dies ist eine Folge des Audio-Podcasts Slow German. Lernmaterial und mehr Infos unter www.slowgerman.com. Den Text zur Folge seht ihr als Untertitel eingeblendet! Achtung: Untertitel einschalten! Closed Captions!
Tags dazu
Dann bei Infokarten:
Hier gibt's noch mehr Deutsch -< hier klicken → slowgerman.com
Bei Untertiteln: Text eingeben (Transkribieren...)
Nicht vergessen: Untertitel freischalten!!!
Bei Informationen:
Zur Playlist hinzufügen
Öffentlich schalten oder zeitschalten
Monetarisierung aktivieren

Abbildung 9.23 *Das müssen Sie nicht lesen können – aber so bekommen Sie einen Eindruck davon, wie viele Schritte es braucht, bis eine Episode »Slow German« online ist.*

9.10 Automatisieren Sie möglichst viele Schritte

Und noch eine Sache sollten Sie genau erforschen: Bei welchen Schritten können Sie eventuell Teile der Arbeit automatisieren? Sie können beispielsweise bei Auphonic Presets (Voreinstellungen) vornehmen, damit Sie nicht jedes Mal die gleichen Informationen ausfüllen müssen. Bei WordPress könnten Sie sich eine Vorlage einrichten, die Sie immer wieder benutzen. Nicht immer machen solche Einstellungen das Leben leichter, aber an manchen Stellen sind sie durchaus nützlich und sparen Zeit.

Auch die Verbreitung Ihres Podcasts lässt sich weitgehend automatisieren. Sie können beispielsweise festlegen, dass WordPress immer auch auf Facebook und Twitter einen Post hinterlässt, sobald Sie eine neue Episode veröffentlichen. Schon haben Sie einige Minuten gespart. Wenn Sie andere Systeme nutzen, schauen Sie sich doch Tools wie *IFTTT* (*https://ifttt.com*) an. IFTTT steht für »If This Then That« (siehe Abbildung 9.24). Es funktioniert genau nach diesem Prinzip: Wenn X eintritt, mache Y. Wenn also eine neue Episode hochgeladen wird, verbreite sie an Ort Z.

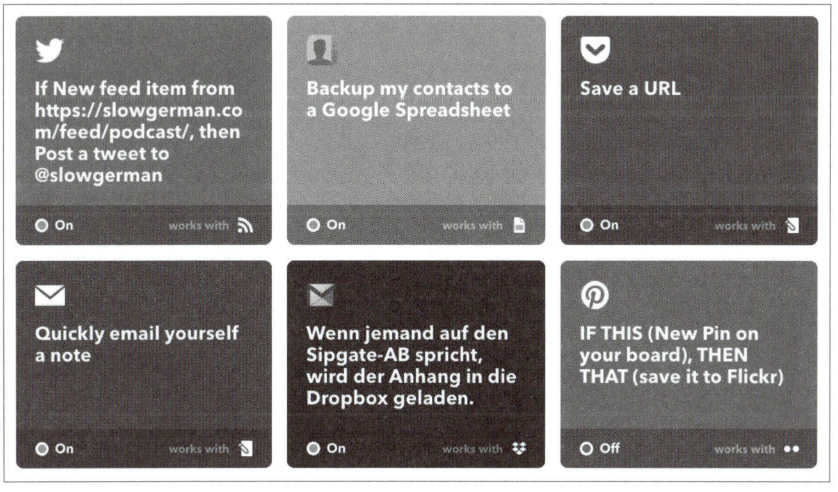

Abbildung 9.24 *Der Service IFTTT lässt viele Automatisierungen zu. Einige davon können für Podcaster sehr nützlich sein.*

9.11 Seien Sie immer aufnahmebereit!

Falls Sie in Ihrem Alltag etwas hören, das zu Ihrem Podcast passt, nehmen Sie es mit Ihrem Smartphone oder – sollten Sie es dabei haben – Ihrem Aufnahmegerät auf! Gerade ungeplante Begegnungen bringen eine Portion Aufregung in den Podcast und wirken auflockernd. Das passt natürlich nicht bei jedem Format, aber bei vielen. Denken Sie auch daran, ein kleines mobiles Aufnahmestudio mitzunehmen, wenn Sie auf Reisen sind. Sie können immer damit rechnen, interessante Menschen zu treffen – und sei es auf der re:publica oder bei einem beruflichen Meeting. Oft ergeben sich interessante Begegnungen und Sie wünschen sich danach, alles aufgenommen zu haben.

Seien Sie aber auch im übertragenen Sinne immer aufnahmebereit. Denn was das Podcasting früher oder später für jeden zur Herausforderung macht, ist der serielle Charakter des Erzählens. Sie brauchen immer neuen Stoff für neue Episoden. Nutzen Sie also ein analoges Notizbuch oder eine Erinnerungs-App. Notieren Sie sich Begebenheiten aus dem Alltag, die Ihnen auffallen. Wenn Ihnen etwas auffällt, das in Ihren Podcast passen könnte, schreiben Sie es so schnell wie möglich auf. So laufen Sie nicht Gefahr, eines Tages ohne Inhalt dazustehen.

9.12 Üben, üben, üben

Es gibt zwar einige Menschen, die von der ersten aufgenommenen Minute an wie Profis klingen und denen alle sofort gerne zuhören, aber den meisten geht es anders. Der Schlüssel zum guten Podcast ist Übung. Wenn Sie einen Interview-Podcast führen, müssen Sie genau diese Technik üben. Schnappen Sie sich dafür ruhig Familienmitglieder oder Arbeitskollegen, und befragen Sie diese. Sie müssen diese Aufnahmen natürlich nicht veröffentlichen, aber allein die Aufnahmesituation und das Fragenstellen zu üben, ist schon viel wert.

Lassen Sie sich nicht entmutigen, wenn einige Folgen Ihres Podcasts hinter Ihren Erwartungen zurückbleiben. Haken dran und weiter! Das Aufnehmen muss Ihnen in Fleisch und Blut übergehen. Es muss so normal und natürlich werden, dass Sie ungekünstelt und frei vor dem Mikrofon stehen (oder sitzen) können.

Falls Sie kritikfähig sind, setzen Sie sich mit der Kritik von außen bewusst auseinander. Nehmen Sie Anregungen auf und versuchen Sie, diese umzusetzen. Lassen Sie Menschen Ihren Podcast hören, auf dessen Meinung Sie etwas geben und denen Sie vertrauen – und holen Sie sich danach Feedback.

Ein Podcast ist nie in Stein gemeißelt, er verändert sich laufend. Das ist eine Herausforderung, aber auch der große Vorteil. Arbeiten Sie an Ihrem Podcast wie an einer Skulptur.

9.13 Gönnen Sie sich eine Räuspertaste

Zugegeben, das hier ist jetzt wirklich nur etwas für Fortgeschrittene. Aber es gibt immer wieder das Problem bei Podcasts, die von mehreren Menschen gemacht werden, dass der eine gerade etwas erzählt und der andere husten oder sich räuspern muss – und das ist dann schön laut auf der Aufnahme zu hören.

Wenn der Hustende auch derjenige ist, der sowieso am Rechner oder Mischpult sitzt, ist das kein Problem. Aber was ist mit seinem Gegenüber? Für diesen Zweck haben beispielsweise Tim Pritlove und Holger Klein in ihrem »NSFW«-Podcast eine Räuspertaste eingeführt. Dazu wurde eine Wiimote zweckentfremdet, also ein Controller der Wii-Spielekonsole von Nintendo. Das ist natürlich nicht unbedingt nötig, aber lustig.

Sie können auch eine beliebige Taste der Tastatur so umfunktionieren, dass sie zur Räuspertaste wird. Wie das alles geht, erzählt Ralf Stockmann ausführlich in zwei Reaper-/Ultraschall-Video-Tutorials: *https://ultraschall.fm/folge-5-und-6-die-raeuspertaste-per-wiimote*.

Sinnvoll ist eine Räuspertaste übrigens auch für all die Podcaster, die Interviews aufnehmen, beispielsweise über Skype. Denn auch hier sollte Ihr Husten nicht auf der Aufnahme auftauchen.

Kapitel 10
PODCAST & RECHT

In diesem Kapitel möchte Christian Solmecke Ihnen ein Grundverständnis für Rechtsfragen im Zusammenhang mit Podcasting vermitteln. So starten Sie rechtssicher in Ihr Podcast-Projekt.

Rechtliche Aspekte spielen in allen Stadien von Podcasts eine Rolle: Von der Produktion bis zur Veröffentlichung gibt es zahlreiche Dinge zu beachten. Dabei helfen vor allem fundierte Vorkenntnisse und ein abstraktes Grundverständnis der Materie, um teure Abmahnungen und Gerichtsverfahren zu vermeiden. Diese betreffen neben der Frage des Urheberrechts an dem Podcast auch die Zulässigkeit von Werbung und die Beachtung der Nutzungsbedingungen der Plattformen.

Christian Solmecke schreibt über Podcasts und Recht

Rechtsanwalt Christian Solmecke ist Partner der Kanzlei Wilde Beuger Solmecke (wbs-law.de) und hat in den vergangenen Jahren den Bereich Internet- und E-Commerce Recht stetig ausgebaut. So betreut er zahlreiche YouTuber, Medienschaffende und Web-2.0-Plattformen bei der rechtssicheren Umsetzung ihrer Vorhaben. Zum Thema Content-Marketing über YouTube oder Podcasts verfasste Solmecke bereits einen umfangreichen Beitrag in seinem Ratgeber »Recht im Online-Marketing«, der ebenfalls im Rheinwerk Verlag erschienen ist. Daneben gehören Podcasts und Videos zu seinem täglichen Geschäft: In seinem YouTube-Kanal (wbs-law.tv), der auch als Podcast abrufbar ist, klärt er wöchentlich über neueste Trends im Online-Recht auf. Dort verfolgen mehr als 250.000 Abonnenten seine Beiträge.

Damit ist Solmecke selbst Teil der Szene und kennt die Probleme der Branche sehr genau. Neben seiner Kanzleitätigkeit ist Christian Solmecke auch Geschäftsführer des Deutschen Instituts für Kommunikation und Recht im Internet (DIKRI) an der Cologne Business School. Dort beschäftigt er sich insbesondere mit Rechtsfragen in sozialen Netzen. Vor seiner Tätigkeit als Anwalt arbeitete Christian Solmecke mehrere Jahre als Journalist für den Westdeutschen Rundfunk und andere Medien. Über *solmecke@wbs-law.de* ist der Autor per E-Mail zu erreichen.

Zunächst ist es wichtig, sich grundlegend mit der Frage zu beschäftigen, wer überhaupt die Rechte an »Ihrem« Podcast hat. Sofern mehr als eine Person an der Produktion des Podcasts beteiligt ist, stellt sich die Frage, wer eigentlich der Urheber des Podcasts ist und damit die Rechte daran hat. Hier kommen unter Umständen vor der Veröffentlichung des Podcasts einzuholende Einwilligungen ins Spiel.

Aber auch der Inhalt des Podcasts kann rechtliche Fragen aufwerfen. Dies gilt insbesondere dann, wenn Sie Ihren Podcast z. B. mit Musik unterlegen möchten, die nicht von Ihnen selbst stammt. Hier stellen sich Fragen der GEMA-Lizenzpflicht ebenso wie die Rechtskonformität kostenloser Alternativen wie Creative Commons. Aber auch diejenigen, die in Ihren Podcasts Werbung schalten möchten, dürfen rechtliche Anforderungen nicht außer Acht lassen. Immerhin gelten hier das Verbot von Schleichwerbung und die damit verbundene klare Pflicht zur Kennzeichnung des kommerziellen Charakters des Podcasts. Wer diese Aspekte beachtet hat und in seinem Beitrag ein Gewinnspiel veranstalten möchte, muss sich zudem mit den Regeln des Wettbewerbsrechts vertraut machen. Danach sind auch die Impressumsplicht und die Datenschutzerklärung nicht zu vernachlässigende Punkte auf Ihrer rechtlichen To-Do-Liste.

Mit diesen und weiteren Fragestellungen werde ich mich in diesem Kapitel ausführlich auseinandersetzen und Ihnen so einen kurzen und kompakten Leitfaden an die Hand geben, an dem Sie sich im Wesentlichen orientieren können. Beachten Sie dabei jedoch, dass die Hinweise in manchen Fällen eine einzelfallgerechte Einschätzung durch einen spezialisierten Rechtsanwalt nicht entbehrlich machen. So wie jeder Podcast inhaltlich unterschiedlich ist, ist er rechtlich unter Umständen auch unterschiedlich zu bewerten. Was genau ich damit meine, werden Sie nach der Lektüre dieses Kapitels sicher besser verstehen. Jetzt wünsche ich Ihnen erst einmal viel Freude beim Lesen!

10.1 Das Urheberrecht am Podcast

Bevor wir uns mit der konkreten urheberrechtlichen Situation im Fall des Podcasts beschäftigen, möchte ich Ihnen zunächst erklären, was Urheberrecht überhaupt ist. Auch wenn das Urheberrecht aufgrund der Gefahr von Abmahnungen medial sehr präsent ist, weiß nicht jeder so genau, worum es dabei eigentlich geht.

Die urheberrechtliche Ausgangslage

Das Urheberrecht entsteht automatisch mit der Schöpfung des Werkes und bedarf keiner Eintragung in einem Register oder dergleichen. Anders als vielfach vermutet ist es nicht nötig, ein Copyright-Zeichen zu platzieren.

Hinweis

Ein Copyright-Vermerk schadet jedoch auch nicht und zeigt dem Publikum so, dass das Werk urheberrechtlich geschützt ist. Der Vermerk kann also unter Umständen andere von einer ungefragten Verwendung abschrecken.

Das Urheberrecht garantiert dem Urheber, selbst zu entscheiden, wie er sein Werk verwerten möchte und ob er Dritten die Nutzung dessen gestatten möchte. Dies betrifft beispielsweise das Recht zur Vervielfältigung, Verbreitung, Ausstellung, Vorführung oder auch öffentlichen Zugänglichmachung im Internet.

Da das Urheberrecht in der deutschen Rechtsordnung nicht übertragbar ist, kann der Urheber Dritten nur vertraglich Nutzungsrechte an seinem Werk einräumen, auch *Lizenzen* genannt. Mit dem Lizenzvertrag räumt der Urheber (Lizenzgeber) dem Verwender (Lizenznehmer) Nutzungsrechte an seinem Werk ein und gestattet ihm so dessen wirtschaftliche Nutzung. Woher Sie in den für einen Podcast relevanten Fällen Lizenzen bekommen und wo Sie mitunter sogar kostenfreie Nutzungsrechte finden, erkläre ich Ihnen im Laufe dieses Kapitels.

Achtung!

Der Erhalt einer Lizenz führt leider immer wieder zu Missverständnissen. Lizenzen haben je nach Nutzungszweck, Werk und Vertragspartei unterschiedliche Inhalte und sind nicht selten an Bedingungen geknüpft. In den meisten Fällen räumt Ihnen eine Lizenz kein unbegrenztes Nutzungsrecht an einem Werk ein. Dass man Ihnen eine Lizenz eingeräumt hat, bedeutet also nicht, dass Sie mit dem Werk nach Belieben verfahren können – Sie müssen Sich im Rahmen der Lizenz bewegen. Überschreitungen der Nutzungsrechte stellen ebenso eine Rechtsverletzung dar wie die Nutzung des Werkes komplett ohne Lizenz.

Auch schützt das Urheberrecht persönlichkeitsrechtliche Aspekte, indem es verbietet, dass das Werk von anderen Personen verunstaltet, missbraucht oder als eigenes ausgegeben wird. Schließlich soll nur der Urheber von seiner Arbeit wirtschaftlich profitieren können und gleichzeitig für seine Mühen Anerkennung bekommen. Dies garantiert ihm das Gesetz über die gesamte Lebenszeit des Urhebers und weitere 70 Jahre nach seinem Ableben.

Der Urheber und die Miturheberschaft

Vermutlich stellen Sie sich an dieser Stelle zu Recht die Frage, wer überhaupt der Urheber ist. Urheber eines Werkes – in diesem Fall eines Podcasts – ist, wer das Werk selbst geschaffen hat. Sind mehrere an der Produktion beteiligt, gibt es auch mehrere gleichberechtigte Urheber, sogenannte Miturheber. Dies bedeutet für Sie also, dass Sie nur dann alleiniger Urheber des Podcasts sind, wenn Sie diesen selbst produziert haben und daran auch kein anderer mitgewirkt hat. Dann haben Sie die alleinigen Rechte daran und können damit nach Belieben verfahren. Davon zu unterscheiden sind jedoch die Fälle, in denen die Produktion auf der Zusammenarbeit mehrerer Personen beruht. In diesen Fällen sind alle Beteiligten gemeinsam Miturheber im Sinne des § 8 UrhG (siehe Abbildung 10.1) und damit auch gemeinsam berechtigt. Gemäß § 8 Abs. 2 UrhG bedeutet dies, dass das Recht zur Veröffentlichung und zur Verwertung den Miturhebern nur »zur gesamten Hand« zusteht. Doch was heißt eigentlich »zur gesamten Hand«? Etwa, dass jeder Miturheber einen der Personenanzahl entsprechenden Prozentsatz an dem Podcast »besitzt«? Nein.

Urheberrechtsgesetz

Teil 1 - Urheberrecht (§§ 1 - 69g)

Abschnitt 3 - Der Urheber (§§ 7 - 10)

§ 8
Miturheber

(1) Haben mehrere ein Werk gemeinsam geschaffen, ohne daß sich ihre Anteile gesondert verwerten lassen, so sind sie Miturheber des Werkes.

(2) [1]Das Recht zur Veröffentlichung und zur Verwertung des Werkes steht den Miturhebern zur gesamten Hand zu; Änderungen des Werkes sind nur mit Einwilligung der Miturheber zulässig. [2]Ein Miturheber darf jedoch seine Einwilligung zur Veröffentlichung, Verwertung oder Änderung nicht wider Treu und Glauben verweigern. [3]Jeder Miturheber ist berechtigt, Ansprüche aus Verletzungen des gemeinsamen Urheberrechts geltend zu machen; er kann jedoch nur Leistung an alle Miturheber verlangen.

(3) Die Erträgnisse aus der Nutzung des Werkes gebühren den Miturhebern nach dem Umfang ihrer Mitwirkung an der Schöpfung des Werkes, wenn nichts anderes zwischen den Miturhebern vereinbart ist.

(4) [1]Ein Miturheber kann auf seinen Anteil an den Verwertungsrechten (§ 15) verzichten. [2]Der Verzicht ist den anderen Miturhebern gegenüber zu erklären. [3]Mit der Erklärung wächst der Anteil den anderen Miturhebern zu.

Abbildung 10.1 *Der Gesetzgeber regelt in § 8 UrhG die rechtliche Situation der Miturheberschaft.*

Der Gesetzgeber bezweckt mit dieser Formulierung, dass die Miturheber nur gemeinsam darüber entscheiden können, was mit dem Werk – in diesem Fall dem Podcast – passiert. Soll also das Werk veröffentlicht werden, können dies nur alle gemeinsam entscheiden, denn die Miturheber bilden gemeinsam eine Gemeinschaft, die Miturhebergemeinschaft. Dies hat zur Konsequenz, dass aufgrund dieser rechtlichen Bindung der Miturheber untereinander deren Rechte nicht teilbar sind. Können die Miturheber sich nicht einigen, passiert im Zweifel gar nichts mit dem Werk, da ein Miturheber alleine nicht über den Willen der anderen Miturheber hinweg entscheiden kann, was mit dem Werk passiert.

Hinweis

Liegt jedoch eine Verletzung des Urheberrechts vor, kann jeder Miturheber alleine entscheiden, ob er dagegen vorgeht. Hat dieses Vorgehen eine Leistung – beispielweise eine Schadensersatzzahlung – zur Konsequenz, kann die Leistung nur an die gesamte Miturheberschaft erfolgen. Es kann also auch nur ein Miturheber klagen, begünstigt wird hingegen immer die Miturhebergemeinschaft insgesamt und nicht der Kläger allein.

Aus diesem Grund ist es besonders wichtig, dass sich die Miturheber im Voraus über die Verwertung des Podcasts einigen und dies auch vertraglich vereinbaren. Soll innerhalb einer Miturhebergemeinschaft nur eine Person dazu berechtigt werden, darüber zu entscheiden, was mit dem Podcast passiert, muss auch dies vertraglich festgehalten werden!

Achtung!

Die Schriftform ist die einfachste und sicherste Variante, sich im Streitfall auf Absprachen zu berufen, um so eigene Ansprüche durchzusetzen bzw. Gegenansprüche abzuwehren. Denken Sie daran, dass in einem gerichtlichen Verfahren in der Regel jeder die Beweislast für die für ihn günstigste Tatsache trägt.

Urheberschaft in Interviewsituationen

Während sich der Fall der gemeinsamen Produktion eines Podcasts noch einfach als Miturheberschaft kategorisieren lässt, ist dies weniger simpel in den Fällen, in denen der Podcast ein Interview mit einer dritten Person zum Gegenstand hat (siehe Abbildung 10.2). In diesen Fällen stellt sich nämlich die Frage, ob neben dem Interviewer auch die interviewte Person ein Recht an dem Beitrag hat.

Das Landgericht Hamburg (Beschluss vom 8.11.2012, Az. 308 O 388/12) beispielsweise entschied, dass neben dem Fragenkatalog des Interviewers, der als Sprachwerk grundsätzlich dem urheberrechtlichen Schutz zugänglich ist, auch die Interviewantworten grundsätzlich schutzfähig sind, wenn sie eine persönliche geistige Schöpfung des Interviewpartners sind. Dies sei beispielsweise dann der Fall, wenn dieser die Kernaussage eines hoch komplizierten Sachverhalts in einer für Laien verständlichen Sprache prägnant zusammenfasst. Nicht ganz so hohe Anforderungen stellte dagegen das Landgericht Berlin (Urteil vom 20.9.2011, Az. 16 O 134/11). Dieses geht davon aus, dass es bereits ausreicht, wenn die Fragestellung des Interviewers einen darstellerischen und auch inhaltlichen Spielraum bietet, von dem der Interviewte gelegentlich Gebrauch macht.

Abbildung 10.2 *Radioeins veröffentlicht auf seiner Website Interviews mit Künstlern wie Fantastic Negrito.*

Hinweis

Ob in Ihrem konkreten Fall die Interviewfragen und/oder Interviewantworten in Ihrem Podcast dem Schutz des Urheberrechts unterliegen, bedarf einer Einzelfallbeurteilung. Pauschale Antworten sind hier nicht möglich, weil alle inhaltlichen und gestalterischen Elemente berücksichtigt werden müssen und eine Entscheidung auf Basis einer Gesamtwürdigung getroffen werden muss.

Ob Ihre Interviewfragen urheberrechtlich geschützt sind, ist jedoch nur für den Fall tatsächlich relevant, in dem ein Dritter Ihre Interviewfragen kopiert und ungefragt für einen eigenen Beitrag verwendet. Die für die Podcast-Praxis deutlich relevantere Frage ist jedoch die, ob die Interviewantworten urheberrechtlichen Schutz genießen. Sollte dies der Fall sein, hat der Antwortende die Rechte daran und Sie dürfen den Podcast nur mit seiner Zustimmung senden.

Achtung!

Um hier sicher zu gehen, sollten Sie daher immer eine Einwilligung des Interviewpartners zur Nutzung des Interviews einholen, bevor Sie dieses in Ihrem Podcast veröffentlichen. Im Rahmen dieser Einwilligung muss insbesondere klar geregelt werden, welche Inhalte von Ihnen zu welchem Zweck verwendet werden dürfen, ob Sie dafür ein Entgelt zahlen müssen und wo der Podcast veröffentlicht werden soll. Diese Einwilligung sollten Sie zu Beweiszwecken im Streitfall immer schriftlich einholen. Sie benötigen dafür kein spezielles Formular; eine Einwilligung, die Ihnen beispielsweise im Rahmen eines E-Mail-Verkehrs erteilt wird, ist dafür völlig ausreichend.

Konsequenzen einer rechtswidrigen Nutzung durch Dritte

Verstößt Ihr Podcast gegen die Urheberrechte Dritter, können die Urheber dagegen vorgehen. Dabei gewährt das Urheberrechtsgesetz diesen verschiedene Ansprüche wie etwa einen Unterlassungs-, Beseitigungs- oder Schadensersatzanspruch.

Kommt es wegen einer Urheberrechtsverletzung zu einem Rechtsstreit, liegen die für die Berechnung der Gerichts- und Rechtsanwaltskosten maßgeblichen Streitwerte in der Regel zwischen 50.000 € und 100.000 €. Dies hat zur Folge, dass Rechtsverletzungen für Sie als Anbieter des Podcasts schnell auch mit Kosten von mehreren Tausend Euro verbunden sein können.

Praxisbeispiel: Verfahrenskosten

So kann beispielsweise schon eine außergerichtliche Abmahnung in durchschnittlichen Fällen bei einem Streitwert von 50.000 € allein für den gegnerischen Rechtsanwalt Kosten in Höhe von ca. 1.800 € erzeugen. Bei einem Streitwert von 100.000 € liegen die Kosten bei ca. 2.300 €. Hinzu kommen dann noch die gegebenenfalls anfallenden Kosten für den eigenen Rechtsanwalt.

Kommt es danach zu einem Gerichtsverfahren, fallen erneut Rechtsanwaltskosten und zusätzlich noch Gerichtsgebühren an. Dadurch können die Kosten insgesamt durchaus im fünfstelligen Bereich liegen.

Die Kosten des Verfahrens müssen allesamt von Ihnen als Rechtsverletzer getragen werden. Dies gilt insbesondere auch unabhängig davon, ob Sie Kenntnis von der Rechtswidrigkeit Ihres Verhaltens hatten, da die Pflicht zum Schadensersatz verschuldensunabhängig greift.

10.2 Die Verwendung von Musik in Podcasts

Da Podcasts ohne Bilder gesendet werden und das Ohr demnach das entscheidende Sinnesorgan ist, ist die Verwendung von Musik als Intro oder als Hintergrundmusik ein besonders beliebtes Element bei der Produktion von Podcasts. Zudem kann Musik einen Wiedererkennungswert schaffen und beim Zuhörer des Podcasts Emotionen wecken, indem es den Inhalt des Beitrags unterstreicht und eine positive Wirkung hinterlässt.

Möchten Sie Musik in Ihrem Podcast verwenden, müssen Sie bedenken, dass jegliches urheberrechtlich geschützte Material nur verwendet werden darf, wenn hierfür vom Inhaber der Rechte eine Erlaubnis vorliegt. Dies gilt auch dann, wenn es sich nur um Hintergrundmusik handelt. Für eine nicht lizenzierte Verwendung der Musik kann der Rechteinhaber Sie abmahnen oder auf Schadensersatz, Unterlassung und Beseitigung in Anspruch nehmen. Der Grund dafür ist unter anderem das im ersten Abschnitt bereits angesprochene Urheberrecht an dem Musikstück.

Die Rechte an Musikstücken haben meist die Künstler oder deren Produzenten bzw. Plattenfirmen. Damit Sie das Musikstück – sei es in einzelnen Tönen oder Akkorden oder als Ganzes – nutzen können, müssen die Rechteinhaber Ihnen die Verwertungs- und Nutzungsrechte einräumen. Das gilt unabhängig davon, ob Sie einen Musiker mit der Komposition eines Musikwerks für Ihren Podcast beauftragen oder ein bereits bestehendes Musikstück nutzen.

Da an der Produktion eines Musikstücks mit Songwriter, Komponist, Produzent und Tonträgerhersteller in der Regel mehrere Personen beteiligt sind, gibt es auch mehrere Rechteinhaber, die Sie bei der Lizenzierung berücksichtigen müssen. In einer Vielzahl von Fällen übertragen die Rechteinhaber ihre Rechte an die

Plattenfirma oder an Verwertungsgesellschaften. Sie haben also nur noch einen Ansprechpartner, bei dem Sie die Nutzungserlaubnis einholen müssen. Wer im konkreten Fall der Rechteinhaber ist, ist maßgeblich für die Frage, bei wem die Einwilligung einzuholen ist.

Musiklizenzen von Verwertungsgesellschaften

Doch nun stellt sich Ihnen vielleicht die Frage, was überhaupt Verwertungsgesellschaften sind. Die Verwertungsgesellschaften bilden eine Brücke zwischen den Rechteinhabern und den Nutzern des urheberrechtlich geschützten Werkes. Sie nehmen die Urheberrechte und Leistungsschutzrechte wahr und vereinbaren Lizenzverträge mit den Nutzern, die diese eingehen müssen, wenn sie das entsprechende Werk nutzen möchten. Alle Vergütungen, die aus einer solchen Vereinbarung zwischen Urheber und Nutzer stammen, können sodann nur durch eine Verwertungsgesellschaft geltend gemacht werden.

Die Höhe der Lizenzgebühren muss mit den Verwertern ausgehandelt werden. Unterschieden werden muss hier zwischen Gesamt- und Einzelverträgen. Gesamtverträge sind solche, die zwischen Nutzervereinigungen und den Verwertungsgesellschaften geschlossen werden. Hier gelten für alle Nutzer die gleichen Tarife. Einzelverträge beziehen sich auf Nichtmitglieder. Die Lizenzgebühren für die letztgenannten Verträge basieren auf den von den Verwertungsgesellschaften aufgestellten Tarifen.

Bei der Lizenzierung von Musik ist die GEMA, die Gesellschaft für musikalische Aufführungs- und mechanische Vervielfältigungsrechte, die entscheidende Verwertungsgesellschaft. Sie nimmt die ihr von Komponisten, Textdichtern und Musikverlegern eingeräumten Rechte zur Nutzung von Werken der Tonkunst mit oder ohne Text wahr. Sie ist von der Verwertungsgesellschaft Wort (VG Wort) und der Gesellschaft zur Verwertung von Leistungsschutzrechten (GVL) ermächtigt, die von diesen wahrgenommenen Rechte und Ansprüche der Urheber von Sprachwerken (VG Wort) sowie der ausübenden Künstler und Tonträgerhersteller (GVL) geltend zu machen.

Möchten Sie also die Lizenz für ein Musikstück erwerben, sollten Sie als Erstes überprüfen, ob dafür die GEMA zuständig ist. Dazu können Sie auf der Website der GEMA (*www.gema.de*) eine Online-Recherche durchführen, indem Sie in die Suchmaske den Titel des gewünschten Musikstücks eingeben. Ist die GEMA die

Verwertungsgesellschaft für den gesuchten Titel, gibt sie die an dem Musikstück beteiligten Urheber an.

Hinweis

Speziell für nicht-gewerbliche Podcasts bietet die GEMA in manchen Fällen auch die Online-Lizenzierung an. Dazu müssen Sie einige Bedingungen erfüllen, die die GEMA auf ihrer Website *https://www.gema.de/musiknutzer/musik-lizenzieren/podcasting/* zusammengefasst hat (siehe Abbildung 10.3). Sie finden diese Bedingungen auch im Abschnitt »Das Podcastmodell der GEMA« in Abschnitt 6.1. Eine Bedingung davon ist beispielsweise, dass Sie mit Ihren Podcasts nicht mehr als 300 € netto pro Monat einnehmen.

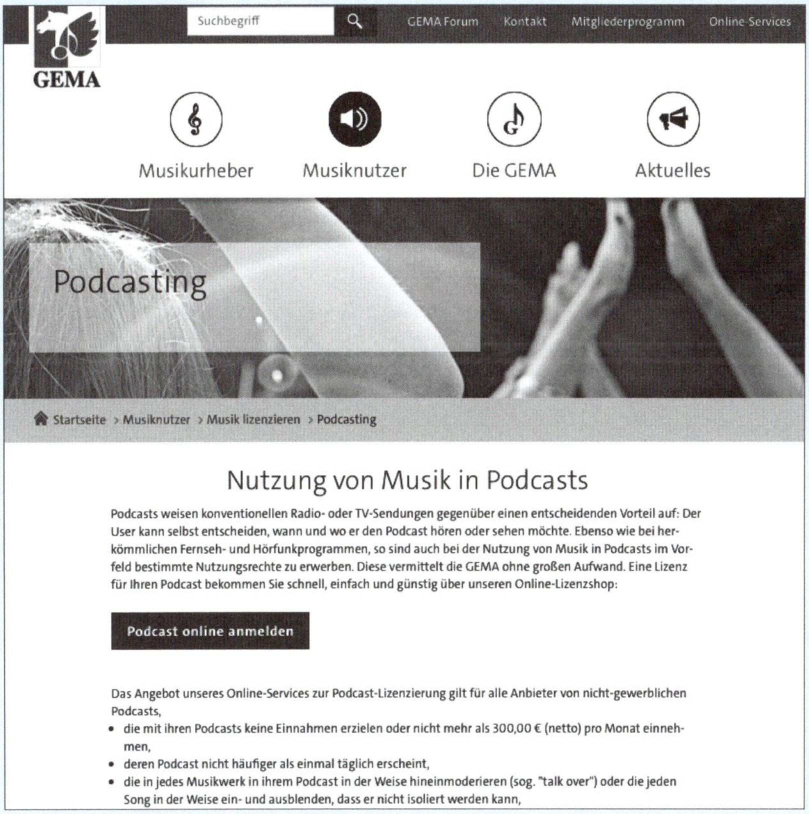

Abbildung 10.3 *Die GEMA informiert auf ihrer Website über die Nutzung von Musik in Podcasts.*

Musiklizenzen direkt vom Rechteinhaber

Handelt es sich um ein Musikstück, dessen Rechte nicht von der GEMA wahrgenommen werden, müssen Sie mit dem Rechteinhaber einen Vertrag über das Recht zur Nutzung des Musikstücks in Ihrem Podcast abschließen. Dieser Lizenzvertrag sollte den Gegenstand der Lizenz und die eingeräumten Benutzungsbefugnisse hinsichtlich ihres Gebiets und der Zeit bzw. der Menge genau beschreiben. Die Dauer der Rechteeinräumung ist möglichst für die gesamte Dauer der Auswertung des Videos zu vereinbaren. Zumindest aber sollten Sie sich eine Option einräumen, die es Ihnen ermöglicht, die Lizenz zu einem späteren Zeitpunkt zu verlängern.

Ebenso sollte festgelegt werden, ob Sie als Lizenznehmer ein einfaches Nutzungsrecht haben, bei dem auch anderen Lizenznehmern durch den Lizenzgeber dieselben Rechte eingeräumt werden können, oder ob es sich um eine ausschließliche Lizenz handeln soll, die exklusiv nur Ihnen eingeräumt wird. Auch Regelungen zur Höhe der Lizenzgebühr, zu Geheimhaltungspflichten und zu möglichen Ausübungspflichten sollten in den Vertrag aufgenommen werden.

Hinweis

Auch hier empfiehlt sich aus Gründen der Beweislast eine schriftliche Fixierung der Vereinbarung, um im Streitfall beweisen zu können, dass Sie die Nutzung rechtmäßig vorgenommen haben. Andernfalls können Urheber einen Lizenzschaden im Wege der Lizenzanalogie geltend machen. Das bedeutet, dass Sie die Vergütung zahlen müssen, die der Rechteinhaber für die Nutzung des Werkes hätte fordern können.

Musiklizenzen aus Stockarchiven

Möchten Sie sich nicht mit Lizenzen beschäftigen oder kein Entgelt dafür bezahlen, sind Sie im Internet vielleicht bereits auf Anbieter von kostenloser Stockmusik gestoßen. Über Anbieter wie *Free Stock Music* (*www.free-stock-music.com*) können Sie diverse Songs für Ihre Projekte herunterladen und verwenden – und zwar kostenlos (siehe Abbildung 10.4).

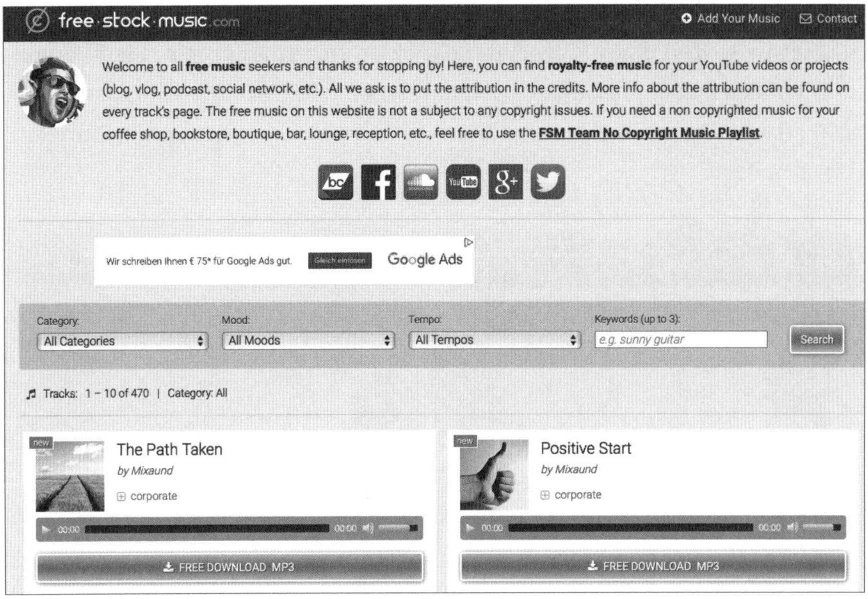

Abbildung 10.4 *Website des Stockarchives Free Stock Music*

Wahrscheinlich stellt sich Ihnen nun die Frage, ob dies denn legal ist. Wenn Sie einen Blick in die Nutzungsbedingungen werfen, stellen Sie fest, dass der Download von Musik über die Plattform Free Stock Music für die genannten Zwecke tatsächlich rechtmäßig ist.

Danach steht – nach Angaben der Website – der Großteil der Musikstücke unter einer CC-BY-Lizenz. Nach dieser darf der Nutzer das Werk sogar zu kommerziellen Zwecken verwenden, solange der Urheber benannt wird und ein Link zur Plattform erfolgt (siehe Abbildung 10.5).

Solange Sie diese Bedingungen einhalten, können Sie das Werk in der Regel unbegrenzt oft und zeitlich unbegrenzt in allen möglichen Medien verwenden. Denn meist überträgt Ihnen die Plattform ein beschränktes, nicht exklusives, nicht übertragbares, zeitlich unbegrenztes weltweites Nutzungsrecht für die von ihr vorgegebenen Nutzungsarten.

Allerdings bedeutet das nicht, dass Sie diese Werke deshalb ohne Einschränkung verwenden können. In dem Lizenzvertrag heißt es weiter, dass die Musik für jegliche, auch kommerzielle Projekte genutzt werden kann, sofern die Musik nur als Teil eines neu produzierten Werkes erscheint. Die Musik darf demnach nicht für sich gesehen, als reines Musikstück, weiterverwertet werden. Das Stück muss beispielsweise Teil eines Videoclips oder einer Präsentation sein. Eine Verbreitung der Musik über Musiklisten oder der Verkauf der einzelnen Musikstücke ist nicht erlaubt. Demnach dürfen Sie die Musik frei als Hintergrundmusik Ihres Podcasts benutzen.

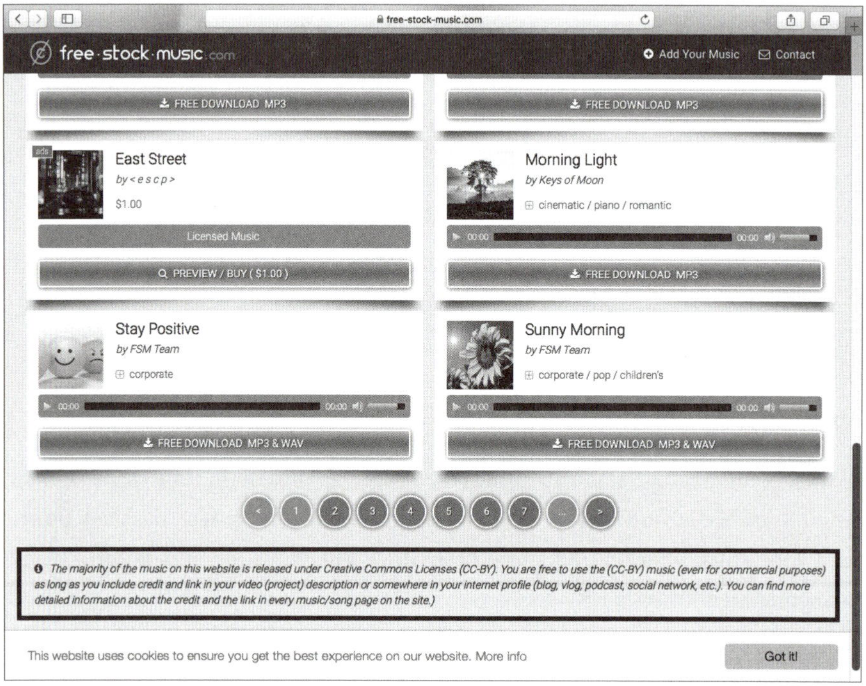

Abbildung 10.5 *Erläuterung der Lizenzbedingungen der Plattform Free Stock Music*

Musik unter einer Creative-Commons-Lizenz

Neben Stockmusik gibt es im Internet auch unzählige Anbieter von Musik, die unter einer sogenannten Creative-Commons-Lizenz (CC-Lizenz) steht. Dazu gehört beispielsweise auch die Plattform *Starfrosch*, (*www.starfrosch.com*, siehe Abbildung 10.6).

In den letzten Jahren hat sich Creative Commons über die ganze Welt verbreitet und im Internet fest etabliert. Von diesem Erfolg profitieren Urheber und Nutzer gleichermaßen, was sich nicht zuletzt in der Fülle der unter Creative Commons lizenzierten Werke zeigt. Abseits von wirtschaftlicher Gewinnmaximierung stellt Creative Commons eine starke Alternative zu herkömmlichen Lizenzsystemen dar.

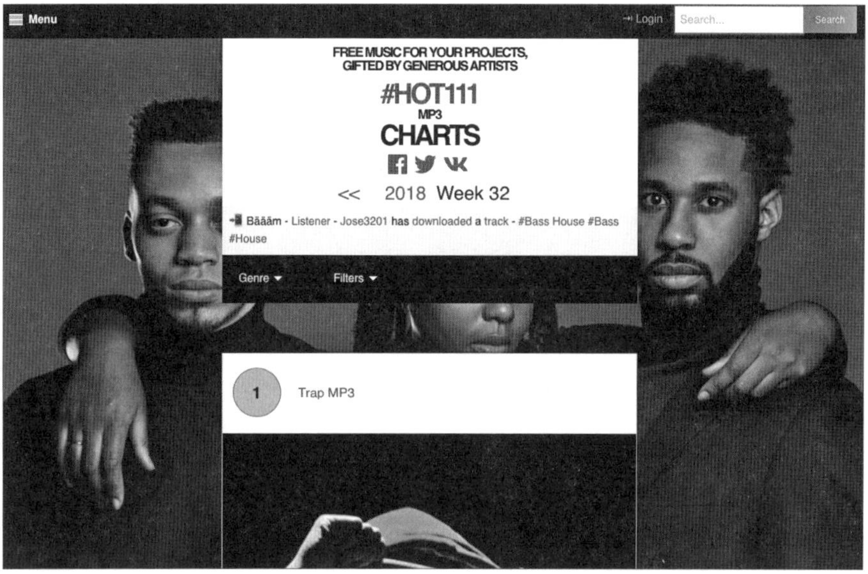

Abbildung 10.6 *Website der Plattform Starfrosch*

Doch nun stellt sich Ihnen sicherlich die Frage, was Creative Commons überhaupt bedeutet. Vermutlich haben Sie diesen Begriff auch schon einmal gehört, wissen aber nicht genau, was sich dahinter konkret versteckt.

Creative Commons ist der Ausdruck eines Bestrebens, die Regelungskomplexe des Urheberrechts aufzubrechen und für die Allgemeinheit zu vereinfachen. 2001 als Non-Profit-Organisation in den USA gegründet, sind Creative-Commons-Lizenzen etwa 17 Jahre später auf der ganzen Welt weit verbreitet: Mehr als 1,1 Milliarden Werke stehen bereits unter einer Creative-Commons-Lizenz (siehe Abbildung 10.7).

Die Lizenzierung ist schnell und unkompliziert. Der Urheber wählt eine der sechs verschiedenen CC-Lizenzmodelle und markiert damit sein Werk. Interessierte Nutzer können anhand der jeweiligen CC-Lizenzsymbole unproblematisch erkennen, wie sie das Werk nutzen dürfen, ohne eine Rechtsverletzung zu begehen. Weder muss eine Verwertungsgesellschaft oder der Urheber selbst kontaktiert noch ein Vertrag ausgehandelt und unterzeichnet werden.

Abbildung 10.7 *Website der Organisation Creative Commons Deutschland*

Zum Verständnis des Systems und des rechtlichen Hintergrunds ist es hilfreich, die Motivation einer Creative-Commons-Lizenzierung zu verstehen. Für Sie als Nutzer, der beispielsweise auf der Suche nach kostenloser Musik ist, bietet Creative Commons eine unproblematische und schnelle Lösung.

Aber was motiviert einen Urheber, sein Werk unter einer CC-Lizenz zu veröffentlichen? Nicht jeder Urheber ist an einer bestmöglichen Vermarktung seines Werkes interessiert. Oft besteht einfach ein Interesse daran, die eigene künstlerische Arbeit mit anderen Menschen zu teilen. Das Internet bietet Möglichkeiten, die es vorher nicht gab: Musik, Bilder und Videos können durch einen einzigen Klick mit der gesamten Welt geteilt werden. Es braucht keine Verwertungsgesellschaften, Manager oder anderen Dritten, die zwischen Urheber und Endnutzer vermitteln. Das ist natürlich vor allem für neue, noch unbekannte Urheber interessant. Die bloße Möglichkeit einer weltweiten Verbreitung der eigenen Werke ist reizvoll.

Trotzdem will niemand ganz auf seine Rechte verzichten. Ein besonderes Interesse besteht daran, dass der Name des Urhebers stets mit dem Werk verknüpft ist. Eventuell ist der Urheber nicht mit einer Bearbeitung oder Kommerzialisierung seiner Werke durch Fremde einverstanden. Das bedeutet wiederum, dass Regeln für den Umgang mit den Werken festgelegt werden müssen. Doch die meisten Urheber werden weder das Wissen noch die Lust oder Zeit haben, entsprechende Lizenzverträge zu verfassen. Hier setzt die Creative-Commons-Organisation an: Creative Commons bietet ein Lizenzmodell an, das zum einen den

Urhebern eine einfache und schnelle Lizenzierung ihrer Werke ermöglicht und zum anderen den Endnutzern eine verständliche und rechtssichere Nutzung dieser Werke erlaubt.

Das Lizenzsystem ähnelt einem Baukasten: Die Grundlage bilden vier Module, die zu insgesamt sechs verschiedenen Lizenzen zusammengesetzt werden können. Jedes Modul wird durch jeweils zwei Buchstaben abgekürzt:

- **BY**: Das erste Modul betrifft die Angabe der Urheberbezeichnung. Die Nennung des Urhebers eines Werkes ist Teil des Urheberpersönlichkeitsrechts und unverzichtbar. Daher ist dieses Modul Bestandteil einer jeden CC-Lizenz. Wann immer ein fremdes Werk genutzt wird, muss der Name des Urhebers angegeben werden.
- **NC**: Dieses Modul steht für »non-commercial«. Eine CC-Lizenz mit diesem Modul verbietet Ihnen eine kommerzielle Nutzung des Werkes. So kann beispielsweise ein Video unter einer BY-NC-Lizenz zwar für ein privates Blog, aber nicht für den Internetauftritt Ihres Unternehmens verwendet werden.
- **ND**: Wenn der Urheber verhindern will, dass sein Werk von Dritten bearbeitet wird, wählt er dieses Modul. Die Abkürzung steht für »no derivates«, also keine Bearbeitungen. Eine Bearbeitung liegt immer dann vor, wenn das Original in irgendeiner Weise verändert wird. Auch das Zuschneiden von Videos ist eine Bearbeitung. Erlaubt sind lediglich zwingende, minimale Veränderungen wie das Anpassen des Formats. Ein Verzerren oder eine übertriebene und unnötige Verkleinerung oder Vergrößerung können jedoch wieder als Bearbeitung angesehen werden.
- **SA**: Das letzte Modul wird SA abgekürzt, »share alike«. Damit ist gemeint, dass ein Werk nur unter derselben Lizenz weitergegeben werden darf. Veröffentlicht der Urheber sein Werk z. B. unter BY-NC-SA, dann dürfen Dritte das Werk zwar bearbeiten. Wenn sie das veränderte Werk allerdings ihrerseits im Internet verbreiten, sind sie an die BY-NC-SA-Lizenz gebunden. Eine Kommerzialisierung des veränderten Werkes ist aufgrund des NC-Moduls somit nicht möglich.

Wie bereits erwähnt, können die vier Module zu insgesamt sechs Lizenzen zusammengesetzt werden und so unterschiedliche Dinge gestatten und verbieten: BY, BY-SA, BY-ND, BY-NC, BY-NC-SA und BY-NC-ND. Die Bezeichnung der Lizenzen setzt sich aus der Kombination der Abkürzungen zusammen. Zu jeder

der sechs Lizenzen gibt es einen entsprechenden vorgefertigten Lizenzvertrag. Darin werden die Rechte und Pflichten hinsichtlich der Nutzung der jeweiligen Lizenz noch einmal detailliert beschrieben (siehe Abbildung 10.8).

CC BY	Namensnennung 4.0 International (Details)
CC BY SA	Namensnennung-Share Alike 4.0 International (Details)
CC BY ND	Namensnennung-Keine Bearbeitungen 4.0 International (Details)
CC BY NC	Namensnennung-Nicht kommerziell 4.0 International (Details)
CC BY NC SA	Namensnennung-Nicht kommerziell-Share Alike4.0 International (Details)
CC BY NC ND	Namensnennung-Nicht kommerziell-Keine Bearbeitungen 4.0 International (Details)

Abbildung 10.8 *Erläuterung der Lizenzabkürzungen auf der Website der Creative Commons Deutschland (eigene Darstellung)*

Neben diesen sechs Lizenzen bietet die Gesellschaft Creative Commons seit dem Jahr 2009 eine weitere Lizenzform: CC0 (cc zero). Dabei handelt es sich um ein Werkzeug, mit dem Rechteinhaber auf alle Rechte verzichten können, soweit dies gesetzlich möglich ist. Damit können Anwender ihre eigenen Werke in die Gemeinfreiheit überführen. Es wird also vorzeitig der Zustand der Gemeinfreiheit hergestellt, der sonst mit Zeitablauf des gesetzlichen Schutzes eintritt – in Deutschland also 70 Jahre nach dem Tod des Urhebers.

Problematisch aus der Sicht des deutschen Urheberrechts ist allerdings, dass diese Lizenzform die ökonomischen Verwertungsrechte und die Urheberpersönlichkeitsrechte als Einheit ansieht. Das Urheberpersönlichkeitsrecht ist aber so eng mit der Person des Urhebers verbunden, dass es grundsätzlich nicht übertragen oder aufgegeben werden kann. Die Urheberpersönlichkeitsrechte werden auch als *Grundrechte* des Urhebers bezeichnet. Danach hat der Urheber

- das alleinige Recht zu bestimmen, ob und wie sein Werk veröffentlicht wird,
- einen Anspruch auf die Anerkennung seiner Urheberschaft und
- einen Schutz vor Entstellung seines Werkes.

Ein allumfassender Verzicht auf das Urheberrecht ist im deutschen Recht daher nicht möglich. Der Urheber darf Dritten lediglich einzelne Nutzungsrechte an seinem Werk einräumen. Für die deutsche Rechtsordnung bedeutet dies demnach, dass der Urheber nicht auf sein Urheberrecht verzichten kann. Eine solche Lizenz muss daher so verstanden werden, dass der Urheber darauf verzichtet, Dritten Nutzungsrechte einzuräumen. Auch kann er nicht endgültig auf die Anerkennung seiner Urheberschaft verzichten. Er kann jedoch zustimmen, dass sein Name nicht genannt wird.

Kombiniert man nun die sechs erläuterten Lizenzmodelle, kann bereits am Namen der Lizenz erkannt werden, was erlaubt ist und was nicht.

Praxisbeispiel

Möchten Sie ein Musikstück nutzen, das unter einer CC-BY-NC-ND-Lizenz steht, sind Ihnen die kommerzielle Nutzung sowie die Bearbeitung verboten. Gleichzeitig sind Sie auch zur Angabe des Urhebers verpflichtet.

Beachten Sie, dass es unterschiedliche Versionen dieser Verträge gibt. Hintergrund ist die logische Entwicklung des Lizenzsystems sowie die Reaktion auf rechtliche Lücken, etwaige neue urheberrechtlich relevante Nutzungsarten und Anpassungen der bestehenden Regelungen hinsichtlich Schutzvorschriften und deren Verletzung.

Aufgrund dieser Unterschiede zwischen den Versionen müssen Sie bei einer Nutzung von Creative Commons immer die entsprechende Version des Lizenzvertrags mit angeben, auf den Sie sich beziehen. Zurzeit gibt es vier Versionen. Je nach Reichweite der Lizenzierung können sich von Land zu Land Unterschiede ergeben.

Praxisbeispiel

Verwenden Sie ein Musikstück, das unter einer CC-BY-NC-ND-Lizenz steht und das Sie in der Version 3.0 des Lizenzvertrags verwenden, muss die Angabe CC-BY-NC-ND 3.0 lauten.

Erst wenn eine aktuelle Version vollständig übersetzt und an die bestehende Rechtslage angepasst wurde, können Sie sie problemlos in dem jeweiligen Land verwenden. Diese Anpassung einer Lizenzversion nennt man auch Portierung. Um eine landesspezifische Verwendung einer Lizenz zu verdeutlichen, hängt man an die Lizenz die entsprechende Landeskennung an.

Praxisbeispiel

Um das obige Beispiel fortzuführen, wäre CC-BY-NC-ND 3.0 DE eine korrekte Verwendung.

In der Praxis sieht das Ganze dann so aus, dass die Organisation Creative Commons Ihnen auf ihrer Homepage eine Suchmaschine bietet, die zu den von Ihnen eingegebenen Schlagwörtern das Netz nach CC-Material durchsucht. Dabei können Sie dann beispielsweise zwischen Musikplattformen wie ccMixter oder SoundCloud wählen (siehe Abbildung 10.9).

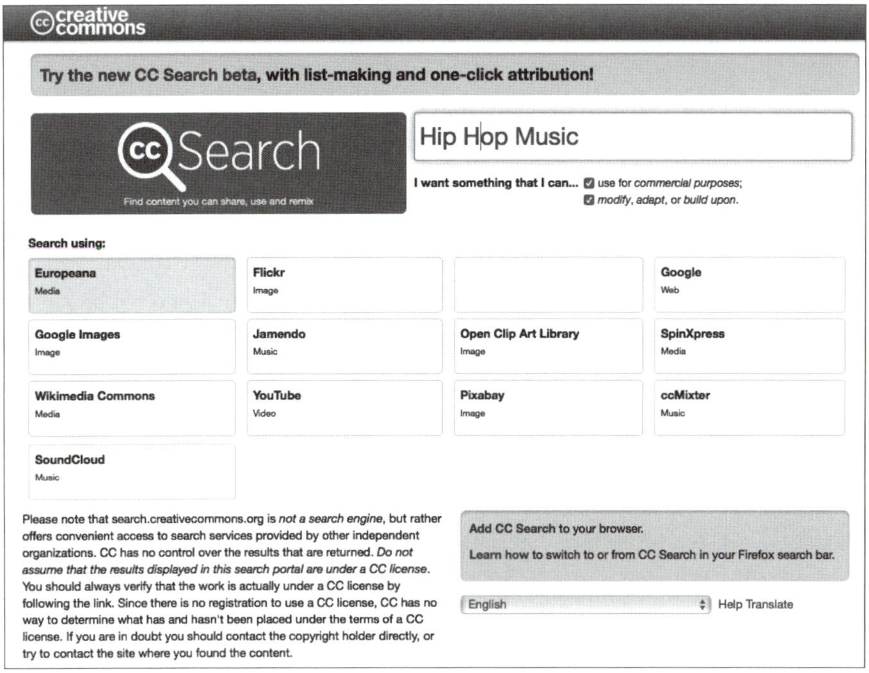

Abbildung 10.9 *Suchmaske der Creative-Commons-Organisation*

Achtung!

Wer ein CC-Musikstück verwendet, sich dabei aber nicht an die Lizenzbedingungen hält, begeht eine Urheberrechtsverletzung. Schließlich erhält er das Nutzungsrecht nur unter der Bedingung, dass er die Lizenzbedingungen einhält. Tut er dies nicht, fällt das Recht an den Urheber zurück. Hier gilt für Musik nichts anderes als beispielsweise für Videos oder Bilder. Zudem sollten Sie darauf achten, dass das von Ihnen favorisierte Musikstück auch tatsächlich von dessen Urheber selbst unter eine CC-Lizenz gestellt wurde. Werke, die Dritte ohne die Zustimmung des Urhebers ins Internet geladen und unter eine CC-Lizenz gestellt haben, dürfen Sie nicht verwenden, da nur der Urheber selbst entscheiden kann, ob er das Bild zur freien Verfügung stellt. Sollten Sie sich nicht sicher sein, wer das Musikstück eingestellt hat, sollten Sie lieber ein anderes verwenden, denn hier drohen auch dann Abmahnungen, wenn Sie keine Kenntnis hatten!

10.3 Persönlichkeitsrechte Dritter

Ebenfalls von Relevanz bei der Produktion eines Podcasts kann zudem das allgemeine Persönlichkeitsrecht eines Menschen sein. Auf das Persönlichkeitsrecht kann sich jeder Mensch berufen. Es steht ihm schon vor der Geburt (pränatales Persönlichkeitsrecht) zu und erstreckt sich in inhaltlichen sowie zeitlichen Grenzen auch über den Tod hinaus (postmortales Persönlichkeitsrecht). Das Persönlichkeitsrecht ist im Grundgesetz verankert und schützt jeden Teil einer bestimmten Person, der für ihn charakteristisch ist, also z. B. sein eigenes Bild oder sein gesprochenes Wort. Auch die Ehre eines Menschen ist über das Persönlichkeitsrecht geschützt.

Während in der Regel das Recht am eigenen Bild den praxisstärksten Fall bildet, trifft dies auf den Audiobereich von Podcasts gerade nicht zu. Hier spielt stattdessen in den Interview-Podcasts das sonst eher weniger relevante Recht am gesprochenen Wort eine wichtige Rolle. In den Fällen, in denen in dem Podcast über Dritte gesprochen wird, greift das Recht der persönlichen Ehre.

Das Recht am gesprochenen Wort

Jeder Mensch hat das Recht, selbst zu entscheiden, ob die eigenen Worte einzig einem Gesprächspartner, nur einem bestimmten Kreis oder der Öffentlichkeit zugänglich sein sollen. Daraus folgt, dass jeder auch selbst darüber entscheiden darf, ob das von ihm gesprochene Wort – z. B. für einen Podcast – auf Tonträger aufgenommen werden soll und ob und vor wem eine solche Aufnahme wieder abgespielt werden darf.

Dies bedeutet für Sie als Podcaster nun konkret, dass Sie nicht nur mit Blick auf das Urheberrecht eine Einwilligung des Interviewpartners benötigen, sondern auch im Hinblick auf dessen Persönlichkeitsrecht. Sofern Sie das Interview auf einem Tonbandgerät aufnehmen, müssen Sie Ihren Interviewpartner im Vorfeld des Interviews darüber aufklären und auch erläutern, dass die Tonsequenzen im Rahmen Ihres Podcasts abspielbar sein werden. Außerdem muss der Interviewpartner genau wissen, wer sich diesen Podcast anhören kann (in der Regel jeder) und über welche Seite dies erfolgen soll. Sofern das Interview transkribiert werden soll, muss der Interviewpartner auch darüber informiert werden und darin einwilligen.

Inhaltlich dürfen die Tonaufnahmen nicht falsch dargestellt werden. Das bedeutet, dass die Gesprächsinhalte nicht aus dem Kontext gerissen oder in einen falschen Kontext gestellt werden dürfen.

Hinweis

Um dies zu vermeiden, verlangen Interviewpartner nicht selten vor der Veröffentlichung ihrer Gesprächsmitschnitte ihre Autorisierung. Das bedeutet, dass die Interviewpartner den fertigen Beitrag vor der Veröffentlichung erhalten möchten und dieser nur dann veröffentlich werden darf, wenn der Interviewpartner seine Zustimmung erteilt. Auf diese Weise wollen Interviewpartner Einfluss auf den Inhalt des Beitrags nehmen, indem sie gegebenenfalls vor der Freigabe die Korrektur oder Ergänzung des Beitrags verlangen – andernfalls droht ein Verbot der Veröffentlichung. Aus diesem Grund sollten Sie mit der Einräumung solcher Autorisierungsbefugnisse gegenüber Interviewpartnern vorsichtig sein.

Das Recht der persönlichen Ehre

Gerade im Internet ist das Recht der persönlichen Ehre sehr anfällig für Verletzungen geworden. Nachrichten verbreiten sich in Sekundenschnelle über die ganze Welt – egal ob richtig oder falsch. Wenn Sie sich in Ihrem Podcast beispielsweise zu aktuellen Geschehnissen um prominente Personen wie Künstler oder Politiker äußern, stellen Sie sich womöglich folgende Frage: Welche Äußerungen müssen Betroffene aushalten, und wann ist eine kritische Äußerung nicht mehr von der Meinungsfreiheit gedeckt?

Der Schutz der persönlichen Ehre ist eine besondere Ausprägung des allgemeinen Persönlichkeitsrechts. Dieses Recht setzt dem Äußerungsrecht Dritter vor allem da Grenzen, wo unwahre Tatsachen behauptet und verbreitet werden oder Personen bzw. Unternehmen gezielt diffamiert werden sollen. Daneben wird die Ehre des Menschen auch über die strafrechtlichen Normen etwa der Verleumdung, üblen Nachrede und Beleidigung nach den §§ 185 ff. Strafgesetzbuch geschützt.

Fühlt sich jemand durch die Äußerung eines Dritten in seinem Persönlichkeitsrecht angegriffen, muss zunächst untersucht werden, ob die vermeintlich verletzende Aussage eine Meinungsäußerung oder eine Tatsachenbehauptung ist. Je nachdem, wie die Einordnung ausfällt, unterliegt sie anderen Maßstäben.

Schließlich sind Meinungsäußerungen und wahre Tatsachenbehauptungen noch grundrechtlich über die Meinungsfreiheit gemäß Art. 5 Abs. 1 GG geschützt. Danach sind grundsätzlich alle Meinungen schützenswert, unabhängig davon, ob sie wertvoll oder wertlos, provokant oder harmlos sind. Auch überzogene und scharfe Aussagen unterfallen der Meinungsfreiheit. Daher können sie nur in Ausnahmefällen zugunsten des Persönlichkeitsrechts eingeschränkt werden.

Unwahre Tatsachenbehauptungen hingegen genießen keinen solchen Schutz mehr, weil sie nicht der Meinungsbildung dienen. Daher sind sie meist rechtswidrig und in den meisten Fällen sogar strafbar. Als unwahr gelten nicht nur glatte Lügen, sondern etwa auch eine bewusst unvollständige Berichterstattung. Ist eine Tatsache bereits bewiesen unwahr, muss der Betroffene die Aussage in der Regel nicht hinnehmen. Ist die Unwahrheit der Tatsache hingegen noch nicht bewiesen, muss der Äußernde belegen und beweisen, dass er die Wahrheit gesagt hat. Kann er das nicht, gilt die Äußerung als unwahr. Kurz gesagt: Ob eine Äußerung eine Tatsachenbehauptung darstellt, richtet sich danach, ob die Wahrheit des Inhalts bewiesen werden kann.

Achtung!

Auch wenn eine Behauptung mit Zusätzen wie »ich meine« oder »ich denke« versehen wird, ändert das nichts daran, dass es alleine auf die Beweisbarkeit ankommt.

Handelt es sich hingegen um eine subjektive, nicht beweisbare Aussage, die nur eine persönliche Auffassung darstellt, ist sie lediglich eine Meinung bzw. ein Werturteil. Diese ist durch ein Dafür- oder Dagegenhalten geprägt und kann nicht in wahr oder falsch kategorisiert werden. Beispiele für Werturteile sind Bewertungen, Prognosen, Zweifel und Schlussfolgerungen.

Hinweis

Nicht immer ist die Abgrenzung zwischen Meinungsäußerungen und Werturteilen einfach. Immer wieder werden Tatsachenbehauptungen und Werturteile in einer Äußerung miteinander vermischt. In solchen Fällen muss im konkreten Einzelfall ermittelt werden, wo der Schwerpunkt der Aussage liegt.

Maßgeblich ist hier der Gesamteindruck. Insbesondere, wenn zwar Tatsachen behauptet werden, diese aber mit einem Werturteil verbunden sind, oder wenn die Tatsache Grundlage für die Meinungsbildung ist, fällt die Aussage im Zweifel noch unter die Meinungsfreiheit.

Aufgrund des weiten Schutzbereichs und der Bedeutung der verfassungsrechtlich geschützten Meinungsfreiheit in einer pluralistischen Demokratie kann nicht jede Meinung, die dem Betroffenen missfällt, auch verboten werden. Und gerade die Äußerung wahrer Tatsachen müssen Betroffene grundsätzlich auch dann hinnehmen, wenn sie besonders unangenehm sind. Schließlich hat niemand einen Anspruch darauf, in der Öffentlichkeit nur so dargestellt zu werden, wie er sich selbst gerne sehen würde. Doch zeigt bereits der Wortlaut des Art. 5 Abs. 2 GG, dass die Meinungsfreiheit dort ihre Grenzen hat, wo in das Recht der persönlichen Ehre eingegriffen wird. Es ist also durchaus möglich, dass jemand durch eine wahre Tatsachenbehauptung oder eine Meinungsäußerung einen anderen in dessen Rechten verletzt, weil die »Grenze« des Erlaubten überschritten wurde.

Grundsätzlich erfolgt daher eine Abwägung der widerstreitenden Grundrechte im konkreten Einzelfall. Je tiefgreifender der Eingriff durch die Äußerung und je größer das Schutzbedürfnis der betroffenen Person ist, desto eher wird die Meinungsfreiheit zurücktreten müssen. Besteht jedoch ein besonderes Informationsbedürfnis der Öffentlichkeit, kann das Persönlichkeitsrecht des Einzelnen zurücktreten. So sind etwa wahre Tatsachenbehauptungen unzulässig, wenn Informationen aus der Intimsphäre verbreitet werden – etwa wenn sie das Sexualleben betreffen oder Tagebücher veröffentlicht werden. Handelt es sich hingegen um Informationen aus der Privatsphäre, muss im Einzelfall abgewogen werden.

Die Meinungsfreiheit tritt in gewissen Fallgruppen (fast) immer hinter dem Persönlichkeitsrecht zurück. Dies ist z. B. der Fall, wenn die Menschenwürde der betroffenen Person verletzt wird. Strafrechtlich relevante Beleidigungen sind natürlich auch nicht mehr geschützt. Gerade bei wahren Tatsachenbehauptungen spielen auch die sogenannten Formalbeleidigungen eine wichtige Rolle. Dabei handelt es sich um Äußerungen, die in einem besonders herabwürdigenden Ton, in einer gehässigen Einkleidung oder gegenüber einer übertriebenen Öffentlichkeit veröffentlicht wurden. Auch wenn es sich um Äußerungen handelt, die eine Stigmatisierung und Prangerwirkung des Betroffenen zur Folge haben, ist dies im Zweifel nicht mehr zulässig.

Praxisbeispiel

Am bekanntesten ist die Fallgruppe der sogenannten Schmähkritik. Bei dieser Form der Kritik kommt es dem Äußernden nicht mehr auf die Auseinandersetzung in der Sache an, sondern nur noch darauf, den Betroffenen herabzuwürdigen, zu diffamieren und in seiner Würde zu verletzen. Entscheidend ist hier die sachliche Grundlage. Liegt diese vor, ist eine Äußerung auch dann zulässig, wenn sie überzogen und drastisch erscheint. Wegen der Bedeutung der Meinungsfreiheit – und hierunter fällt auch die Satire – darf aber nicht jede Form der überspitzten Kritik als herabwürdigend beurteilt werden. Der Grat zwischen scharfen Werturteilen und Schmähkritik ist daher letztlich sehr schmal.

Konsequenzen bei einem Verstoß gegen das Persönlichkeitsrecht

Sollte es tatsächlich zu einer Persönlichkeitsrechtsverletzung gekommen sein, stehen Betroffenen diverse Ansprüche gegen den Schädiger zu. Diese können sowohl außergerichtlich als auch gerichtlich Ansprüche geltend machen. Zudem können Betroffene auch bei der Staatsanwaltschaft bzw. Polizei Strafanzeige bzw. einen Strafantrag stellen, wenn die Äußerung den Tatbestand der Verleumdung, üblen Nachrede oder Beleidigung im Sinne der §§ 185 ff. Strafgesetzbuch erfüllt.

Der in der Praxis wohl wichtigste Anspruch bei einer Persönlichkeitsrechtsverletzung ist der Anspruch auf Unterlassung. Ziel ist es, dass der Verletzer künftig bestimmte öffentliche Äußerungen nicht mehr tätigen darf. Daneben hat der Betroffene unter Umständen auch einen Anspruch auf Gegendarstellung, Widerruf, Beseitigung (Löschung, Rückruf), Berichtigung oder Ergänzung. Auch finanzielle Entschädigung in Form von Schadensersatz kann im Falle einer vorsätzlichen oder fahrlässigen Rechtsgutverletzung ebenso geltend gemacht werden wie eine Geldentschädigung bei schwerwiegenden Persönlichkeitsrechtsverletzungen. Diese kann in engen Grenzen auch den sogenannten immateriellen Schaden umfassen. Das »Ob« sowie die Höhe der Entschädigung können nur aufgrund der gesamten Umstände des Einzelfalles beurteilt werden, insbesondere in Abhängigkeit von Bedeutung und Tragweite des Eingriffs, Anlass und Beweggrund des Handelnden sowie vom Grad seines Verschuldens.

10.4 Werbung in Podcasts

Werbeblöcke in Podcasts sind keine Seltenheit – am Anfang, in der Mitte oder am Ende des Beitrags können Sie dem Zuhörer begegnen. Dabei wird die Werbung in einer Vielzahl von Fällen von den Moderatoren des Podcasts selbst eingesprochen und nicht wie in Videos vorangestellt abgespielt. Dabei erzählen manche Moderatoren eine Geschichte zu dem Produkt oder ihre Erfahrungen damit und verbinden dies manchmal noch mit Rabattcodes, die die Hörer bei der Bestellung des Produkts angeben können. Das Potenzial von Werbung in Podcasts hat der amerikanische Matratzenhersteller Casper erkannt. Er lässt auch in deutschen Podcasts wie »Gästeliste Geisterbahn« mit einem Rabatt von 50 € beim Kauf der Matratze werben (siehe Abbildung 10.10).

Abbildung 10.10 *Podcast der »Gästeliste Geisterbahn« mit einem Hinweis zum Matratzenhersteller Casper*

In letzter Zeit gewinnt Werbung in Podcasts zunehmend an Bedeutung. Aus diesem Grund ist es besonders wichtig, sich über die rechtlichen Aspekte von Werbung in Podcasts zu informieren. Der Gesetzgeber hat auch im Hinblick auf Podcasts ganz klare Vorstellungen dazu, unter welchen Voraussetzungen Werbung erlaubt sein soll.

Hinweis

Die Regelungen zu Werbung unterscheiden sich für den Fall von Podcasts nicht wesentlich von anderen Bereichen wie Videos oder Fotos, da stets derselbe Grundgedanke herrscht. Aus diesem Grund kann an vielen Stellen auf die Grundsätze und die Rechtsprechung aus anderen Bereichen zurückgegriffen werden.

Der Trennungsgrundsatz

Das gesetzlich verankerte Trennungsgebot besagt, dass redaktionelle und werbende Inhalte getrennt werden müssen. Dies ist in verschiedenen, nebeneinander stehenden Gesetzen wie § 5a Abs. 6 des Gesetzes gegen den unlauteren Wettbewerb, § 6 Abs. 1 Nr. 1 des Telemediengesetzes (siehe Abbildung 10.11) und § 58 Abs. 3 Rundfunkstaatsvertrag der Länder geregelt. Für den Fall des Podcasts sind jedoch nur die Regelungen des Telemediengesetzes und des Gesetzes gegen den unlauteren Wettbewerb relevant, da Podcasts in der Regel nicht in den Anwendungsbereich des Rundfunkstaatsvertrags fallen.

Gemäß § 6 Abs. 1 Nr. 1 TMG müssen kommerzielle Inhalte klar als solche zu erkennen sein. Was genau unter kommerziellen Inhalten zu verstehen ist, definiert der Gesetzgeber in § 2 Nr. 5 TMG als »jede Form der Kommunikation, die der unmittelbaren oder mittelbaren Förderung des Absatzes von Waren, Dienstleistungen oder des Erscheinungsbilds eines Unternehmens, einer sonstigen Organisation oder einer natürlichen Person dient, die eine Tätigkeit im Handel, Gewerbe oder Handwerk oder einen freien Beruf ausübt«. Diese Voraussetzungen liegen im Fall der Werbung eindeutig vor. Werbung muss deshalb klar als solche gekennzeichnet werden, damit das Publikum den eigentlichen Inhalt des Beitrags von dem werblichen Teil trennen kann. Ist dies dem Publikum nicht möglich, liegt ein Fall der unzulässigen Schleichwerbung vor.

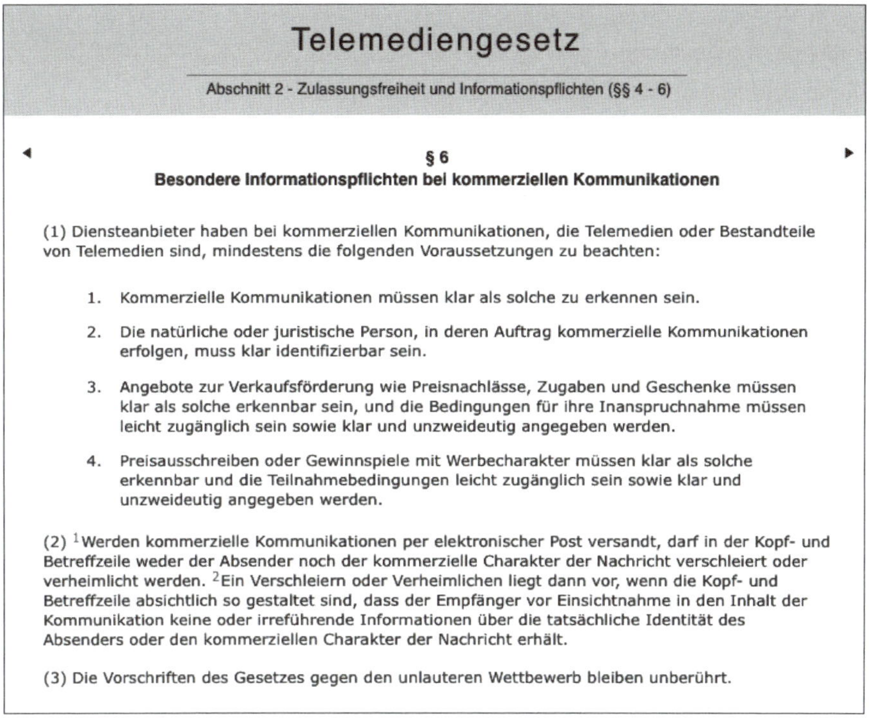

Telemediengesetz

Abschnitt 2 - Zulassungsfreiheit und Informationspflichten (§§ 4 - 6)

§ 6
Besondere Informationspflichten bei kommerziellen Kommunikationen

(1) Diensteanbieter haben bei kommerziellen Kommunikationen, die Telemedien oder Bestandteile von Telemedien sind, mindestens die folgenden Voraussetzungen zu beachten:

1. Kommerzielle Kommunikationen müssen klar als solche zu erkennen sein.
2. Die natürliche oder juristische Person, in deren Auftrag kommerzielle Kommunikationen erfolgen, muss klar identifizierbar sein.
3. Angebote zur Verkaufsförderung wie Preisnachlässe, Zugaben und Geschenke müssen klar als solche erkennbar sein, und die Bedingungen für ihre Inanspruchnahme müssen leicht zugänglich sein sowie klar und unzweideutig angegeben werden.
4. Preisausschreiben oder Gewinnspiele mit Werbecharakter müssen klar als solche erkennbar und die Teilnahmebedingungen leicht zugänglich sein sowie klar und unzweideutig angegeben werden.

(2) [1]Werden kommerzielle Kommunikationen per elektronischer Post versandt, darf in der Kopf- und Betreffzeile weder der Absender noch der kommerzielle Charakter der Nachricht verschleiert oder verheimlicht werden. [2]Ein Verschleiern oder Verheimlichen liegt dann vor, wenn die Kopf- und Betreffzeile absichtlich so gestaltet sind, dass der Empfänger vor Einsichtnahme in den Inhalt der Kommunikation keine oder irreführende Informationen über die tatsächliche Identität des Absenders oder den kommerziellen Charakter der Nachricht erhält.

(3) Die Vorschriften des Gesetzes gegen den unlauteren Wettbewerb bleiben unberührt.

Abbildung 10.11 *Die Abbildung enthält den Gesetzestext des § 6 TMG.*

Hinweis

Eine gesetzliche Definition der Begriffe »Werbung« und »Schleichwerbung« findet sich nur im Rundfunkstaatsvertrag der Länder und kann an dieser Stelle zugrunde gelegt werden, auch wenn die Regelungen des Rundfunkstaatsvertrages auf Podcasts keine Anwendung finden. Dennoch ist daran erkennbar, was der Gesetzgeber unter den Begriffen versteht.

Danach ist Werbung »jede Äußerung (im Geschäftsverkehr), die entweder gegen Entgelt oder eine ähnliche Gegenleistung oder als Eigenwerbung gesendet wird, mit dem Ziel, den Absatz von Waren oder die Erbringung von Dienstleistungen (...) gegen Entgelt zu fördern« (§ 2 Nr. 7 RStV).

Schleichwerbung ist dagegen gemäß § 2 Nr. 8 RStV »die Erwähnung oder Darstellung von Waren, Dienstleistungen, Namen, Marken oder Tätigkeiten eines Herstellers von Waren oder eines Erbringers von Dienstleistungen in Sendungen, wenn sie vom Veranstalter absichtlich zu Werbezwecken vorgesehen ist und mangels Kennzeichnung die Allgemeinheit hinsichtlich des eigentlichen Zweckes dieser Erwähnung oder Darstellung irreführen kann«.

Aus dem Trennungsgebot folgt daher, dass jegliche Form von Werbung ohne entsprechende Kennzeichnung Schleichwerbung ist, wenn der Zuschauer über die werblichen Zwecke getäuscht werden kann. Von einem Werbezweck ist nach der gesetzlichen Regelung insbesondere dann auszugehen, wenn die Erwähnung oder Darstellung gegen ein Entgelt oder eine ähnliche Gegenleistung erfolgt.

Achtung!

Das Entgelt oder die Gegenleistung sind jedoch nur ein Indiz und keinesfalls eine Voraussetzung für die Annahme von Schleichwerbung. Weitere gewichtige Indizien sind die reklamehafte Beschreibung des präsentierten Produkts, die Übernahme von Produkt- und Markenslogans oder von Bildern des Produktherstellers, Kaufempfehlungen oder die Präsentation des Produkts als zentraler Inhalt des Beitrags.

Einordnung als Werbung in Podcasts

In der Theorie mag die Abgrenzung zwischen Werbung und Schleichwerbung einfach erscheinen. In der Praxis gibt es jedoch eine fließende Grenze, aufgrund derer viele Podcaster nicht so genau wissen, was schon kennzeichnungspflichtige Werbung ist. Um Ihnen ein Gefühl dafür zu geben, möchte ich ein paar typische Fallkonstellationen vorstellen und Sie so für die entscheidenden Faktoren sensibilisieren.

Sind Sie als Podcaster unternehmerisch tätig, liegt es nahe, die *eigenen Produkte* auch über den eigenen Podcast zu bewerben. Ob diese Art der Bewerbung der eigenen Produkte zulässig ist oder nicht, hängt davon ab, wie transparent Sie damit umgehen, dass es sich um Ihre eigenen Produkte handelt. Sofern der Zuhörer klar weiß, dass Sie selbst hinter dem dargestellten Produkt stehen, ist ihm auch klar, dass die Darstellung keineswegs rein objektiv und neutral ist. Er wird kritisch mit Ihren Aussagen in Bezug auf das Produkt umgehen. Es handelt sich dann um *zulässige Eigenwerbung*, für die keine Kennzeichnung als Werbung notwendig ist.

Anders sieht die Rechtslage hingegen aus, wenn Sie Ihre Beziehung nicht offenlegen und dies für den Zuhörer auch nicht auf Anhieb erkennbar ist. Dann geht der Zuhörer nämlich davon aus, dass Sie mit einem Mindestmaß an Neutralität über das Produkt berichten. Dabei ist die ungekennzeichnete Werbung nicht nur dann unzulässig, wenn es sich um die Produkte und Dienstleistungen anderer Unternehmen handelt, sondern auch bei der werblichen Hervorhebung der Produkte, die Sie selbst hergestellt haben bzw. an deren Absatz Sie ein eigenes Interesse haben. Sobald die Zielgruppe des Beitrags nicht weiß, dass ein kommerzielles Interesse an dem Absatz des Produkts besteht, wird sie getäuscht und es liegt ein Verstoß gegen den Trennungsgrundsatz vor.

Differenziert müssen hingegen die Fälle der *Produkttestung* beurteilt werden, in denen neue Produkte, z. B. aus den Bereichen Technik und Kosmetik, auf den Markt kommen und von Podcastern getestet werden. Hier kommt es entscheidend auf die Umstände der Produkttestung an.

Ist ein Produkt Gegenstand des Warentests, das der Podcaster selbst eingekauft hat und das ihm gerade nicht von dem Hersteller bzw. der Marke zur Verfügung gestellt wurde, und preist er dessen positiven Eigenschaften freiwillig an, ist dies nicht als Werbung zu kategorisieren. Schließlich überwiegt hier seine Meinungsfreiheit. Trifft dieser Fall auf Sie zu, müssen Sie diese Beiträge grundsätzlich nicht kennzeichnen.

Anders kann dies hingegen aussehen, wenn Ihnen das Produkt kostenlos von dessen Hersteller zugeschickt wurde. Hier kommt es im Wesentlichen darauf an, ob Sie sich zu etwas verpflichten.

Nehmen wir den Fall, dass ein Unternehmen Ihnen ein neues Produkt zusendet. Es bietet Ihnen an, dieses Produkt behalten zu dürfen, wenn Sie es testen und innerhalb des Podcasts nur die positiven Aspekte des Produkts herausstellen. Dabei handelt es sich dann nicht um einen objektiven Warentest, sondern um Werbung, die auch als solche gekennzeichnet werden muss. Denn gerade bei Produkttestungen geht der Zuhörer davon aus, dass es sich um eine objektive Berichterstattung handelt. Da dies jedoch aufgrund der vertraglichen Verpflichtung zur positiven Bewertung gerade nicht der Fall ist, ist die ungekennzeichnete Sendung ein klarer Fall von Schleichwerbung. Das kann Abmahnungen sowie Unterlassungsklagen zur Folge haben.

Hat das Unternehmen Ihnen das Produkt hingegen *völlig unverbindlich* zugeschickt, ohne dass damit irgendwelche Verpflichtungen oder Gegenleistungen einhergehen – Sie entscheiden also selbst vollkommen eigenständig über das Ob und vor allem das Wie der Darstellung –,muss auch dieser Beitrag grundsätzlich nicht als Werbung gekennzeichnet werden. Auch in diesen Fällen handelt es sich grundsätzlich nur um Ihre *freie Meinungskundgabe*, wenn Sie sich zu einem Produkttest entschließen.

Zwar gilt der Grundsatz der freien Meinungskundgabe grundsätzlich unabhängig davon, ob Sie das zugeschickte Produkt auch behalten können. Allerdings stellt sich mit steigendem Wert der Produkte oder auch der Dienstleitungen die Frage, inwieweit Sie tatsächlich neutral berichten, wenn Sie von Produkten oder Dienstleistungen aus dem hohen Preissegment in erheblichem Maße profitieren. Dieser Umstand führt zu der ganz entscheidenden Frage, ob Produkttester mit steigendem Wert des zur Verfügung gestellten Produkts nicht mehr oder weniger unbewusst in ihrer »Meinungsäußerung« beeinflusst werden. Dann läge eine Beeinflussung durch die Unternehmen vor, die strenggenommen gekennzeichnet werden müsste.

Zu dieser Thematik gibt es noch keine Rechtsprechung. Ich bin jedoch der Meinung, dass die Fälle, in denen Sie Produkte oder Dienstleistungen im hohen Preissegment erhalten, auch als Werbung gekennzeichnet werden müssen, wenn vertraglich weder eine Berichterstattungspflicht noch eine Pflicht zur positiven Bewertung besteht. Zu Recht werden Sie wohl jetzt fragen, ab welchem Betrag Produkte im hohen Preissegment liegen. Meiner Ansicht nach sollte die Grenze bei einem Wert von 100 € gezogen werden: Liegt der Wert des Produkts über 100 €, sollte also eine Kennzeichnung erfolgen; liegt er darunter, ist dies nicht erforderlich.

Eine Kennzeichnungspflicht besteht hingegen in jedem Fall dann, wenn Sie ein Produkt oder eine Dienstleitung eines Unternehmens in einer positiven Art und Weise in den Fokus eines Ihrer Podcasts stellen sollen und dafür eine *Gegenleistung* erhalten. Diese Gegenleistung muss nicht in Geld, sondern kann auch in Sachmitteln oder anderen Vorteilen bestehen. Eine Gegenleistung kann auch darin bestehen, dass Sie das Werbeprodukt im Anschluss behalten dürfen. Diese Fälle stellen ganz klassische Werbung dar und sind daher immer kennzeichnungspflichtig.

Die Kennzeichnung als Werbung

Die Konsequenz aus dem Trennungsgrundsatz ist, dass Werbung gekennzeichnet werden muss, damit sie für das Publikum erkennbar ist. Ebenso wichtig wie das »Ob« ist auch das »Wie« der Kennzeichnung. Denn Kennzeichnung ist nicht gleich Kennzeichnung! Vielmehr haben der Gesetzgeber und darauf basierend die Rechtsprechung ganz konkrete Vorstellungen davon, an welcher Stelle und mit welchen Begriffen Sie Werbung als solche zu kennzeichnen haben. Spezielle Rechtsprechung für den Fall von Podcasts gibt es bisher nicht, jedoch aus anderen Bereichen, die durchaus übertragbar sind.

Danach empfehlen die Landesmedienanstalten in ihrer Infobroschüre »FAQs – Antworten auf Werbefragen in sozialen Medien« (*http://wbs.is/room106*) die Verwendung deutschsprachiger Hinweise wie »Anzeige« oder »Werbung«. Da es auch die Medienanstalten sind, die die Beiträge auf Rechtsverstöße kontrollieren oder Hinweisen nachgehen, sollten Sie deren Empfehlungen ernst nehmen!

Verzichten sollten Sie dagegen auf englischsprachige Kennzeichnungen wie »Advertisement«, »Ad«, »sponsored« oder »sponsored by« sowie »promotion«. Auch wenn diese Begriffe im englischsprachigen Raum üblich und auch richtig sind, tritt der Werbecharakter bei der Verwendung englischer Wörter nicht so sehr in den Vordergrund wie bei deutschen Begriffen. Dies liegt zum Teil auch daran, dass das Publikum der englischen Sprache teils gar nicht oder nur unzureichend mächtig ist und daher gar nicht weiß, was sich hinter diesen Begriffen verbirgt. Genau diese Unwissenheit ist jedoch der Grund, warum englischsprachige Kennzeichen auch in der deutschen Rechtsprechung keine Anerkennung finden.

Praxisbeispiel

Dies zeigt sich insbesondere mit Blick auf die Entscheidung des Bundesgerichtshofs in dem sogenannten »GOOD NEWS II«-Verfahren (Urteil vom 06.02.2014, Az. I ZR 2/11). In diesem entschied das Gericht, dass die im streitgegenständlichen Fall verwendete Bezeichnung »sponsored by« den gesetzlichen Anforderungen nicht gerecht wird.

Diese Entscheidung basierte einerseits auf dem Baden-Württembergischen Landespressegesetz, das ausdrücklich die Bezeichnung als »Anzeige« verlangte. Aber auch das Landgericht München I (Urteil vom 31.07.2015, Az. 4

HK O 21172/14) hat entschieden, dass der englischsprachige Hinweis »sponsored« zur Kennzeichnung kommerzieller Inhalte auch aus wettbewerbsrechtlicher Sicht unzureichend sei. Da der Hinweis nicht in deutscher Sprache erfolgte, könnten ihn manche Leser schlicht nicht verstehen. Außerdem könne der Zusatz nicht zwingend so verstanden werden, dass es sich um eine Anzeige handle.

In Podcasts sollten Sie daher vor der Werbeeinheit klar darauf hinweisen, dass der folgende Teil Werbung darstellt. Er sollte natürlich nicht mit dem restlichen Inhalt vermischt werden. Erscheint mehrfach Werbung, muss auch der Hinweis mehrfach erfolgen – jeweils immer vor dem werblichen Inhalt.

Technisch einfach gestalten lässt sich die Kennzeichnung beispielsweise wie im Radio mit einem Werbe-Jingle, den Sie dann immer wieder verwenden. Dies erzeugt Aufmerksamkeit und hat einen Wiedererkennungswert. Sie können den Werbeteil aber auch mit eigenen Worten wie »Achtung, jetzt kommt Werbung!« oder »Es folgt nun Reklame!« kennzeichnen. Der Begriff »Anzeige«, der vielfach vorgeschlagen wird, passt nicht in den Audiobereich.

10.5 Rundfunklizenzen für Live-Podcasts

Vielleicht wundern Sie sich, warum die Rundfunklizenz an dieser Stelle angesprochen wird. Die Rundfunklizenz wird für Podcaster dann zum Thema, wenn sie ihre Podcasts als Live-Stream ins Internet übertragen. Dadurch könnten Sie sogar genauso viele Zuschauer wie reguläre TV-Programme erreichen. In diesen Fällen sieht das Rundfunkrecht unter Umständen eine Sendelizenz vor. Diese ist nach den Vorgaben des Rundfunkstaatsvertrags der Bundesländer unter bestimmten Bedingungen für Rundfunkkanäle erforderlich.

Einstufung als Rundfunk

Dazu muss es sich bei Ihrer Live-Sendung um Rundfunk handeln. Darunter versteht man einen linearen Informations- und Kommunikationsdienst, der sich an die Allgemeinheit richtet. Er verbreitet ausgewählte Angebote, die Nutzer weder zeitlich noch inhaltlich beeinflussen können, entlang eines Sendeplans in Wort, Ton und Bild unter Benutzung elektromagnetischer Schwingungen. Dabei zeichnen sich Rundfunkprogramme durch eine nach einem Sendeplan zeitlich geordnete Folge von Inhalten aus.

Hinweis

Vom zulassungspflichtigen Rundfunk abzugrenzen sind audiovisuelle, elektronisch verbreitete Angebote, insbesondere aus dem Online-Bereich, die auch als *Telemedien* bezeichnet werden. Die Verbreitung von Telemedien-Angeboten ist zulassungs- und anmeldefrei. Hierzu gehören vor allem die Podcasts, die online von Servern heruntergeladen werden können, aber nicht live verbreitet werden.

Bei Live-Streams im Internet ist die Abgrenzung zwischen Rundfunk und nicht zulassungspflichtigen Telemedien nicht immer leicht. Grundsätzlich gilt, dass jedes Internetangebot einzeln geprüft werden muss. Hier empfiehlt es sich, zur genauen Prüfung einen auf das Rundfunkrecht spezialisierten Anwalt zu beauftragen. Dieser kann dann auch die bürokratischen Hürden für Sie nehmen, wenn Sie tatsächlich eine Sendelizenz benötigen.

Praxisbeispiel

Die *Kommission für Zulassung und Aufsicht* (ZAK) prüft, ob der Podcast »Die Kanzlerin direkt« und das Format »Live aus dem Kanzleramt« als Rundfunk eingestuft werden müssen oder unter die zulassungsfreie Öffentlichkeitsarbeit fallen. Maßgeblich ist dabei, ob diese Angebote sich an einem Sendeplan orientieren und redaktionell gestaltet sind. Sollte die Kommission zu dem Ergebnis kommen, dass es sich um ein lizenzpflichtiges Angebot handelt und sollte dies von einem gegebenenfalls angerufenen Gericht bestätigt werden, müssten die Angebote eingestellt werden, da die Bundesregierung keinen Rundfunksender betreiben darf. Der Grund dafür ist, dass der Rundfunk in Deutschland staatsfern organisiert wird.

Voraussetzungen einer Sendelizenz

Ob Sie nun für Ihren Live-Podcast eine Sendelizenz benötigen oder nicht, muss im konkreten Einzelfall von Rundfunkrechtexperten beurteilt werden. Für Ihre eigene Selbsteinschätzung dienen jedoch schon einmal folgende Fragen:

- **Verbreiten Sie Ihr Angebot live (linear)?** Linear ist ein Angebot immer dann, wenn die Nutzer den Start oder das Ende des Programms nicht selbst bestimmen können.
- **Richtet sich Ihr Angebot an mindestens 500 potenzielle Nutzer gleichzeitig?** Hier kommt es nicht darauf an, wie viele Personen am Ende tatsächlich das Angebot konsumieren. Wichtig ist, ob theoretisch diese Personenzahl erreicht werden kann, da der Server mindestens 500 Zugriffe gleichzeitig erlauben muss.
- **Sind die Inhalte in ihrer Ausstrahlung zeitlich vorhersehbar?** Je regelmäßiger ein Angebot ausgestrahlt werden soll, desto eher wird es als erlaubnispflichtiger Rundfunk zu qualifizieren sein. Dies ist stets der Fall, wenn es einen umfangreichen Sendeplan dafür gibt oder die Sendung ohne nennenswerte Unterbrechungen läuft. Ein lediglich sporadischer, unregelmäßiger und/oder anlassbezogener Live-Podcast auf Ihrer Website ist hingegen kein Rundfunk.
- **Ist Ihr Angebot journalistisch-redaktionell gestaltet?** Dieses Kriterium ist eindeutig erfüllt, wenn das Angebot tatsächlich von einem Journalisten aufbereitet wurde oder von einem Presseunternehmen stammt.
- **Ist Ihr Angebot umfangreich und ausdifferenziert gestaltet?** Je geplanter, umfangreicher und ausdifferenzierter Ihr Live-Podcast ist, desto eher fällt er unter den Rundfunkbegriff. Davon ist beispielsweise auszugehen, wenn Sie verschiedene Sendungen oder Sendungsbestandteile bereithalten.

Wenn Sie alle Fragen mit einem »Ja« beantworten, ist Ihre Art der Sendung sehr wahrscheinlich als Rundfunk einzustufen und benötigt eine Sendelizenz. Beantragen Sie diese jedoch nicht und stellt die zuständige Landesmedienanstalt offiziell fest, dass Ihr Angebot als Rundfunk zu qualifizieren ist, wird sie Sie vor die Wahl stellen: Entweder Sie stellen innerhalb von sechs Monaten einen Zulassungsantrag auf eine Sendelizenz oder Sie passen Ihr Angebot innerhalb von drei Monaten dergestalt an, dass es keiner Zulassung mehr bedarf.

Praxisbeispiele

Eine Rundfunklizenz haben bereits Streaming-Angebote wie »Isarrunde« und »Spreerunde« der NOEO GmbH. Dabei handelt es sich um Gesprächsrunden aus Berliner und Münchner Medienschaffenden, in denen die Auswirkungen digitaler Medien auf das tägliche Leben diskutiert werden.

Beantragung einer Rundfunklizenz

Entscheiden Sie sich dafür, eine Zulassung zu beantragen, müssen Sie einige juristische Hürden nehmen. Zunächst sollten Sie den schriftlichen Antrag bei der Landesmedienanstalt stellen, in deren Gebiet Sie Ihren Geschäftssitz haben. In dem Antrag müssen Sie beschreiben, was für ein Programm Sie planen. Zusätzlich müssen Sie bestimmte Unterlagen beibringen und einige formale Erklärungen einreichen, damit das Zulassungsverfahren beginnen kann. Dabei gibt es auch einige persönliche Voraussetzungen, die Sie als Anmelder erfüllen müssen. Dazu gehören unter anderem Ihre unbeschränkte Geschäftsfähigkeit, ein Sitz innerhalb der EU oder einem anderen Vertragsstaat des Abkommens über den Europäischen Wirtschaftsraum oder die Vorlage eines Führungszeugnisses. Auch müssen Sie Gewähr dafür bieten, dass Sie den Rundfunk unter Beachtung der gesetzlichen Vorschriften veranstalten. Ebenso müssen Sie die auf dieser Grundlage erlassenen Verwaltungsakte wie allgemeine Programmgrundsätze, Werbe- und Sponsoring-Regelungen, Vorschriften über den Schutz der Menschenwürde und der Jugend sowie Gewinnspielregelungen einhalten.

In sachlicher Hinsicht müssen Sie einen Jugendschutzbeauftragten festlegen und vorweisen, dass Sie das Programm wirtschaftlich stemmen können. Dazu müssen Sie auch angeben, mit wie viel Personal Sie es betreiben möchten.

Wenn der Antrag eingegangen ist, prüft die Zentrale der Landesmedienanstalt, ob die Genehmigungsvoraussetzungen erfüllt sind. Dann wird der Antrag an die Kommission für Zulassung und Aufsicht weitergegeben. Zudem wird er der *Kommission zur Ermittlung der Konzentration im Medienbereich* (KEK) zugeleitet, die prüft, ob die Meinungsvielfalt gesichert ist. Anschließend geht der Antrag wieder zurück an die Kommission für Zulassung und Aufsicht und abschließend wieder in die Landesmedienanstalt, die über die Zulassung entscheidet.

Das ganze Zulassungsverfahren dauert maximal drei Monate und ist mit Kosten verbunden, die laut des festgelegten Gebührenrahmens einmalig zwischen 1.000 und 10.000 € liegen. Die konkreten Gebühren richten sich nach dem Verwaltungsaufwand und dem wirtschaftlichen Wert der Firma im Einzelfall.

Erhalten Sie eine positive Entscheidung, gilt diese als bundesweite Zulassung. Die Dauer der Zulassung ist in jedem Bundesland anders geregelt und beträgt beispielsweise in Nordrhein-Westfalen mindestens vier und höchstens zehn Jahre.

Achtung!

Sollten Sie fälschlicherweise zu dem Ergebnis kommen, dass Sie keine Sendelizenz benötigen, kann es passieren, dass Dritte eine Beschwerde bei der Landesmedienanstalt einreichen und diese dann ein förmliches Verfahren gegen Sie bzw. Ihr Unternehmen einleitet.

10.6 Die Impressumspflicht

Wenn Sie Ihre Podcasts auf Ihrer Website bereithalten, trifft Sie die aus § 5 Abs. 1 TMG resultierende Impressumspflicht, auch *Anbieterkennzeichnung* genannt. Diese Anbieterkennzeichnung ist eine rechtliche Pflicht, die grundsätzlich alle zu nicht ausschließlich persönlichen oder familiären Zwecken dienenden Online-Angebote betrifft. Handelt es sich bei Ihrem Podcast zudem um journalistisch-redaktionelle Angebote mit einer Presseähnlichkeit aufgrund des Ziels der Leistung eines Beitrags zur öffentlichen Meinungsbildung und Information, müssen Sie zudem die Impressumspflicht nach § 55 Abs. 2 RStV erfüllen. Ob Ihre Podcasts tatsächlich unter diesen sehr weit gefassten Begriff fallen, muss im konkreten Einzelfall entschieden werden.

Hinweis

Wenn Sie sich nicht sicher sind, was alles in Ihr Impressum gehört, können Sie sich auch des Rechtstexters bedienen, den die Rechtsanwaltskanzlei Wilde Beuger Solmecke in Kooperation mit Trusted Shops entwickelt und auf der Webseite *http://wbs.is/romrechtstexter* online gestellt hat.

Inhalt des Impressums

Trifft den Podcaster nun eine Impressumspflicht, stellt sich in der Folge die Frage, welche Bestandteile das Impressum mindestens enthalten muss. Ist der Podcaster zur Anbieterkennzeichnung nach § 5 Abs. 1 TMG verpflichtet, muss er die folgenden Informationen bereithalten:

- Name
- Anschrift
- E-Mail-Adresse
- Telefonnummer
- Angabe der Umsatzsteueridentifikationsnummer

> **Achtung!**
>
> Wenn Sie unter einem Pseudonym auftreten, dürfen Sie dieses nicht einfach auch in das Impressum eintragen, um Ihren Klarnamen nicht offenlegen zu müssen. Ein Impressum muss eine ladungsfähige Adresse enthalten, die bei einem Pseudonym gerade nicht gegeben ist: Unter Ihrer Adresse sind Sie mit Ihrem Klarnamen und nicht unter Ihrem Pseudonym gemeldet. Sofern Sie Ihren Klarnamen auch im Impressum nicht nennen möchten, sollten Sie einen Impressums- und Pseudonymservice nutzen.

Podcaster, die journalistisch-redaktionell gestaltete Inhalte bereithalten, trifft die Pflicht, einen Verantwortlichen mit Angabe von

- Name und
- Anschrift

zu benennen (siehe Abbildung 10.12).

> **Hinweis**
>
> Je nach Art und Weise der Gestaltung des Podcasts können Sie sowohl zur Einhaltung der Angaben nach dem Telemediengesetz als auch nach dem Rundfunkstaatsvertrag verpflichtet sein. Wer sich nicht sicher ist, ob ihn neben der »normalen« auch die Impressumspflicht für journalistisch-redaktionell gestaltete Webseiten trifft, der ergänzt einfach sein Impressum um die Angabe eines Verantwortlichen (siehe Abbildung 10.12). Ein Verstoß

gegen die Impressumspflicht kann als Ordnungswidrigkeit mit einer Geldbuße von bis zu 50.000 € geahndet werden und Abmahnungen von Konkurrenten zur Folge haben.

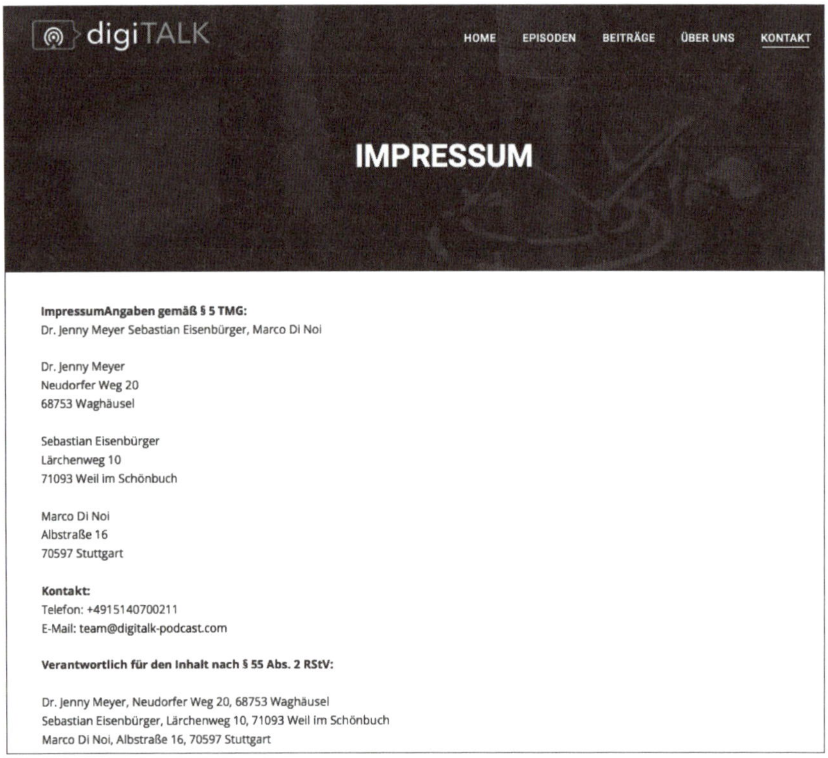

Abbildung 10.12 *Beispiel für ein rechtskonformes Impressum eines Podcasts*

Platzierung des Impressums

Der Gesetzgeber hat auch klare Vorstellungen von der genauen Platzierung und Erreichbarkeit des Impressums. Verlangt wird, dass die Anbieterkennzeichnung ohne wesentliche Zwischenschritte abgerufen werden kann. Sorgen Sie deshalb dafür, dass die Informationen zu der Person, die den Podcast betreibt, für den Nutzer leicht erkennbar, unmittelbar erreichbar und ständig verfügbar gehalten werden.

Doch was so einfach klingt, ist in der praktischen Umsetzung häufig nicht ganz leicht. Gerade innerhalb von Plattformen stellt sich aufgrund der beschränkten gestalterischen Möglichkeiten regelmäßig die Frage, wo das Impressum rechtssicher platziert werden kann. Aufgrund dieser Problematik gilt grundsätzlich, dass das Impressum nicht vollständig auf dem eigenen Profil auf der Plattform abrufbar sein muss, sondern dass die Informationen ohne wesentliche Zwischenschritte abgerufen werden können müssen. Der Bundesgerichtshof (Urteil vom 20.7.2006, Az. I ZR 228/03) geht davon aus, dass die gesetzlichen Voraussetzungen erfüllt sind, wenn das Impressum über zwei Klicks erreicht werden kann. Das ist die sogenannte Zwei-Klick-Lösung.

Praxistipp

Die Umsetzung kann auf verschiedene Arten erfolgen:

- Es kann ein sprechender Link wie *www.musterseite.de/impressum* verwendet werden.
- Weiterhin gibt es die Möglichkeit, vor den Link einen aufklärenden Zusatz wie »Impressum: *www.musterseite.de*« zu setzen.
- Der Link kann auf das Wort »Impressum« gelegt werden.

Der Vorteil an einem Link zur Homepage besteht grundsätzlich darin, dass Sie Änderungen oder Aktualisierungen im Impressum nur auf Ihrer Webseite und nicht zusätzlich auf jeder einzelnen Plattform, die Sie nutzen, vornehmen müssen.

Je nachdem, was für eine Plattform Sie für Ihren Podcast verwenden, haben Sie verschiedene Möglichkeiten, Ihr Impressum zu platzieren. Welche dies sind, hängt primär von den Einstellungen der einzelnen Plattformen ab. Wer beispielsweise den Anbieter *SoundCloud* nutzt, kann sein Impressum in der Spalte mit den Informationen zum Profil (siehe Abbildung 10.13) hinterlegen.

Achtung!

Wer in seinem Profil nicht die gesamte Anbieterkennzeichnung vornimmt, sondern stattdessen auf seine Homepage mit einem ausführlichen Impressum weiterleiten möchte, sollte sicherstellen, dass der von ihm gesetzte Link auch anklickbar ist.

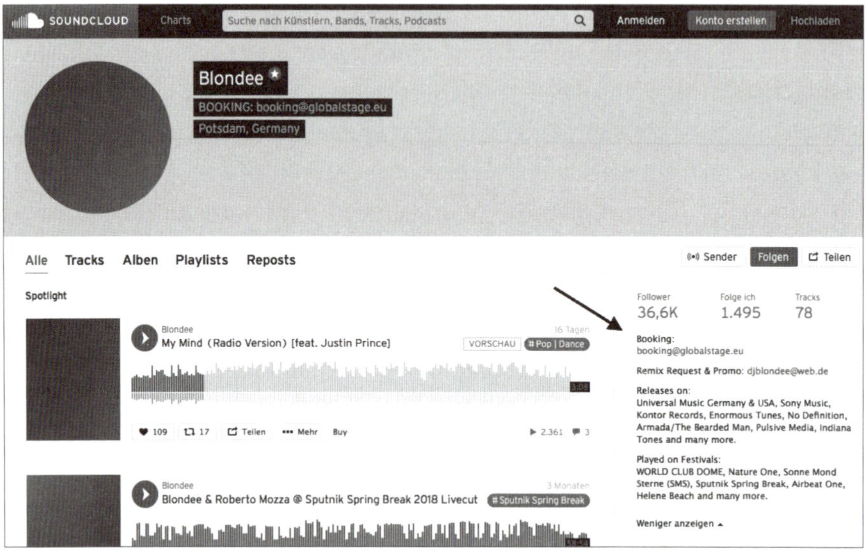

Abbildung 10.13 *Der Pfeil in der Abbildung zeigt auf den Ort, an dem auch die Informationen zur Anbieterkennzeichnung untergebracht werden können.*

10.7 Gewinnspiele in Podcasts

Die Durchführung von Gewinnspielen ist auch in Podcasts eine sehr lukrative Art der Eigenwerbung. Diese ist jedoch mit rechtlichen Vorgaben verbunden. Welche dies sind und wie demnach ein Gewinnspiel rechtssicher gestaltet werden kann, können Sie dem folgenden Abschnitt entnehmen.

Rechtliche Vorgaben

Zunächst einmal stellt sich die Frage, wann überhaupt ein Gewinnspiel vorliegt: Ein Gewinnspiel liegt vor, wenn ohne Leistung eines Einsatzes zur Teilnahme an einem Spiel aufgefordert wird. Der Gewinner wird dabei durch irgendein Zufallselement wie die Ziehung eines Loses bestimmt.

Bei der Veranstaltung eines Gewinnspiels ist es wichtig, die Teilnahmebedingungen klar und eindeutig anzugeben (siehe Abbildung 10.14). Diese müssen zudem leicht einsehbar und ständig verfügbar sein. Es bietet sich dazu an, diese schriftlich festzuhalten und beispielweise auf Ihrer Website bereitzuhalten. Ein bloßer Verweis auf eine andere Quelle reicht in der Regel nicht aus. Im Detail muss das Gewinnspiel dabei folgende Informationen umfassen:

- genaue Angabe des Beginns und der Dauer des Gewinnspiels
- Teilnahmeberechtigungen, z. B. Altersbeschränkung
- Teilnahmebedingungen
- Gewinnspielverfahren
- genaue Angabe der möglichen Gewinngegenstände
- Angaben zur Auslosung
- Termin für die Verkündung des Gewinners
- Ausschluss des Rechtsweges
- Hinweise zum Datenschutz

Abbildung 10.14 *Teilnahmebedingungen für das Gewinnspiel von »Der Panzerknacker Podcast«*

Datenschutz beachten!

Die persönlichen Daten der Teilnehmer müssen selbstverständlich ausreichend geschützt sein. Es muss sichergestellt werden, dass diese ausschließlich zum Zwecke des Gewinnspiels und nicht zu Marketingzwecken genutzt werden. Alles andere bedarf einer ausdrücklichen Einwilligung des Teilnehmers. Sie müssen jedoch beachten, dass Sie auch mit einer Einwilligung nicht mehr Daten erheben dürfen, als für das Spiel zwingend notwendig ist.

Das Koppelungsverbot

Das Lauterkeitsrecht und das Datenschutzrecht sehen bei der Veranstaltung von Gewinnspielen ein paar Verhaltensregeln vor, die die Verbindung für Sie vorteilhafter Aktionen mit der Teilnahme am Gewinnspiel betreffen.

Auch wenn Sie mit dem Gewinnspiel bestimmte Zwecke wie das Abonnieren Ihres Newsletters oder Ihres Podcast-Kanals auf SoundCloud oder iTunes im Fokus haben, dürfen Sie diese beiden Aspekte nicht immer miteinander koppeln. Die Teilnehmer des Gewinnspiels dürfen nicht durch irgendeine Art psychologischen Zwang dazu verleitet werden, die für Sie förderliche Handlung vorzunehmen. Dies ist das sogenannte *Koppelungsverbot*. Im Folgenden möchte ich auf die ein oder andere solche Koppelung eingehen und sie auf ihre Zulässigkeit hin überprüfen.

Koppelung mit dem Absatz der Ware oder Dienstleistung

Unter Podcastern gibt es auch solche, die Waren und Dienstleistungen vertreiben. Für diese ist die Idee, den Zuhörer des Podcasts zum Kauf der eigenen Produkte zu animieren, indem er dafür mit der Teilnahme an einem besonders attraktiven Gewinnspiel belohnt wird, besonders naheliegend. Muss der Teilnehmer zuerst die Ware kaufen und nimmt erst dann am Gewinnspiel teil, handelt es sich um einen sogenannten *versteckten Einsatz*. Die Zulässigkeit genau dieses versteckten Einsatzes beschäftigte vor ein paar Jahren sowohl die Richter des Bundesgerichtshofs als auch die des Europäischen Gerichtshofs. Diese Koppelung verstieß gegen den bis zur Reform des Wettbewerbsrechts geltenden § 4 Nr. 6 UWG a.F., wonach die Teilnahme an einem Gewinnspiel nicht vom Kauf einer Ware abhängig gemacht werden durfte, da diese unlautere Handlung andernfalls einen Verstoß gegen das *Koppelungsverbot* darstellte. Der EuGH (Urteil vom 14.1.2010, Az. C 304/08) entschied jedoch, dass eine Koppelung nicht per se untersagt werden darf. Es bedürfe vielmehr einer Einzelfallentscheidung, bei der untersucht werden müsse, ob im konkreten Fall eine unlautere Geschäftspraxis vorliegt. Dies sei jedenfalls dann der Fall, wenn die Werbung im Einzelfall als irreführende Geschäftspraxis gewertet werden könne oder als Verstoß gegen die berufliche Sorgfalt oder die sogenannten *schwarzen Klauseln* einzuordnen sei. Danach darf das Gewinnspiel durch die Koppelung an den Warenerwerb nicht die Spiellust des Teilnehmers anstacheln oder ausnutzen. Dies ist beispielsweise der Fall, wenn der Gewinnspielteilnehmer immer weiter wirtschaftlich unsinnige Kaufentscheidungen trifft, nur um weiter am Gewinnspiel teilnehmen zu können. Dadurch wird er von einer Abwägung der Güte und Preiswürdigkeit der angebotenen Ware durch die Hoffnung auf leichten Gewinn abgelenkt.

In der Folge wurde das Gesetz gegen den unlauteren Wettbewerb reformiert und der zuvor umstrittene § 4 Nr. 6 UWG a.F. gestrichen. Auch eine ähnliche Regelung findet sich heute nicht mehr im Gesetz. Damit gibt es kein grundsätzliches Verbot der Koppelung von Gewinnspiel und Waren- bzw. Dienstleistungsabsatz mehr.

Koppelung mit Newsletter- oder Kanal-Abonnement

Daneben ist es auch unter bestimmten Bedingungen zulässig, die Teilnahme am Gewinnspiel an die Erteilung der Zustimmung zum Abonnement eines E-Mail-Newsletters oder des Podcast-Kanals (siehe Abbildung 10.15) zu koppeln.

Abbildung 10.15 *Beispiel für die Teilnahme an einem Gewinnspiel, das an das Abonnement des Podcasts auf iTunes gebunden ist.*

Weder im Lauterkeitsrecht noch im Datenschutzrecht besteht ein generelles Verbot der Koppelung von Newsletter und Gewinnspiel. Grundvoraussetzung für eine wirksame Koppelung ist zunächst die Transparenz: Sie müssen ausdrücklich und klar kommunizieren, dass nur derjenige am Gewinnspiel teilnimmt, der auch den Newsletter oder den Podcast-Kanal abonniert.

Achtung!

Es ist nicht zulässig, den Teilnehmer erst das Teilnahmeformular ausfüllen zu lassen und erst ganz zum Schluss die Koppelung zu kommunizieren. Schließlich muss die Einwilligung freiwillig und aktiv geschehen sowie separat von anderen Erklärungen erfolgen und protokolliert werden.

Die Voraussetzung der Freiwilligkeit ist auch im Hinblick auf die neuen Regelungen der Datenschutz-Grundverordnung von besonderer Bedeutung. Der Gesetzgeber hat zwar in Art. 7 Abs. 4 DSGVO eine scheinbar lockere Koppelungsregelung normiert. In Erwägungsgrund 43 zur Datenschutz-Grundverordnung wird jedoch klar dargelegt, dass eine Freiwilligkeit der Einwilligung in Anbetracht aller Umstände im Einzelfall möglicherweise dann nicht gegeben ist, wenn »zwischen der betroffenen Person und dem Verantwortlichen ein klares Ungleichgewicht besteht« und wenn »zu verschiedenen Verarbeitungsvorgängen von personenbezogenen Daten nicht gesondert eine Einwilligung erteilt werden kann, obwohl dies im Einzelfall angebracht ist, oder wenn die Erfüllung eines Vertrags, einschließlich der Erbringung einer Dienstleistung, von der Einwilligung abhängig ist, obwohl diese Einwilligung für die Erfüllung nicht erforderlich ist«.

Ob und gegebenenfalls wann ein solches Ungleichgewicht in Fällen von Gewinnspielen vorliegt, muss im Einzelfall beurteilt werden, weshalb hier eine einschlägige Rechtsprechung abzuwarten ist.

Hinweis

Veranstalten Sie das Gewinnspiel in einem Podcast, das Sie auf einer Plattform wie iTunes oder SoundCloud veröffentlichen, müssen Sie zuvor kontrollieren, ob die Plattform selbst auch Regeln zur Veranstaltung eines Gewinnspiels vorsieht und diese dann gegebenenfalls auch einhalten.

10.8 Die Datenschutzerklärung

Ein weiterer wichtiger Aspekt, um den Podcaster mit einer eigenen Website nicht herum kommen, ist die Datenschutzerklärung. Dies gilt insbesondere dann, wenn Sie auf Ihrer Podcast-Website Webanalyse-Instrumente nutzen, einen E-Mail-Newsletter integriert haben oder Gewinnspiele veranstalten. In all diesen Konstellationen werden personenbezogene Daten der Nutzer erhoben, verarbeitet und gespeichert. Mit der Datenschutzerklärung können Sie Personen, die von Datenverarbeitungsprozessen auf Ihrer Website betroffen sind, darüber aufklären, in welchem Umfang und zu welchen Zwecken Sie deren personenbezogenen Daten verwenden. Das ist deshalb wichtig, weil viele dieser Daten Rückschlüsse auf die Person vor dem Bildschirm ermöglichen, was zu einem Interessenkonflikt führt.

Datenschutzerklärungen sollen die Datenerhebung für den Betroffenen transparent machen und ihm so die Möglichkeit geben, autonom über die Verarbeitung seiner Daten zu entscheiden. Gleichzeitig ist die Datenschutzerklärung ein Instrument für Sie, um Ihren gesetzlichen Informationspflichten nachzukommen, indem Sie dort den Betroffenen z. B. über seine Rechte informieren können.

Was Sie nun als Podcaster beachten müssen, wer überhaupt eine Datenschutzerklärung benötigt und was diese – insbesondere nach Inkrafttreten der Datenschutz-Grundverordnung – enthalten muss, wird im Folgenden erläutert.

Achtung!

Bitte beachten Sie, dass die Datenschutzerklärung über die bloße Information hinaus keine rechtliche Wirkung entfaltet. Eine Datenschutzerklärung kann nicht als Rechtsgrundlage für eine Datenerhebung herangezogen werden. Eine Datenverarbeitung ist nur mit Einwilligung des Betroffenen oder in den übrigen gesetzlich geregelten Fällen zulässig. Sofern Sie eine Einwilligung einholen möchten, muss dies separat erfolgen. Die Datenschutzerklärung kann lediglich über die Umstände dieser Datennutzung aufklären, aber keine Einwilligung ersetzen!

Erforderlichkeit der Datenschutzerklärung

Eine Datenschutzerklärung ist grundsätzlich immer dann erforderlich, wenn Ihre Website personenbezogene Daten der Besucher erhebt. Allerdings haben nicht alle Daten einen Personenbezug. Dieser ist gemäß Art. 4 Nr. 1 DSGVO vielmehr dann gegeben, wenn es sich um Informationen handelt, die sich auf eine identifizierte oder identifizierbare natürliche Person beziehen. Eine Person wird als identifizierbar angesehen, wenn sie »direkt oder indirekt, insbesondere mittels Zuordnung zu einer Kennung wie einem Namen, zu einer Kennnummer, zu Standortdaten, zu einer Online-Kennung oder zu einem oder mehreren besonderen Merkmalen identifiziert werden kann, die Ausdruck der physischen, physiologischen, genetischen, psychischen, wirtschaftlichen, kulturellen oder sozialen Identität dieser natürlichen Person sind«.

Nur dann, wenn lediglich anonyme, systembezogene oder statistische Daten ohne Personenbezug verarbeitet werden (z. B. der Browsertyp, das verwendete Betriebssystem oder die Uhrzeit der Serveranfrage), bedarf es keiner Datenschutzerklärung. Anders sieht dies hingegen aus, wenn Sie z. B. Webanalyse-Instrumente wie Google Analytics verwenden, mit denen Sie das Nutzerverhalten analysieren können. In diesem Fall müssen Sie dies in Ihrer Datenschutzerklärung angeben, wenn diese Statistiken nicht anonym sind bzw. Aufschluss darüber geben können, dass eine bestimmte Person auf den Server zugegriffen hat.

Zur Durchführung eines Gewinnspiels müssen Sie beispielsweise Daten wie Name, Adresse, Geburtsdatum oder E-Mail-Adresse Ihrer Zuhörer erheben. Auch darüber muss der Kunde aufgeklärt werden, und er muss damit einverstanden sein. Das bedeutet letztlich, dass grundsätzlich jeder Betreiber einer Website eine Datenschutzerklärung bereithalten muss – auch der Podcaster (siehe Abbildung 10.16).

Hinweis

Der Inhalt der Datenschutzerklärung kann sich je nach Art der angebotenen Dienste und der auf der Website aktiven Analyse-Tools stark unterscheiden. Daher reichen pauschale Platzhaltertexte in den meisten Fällen nicht aus.

Abbildung 10.16 *Die Datenschutzerklärung von »Der Panzerknacker Podcast«*

Welchen Inhalt muss eine Datenschutzerklärung haben?

Eine Datenschutzerklärung muss Antworten auf Fragen geben können, die Betroffene sich berechtigterweise im Zusammenhang mit der Verarbeitung ihrer personenbezogenen Daten stellen könnten:

- Welche personenbezogenen Daten werden erhoben?
- Was passiert mit den erhobenen Daten?
- Warum werden überhaupt Daten erhoben?
- Werden die erhobenen Daten an Dritte weitergegeben?
- Findet ein grenzüberschreitender Datenverkehr statt?
- Welche Maßnahmen werden ergriffen, um die Sicherheit der Daten zu gewährleisten?

Diese und zahlreiche weitere Fragen muss Ihre Datenschutzerklärung beantworten. Welche Informationen der Gesetzgeber dabei zwingend vorsieht und was sich dahinter genau verbirgt, möchte ich Ihnen in diesem Abschnitt erläutern.

Überblick: Inhalt der Datenschutzerklärung

In Art. 13 DSGVO findet sich eine Liste der Informationen, die nach der neuen Verordnung in einer Datenschutzerklärung stehen müssen und an der Sie sich orientieren können. Demnach sind folgende Informationen zwingend:

- Name und Kontaktdaten des Verantwortlichen (gegebenenfalls auch Vertreter)
- Zweck und Rechtsgrundlage der Verarbeitung
- falls Art. 6 Abs. 1 lit. f DSGVO die Rechtsgrundlage der Datenverarbeitung ist: Angabe der berechtigten Interessen des Verantwortlichen oder Dritten
- Aufklärung über Rechte des Betroffenen: Auskunft, Berichtigung, Löschung, Einschränkung, Widerspruch, Datenübertragung
- Hinweis auf Beschwerderecht bei einer Aufsichtsbehörde
- Speicherdauer der Daten
- falls eine Einwilligung Rechtsgrundlage der Datenverarbeitung ist: Hinweis auf die Möglichkeit des jederzeitigen Widerrufs
- sofern vorhanden: Kontaktdaten des Datenschutzbeauftragten
- bei gesetzlicher oder vertraglicher Pflicht zur Datenerhebung: Aufklärung des Betroffenen über diese Pflicht und die möglichen Folgen einer Nichtbereitstellung
- beim Einsatz automatisierter Entscheidungsfindungen, einschließlich Profiling: Aufklärung hierüber, insbesondere über die zugrunde liegende Logik, die Tragweite und die angestrebten Auswirkungen für den Betroffenen
- bei einer Weitergabe an Dritte: Angabe der Empfänger bzw. der Kategorie von Empfängern
- Angabe der Absicht zur Datenübermittlung in ein Drittland und Angabe des von der Kommission festgelegten Datenschutzniveaus des Drittlandes
- im Falle von Übermittlungen nach Art. 46, 47 oder 49 DSGVO: Verweis auf die geeigneten oder angemessenen Garantien, die verbindlichen internen Datenschutzvorschriften und das Vorliegen der jeweiligen Voraussetzungen sowie auf die Möglichkeit und die Modalitäten des Erhalts einer Kopie

Sie müssen die Informationen für den Besucher der Website jederzeit verfügbar halten. Dabei kann die Unterrichtung zentral in einer Datenschutzerklärung erfolgen, die von jeder Seite aus erreichbar ist. Auf Websites findet sich die Datenschutzerklärung meist am Fuß der Seite in der Nähe des Impressums oder der Allgemeinen Geschäftsbedingungen. Der entsprechende Link sollte dann mit den Begriffen *Datenschutz*, *Datenschutzerklärung* oder *Datenschutzinformationen* bezeichnet werden. Eine Platzierung in den Allgemeinen Geschäftsbedingungen ist beispielsweise nicht zulässig. In der Praxis hat es sich etabliert, den Link auf die Datenschutzerklärung neben dem Link auf das Impressum zu platzieren. Mittlerweile erwartet der durchschnittliche Internetnutzer in der Fußzeile der Website diese Links zu den allgemeineren Informationen (siehe Abbildung 10.17). Es ist jedoch nicht zulässig, die Datenschutzerklärung innerhalb des Impressums unterzubringen. Datenschutzerklärung und Impressum sind klar voneinander zu trennen.

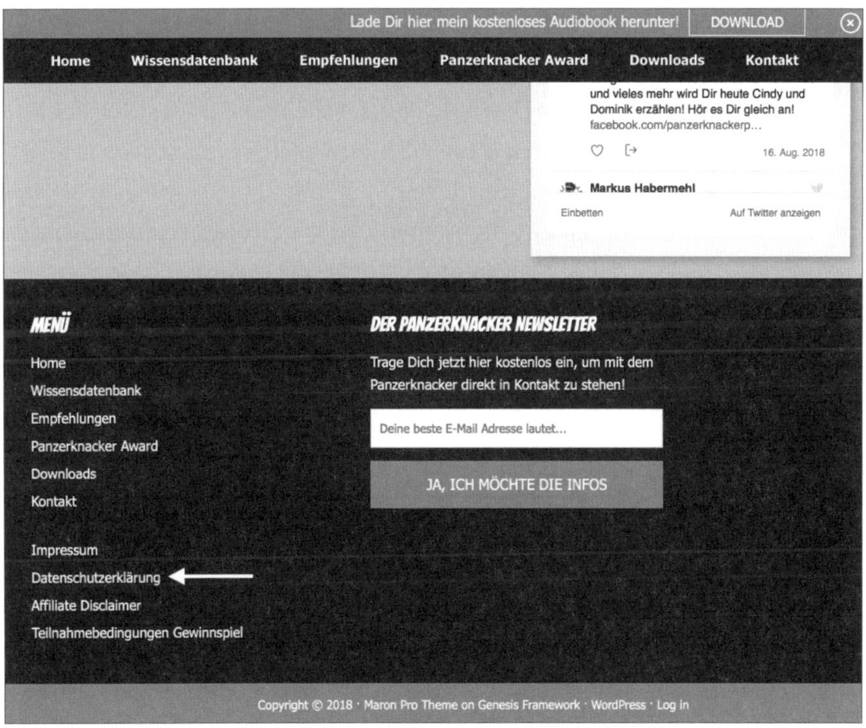

Abbildung 10.17 *Beispiel für die Platzierung des Hinweises auf die Datenschutzerklärung am Fuß der Website und in unmittelbarer Nähe des Impressums*

Achtung!

Darüber hinaus sollten Sie an die Kompatibilität mit mobilen Endgeräten denken. Die Datenschutzerklärung darf nicht nur am Desktop-Computer, sondern muss ebenso auf dem kleinen Smartphone-Bildschirm erreichbar und abrufbar sein!

10.9 Fazit

Die Einhaltung aller rechtlichen Aspekte beim Podcasting ist ebenso vielfältig wie der Podcast selbst. Nach der Lektüre dieses Kapitels haben Sie nun ein Gefühl für die rechtlich relevanten Aspekte und können in diesen Bereichen sensibler und vorausschauender agieren. Wie Sie jedoch sicher festgestellt haben, handelt es sich in vielen Bereichen auch um spezielle Ausgestaltungen, die sich von außen gar nicht so einfach beurteilen lassen. In diesen Fällen sollten Sie sich rechtliche Unterstützung einholen. Dadurch können Sie verhindern, dass Ihr zeit- und kostenaufwendiger Podcast am Ende nicht veröffentlicht werden kann oder Sie diesen zwar veröffentlichen, im Anschluss daran aber mit rechtlichen Konsequenzen konfrontiert werden. Abmahnungen drohen beim Podcasting insbesondere bei einem nicht rechtskonformen Impressum und der Verwendung von urheberrechtlich geschützter Musik – hier sollten Sie besonders Acht geben. Ansonsten lassen sich die rechtlichen Aspekte des Podcastings im Grunde ganz gut händeln. Ich wünsche Ihnen jedenfalls viel Erfolg bei der Umsetzung Ihres Podcast-Vorhabens!

Kapitel 11
RAUS DAMIT! DAS HOSTING

Der Podcast ist fertig und liegt auf Ihrem Computer herum. Wohin damit, sodass die Welt ihn hört? In diesem Kapitel erfahren Sie alles über das Hosting Ihres Podcasts.

Es gibt viele verschiedene Möglichkeiten, um Ihren Podcast im Internet unterzubringen und ihn dadurch für Menschen auf der ganzen Welt hörbar zu machen. Wieder einmal müssen Sie den Weg finden, der für Sie persönlich und Ihren Podcast am besten geeignet ist. Der eine Weg mag sehr bequem sein, bietet Ihnen aber auch nicht viele Freiräume: Sie können alles von einem Volldienstleister erledigen lassen und müssen sich um sehr wenig selbst kümmern. Der andere Weg ist dagegen etwas komplizierter, lässt Sie aber mehrere Variablen einstellen und gibt Ihnen die Unabhängigkeit: Hier haben Sie Ihren Podcast komplett in der eigenen Hand und auf dem eigenen Server und müssen kein zusätzliches Geld an Dienstleister bezahlen.

Egal für welche Variante Sie sich am Anfang entscheiden, ein Wechsel ist auch später noch möglich, wenn auch nicht immer ohne Hörerverluste und Ärger.

Für Ihren Podcast benötigen Sie zum einen Speicherplatz, um Ihre MP3-Dateien hochzuladen und dadurch für die Hörer verfügbar zu machen. Zum anderen brauchen Sie einen RSS-Feed (siehe Abbildung 11.1). Das ist eine recht kleine Datei, die dem anklopfenden Programm (z. B. einer Podcast-App) sagt, ob es neue Episoden gibt, und wenn ja, wo diese sind, wie sie heißen und um was es in der Episode geht. Das sind all die Informationen, die Sie jedes Mal beim Hochladen selbst eingeben müssen.

Wo Ihre Dateien, also Ihre MP3s, liegen, ist im Grunde nicht so wichtig. Diese können auch im Laufe der Zeit den Speicherort wechseln, ohne dass es jemand merkt. Viel wichtiger ist Ihr RSS-Feed. Er ist die direkte Verbindung zu Ihren

Hörern. Er ist sozusagen Ihre Postadresse. Wenn Sie unbekannt verzogen sind, findet Sie niemand mehr. So ist es auch beim Feed. Wichtig ist daher, dass der RSS-Feed immer auffindbar und aktuell ist. Ebenso muss auch in diesem Feed der Speicherort der einzelnen Dateien aktualisiert werden, wenn es nötig ist. Wie gesagt, diesen Feed abonnieren Ihre Hörer. Wenn er verloren geht, verlieren Sie auch Ihre Hörer.

```
<channel>
        <title>Slow German</title>
        <atom:link href="https://slowgerman.com/feed/podcast/" rel="self"
type="application/rss+xml" />
        <link>https://slowgerman.com</link>
        <description>In this podcast, German podcaster Annik Rubens talks slowly about
topics of everyday German life, from beergardens to recycling. More information and Premium
Podcast with learning materials on Slow German at www.slowgerman.com. You can read the
complete transcript of each episode on this internet-site or in the ID3-Tags.</description>
        <lastBuildDate>Wed, 20 Jun 2018 06:03:44 +0000</lastBuildDate>
        <language>de-DE</language>
        <sy:updatePeriod>hourly</sy:updatePeriod>
        <sy:updateFrequency>1</sy:updateFrequency>
        <generator>https://wordpress.org/?v=4.9.6</generator>
        <!-- podcast_generator="Blubrry PowerPress/7.2" mode="advanced" feedslug="podcast"
Blubrry PowerPress Podcasting plugin for WordPress (https://www.blubrry.com/powerpress/) --
>
        <itunes:summary>Deutsch für Fortgeschrittene! In kurzen Episoden spricht Annik
Rubens langsam über deutsche Themen. Es gibt auch einen Premium Podcast mit
Lernmaterial!&lt;br /&gt;
&lt;br /&gt;
In this podcast, German podcaster Annik Rubens talks slowly about topics of everyday German
life, from beergardens to recycling. More information and Premium Podcast with learning
materials on Slow German at https://slowgerman.com. You can read the complete transcript of
each episode on this internet-site or in the ID3-Tags.</itunes:summary>
        <itunes:author>Annik Rubens</itunes:author>
        <itunes:explicit>clean</itunes:explicit>
        <itunes:image href="https://slowgerman.com/wp-
content/uploads/powerpress/SLOWGERMAN_3000x3000.jpg" />
```

Abbildung 11.1 *So sieht ein Teil eines RSS-Feeds aus. Aus diesen kryptischen Zeilen lesen sich die Podcast-Verzeichnisse und Apps alle Daten heraus, die sie brauchen.*

Sichern Sie sich Ihre eigene Domain

Wenn Sie einen guten Namen für Ihren Podcast gefunden haben, sollten Sie sich die Domain dazu sichern. Auch wenn Sie zunächst bei einem Podcast-Hoster unterkommen und gar keine Internetseite brauchen, können Sie die Domain erst mal auf den Hoster und auf die Seite, die Sie dort haben, umleiten. Im besten Fall gehört alles Ihnen: die Domain, der Feed, die Monetarisierung. Aber dazu später mehr.

Wo sollen nun also die Dateien und der Feed hin? Dafür gibt es mehrere Varianten, die ich Ihnen im Folgenden einzeln vorstelle.

11.1 Sie müssen sich um nichts kümmern: Podcast-Hoster

Fangen wir mit dem einfachsten und bequemsten Fall an. Es gibt spezielle Firmen, die sich um alle Belange rund um Ihren Podcast kümmern, und zwar wirklich um alle. Die US-Größen heißen hier beispielsweise Libsyn (*http://libsyn.com*, siehe Abbildung 11.2) und Blubrry (*http://blubrry.com*), in Deutschland sind es Anbieter wie Podigee (*http://podigee.de*) oder die von Fabio Bacigalupo betriebenen Plattformen PodHost (*http://podhost.de*) und Podcaster (*http://podcaster.de*). Ein konkreter Vergleich befindet sich am Ende dieses Abschnitts.

Bei all diesen Anbietern können Sie automatisiert einen RSS-Feed erstellen lassen und Ihre Podcast-Dateien hochladen. Sie entscheiden sich für eines von vielen Hosting-Paketen. Das kleinste Paket ist bei vielen Anbietern erst einmal kostenlos. Sie bekommen dafür beispielsweise 50 MB Speicherplatz. Jeden Monat erneuert sich der Speicherplatz. Die alten Dateien wandern ins Archiv und bleiben dort genauso verfügbar wie vorher, dafür bekommen Sie erneut 50 MB Speicherplatz für neue Dateien zugeteilt. Andere Modelle wie die von Podigee gehen nicht nach Speicherplatz, sondern nach einem Zeitkontingent.

Abbildung 11.2 *Wer ist der Größte? Libsyn rühmt sich, das größte Podcast-Netzwerk der Welt zu sein.*

Neben dem puren Speicherplatz für Ihre Dateien sind bei den Podcast-Hostern noch viele andere Leistungen im Paket enthalten. Beispielsweise wird meistens ein eigenes Blog mitgeliefert, auf dem die Podcast-Dateien mit einem Player gleich automatisch eingebunden werden. Besonders hübsch oder selbst zu gestalten sind diese Blogs in der Regel nicht, aber für den Anfang ist das natürlich sehr praktisch. Zu erreichen sind diese Blogs als Subdomain, also beispielsweise *http://podcastXY.libsyn.com*. Wenn Sie eine Domain für Ihren Podcast gekauft haben (*http://meinpodcast.de*), können Sie diese auf die Subdomain umleiten. Das wirkt etwas professioneller und ist auch leichter zu kommunizieren, damit die Hörer sich die URL auch merken.

Auch das Hochladen zu speziellen Anbietern wie Spotify wird in den Paketen oft angeboten. Vergleichen Sie also die verschiedenen Anbieter, bevor Sie sich entscheiden.

Wichtig für Sie sind auch die Statistiken. Natürlich möchten Sie wissen, wie viele Menschen Ihren Podcast hören, aus welchen Ländern sie kommen und welche Geräte sie benutzen. All das gibt es bei den meisten Anbietern mit dazu.

Pro und Contra Podcast-Hostingservices

Pro:

- leicht verständlich
- schnell einzurichten
- immer erreichbar, keine Downtimes, weil gute Auslastung der Server vorhanden

Contra:

- wenig Gestaltungsspielraum
- URL des Feeds liegt beim Hoster – große Abhängigkeit

Abbildung 11.3 *Der ohne Zweifel schönste Player im Netz: SoundCloud macht Audio-Podcasts gut sichtbar.*

Das Berliner Vorzeige-Start-up SoundCloud (*https://soundcloud.com*) bietet ebenfalls Hosting für Podcasts an, ist aber in erster Linie eine Musikplattform. Der Vorteil von SoundCloud ist, dass der Hosting-Preis sehr günstig ist und die Player im Internet weit verbreitet und optisch sehr ansprechend sind (siehe Abbildung 11.3). Eventuell begegnen Sie hier auch einer gewissen Laufkundschaft, die über die Musiksuche auf der Plattform zu Ihnen findet.

Gefährliche Abhängigkeit

Eines sollten Sie immer im Hinterkopf haben: Falls eine dieser Plattformen pleite macht und ihre Dienste schließt, dann ist auch Ihr Feed und damit Ihr Podcast nicht mehr erreichbar und Ihre Audiodateien sind weg. Die Audiodateien sollten Sie ohnehin immer mehrfach gesichert haben, aber vom Feed sind Sie abhängig, denn über ihn werden Sie von Ihren Hörern gefunden. Wenn Sie sich also für einen Podcast-Hoster entscheiden, nehmen Sie lieber einen von den Großen. Und achten Sie auf die Nachrichten: SoundCloud stand beispielsweise kurz vor der Insolvenz, wurde dann aber gerettet.

Es folgt ein kleiner Vergleich der Podcast-Hosting-Dienste.

Libsyn

Das kleinste Paket von Libsyn kostet 5 US$ im Monat (*https://www.libsyn.com/plans-pricing*) und beinhaltet 50 MB Speicherplatz, einen RSS-Feed, eine eigene Internetseite und gegen einen Aufpreis von 2 US$ auch Statistiken. Wer zu Libsyn wechselt, muss sich bewusst sein, dass es sich um einen amerikanischen Dienstleister handelt. Die Dateien werden auf amerikanischen Servern gespeichert, und Dinge wie Umlaute sind erst mal nicht so wichtig.

Blubrry

Der größte Konkurrent von Libsyn ist Blubrry. Die Blaubeere rühmt sich, das größte Podcast-Verzeichnis der Welt zu führen. Als Hoster bittet Blubrry zur Kasse: 12 US$ kostet das kleinste Paket (*https://create.blubrry.com/resources/podcast-media-hosting*). Enthalten sind 100 MB Speicherplatz, Statistiken und eine eigene Internetseite (Subdomain). Blubrry lässt sich durch ein eigenes Plug-in sehr gut mit WordPress verbinden.

Podigee

Podigee ist ein deutscher Dienst, der eine 14-tägige Testphase anbietet (siehe Abbildung 11.4). Für 6 € pro Monat bekommen Sie hier das Basis-Paket namens »Bedroom« (*https://www.podigee.com/de/plans*). Neben dem Zeitkontingent für zwei Stunden Audio gibt es auch hier einen validen RSS-Feed, eine kleine Podcast-Website und die Möglichkeit, den eigenen Podcast auf Spotify zu listen. Bei Podigee gibt es auch die Variante, einen passwortgeschützten Podcast aufzusetzen.

Abbildung 11.4 *Podigee rechnet nach Zeitkontingenten ab, nicht nach Speicherplatz wie die meisten anderen Podcast-Hoster.*

PodHost und Podcaster

PodHost schimpft sich den dienstältesten Podcast-Host in Deutschland – seit 2006 ist er auf dem Markt. PodHost bietet ein kostenloses Starter-Paket (*https://www.podhost.de/hosting-angebote*) mit 30 MB Speicherplatz, unbegrenzter Bandbreite, eigenem Blog und Statistiken an. Das teuerste Paket mit 750 MB pro Monat kostet 15 €. Hinter PodHost steckt der Berliner Informatiker Fabio Bacigalupo, ein in der Szene sehr engagierter Podcast-Freund und absoluter Pionier, gerne auch »Mr. Podcast« genannt. Er steckt auch hinter dem Podcast-Verzeichnis

Podcast.de und hinter dem Hoster *Podcaster.de*. Dort kostet das Starter-Paket 1 € pro Monat, dafür gibt es 50 MB Speicherplatz (*https://www.podcaster.de/pakete*).

Spreaker

Es gibt selbstverständlich noch viele andere Hosting-Dienste, die hier nicht extra erwähnt werden. Aber Spreaker (*https://www.spreaker.com/plans*) muss trotzdem noch mit: Hier ist das kleine Paket, das fünf Stunden Audiospeicherplatz beinhaltet, kostenlos. Spreaker bietet unter anderem auch die Verknüpfung mit Sonos, Soundcloud und Amazon Alexa an – und die Möglichkeit, einen Podcast auch mal live zu streamen.

11.2 Seien Sie unabhängig mit der Bloggersoftware WordPress

Kommen wir zur nächsten Variante: Angeblich basiert mittlerweile ein Viertel des gesamten Internets auf WordPress. WordPress ist zum einen eine flexible und einfach zu bedienende Weblog-Software, zum anderen aber auch ein gutes Content-Management-System. Sie können sich entweder aus Bausteinen Ihre Seite zusammenklicken und fertige Templates benutzen oder – sofern Sie über das nötige Know-how verfügen – Ihre Seite komplett selbst aufsetzen.

Bei vielen Webhosting-Paketen können Sie WordPress vorinstallieren lassen. Somit müssen Sie sich nicht um das Anlegen einer Datenbank und einige andere Dinge kümmern. In wenigen Minuten haben Sie so die Möglichkeit, Ihr eigenes Blog einzurichten und dieses durch Plug-ins verschiedenster Entwickler zu erweitern.

Zunächst brauchen Sie aber ein sogenanntes *Theme*, das das Aussehen und die Funktionalität Ihrer Seite bestimmt. Nicht alle Themes sind für Podcasts geeignet. Manche zielen beispielsweise auf Fotografen ab, die ihr Portfolio präsentieren möchten, andere setzen den Fokus eher auf Videos. Es gibt sowohl kostenlose Themes (direkt in WordPress verankert oder hier: *https://de.wordpress.org/themes*) als auch welche, für die Sie Geld bezahlen müssen (zu finden beispielsweise auf der Plattform ThemeForest (*https://themeforest.net*).

Ihr Theme sollte auf jeden Fall responsiv sein, es sollte also auf kleinen und großen Bildschirmen gleichermaßen gut dargestellt werden. Wichtig ist auch, dass die Bedienung des Themes für Sie gut machbar ist – manche Themes sind sehr überfrachtet und dadurch zu kompliziert zu bedienen. Surfen Sie auf verschiedene Podcast-Seiten und schauen Sie sich an, welche Aufteilung Ihnen gut gefällt. In der Fußzeile wird meistens das verwendete Theme erwähnt, Sie können also durchaus nach Empfehlungen anderer Podcaster gehen. Achten Sie auch darauf, dass Ihr Theme einen guten Support hat und regelmäßige Updates bekommen hat. Das letzte Update sollte nicht zu lange zurückliegen, da sonst Sicherheitslücken auftreten können.

Jedes WordPress-Theme können Sie dann noch durch verschiedene Plug-ins aufrüsten und für den Podcast perfekt machen (siehe Abbildung 11.5).

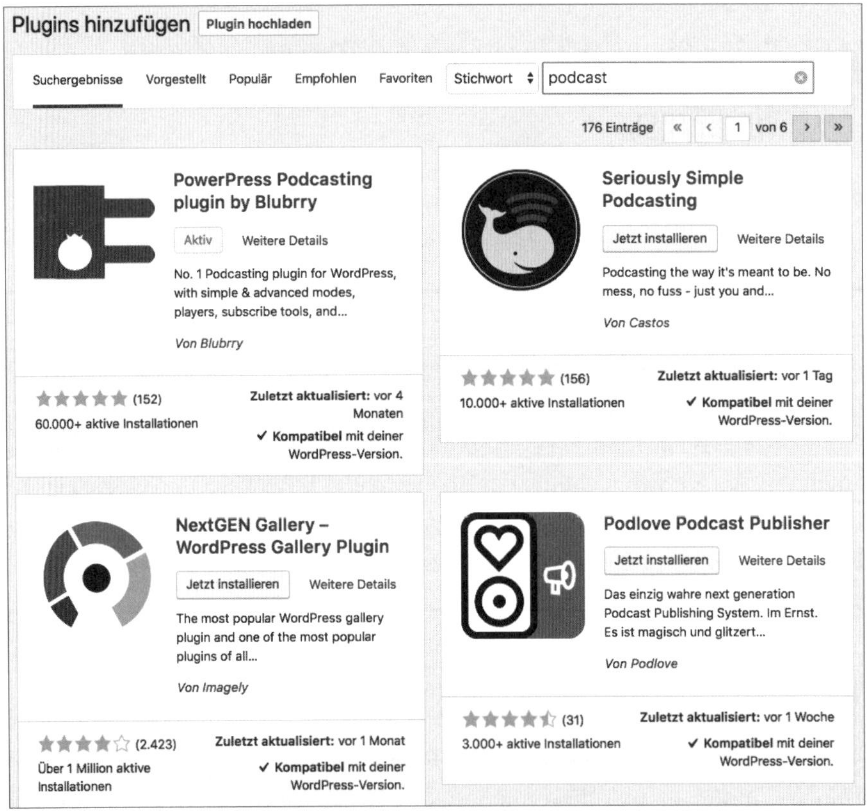

Abbildung 11.5 *Durch wenige Klicks erweiterbar: WordPress glänzt durch seine Offenheit für Plug-ins aller Art.*

Nun können Sie überlegen, ob Sie Ihren Podcast-Feed durch ein Plug-in bei WordPress erstellen und diesen somit komplett in Ihrer Hand haben. Die MP3-Dateien Ihres Podcasts legen Sie woanders hin, beispielsweise per FTP auf einen Webspace. Achten Sie hier aber genau darauf, welchen Vertrag Sie abgeschlossen haben – sonst kann es teuer werden, wenn eine Folge oft abgerufen wird! Es kann auch sinnvoll sein, Ihre MP3-Dateien zu einem der Hoster aus dem vorherigen Abschnitt hochzuladen und den Rest (RSS-Feed und Internetauftritt) über WordPress zu machen.

Eines ist klar: Als Vorsichtsmaßnahme sollten Sie Ihre Podcast-Dateien nicht auf dem gleichen Server wie Ihre Podcast-Seite und den Feed liegen haben. Sonst kann es leicht passieren, dass Ihre Podcast-Seite nicht erreichbar ist, wenn eine neue Episode erscheint, weil der Traffic dann zu groß wird. Die Hausaufgabe wäre also: Suchen Sie erst eine Heimat für Ihre MP3-Dateien (entscheiden Sie sich nach Preis, Größe des Pakets und Verlässlichkeit des Servers), und setzen Sie dann ein schönes Blog bei WordPress auf, inklusive Podcast-Player und funktionierendem RSS-Feed. Für Ihr Blog gibt es viele Puzzlesteinchen, bei WordPress Plug-ins genannt, die Sie kostenlos nutzen können. Einige davon stelle ich Ihnen im Folgenden vor.

Podlove

Um genau zu sein, ist Podlove so etwas wie eine Plug-in-Familie. Es gibt den Podlove Podcast Publisher, den Podlove Subscribe Button und den Podlove Web Player. Die Podlove-Plug-ins kommen aus Deutschland und entstammen einer Initiative um den Berliner Podcaster Tim Pritlove.

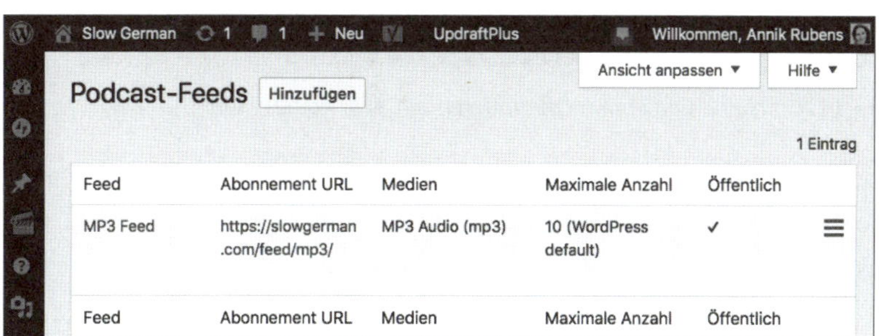

Abbildung 11.6 *Darf's noch ein Feed sein? Im Podlove-Plug-in können Sie mehrere Feeds verwalten.*

Mit dem *Podlove Podcast Publisher* (*https://podlove.org/podlove-podcast-publisher*) können Sie einen RSS-Feed erstellen und Ihren Podcast sehr einfach verwalten (siehe Abbildung 11.6). Sie müssen lediglich einige Masken ausfüllen. Außerdem kommt das Plug-in mit guten Analysemöglichkeiten Ihrer Hörer und bietet zudem einen guten Player an. Das Tolle an den Plug-ins der Podlove-Community ist, dass die Macher leicht zu erreichen sind und Sie daher immer Hilfe bekommen, wenn es vonnöten ist.

Das nächste Plug-in aus der Podlove-Familie ist der unschlagbare *Podlove Subscribe Button* (*https://podlove.org/podlove-subscribe-button*). Er lässt sich beispielsweise als Widget in die Seitenleiste des Blogs einbauen und öffnet dann auf Klick ein Pop-up-Fenster, in dem Ihre Hörer auswählen können, mit welcher App oder welchem Programm diese den Podcast abonnieren möchten (siehe Abbildung 11.7).

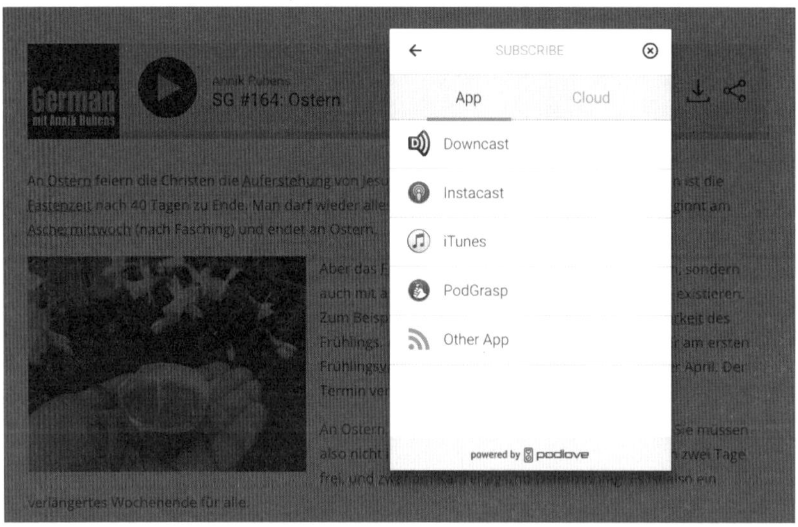

Abbildung 11.7 *Schnell und einfach abonnieren mit dem Podlove-Plug-in*

Der Button kommt modern daher, funktioniert zuverlässig und auch in der mobilen Version stabil und ist so übersichtlich gestaltet, dass jeder User sofort versteht, was er damit tun kann. Zum Beispiel klickt Ihr Hörer auf »iTunes« und bekommt sofort die Meldung, dass er zum iTunes-Store umgeleitet wird. Er genehmigt kurz, dass iTunes geöffnet werden darf, und kann dann gleich auf Ihrer iTunes-Unterseite den Podcast hören und abonnieren. Das Gleiche gilt für Downcast, Instacast, PodGrasp oder jede andere App, der vom Plug-in der RSS-Feed weitergegeben wird. Als Cloud-Applikationen nutzt das Plug-in gpodder.net, Player.fm und Pocket Casts. Hier merkt man, dass das Plug-in von Podcast-Liebhabern für Podcast-Liebhaber geschrieben wurde: Es ist nützlich und funktioniert einwandfrei.

Das letzte Podlove-Plug-in ist der *Podlove Web Player* (*https://podlove.org/podlove-web-player*). Im Vergleich zu anderen Audioplayern ist er deutlich auf das Hören von Podcasts ausgerichtet, denn er bietet auch die Möglichkeit, Kapitel und Transkript anzuzeigen. Außerdem können Hörer die Lautstärke und Geschwindigkeit des Tracks bestimmen, die Folge herunterladen oder sie an andere Hörer weiterleiten. Schön ist die Art der Anzeige, hier wurde viel Wert auf Design und Übersichtlichkeit gelegt. Für andere Player-Plug-ins müssen Sie zudem teils tief in die Tasche greifen, während dieser schöne Player kostenlos ist (siehe Abbildung 11.8).

Abbildung 11.8 *Übersichtlich und dennoch mit vielen nützlichen Informationen gespickt: der Podlove Web Player.*

Seriously Simple Podcasting

Ein sehr umfassendes Plug-in für Podcaster ist *Seriously Simple Podcasting* (*https://de.wordpress.org/plugins/seriously-simple-podcasting*). Hier steht, wie der Name schon sagt, die Einfachheit an erster Stelle. Es gibt nicht viel auszufüllen, und die Bedienung ist recht intuitiv. Mit an Bord sind ein Web-Player, ein RSS-Feed-Schreiber, Statistiken, Widgets, um Episoden oder Playlisten abzubilden, und sogar ein eigener Dienst (Castos), der sich um das Hosting Ihrer MP3-Dateien kümmert. Besonders interessant ist bei Seriously Simple Podcasting, dass Sie mit dem Plug-in sogar mehrere Podcasts aus ein und demselben WordPress-Blog betreiben können.

PowerPress

Das Plug-in *PowerPress* (*https://de.wordpress.org/plugins/powerpress*) gehört zum Hoster Blubrry. Aber auch wenn Sie Ihre Dateien nicht dort untergebracht haben, ist dieses Plug-in nützlich. Sie können damit einen RSS-Feed erstellen und beim Anlegen eines neuen Blog-Eintrags durch wenige Klicks neue Episoden hinzufügen (siehe Abbildung 11.9).

Blubrry liefert außerdem gute Statistiken auf dem Dashboard von WordPress, wenn Sie dies möchten. Dafür müssen die Klicks sozusagen über Blubrry umgeleitet werden. Das geschieht, indem Sie vor die eigentliche URL der Datei eine Ihnen zugeteilte Blubrry-URL stellen. Aus rechtlicher Sicht sollten Sie derartige Weiterleitungen allerdings immer in Ihren Datenschutzrichtlinien erwähnen (mehr dazu in Kapitel 10, »Podcast & Recht«).

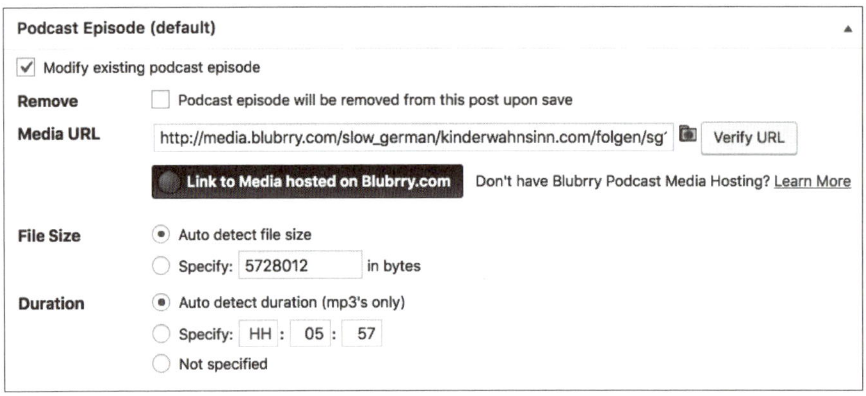

Abbildung 11.9 *Kurz ausfüllen, schon wird dem RSS-Feed eine neue Episode hinzugefügt. Die Beschreibung und den Titel entnimmt das Plug-in dem Blog-Eintrag.*

Smart Podcast Player

Player gibt es, wie vorhin bereits erwähnt, viele; manche sind kostenlos, andere nicht. Sehen Sie sich auf dem Markt um und entscheiden Sie sich für den Player, der Ihnen am besten gefällt. Weit verbreitet ist der *Smart Podcast Player* (*https://smartpodcastplayer.com*), der auf Ihrer WordPress-Seite die Einbindung verschiedener Feeds leicht möglich macht. Der Smart Podcast Player ist ein HTML5-Player, der auf allen Geräten gut aussieht (siehe Abbildung 11.10). Der Player kostet pro Monat 8–12 US$.

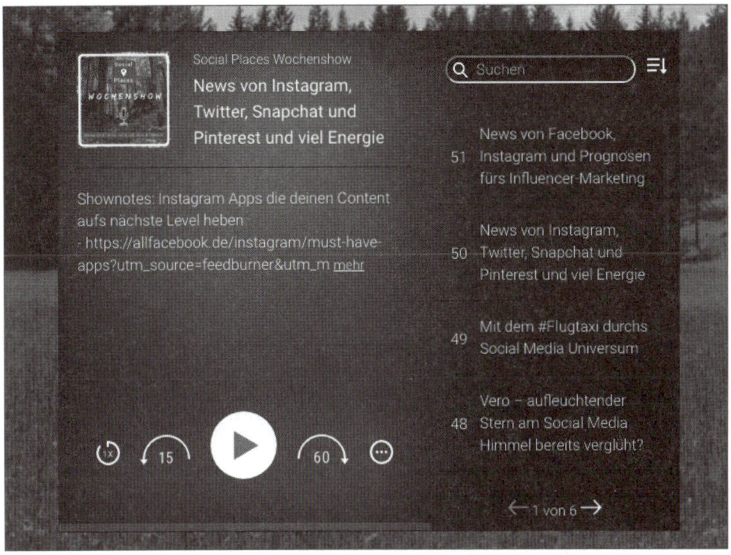

Abbildung 11.10 *Der Smart Podcast Player bietet alles, was ein Podcast-Hörer braucht. Es gibt auch eine kleinere Version, die bei Einzelepisoden angezeigt werden kann.*

Simple Podcast Press

Sie haben schon einen Podcast, es sind mehrere Episoden veröffentlicht, und jetzt hätten Sie gerne eine WordPress-Seite dazu? Auch das ist kein Problem. Das Plug-in *Simple Podcast Press* (*https://simplepodcastpress.com*) zieht sich aus Ihrem Feed alle Informationen, die es braucht. Dann legt es zu jeder Episode eine eigene Blog-Seite an, inklusive der Bilder und einem schönen Player. Wenn Sie eine neue Episode im Podcast-Feed veröffentlichen, taucht diese automatisch auch auf Ihrem Blog auf. Das spart Zeit. Eine Lizenz ist ab 67 US$ zu haben.

MemberPress

Falls es sich bei Ihrem Podcast anbietet, einen Teil der Folgen nicht für alle Hörer zugänglich zu machen, sondern nur für jene, die beispielsweise ein Abo abgeschlossen haben, dann ist *MemberPress* (*https://memberpress.com*) eine gute Lösung. Sie können hier genau definieren, welche Beiträge für wen sichtbar sind. Auch das Aussehen Ihrer WordPress-Seite kann sich anpassen, je nachdem ob ein zahlender Gast oder eine neue Laufkundschaft vorbeischaut.

Dies bietet sich beispielsweise an, wenn Sie Kurse anbieten, bei denen ein Teil kostenfrei und ein Teil kostenpflichtig ist, oder wenn Sie zusätzliches Bonusmaterial für die Fans parat halten (siehe Abbildung 11.11).

Vollkommen intuitiv ist das Plug-in leider nicht zu benutzen, denn dahinter steckt eine ausgeklügelte Mitgliedschaftshierarchie. Sie können Gruppen anlegen, die verschiedene Zugänge bekommen. Ebenso können Sie Gutscheine für Rabatte anlegen oder den Usern automatisierte E-Mails schicken, wenn diese sich anmelden. All dies muss zunächst eingestellt werden, aber die Video- und Forumsdokumentation ist recht gut (wenn auch auf Englisch). Nach der anfänglichen Einstellung läuft das Plug-in im Hintergrund und braucht recht wenig Wartung. MemberPress funktioniert mit einem jährlichen Abo-Modell. Das günstigste Paket kostet 129 US$ pro Jahr.

Abbildung 11.11 *Ist der User eingeloggt, sieht er hier den passenden Inhalt. Wenn nicht, wird er über seine Möglichkeiten informiert (Illustration: Charis Bartsch).*

11.3 Halb und halb: die Idee hinter Podseed

Ich selbst habe so gut wie jede Publikationsmöglichkeit ausprobiert – nicht weil das Ausprobieren so großen Spaß macht, sondern weil ständig irgendetwas eine

Veränderung erforderte. Mittlerweile habe ich für mich die Lösung gefunden, dass ich gerne alles unter meinen eigenen Fittichen habe. Damit bin ich von keinem Hoster mehr abhängig und kann selbst an den Stellschrauben drehen, wann und wie ich möchte. Das kann aber auch nach hinten losgehen. Denn mein Podcast »Slow German« richtet sich an Deutschlernende und hat daher Abrufzahlen, die weltweit ganz gut sind. Eine halbe Million Downloads pro Monat können da schon zusammenkommen. Und wann wird eine Episode heruntergeladen? Natürlich geschieht dies meist automatisiert gleich nach dem Erscheinen. Das Ergebnis sieht dann in meinem E-Mail-Eingang so aus wie in Abbildung 11.12.

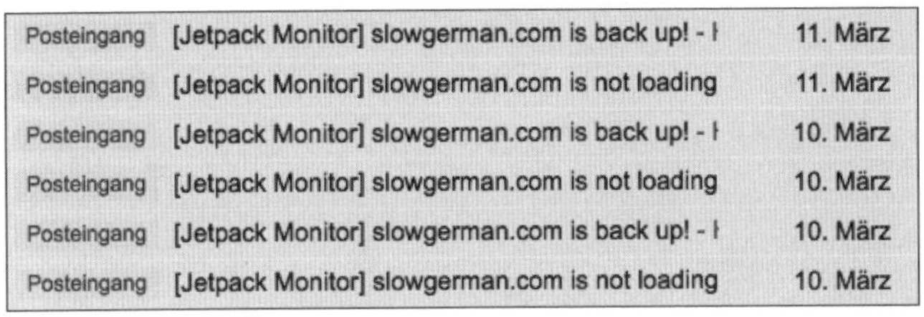

Abbildung 11.12 *Automatisierte Mails trudeln ein, um mir zu sagen, dass meine Seite nicht erreichbar ist.*

Warum das so ist? Meine MP3-Dateien liegen auf dem gleichen Server wie die Website an sich. Sobald eine der MP3-Dateien zu oft heruntergeladen wird, dreht mein Webspace-Anbieter mir sozusagen den Saft ab (siehe Abbildung 11.12), denn ich teile mir den Server (natürlich unbewusst) mit anderen Kunden. Für den Normalbetrieb reicht das auch völlig aus – aber eben nicht, wenn es Peaks gibt, also Zeiten, zu denen der Traffic kurzzeitig explodiert. Da hat es ein großer Podcast-Hoster einfacher, der das auf mehrere Server verteilt, und schon läuft alles glatt.

Was also tun, um dieses Problem zu vermeiden? Natürlich kann ich meine MP3-Dateien zu einem Podcast-Hoster packen und dennoch meine Seite und meinen Feed unabhängig über WordPress laufen lassen (siehe weiter vorne im Abschnitt). Das bringt aber Extrakosten. Und weil viele Podcaster genau dieses Problem haben, haben Toby Baier (unter anderem »Einschlafen Podcast«) und Falk Stern eine Lösung gefunden: Mit *Podseed* (*http://www.podseed.org*) bieten sie Podcastern die Möglichkeit an, ihre großen Mediendateien zu hosten. Damit eben keine Lastspitzen entstehen, wird alles schön auf mehrere Server verteilt. Und schon gibt es keine Downloadprobleme mehr (siehe Abbildung 11.13).

Das Ganze ist bislang noch ein Kleinst-Projekt mit Teststatus und Sponsoren. Wer mitmachen will, wendet sich direkt per E-Mail an die Macher. Geplant ist die Gründung eines Vereins.

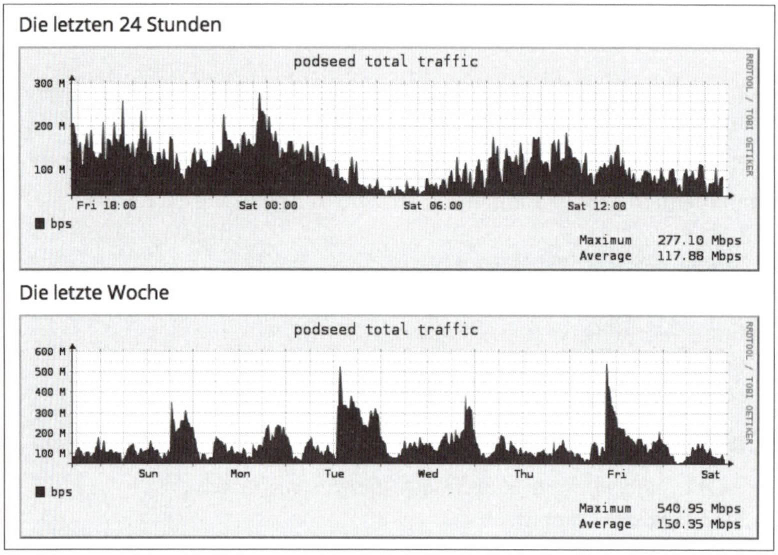

Abbildung 11.13 *Bei Podseed werden verschiedenste Podcast-Episoden so auf die Server verteilt, dass es nicht zu Ausfällen kommt.*

11.4 Völlige Unabhängigkeit: Erstellen Sie Ihren Feed selbst, und überprüfen Sie ihn

Zu Beginn des Podcasting-Zeitalters 2004/2005 war es ganz normal, dass jeder Podcaster seinen Feed selbst geschrieben hat. Das war auch nicht so wahnsinnig schwierig, aber eben doch recht ungemütlich und zeitaufwendig. Heute gibt es kleine Programme, die das für Sie übernehmen, auch wenn Sie ohne WordPress und dessen Plug-ins arbeiten möchten.

Den Feed selbst erstellen

Feeder (*https://reinventedsoftware.com/feeder*) ist ein kleines, kostenpflichtiges Programm für den Mac, mit dem Sie Ihren Feed selbst erstellen können. Sie geben zu jeder Episode Titel, Beschreibung, Erscheinungsdatum und wenn nötig Episodencover ein, und schon werden dem RSS-Feed Ihres Podcasts einige Zeilen hinzugefügt (siehe Abbildung 11.14). Feeder lädt den aktualisierten Feed mit einem Klick automatisch hoch, und schon bekommen Ihre Hörer die neue Episode. Feeder kostet einmalig rund 50 US$.

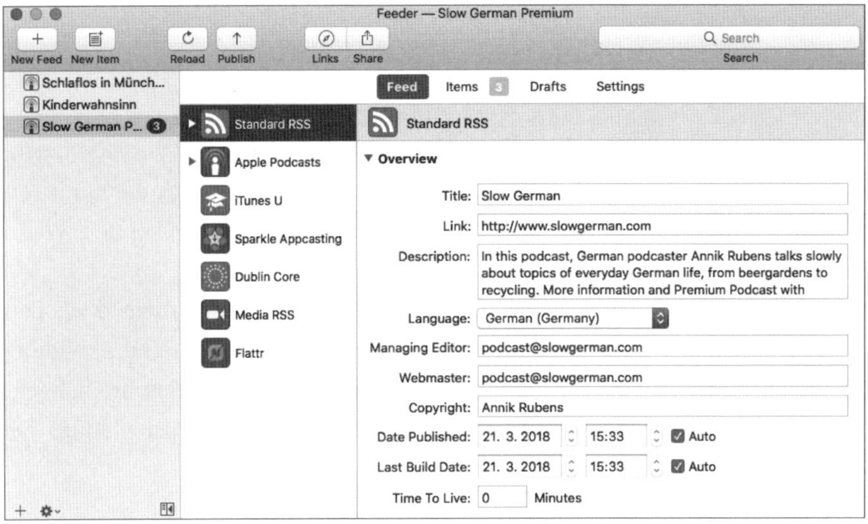

Abbildung 11.14 *Maske in Feeder ausfüllen, Episode anlegen, veröffentlichen, und schon ist der Podcast-Feed fertig.*

Für Windows-Nutzer gibt es eine Alternative zum Feeder, die zwar nicht hübsch ist, aber praktisch: *FeedForAll* (*http://www.feedforall.com*). Das Programm hat eigene Tools, um Podcast-Feeds zu erstellen und diese auch so anzulegen, dass iTunes damit klarkommt, denn iTunes hat einige Sonderfelder, die im Feed ausgefüllt werden sollten. Das Programm kostet 40 US$.

Manchmal muss ein Podcast nicht für die ganze Welt hörbar sein – es reicht aus, wenn er beispielsweise in der eigenen Firma, Schule oder Familie verfügbar ist. Wenn Sie nur für einen kleinen Hörerkreis podcasten, gibt es einen sehr praktischen Weg, das zu tun: *JustCast* (*https://justcast.herokuapp.com/*). Sie legen sich einen Ordner in einer Dropbox an. Sobald Sie eine neue Episode erstellt haben, landet diese automatisch auf einer kleinen Website und in einem RSS-Feed. JustCast arbeitet mit einem Abo-Modell und verlangt für das kleinste Abo 5 US$ pro Monat. Es gibt aber auch eine Testversion, bevor man zahlen muss.

Alberto Betella aus Spanien tüftelt an einer Software namens *PodcastGenerator* (*http://www.podcastgenerator.net*). Dahinter verbirgt sich eine Open-Source-Software, die ein komplettes Content Management System für Podcaster sein möchte. Der PodcastGenerator ist sozusagen ein kleines WordPress nur für Podcaster. Er ist schnell installiert und bietet dann viele Möglichkeiten der Individualisierung. Der RSS-Feed wird automatisch erstellt.

Funktioniert Ihr Feed auch richtig?

Bevor Sie sich wundern, warum keine Hörer bei Ihrem Podcast vorbeischauen, sollten Sie Ihren Feed validieren. Das ist schlichtweg eine Prüfung daraufhin, ob Programme wie iTunes oder Pocket Casts den Feed richtig lesen können. Wenn nicht, wird Ihr Podcast nicht ins Verzeichnis aufgenommen.

Für die Überprüfung gibt es mehrere einfach zu bedienende Dienste wie den *Cast Feed Validator* (*http://castfeedvalidator.com/*) von Blubrry (siehe Abbildung 11.15). Er checkt, ob der Feed die richtige Größe hat und ob alle Beschreibungen, Titel und Bilder vorhanden sind. Zudem gibt er sofort eine Statusmeldung, was noch verbessert werden sollte.

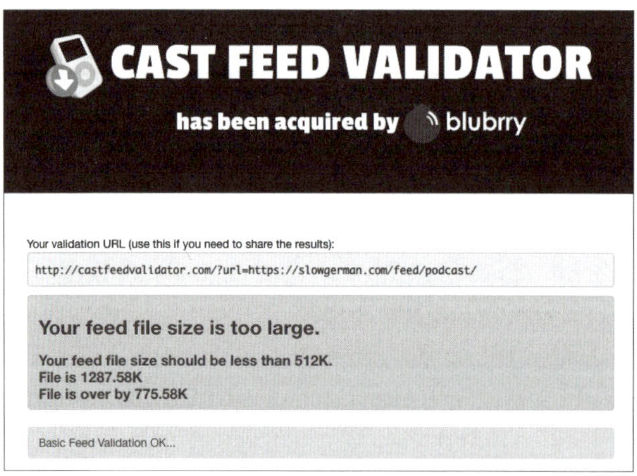

Abbildung 11.15 *Ein Feed Validator schimpft unter anderem dann, wenn der Feed zu groß ist.*

Ein bisschen ausführlicher testet *Podbase* (*https://podba.se*). Dort erhalten Sie neben launigen Bemerkungen auch gleich Tipps, wie Probleme zu lösen sind (siehe Abbildung 11.16).

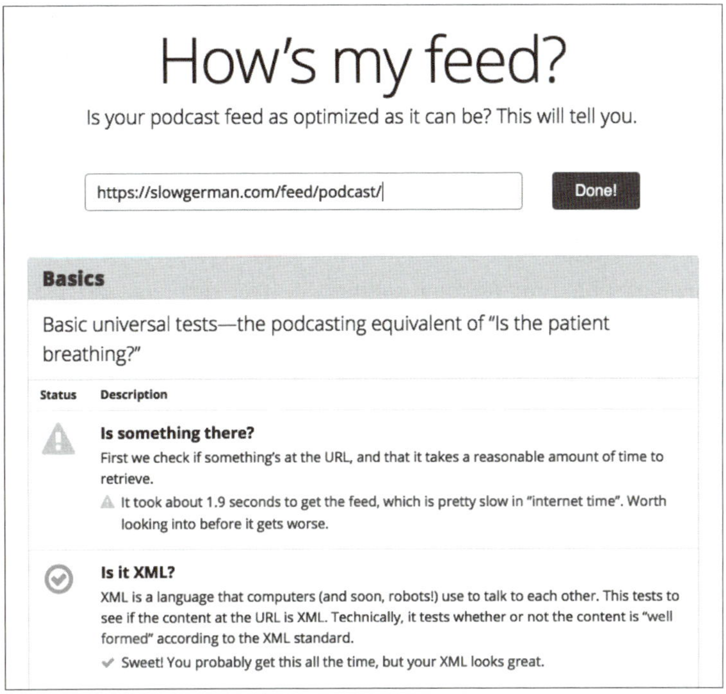

Abbildung 11.16 *Sweet! Podbase macht Spaß, weil die Kommentare des Checks launig formuliert (und leicht verständlich) sind.*

Auf die Größe kommt es an – beim Feed

Wie schon vom Feed Validator bemängelt wurde: Achten Sie darauf, dass Ihr Feed nicht zu groß wird. Natürlich ist es für die Hörer schön, alle alten Folgen in einem Feed zu finden. Aber je größer der Feed ist, desto mehr Datenvolumen frisst er bei mobilen Usern, denn deren Apps checken regelmäßig, ob es neue Folgen gibt.

Außerdem gilt: Je größer der Feed ist, desto länger sind die Ladezeiten. Gerade bei weltweitem Publikum kann es sein, dass die Internetverbindung längst nicht so komfortabel ist – da geht es um jedes MB.

Und letztlich geht es auch um Sie selbst: Je mehr Traffic Sie verursachen, desto schneller kann es sein, dass Ihr Server in die Knie geht.

Was können Sie also tun, um den Feed klein zu halten? Dafür gibt es verschiedene Möglichkeiten. Wenn es sich bei Ihrem Podcast um tagesaktuelle Themen dreht, genügt es, wenn sich die letzten drei bis zehn Episoden im Feed befinden. Kaum jemand wird ältere Folgen eines Nachrichten-Podcasts anhören.

Wenn das nicht der Fall ist und Sie beispielsweise einen Interview-Podcast machen, der recht zeitlos ist, können Sie trotzdem die Anzahl der Episoden im Feed beschränken (auf 100). Am besten weisen Sie im Podcast selbst darauf hin, dass es den Rest im Archiv auf Ihrer Website gibt.

Jedes Zeichen, also jeder Buchstabe und jede Zahl, nimmt im Feed Platz weg. Sofern es also langsam eng wird mit der Größe Ihres Feeds, überlegen Sie, ob Sie die Beschreibungstexte kürzen oder auf »Summary«-Modus schalten können. In den meisten Plug-ins und Programmen können Sie festlegen, ob der ganze Beschreibungstext oder nur ein Auszug im Feed landet.

Manche Plug-ins wie PowerPress bieten die Möglichkeit an, den Feed zu optimieren. Dabei wird beispielsweise nur bei den neuesten zehn Episoden der komplette Text angezeigt, bei älteren Episoden nur noch ein Teil.

Auch HTML-Code im Text nimmt Platz weg. Verzichten Sie also lieber auf Spielereien, und posten Sie puren Text. Hier kommt es ohnehin auf den Inhalt an, nicht auf die Schönheit.

Die optimale Feed-Größe

Wie groß soll der RSS-Feed Ihres Podcasts nun sein? Auf der absolut sicheren Seite sind Sie, wenn der Feed unter 512 KB groß ist. Das ist wahrscheinlich nicht der Fall, oder? Dann versuchen Sie, unter 1 MB zu bleiben!

11.5 Es ist passiert: Sie müssen mit Ihrem Podcast umziehen

Ich hoffe für Sie, dass Sie nie mit Ihrem Podcast umziehen müssen. Denn so etwas ist immer mit viel Arbeit und Ärger verbunden und kann dazu führen, dass Sie Hörer verlieren. Aber trotzdem kann es passieren, beispielsweise weil Ihr Hoster plötzlich die Preise verdoppelt und Sie nicht mehr bereit sind, diese Gebühren zu bezahlen, oder weil es den Hoster einfach nicht mehr gibt. Vielleicht wollen Sie Ihren Podcast auch umbenennen und wechseln daher die Domain.

Es ist schwierig, an dieser Stelle auf alle Eventualitäten einzugehen. Wenn Sie beispielsweise von einem Hoster zu einem anderen wechseln, kann es sein, dass der neue Dienstleister Ihnen beim Umzug hilft und bereits Werkzeuge bereithält, die Ihnen den Wechsel erleichtern (z. B. Libsyn und Blubrry).

MW #193: Mein Podcast zieht um

Ich werde meinen Podcast von audioboom zu Podigee umziehen. Der neue Feed meines Podcasts lautet in Zukunft http://michaelas-welt.podigee.io/feed/aac Ich bitte euch bei Gelegenheit, diesen Feed in euren Podcatcher einzutragen, wenn ihr meinen Podcast folgen wollt. Ich werde sicher noch eine ganze Weile auch weiterhin meinen Podcast über Audioboom veröffentlichen, aber sicher nur noch bis mein Abo dort ausläuft. Die neue Podcastseite bei Podigee lautet https://michaelas-welt.podigee.io

Abbildung 11.17 *Manchmal geht es nicht anders, wie hier bei »Michaelas Welt«: Ein Providerwechsel bedeutet auch, dass die Hörer mit umziehen müssen, entweder bewusst oder unbewusst – das ist von Fall zu Fall verschieden.*

Zwei Dinge müssen Sie beachten: Ihre MP3-Dateien und Ihr Feed müssen umziehen. Die MP3-Dateien müssen Sie irgendwo neu hochladen, beispielsweise auf einen eigenen Webspace oder bei einem Podcast-Dienstleister wie Podigee. Schauen Sie nach, ob der neue Dienstleister einen FTP-Upload anbietet. So könnten Sie mit wenigen Klicks alle Dateien übertragen.

Etwas schwieriger wird es bei Ihrem Feed: Ihre MP3-Dateien haben jetzt einen neuen Speicherplatz und somit auch eine neue URL. Im Feed sind noch die alten URLs als Links zu Ihren MP3s vorhanden. All diese URLs müssen jetzt aktualisiert werden. Das geht entweder händisch oder mit einem »Search & Replace«-Mechanismus, bei dem Sie also die alte URL automatisch durch die neue ersetzen lassen. Testen Sie danach unbedingt, ob die MP3-Dateien auch wirklich erreichbar sind!

In den alten Feed können Sie nun einen Befehl für iTunes einsetzen, damit das Programm den neuen Feed findet: Der Befehl *<itunes: new-feed-url>* sagt iTunes, dass sich die Feed-Adresse geändert hat. Sie können den Befehl einfügen, bevor Sie ihn später endgültig umleiten, beispielsweise ein bis zwei Wochen vor dem Umzug. So sähe die Zeile aus:

<itunes:new-feed-url>http://ihre-neue-feed-adresse/hier</itunes:new-feed-url>

Probieren Sie selbst Ihren neuen Feed aus: Funktioniert er? Können Sie ihn mit den gängigen Verzeichnissen und Apps abonnieren? Laden Sie testweise einige ältere Episoden herunter. Erst wenn Sie sicher sind, dass alles klappt, sollten Sie den letzten Schritt unternehmen: Leiten Sie den alten Feed um. Dazu müssen Sie einen sogenannten *301 permanent redirect* setzen. Bei Blubrry geht das umsonst auf Anfrage, bei Libsyn beispielsweise kostet es 25 US$. Falls Ihnen der alte Feed selbst gehört, sind es nur Codezeilen, die Sie einfügen müssen. Der Redirect sollte zwei bis drei Monate – oder für immer – aktiv sein. Der Vorteil dabei ist, dass die meisten Apps und Verzeichnisse den 301 verstehen und automatisch Ihren Feed aktualisieren werden. Auch für Ihre Hörer ändert sich so kaum etwas. Nehmen Sie in Kauf, dass Sie die alte Domain oder das alte Hosting-Paket noch ein paar Wochen oder Monate länger zahlen. Damit erreicht der 301 auch möglichst viele Menschen, und Ihnen gehen keine Hörer verloren.

Sofern Sie einen Account bei Podcasts Connect von Apple haben, können Sie auch hier die neue Feed-Adresse manuell eintragen. Das gilt dann aber nur für iTunes und die Apple-Podcast-App.

Falls Sie weder einen Redirect noch einen Hinweis auf den neuen Feed setzen können, bleibt Ihnen nichts anderes übrig, als den alten Feed verloren zu geben und neu anzufangen: Dann müssen Sie den neuen Feed in die Verzeichnisse eintragen und dafür sorgen, dass der alte gelöscht wird – sonst gibt es Doubletten und damit große Verwirrung bei den Hörern.

Weisen Sie in diesem unglücklichen Fall auch Ihre Hörer im Podcast selbst immer wieder darauf hin, dass es einen neuen Feed gibt, den sie bitte abonnieren sollen (siehe Abbildung 11.17). Posten Sie den dazugehörigen Link in die Shownotes. In diesem Fall wird es sich leider nicht vermeiden lassen, dass Sie Hörer verlieren, denn diese müssen aktiv werden und Ihren Podcast neu abonnieren.

Tipp aus der Praxis

Der Umzug hat geklappt, alle Hörer sind mitgekommen und Sie sind happy. Wunderbar soweit – aber vergessen Sie bitte nicht, dass Ihr Podcast-Feed auch an vielen Stellen manuell eingetragen wurde und dass Sie diese URLs ändern müssen! Dies gilt beispielsweise für die Startseite Ihres Blogs oder die Player auf Ihrer Blog-Seite. Seien Sie sorgfältig und sorgen Sie dafür, dass der alte Feed und die URLs der MP3-Dateien überall aktualisiert werden.

11.6 YouTube, Spotify und Co. – ist das noch ein Podcast?

Was ist eigentlich ein Podcast? Über diese Frage können wir alle trefflich stundenlang streiten. Die ursprüngliche Definition eines Podcasts war: Eine Reihe von Audiodateien wird durch einen RSS-Feed verbunden und abonnierbar gemacht. Ohne Abo gibt es keinen Podcast. Bei näherer Betrachtung ging es vor allem um eine Art Open-Source-Gedanken. Der Podcaster stellt Inhalte zur Verfügung, die mit jedem Gerät und jeder Podcatcher-Software gehört werden können. Das bedeutete absolute Freiheit für die Hörer.

Diese hörten damals noch am Computer oder über MP3-Player. Die Episoden wurden am Computer heruntergeladen und entweder dort direkt gehört oder auf einen tragbaren Player synchronisiert und dann unterwegs gehört. Heute haben die Smartphones natürlich all das übernommen – Podcasts werden in der Regel über eine App heruntergeladen oder gleich gestreamt.

Und genau das bringt uns zur Frage, wie heute ein Podcast definiert ist. Wenn Sie Ihren Podcast nur auf Spotify hochladen, ist es dann noch ein Podcast? Oder wenn er nur bei YouTube steht? Abonnieren können Sie ihn dort schließlich auch, nur eben im YouTube-System und nicht in einer Podcatcher-Software. Für mich persönlich ist es durchaus noch wünschenswert, einen RSS-Feed zu haben, denn ich möchte eine einzige App mit den Feeds befüllen und alle meine Lieblingspodcasts an einer Stelle finden.

Immer mehr geht der Trend aber in eine andere Richtung: Um »Fest & Flauschig« hören zu können, muss ich die Spotify-App öffnen. Möchte ich »Das kleine Fernsehballett« hören, muss ich zu Deezer (oder warten, bis die Staffel blockweise als Feed veröffentlicht wird). Um mit »Impetus« zu meditieren, muss ich ein Audible-Abo abschließen und deren App verwenden.

Sind das noch Podcasts? Vielleicht müssen wir Podcasts heute einfach als »Audioreihe« oder »Audioserie« begreifen, egal auf welcher Plattform sie zu Hause ist. Die Abonnierbarkeit ist ein nettes Plus, aber schon lange kein Muss mehr. Wenn Sie mir und vielen anderen eingefleischten Podcast-Hörern aber eine Freude machen möchten, bieten Sie einen abonnierbaren RSS-Feed an. Viel Arbeit ist das nicht.

Hintergrund

Das Wort »Podcast« an sich hat schon für viele Diskussionen gesorgt: Als der Journalist Ben Hammersley ihn 2004 aus den Worten »iPod« und »broadcast« zusammensetzte und sich der Begriff rasch ausbreitete, gab es zunächst die Angst, dass Apple sich gegen die Verwendung wehren würde. Viele Hörer dachten auch wirklich, dass Podcasts nur mit dem iPod gehört werden können – ein Missverständnis, das für viel Irritation sorgte. 2005 wurde der Begriff »Podcast« ins Oxford Dictionary of English aufgenommen. Im gleichen Jahr wurde es vom New Oxford American Dictionary zum Wort des Jahres gewählt. Auch heute noch bleibt der Begriff »Podcast« für viele schwammig. Er ist nicht greifbar, er sagt nichts aus. Alternativ wurden auch oft die Begriffe »Internetsendung«, »Audio-Blog« oder »Netcast« verwendet.

Kapitel 12

FINDEN UND HALTEN SIE IHR PUBLIKUM!

Ihr Podcast ist fertig! Sie haben ihn aufgenommen, geschnitten, verschönert und hochgeladen. Aber was jetzt? Wie finden Sie das Wichtigste für einen Podcast: Ihre Hörer? In diesem Kapitel erfahren Sie, wie Sie für die beste Verbreitung sorgen können.

Denken Sie darüber nach: Wo suchen Sie selbst nach neuen Podcasts? Denn genau dort sollte Ihrer auch zu finden sein! Aber eben nicht nur dort, sondern an möglichst vielen Stellen im Internet. Während die Hörer zu Beginn des Podcasting-Trends fast vollständig auf iTunes unterwegs waren und es daher ausreichte, dort vertreten zu sein, gibt es mittlerweile sehr viele verschiedene Wege, um an neuen Hörstoff zu kommen.

Tipp für den Start

Versuchen Sie, in der ersten Woche Ihres Podcasts möglichst viel zu veröffentlichen. Stellen Sie einen Teaser und bald darauf die erste Folge online, eventuell sogar drei bis vier Folgen in der ersten Woche. So werden die potenziellen Hörer leichter auf Sie aufmerksam und können gleich »bingehören«. Dadurch steigt auch die Wahrscheinlichkeit, dass die Hörer dranbleiben und neue Episoden hören möchten, denn sie haben schon eine Beziehung zu Ihnen aufgebaut, was nach lediglich einer Folge schwierig ist. Natürlich müssen Sie die Episoden nicht in einer Woche produzieren – Sie können sie gerne schon Wochen vorher in Angriff nehmen, aber noch nicht veröffentlichen. Erst wenn Sie genug Stoff beisammen haben, lassen Sie den Podcast raus in die Welt!

Versuchen Sie im Rahmen Ihrer Möglichkeiten, möglichst viele dieser Wege anzusteuern und möglichst weit verstreut präsent zu sein. Denken Sie an die Devise: Der Hörer soll Sie nicht suchen, er soll Sie finden. Denn wahrscheinlich weiß er noch gar nicht, dass es Sie und Ihren Podcast gibt. Also müssen Sie durch Präsenz dafür sorgen, dass er über Sie stolpert, ob er will oder nicht.

12.1 Tragen Sie Ihren Podcast in die gängigen Verzeichnisse ein

Nehmen Sie sich einen Nachmittag Zeit, um Ihren Podcast in die Welt hinauszutragen. Suchen Sie bei den verschiedenen Podcast-Verzeichnissen oder -Apps nach Sätzen wie »Submit your Podcast« oder »Add your Podcast«. Schon werden Sie die Möglichkeit haben, Ihren neuen Podcast einzutragen. Zu den nach wie vor wichtigsten Podcast-Verzeichnissen gehört Apples Software iTunes und die dazugehörige Podcast-App. Aber auch ein paar andere Verzeichnisse stelle ich Ihnen im Folgenden vor.

iTunes und Podcasts Connect

Apple hat mittlerweile eine eigene Bedienzentrale für jeden Podcaster eingerichtet, die sich *Podcasts Connect* nennt (*https://podcastconnect.apple.com* oder falls nicht erreichbar über *https://itunesconnect.apple.com/login*). Melden Sie sich dort mit Ihrer Apple ID und mit Ihrem Kennwort an. Falls Sie keine Apple ID haben, müssen Sie diese zunächst anlegen, sonst ist die Verwaltung Ihrer Podcasts in Podcasts Connect nicht möglich.

Links oben erscheint ein blaues Plus-Zeichen. Wenn Sie darauf klicken, können Sie Ihren neuen Podcast anlegen (siehe Abbildung 12.1). Dafür müssen Sie den RSS-Feed Ihres Podcasts eingeben – das ist eine URL-Adresse, die beispielsweise so aussieht:

https://slowgerman.com/feed/podcast/

https://slowgerman.com/feed.xml

Apple ist relativ streng, was die Aufnahme ins Verzeichnis angeht: Vor allem die Metadaten müssen korrekt eingetragen sein. Dazu gehören die Beschreibung des Podcasts und die Auswahl der richtigen Kategorie. Mehr zu den Metadaten erfahren Sie in Kapitel 8, »Metadaten und das richtige Audioformat«.

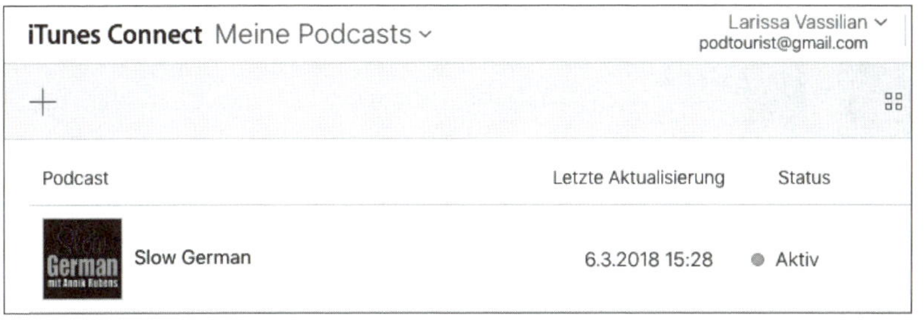

Abbildung 12.1 *Die Benutzeroberfläche von iTunes Connect bzw. Podcasts Connect*

Nachdem Sie Ihren Podcast bei Apple eingetragen haben, beginnt das Warten. Sie können jederzeit sehen, welchen Status Ihr Podcast hat. Wurde er abgelehnt, weil der Feed nicht valide ist, also nicht richtig funktioniert? Oder ist Ihr Podcast aktiv?

Auch wenn Sie in Zukunft an Ihrem Podcast etwas ändern möchten, ist die Oberfläche von Podcasts Connect der richtige Startpunkt.

TuneIn

TuneIn (*https://tunein.com*) ist ein US-amerikanischer Online-Dienst mit über 60 Millionen Nutzern. Diese können auf der Plattform oder über die kostenlosen Apps angeblich über 100.000 Radiosender und vier Millionen Podcasts hören. Für Podcaster ist aber vor allem wichtig, dass TuneIn große Kooperationen mit Mercedes-Benz, BMW, Ford, Tesla und anderen Autoherstellern eingegangen ist, damit auch vom Auto aus auf das Verzeichnis zugegriffen werden kann. Zudem kommen Podcasts über TuneIn auch sehr einfach auf Sprachassistenten wie Alexa von Amazon.

Ihren eigenen Podcast können Sie über ein Formular in das Verzeichnis eintragen lassen (*https://help.tunein.com/contact/add-podcast-S19TR3Sdf*). Wer genau weiß, was er sucht, ist bei TuneIn gut aufgehoben. Wer nur mal stöbern möchte, stößt oft auf veraltete Informationen (siehe Abbildung 12.2). Das ist aber kein Wunder, denn es macht enorm viel Arbeit, so ein ausführliches Verzeichnis zu pflegen.

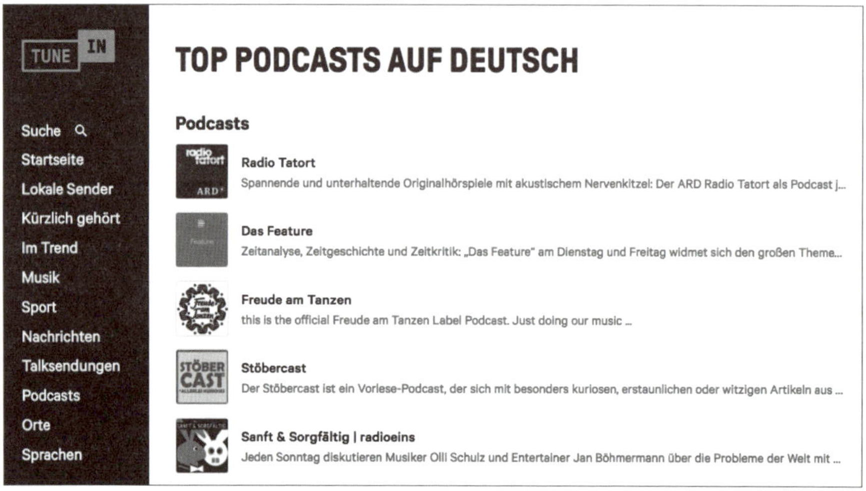

Abbildung 12.2 *TuneIn macht 2018 Vorschläge für deutschsprachige Hörer – darunter auch »Sanft & Sorgfältig«, der seit März 2016 nicht mehr aktualisiert wird.*

Stitcher

Sehr ähnlich funktioniert Stitcher (*https://www.stitcher.com*), ebenfalls ein Streaming-Dienst für Podcasts und Internet-Radio. Der Dienst erntete Kritik, als er mit Ausschnitten aus Podcasts Werbung machte und selbst das Geld dafür einstrich. Wie bei jeder Plattform muss jeder Podcaster selbst entscheiden, ob er mit den jeweiligen Geschäftsbedingungen einverstanden ist. Klicken Sie diese also nicht einfach weg, sondern lesen Sie sie zur Abwechslung wirklich mal!

Wer in den Dienst aufgenommen werden möchte, füllt auch hier ein Formular aus und wird dann von einem Stitcher-Mitarbeiter kontaktiert. Hier geht's zum Formular: *https://www.stitcher.com/content-providers*.

Pocket Casts und andere Apps

Früher war alles ... komplizierter. Zu Beginn der Podcast-Zeit in den Jahren ab 2004 mussten einige Schritte ausgeführt werden, um an neuen Hörstoff zu kommen: Zunächst habe ich mir damals Podcasts (also MP3-Dateien) auf meinen Computer heruntergeladen. Anschließend habe ich diese per Kabelverbindung auf meinen tragbaren MP3-Player synchronisiert. Erst danach konnte ich sie mobil hören.

Heute ist das natürlich grundlegend anders: Vor allem Apps für Smartphone und Tablet sind mittlerweile wichtig für Podcast-Hörer. Die neuen Episoden werden meist gestreamt statt heruntergeladen. Daher sollte Ihr Podcast unbedingt auch in den wichtigsten Podcast-Apps vertreten sein!

Beispielhaft erwähne ich hier die App *Pocket Casts* (*http://www.shiftyjelly.com/pocketcasts*), da sie meine persönliche Lieblings-App ist (siehe Abbildung 12.3) Sie ist sowohl für iOS, Android als auch als Web-Oberfläche verfügbar, ist allerdings nicht kostenlos (ca. 3 € für Android).

Denkbar einfach ist auch hier das Eintragen Ihres Podcasts: Gehen Sie auf die entsprechende Seite (*http://www.pocketcasts.com/submit*), und tragen Sie wie bei iTunes den RSS-Feed Ihres Podcasts ein. Die restlichen Informationen holt sich die App selbstständig. Bevor Sie Ihren Podcast eintragen, sollten Sie kurz nachsehen, ob er nicht schon da ist – viele Feeds hat sich Pocket Casts selbst aus anderen Verzeichnissen schon geholt.

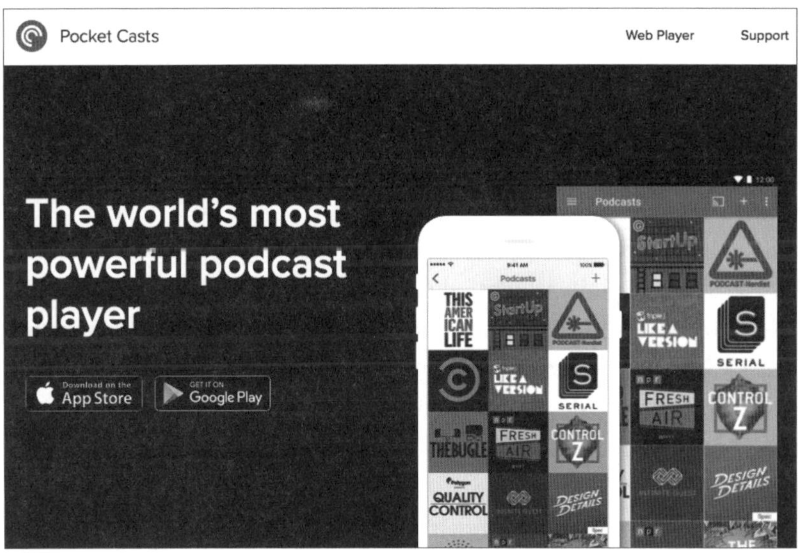

Abbildung 12.3 *Bei den meisten Podcast-Verzeichnissen funktioniert das Eintragen ähnlich – sie ziehen sich alle Informationen aus dem RSS-Feed.*

Weitere Podcast-Apps sind:

- Downcast (iOS, Mac, Apple Watch, Car Play: *http://www.downcastapp.com*)
- Procast Podcast App (iOS: *http://procast.coderocker.de*)
- Overcast (iOS: *https://overcast.fm*)

- Podcat (iOS: *http://www.podc.at*)
- BeyondPod (Android: *http://www.beyondpod.mobi/android*)
- AntennaPod (Android: *http://antennapod.org*)

Fyyd – die Podcast-Suchmaschine aus Deutschland

Wieso sollten Sie nicht auch mal einen ungewöhnlichen, neuen Weg gehen? Fyyd ist eine Podcast-Suchmaschine von Christian Bednarek, die stetig wächst. Hier können Sie etwas machen, das anderswo nicht möglich ist: einen eigenen Feed zusammenstellen mit Episoden anderer (und eigener) Podcasts, die Sie toll finden. Das nennt sich hier Kuratieren. Sie können zudem auch andere kuratierte Feeds abonnieren und durchhören. Einige emsige Podcast-Hörer nutzen dies beispielsweise, um ihre Hörempfehlungen einfach abonnierbar zu machen. Dabei entsteht sozusagen ein »Best Of« der eigenen Podcast-Abos.

Damit Ihr Podcast hier auftaucht, tragen Sie ihn wie gehabt kurz ein (*https://fyyd.de/add-feed*). Fyyd sorgt übrigens auch dafür, dass Podcasts über den Sprachassistenten Alexa von Amazon abspielbar sind. Dazu muss allerdings anders als bei TuneIn ein eigener Skill aktiviert werden.

Spotify

Ab auf die Plattform, auf der auch Jan Böhmermann seinen Podcast veröffentlicht! Klar! Positiv an Spotify ist, dass viele hörbegeisterte Menschen in Deutschland bereits einen Account haben. Sie haben die App installiert, sie wissen, wie alles funktioniert, und haben daher keine Berührungsängste, hier nach neuen Inhalten zu suchen. Der Haken dabei ist, dass Spotify so riesig ist, dass es schwierig ist, hier wirklich eine kleine Podcast-Nadel im Musik-Heuhaufen zu finden. Allerdings ist der Empfehlungsalgorithmus gut, vielleicht finden also über Spotify genau die richtigen Hörer zu Ihnen. Ganz so einfach wie bei anderen Verzeichnissen ist es leider nicht, im Spotify-Universum aufgenommen zu werden. Wer seinen Podcast beispielsweise bei Libsyn oder Buzzsprout hostet, kann durch das Setzen von ein paar Häkchen zu Spotify gelangen. Sehen Sie also bei Ihrem Hoster nach, ob dieser eine Verbindung zu Spotify hat. Alle anderen müssen es mit einem Eintrag in ein Formular versuchen und dann kräftig die Daumen drücken: *https://docs.google.com/forms/d/e/1FAIpQLSfKJ76t_tPV2jugdX14NeajSfp7EV0hcgjVki1GEGuoeyJvDw/viewform?c=0&w=1*.

Google Podcasts

Natürlich hat auch Google das Podcast-Fieber gepackt, und zwar unter anderem mit einer Android-App, die sich auf Podcasts spezialisiert hat (siehe Abbildung 12.4). Hier nutzt Google seine Marktmacht als Suchmaschine und zeigt nicht nur das, was der User selbst abonniert hat, sondern nutzt seinen starken Algorithmus, um auch andere Hörtipps anzuzeigen, die gefallen könnten. Steuerbar ist die App auch über den Sprachassistenten. In der Zukunft soll es Untertitel für Podcasts und weitere Verbesserungen der App geben.

Zack Reneau-Wedeen ist Product Manager der Podcasting-App bei Google. Ein interessantes Phänomen ist, dass zwar viel mehr Menschen auf der Welt ein Android-Gerät als ein Apple-Gerät (also iOS) haben, Podcast-Hörer aber eher Apple-Geräte benutzen. Zack Reneau-Wedeen betont, dass durchschnittlich zehn Mal so viele Podcast-Hörer ihre Inhalte auf iOS wie auf Android-Geräten anhören. Es ist also kein Wunder, dass der Konzern dort tätig werden möchte.

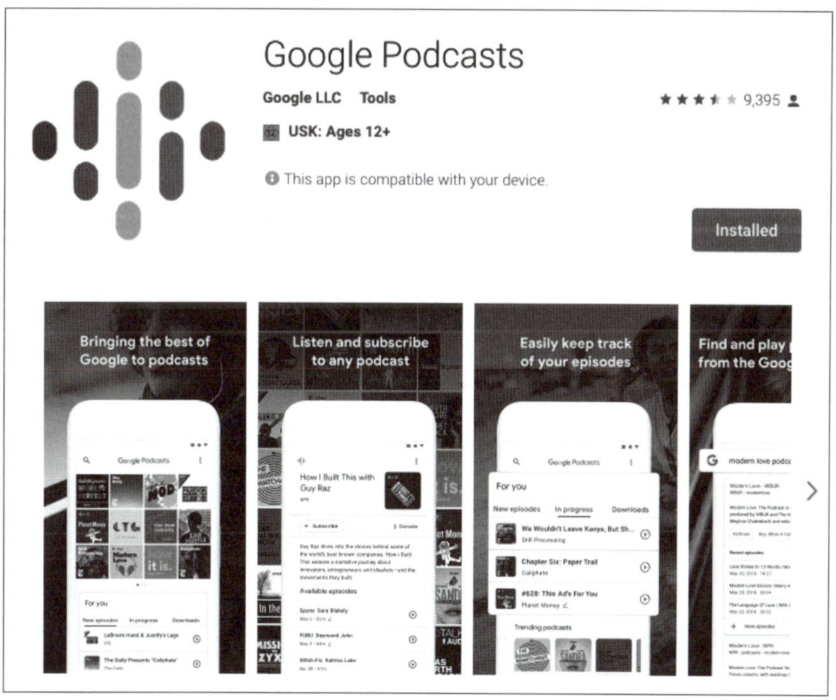

Abbildung 12.4 *Die Google-Podcasts-App für Android: normaler Player, Entdeckungsplattform und in Zukunft Raum für Innovationen?*

In der »New Media Show« mit Todd Cochrane und Rob Greenlee versichert Zack Reneau-Wedeen, dass der Suchriese sich durchaus mit den Bedürfnissen der Podcaster auseinandersetzt (Anfragen können direkt über Twitter @zackrw gestellt werden) und zugleich versucht, die besten Ergebnisse für die Hörer bereitzustellen. Das ganze Interview gibt es hier: *https://newmediashow.com/2018/07/07/google-podcasting-app-product-manager-212*.

Laut Zack Reneau-Wedeen wird das nächste Level der Entwicklung sein, dass die Suchmaschine direkt zu passenden Audioergebnissen führen kann – auch sprachgesteuert. Einzelne Episoden des Podcasts sollen gleich mit Play-Button in den Google-Suchergebnissen auftauchen. Entsprechende Screenshots aus den USA zeigen bereits, wie das aussieht. Die Funktionalität entspreche der einer eigenständigen Podcast-App, versichern einige Nutzer.

In der Branche lösten die Neuigkeiten von Google größtenteils Begeisterung aus. Immerhin sagt Zack Reneau-Wedeen, sein Team werde dazu beitragen, die Anzahl der Podcast-Hörer weltweit in den kommenden Jahren zu verdoppeln.

Wie auch bei Diensten wie Netflix soll die Podcast-App sich über alle registrierten Geräte eines Nutzers synchronisieren. Sie merkt sich also, welche Folgen bereits gehört wurden und an welcher Stelle aufgehört wurde zu hören, um dort wieder anzusetzen.

Wichtig für Podcaster ist also, bei der eigenen Veröffentlichungsstrategie auch Google im Auge zu behalten. Google hat offizielle Guidelines herausgegeben, die jeder Podcaster kurz durchgehen sollte, um zu sehen, ob sein Podcast alle Kriterien erfüllt (*https://developers.google.com/search/docs/data-types/podcast*). Einer der wichtigsten Punkte ist natürlich ein funktionierender RSS-Feed mit mindestens einer Episode. Aber auch eine eigene Internetseite des Podcasts wird bei Google vorausgesetzt.

Tipp aus der Praxis

Wenn Sie auf Ihrer Seite direkt einen Link setzen wollen, der Ihren Podcast in der Google-App anzeigt, können Sie diesen Link hier erstellen: *https://search.google.com/devtools/podcast/preview*. Hier können Sie auch Ihren Podcast anzeigen lassen, wie er in den Google-Suchergebnissen auf Ihrem Android-Gerät aussehen wird.

Podcast.de

Fabio Bacigalupo gehört zu den Menschen in Deutschland, die gleich 2004 mit dem Podcast-Fieber infiziert wurden. Der studierte Informatiker setzte damals im Oktober sein Verzeichnis *podcast.de* ins Netz (*https://www.podcast.de*). Heute kommt die Plattform etwas antiquiert daher, aber sie ist absolut nützlich und sie funktioniert. Auch hier sollten Sie also Ihren Podcast eintragen (Link im Footer der Seite, nach der Anmeldung). Schön ist auf der Plattform übrigens das Forum, in dem die Podcaster und Podcast-Hörer sich vorstellen und miteinander über die unterschiedlichsten Themen diskutieren.

Sendegate

Kein richtiges Podcast-Verzeichnis, aber das im deutschsprachigen Raum wohl größte Forum für Podcast-Macher und Podcast-Hörer ist die Plattform *Sendegate* (*https://sendegate.de*). Hier in der Community können Sie sich zum einen bei Problemen an andere Podcaster wenden. Zum anderen können Sie aber auch als Anfänger Ihren Podcast hier vorstellen und so eventuell neue Hörer gewinnen oder Kritik und Anmerkungen von alten Hasen bekommen. Nach kurzer Anmeldung in der Community können Sie direkt zum Thread »Ich stelle mich vor« sausen, und dort ein paar Zeilen zu Ihrem Podcast hinterlassen: *https://sendegate.de/t/der-grosse-ich-stelle-mich-vor-thread/18*.

12.2 Nutzen Sie neue Plattformen zur Verbreitung

Warten Sie nicht darauf, dass Ihr Nutzer Sie findet. Gehen Sie lieber mit Ihrem Podcast dorthin, wo Ihr Nutzer bereits ist! Neben den gängigen Verzeichnissen ist es eventuell auch sinnvoll, neue Wege zu gehen.

Alexa, Siri, Cortana und Co.

Die Sprachassistenten von Amazon, Google, Microsoft und Apple werden immer beliebter. Warum? Das ist leicht anhand einiger Beispiele erklärt.

Stellen Sie sich folgendes, kleines Szenario vor: Sie stehen unter der Dusche, und hören Ihren Lieblings-Podcast über den Amazon Echo. Der ist aber so leise, dass Sie kaum etwas hören. Also rufen Sie kurz: »Alexa, lauter!« und können wieder gut verstehen, was gesprochen wird (siehe Abbildung 12.5).

Ein anderes Szenario ist, dass Sie morgens aufstehen und ins Bad gehen. Dort steht zwar ein normales Radio, das bringt zu dieser Uhrzeit aber nur nervige Morgenmoderatoren oder langweilige Börsennachrichten, die Sie nicht interessieren. Also können Sie sich eine eigene Morgenroutine einrichten und werden ab sofort morgens automatisch im Bad mit »Was jetzt?« informiert, dem tagesaktuellen Podcast von ZEIT ONLINE.

Ich habe in diesen Beispielen den Amazon-Sprachassistenten verwendet, da er derzeit der Marktführer ist und die größte Verbreitung hat. Vielleicht haben Sie selbst eines der Amazon-Geräte zuhause?

Abbildung 12.5 *Die freundliche Stimme von Alexa ist der derzeit bekannteste Sprachassistent und auf vielen verschiedenen Geräten verfügbar (Foto: Amazon).*

Durch die Eintragung in TuneIn oder fyyd ist Ihr Podcast automatisch auf Alexa verfügbar. Wenn Sie aber einen eigenen Skill haben möchten, ist dafür einiges an Programmier-Know-how nötig.

Als Alternative dazu gibt es mittlerweile einige Dienstleister, die die Programmierung übernehmen. Diese lassen sich das aber auch einiges kosten. Hinter dem

Service *olelo* (*https://podcasts.olelo.io*) stecken der ITler Sebastian Schöps und der Kommunikationsprofi Sebastian Hess aus Baden-Württemberg. Sie basteln für Podcaster Alexa-Skills und lassen diese über ein Abo-Modell abrechnen. Kostenlos ist der Skill, dass Alexa über olelo den eigenen Podcast ansteuert. 6 € pro Monat kostet es, wenn im Befehl die Firma olelo nicht mehr genannt wird, sondern lediglich als Ersteller auftaucht. Soll der Name olelo gar nicht auftauchen, kostet es 9 € pro Monat (siehe Abbildung 12.6).

Abbildung 12.6 *Es ist schon schön, wenn Alexa einen versteht und gleich die neueste Episode abspielt. Sie sollten sich aber überlegen, ob der finanzielle Einsatz sich lohnt.*

Falls Sie einen Podcast produzieren, der tagesaktuell ist, Nachrichtenwert hat und regelmäßig (möglichst täglich) erscheint, sollten Sie unbedingt darüber nachdenken, einen Skill einzurichten.

YouTube und Audiogram

Auf den ersten Blick mag es komisch erscheinen, einen Audio-Podcast auf die Videoplattform YouTube zu stellen. Es hat aber einige Vorteile!

Einerseits ist die Bedienung von YouTube mittlerweile zur Normalität geworden, es ist ein erlerntes Verhalten vieler Internetnutzer. Anstatt sich also an eine neue Plattform oder App gewöhnen zu müssen, können sie direkt hier auf ihre Podcasts zugreifen, wenn Sie dies möchten, und diese auch abonnieren – das kennen wir Podcaster ohnehin schon viel länger als die Videonutzer.

Andererseits können Sie bei YouTube Untertitel hinzufügen. Das macht den Podcast also zum einen für Gehörlose barrierefrei, zum anderen können auch Deutschlernende Ihnen leichter folgen.

Aber wie gehen Sie dafür vor? Sie können entweder der Audiospur Ihres Podcasts in einem Videobearbeitungsprogramm ein Standbild oder gar eine kleine Diashow mit mehreren Fotos zuordnen. Alternativ können Sie den Upload zu YouTube direkt von Auphonic übernehmen lassen – hier passiert das mit nur wenigen Klicks automatisch. Zudem können Sie wählen, ob Sie ein Standbild oder ein sogenanntes *Audiogramm* anzeigen möchten. Bei diesem wird dem Standbild eine sich bewegende Waveform, ein Graph, hinzugefügt (siehe Abbildung 12.7).

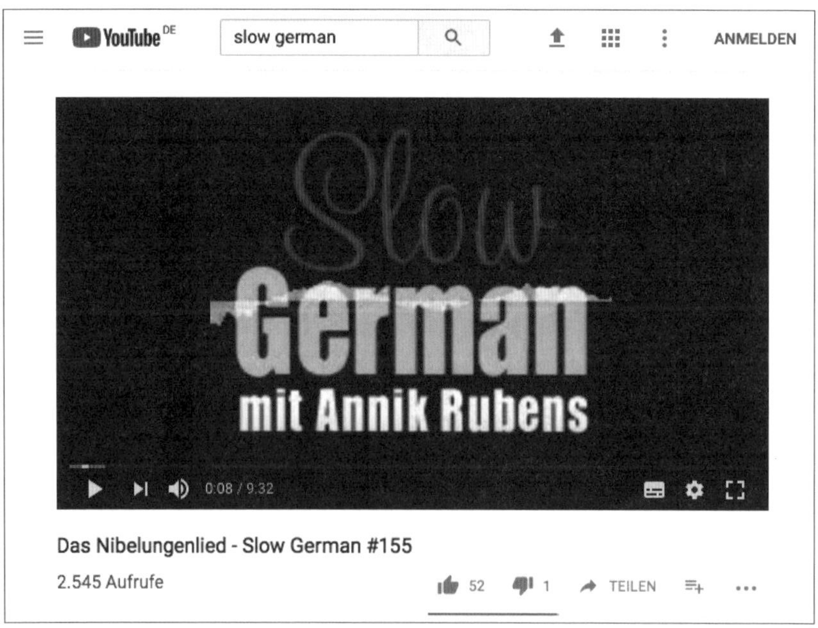

Abbildung 12.7 *Bei der YouTube-Option »Audiogram« wird eine sich bewegende Wave-Form über das Standbild gelegt. Das ist ein netter Effekt, wenn auch noch nicht ganz ausgereift.*

Tipp aus der Praxis

Zwei Audiogramme können Sie mit *Audiogram* kostenlos erstellen: *https://getaudiogram.com/pricing*. Es gibt auch eine immer kostenlose Webvariante, mit der Sie ansprechende Videos für Ihren Podcast gestalten können: *Headliner* (*https://www.headliner.app*) gibt Ihnen viele kreative Möglichkeiten an die Hand, um Ihr Video selbst zu bauen und anschließend hochzuladen.

Nutzen Sie klassische und neue Werbemittel

Wie würden Sie auf sich aufmerksam machen, wenn Sie ein neues Geschäft hätten? Durch diese Frage werden Ihnen auch Möglichkeiten einfallen, Ihren Podcast bekannt zu machen.

Sie können beispielsweise ganz klassisch Flyer drucken lassen oder kleine Visitenkarten mit Ihrem Podcast-Logo und einer entsprechenden URL beziehungsweise einem QR-Code versehen. Diese Flyer und Karten können Sie dann auf Barcamps, Podcaster-Treffen oder anderen Veranstaltungen verteilen, aber Sie können auch beim Café um die Ecke fragen, ob Sie diese auslegen dürfen. Überlegen Sie auch, wo sich Ihre Hörer aufhalten – sind es spezielle Messen, besondere Events oder ist es eine bestimmte Region? Genau dort könnten Sie Ihre Flyer unter die Leute bringen.

Wirksam ist es auch, Anzeigen über Google zu schalten. Wenn also jemand nach bestimmten Schlüsselwörtern sucht, wird er von der Suchmaschine zu Ihnen geführt – Sie landen in der Suche oben statt unter ferner liefen. Google Ads kosten natürlich Geld. Sie können aber ein tägliches Höchstlimit festlegen (beispielsweise 5 €), die Sie für diese Art von Werbung investieren möchten.

Es gibt auch Plattformen, die gezielt Podcast-Hörer ansprechen und auf denen Sie Werbung schalten können – allerdings derzeit eher auf dem amerikanischen Markt. Falls Ihr Podcast sich aber an Hörer hier wendet, ist das vielleicht eine Überlegung wert.

Für Preise von 60 bis 1.025 US$ können Sie beispielsweise bei der Podcasting-App *Overcast* Werbebanner in verschiedenen Kategorien oder überall einblenden lassen (*https://overcast.fm/ads*).

Maria Lorenz
Podcast-Produktion / Kreation / Beratung
www.poolartists.de

Gästeliste Geisterbahn, ZEIT ONLINE, Dunkle Heimat - Hinterkaifeck
WIMAF, Songpoeten, Zwei Nasen Tanken, u. v. m.

Abbildung 12.8 *Unter jeder E-Mail ein wenig Werbung in eigener Sache: Maria Lorenz weist auf ihre Produktionen hin, ein einziger Klick führt dann zum jeweiligen Podcast.*

Kostenlos und dennoch wirkungsvoll ist es, Ihren E-Mails eine eigene Signatur hinzuzufügen, also einen Abbinder. Dieser wird dann (abhängig davon, wie Sie es einstellen) bei jeder neuen E-Mail angehängt (siehe Abbildung 12.8). In diesem Abbinder kann beispielsweise stehen: »Einfach Deutsch lernen mit ›Slow German‹! Jetzt meinen Podcast abonnieren unter: *www.slowgerman.com*.« Je nachdem, wem Sie schreiben, können Sie natürlich die Ansprache formulieren. Mailen Sie eher Freunden und Bekannten, ist ein flapsiger Ton kein Problem. Landen die E-Mails eventuell auch bei Geschäftspartnern, sollte es seriöser sein. Sie können die Signaturen natürlich auch wahlweise löschen, bevor Sie eine E-Mail abschicken.

Um Nutzer immer wieder daran zu erinnern, dass es Ihren Podcast gibt, kann auch ein Newsletter nützlich sein. Dieser ist allerdings nur dann sinnvoll, wenn er den Lesern einen Zusatznutzen gibt. Lediglich darauf hinzuweisen, dass es neue Folgen gibt, ist zu wenig. Erwähnen Sie also beispielsweise gute Links zum Thema XY, über das Sie in der letzten Folge gesprochen haben. Oder stellen Sie »5 Tipps zum Thema XY« bereit, die dem User nutzen können. Sie können auch schöne Fotos im Newsletter präsentieren, die die Entstehung des Podcasts zeigen, Backstage-Material sozusagen.

Es gibt verschiedene Dienste, die das Verschicken derartiger Newsletter übernehmen. Besonders komfortabel und daher sehr verbreitet ist *MailChimp* (*https://mailchimp.com*). Hier können Sie mit A/B-Tests herausfinden, welche Überschrift oder welche Zeit am besten von den Usern angenommen werden. Auch das Erstellen der Newsletter selbst aus Bausteinen ist ein Kinderspiel und macht sogar Spaß. Der Haken dabei ist: Je mehr Nutzer den Newsletter abonnieren, desto teurer wird der Spaß. Bis zu 2.000 User sind kostenlos, über 5.000 kosten dann schon 50 US$ im Monat, bei über 10.000 sind es monatlich 80 US$.

Abbildung 12.9 *Der (fast immer) monatliche Podcast von »Slow German«: Natürlich wird auf die Inhalte des Podcasts hingewiesen, dazu gibt es aber Tipps für Deutschlernende.*

Als reine Info-Quelle ist so etwas wahrscheinlich nicht rentabel. Wenn Sie aber durch den Newsletter beispielsweise auch etwas wie Premium-Inhalte Ihres Podcasts, Ihr neues Buch oder Eintrittskarten zu Ihrem nächsten Auftritt oder Workshop verkaufen möchten, ist er jeden Cent wert.

12.3 Werden Sie in der Szene sichtbar

Als Podcaster können Sie Ihre gesamte Zeit im stillen Kämmerlein verbringen. Sie müssen auf keine Bühne, wenn Sie das nicht möchten. Sie können anonym bleiben und trotzdem Erfolg haben. Wenn Sie aber eher zu den Menschen gehören, die gerne unter Gleichgesinnten sind, sollten Sie sich unbedingt schlau machen, welche Termine in nächster Zeit anstehen.

Vielleicht gibt es in Ihrer Stadt einen Podcast-Stammtisch, bei dem sich regelmäßig Podcaster und Hörer zum Austausch treffen. Wenn Sie Fan eines bestimmten Podcasts sind, achten Sie darauf, ob dieser Podcast vielleicht Hörertreffen veranstaltet. Möglicherweise gibt es sogar Live-Auftritte Ihrer Lieblings-Podcaster?

Es gibt ähnlich wie Barcamps auch Veranstaltungen extra von Podcastern für Podcaster (z. B. das Podcamp: *http://podcamp.de*). Immer wieder gibt es auch Podcast-Preise, die in der Szene verliehen werden – vielleicht passt Ihr Podcast in eine der Kategorien? Ein Beispiel dafür ist der *Podcastpreis* (*http://podcastpreis.de*).

Ein- bis zweimal pro Jahr findet auch die »Subscribe« (*https://das-sendezentrum.de/subscribe*) statt, eine deutschsprachige Konferenz für Podcaster und Hörer. In den USA gibt es die große Konferenz »Podcast Movement« (*https://podcastmovement.com*). In Deutschland ebenfalls interessant sind die Festivals »Podstock« (*https://www.podstock.de*) und »Auf die Ohren« (*http://auf-die-ohren.com*), die jedes Jahr im Sommer stattfinden.

Auch bei größeren Medienveranstaltungen wie der re:publica (*https://re-publica.com/de*) oder dem Chaos Communication Congress gibt es viel zum Thema Podcast zu hören und zu erleben.

Gehen Sie zu diesen Veranstaltungen, nehmen Sie Ihre Flyer oder Visitenkarten mit und versuchen Sie, mit Machern und Hörern ins Gespräch zu kommen. Mehr zum Thema Community erfahren Sie auch in Kapitel 9.

12.4 Das kann Social Media für Ihren Podcast tun

Natürlich sind die sozialen Netzwerke auch für Podcaster eine perfekte Möglichkeit, auf die eigene Arbeit aufmerksam zu machen. Voraussetzung ist natürlich, dass Sie sich bereits über die letzten Jahre eine Community aufgebaut haben – wenn nicht, ist es recht mühsam, damit erst anzufangen.

Gleich auf allen Kanälen präsent zu sein, ist keine gute Idee, schon gar nicht, wenn sich die Inhalte doppeln. Überlegen Sie sich vor Beginn Ihrer Aktivitäten in den sozialen Netzwerken eine Strategie. Jedes Netzwerk hat andere Regeln, bei jedem Netzwerk funktionieren andere Sachen gut. Welches passt zu Ihnen und vor allem zu Ihren Hörern? Nicht zuletzt sollte die Aktivität bei Facebook & Co.

zeitlich machbar sein und Sie nicht von Ihrer eigentlichen Aufgabe ablenken: dem eigenen Podcast. Überlegen Sie sich also gut, wo Sie präsent sein möchten, und fokussieren Sie Ihre Aufmerksamkeit auf ein bis zwei Netzwerke.

Facebook

Facebook ist derzeit das Netzwerk mit der größten Nutzerschaft. Dementsprechend ist es für viele Podcaster auch der wichtigste Verbreitungsweg in Sachen Social Media.

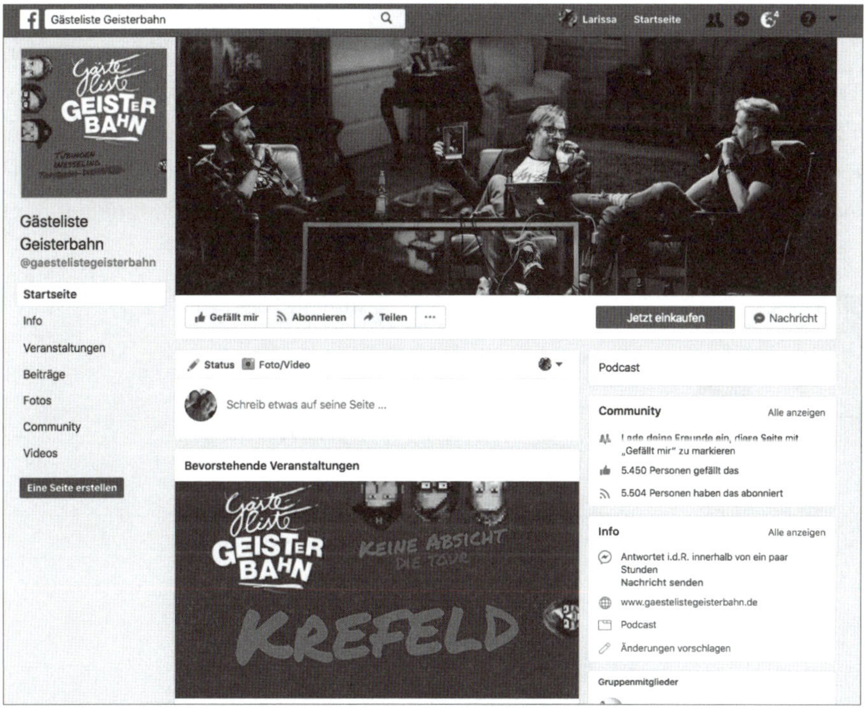

Abbildung 12.10 *»Gästeliste Geisterbahn« bei Facebook: Gleich auf der Startseite sind die nächsten Veranstaltungstermine zu finden.*

Richten Sie sich eine Unternehmensseite ein (kein Profil!), und füllen Sie die Seite mit Leben. Dazu gehören schöne Bilder, viele Informationen und regelmäßige Posts (siehe Abbildung 12.10). Sie können diese Posts auch bei Facebook zeitschalten, also mehrere auf einmal erstellen und dann dafür sorgen, dass nur ein Post pro Woche online geht.

Weisen Sie auf neue Episoden hin, die gerade online gegangen sind. Posten Sie aber auch darüber hinaus etwas, z. B. ein kurzes Video, in dem Sie zeigen, wie Ihr kleines Studio aussieht. Audios zu verlinken funktioniert auf Facebook nicht wirklich gut. Daher ist es wichtig, einen Mix zu bieten, also mal ein Bild zu posten, dann wieder ein Video, dann einen Link.

Nehmen Sie Ihre User mit hinter die Kulissen. Zeigen Sie, wenn Sie unterwegs zu einem Interview sind. Zeigen Sie Interviewpartner, die demnächst bei Ihnen auftauchen werden. Stellen Sie auch gerne Fragen oder machen Sie mal eine Umfrage, wenn Sie sich zwischen Themen nicht entscheiden können. Beziehen Sie Ihre User mit ein – und es werden beide Seiten profitieren.

Die Aufteilung bei Facebook ist immer gleich: Oben stehen ein paar Zeilen Text, ein kleiner Teaser. Darunter folgt ein Bild oder Video (siehe Abbildung 12.11). Wichtig ist, dass Sie in den Zeilen über Ihrem Posting einen Anreiz schaffen, damit die User hängen bleiben. Machen Sie sie neugierig auf den Inhalt, stellen Sie eine Frage, damit die User kommentieren. Geben Sie sich Mühe mit dem Text!

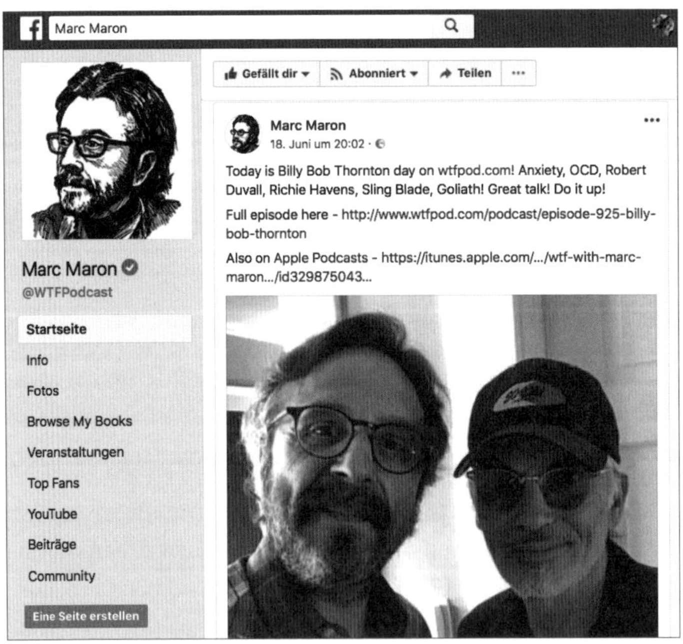

Abbildung 12.11 *Gast erwähnt, Links zur Folge gesetzt, fertig: Marc Maron bleibt in seinem Facebook-Auftritt zurückhaltend. Aber bei seinen prominenten Gästen muss auch nicht viel gesagt werden.*

Vergessen Sie bitte nie, dass Facebook keine Einbahnstraße ist: Wenn Kommentare kommen, sollten Sie zeitnah antworten und auf Hörerfragen und -wünsche eingehen. Das erfordert zwar Zeit, ist aber gleichzeitig eine tolle Möglichkeit, um Ihre Community besser kennenzulernen. So erfahren sie, welche Themen gerade interessant sind oder diskutiert werden. Vielleicht kommt auch konstruktive Kritik, die Sie umsetzen können, um Ihren Podcast (noch) besser zu machen. Oder Sie finden unter den Hörern jemanden, der so interessant ist, dass er mal in eine Episode zum Interview eingeladen wird!

Auf Facebook-Seiten können Sie auf bevorstehende Veranstaltungen wie Live-Events Ihres Podcasts hinweisen. Sie können die Community aber auch, wie schon erwähnt, dafür nutzen, neue Themen zu erarbeiten (siehe Abbildung 12.12). Das geht auf einer kleinen Facebook-Seite gut. Wenn Sie aber ein geschützteres Umfeld brauchen, können Sie dazu auch eine Facebook-Gruppe ins Leben rufen, die dann mit Ihrer Facebook-Seite verknüpft ist. Es gibt offene, geschlossene und geheime Gruppen. Wählen Sie aus, was für Sie am besten ist. In einer geschlossenen Gruppe sind wirklich nur die User, die Sie genehmigt haben. Das können z. B. besonders treue Hörer sein.

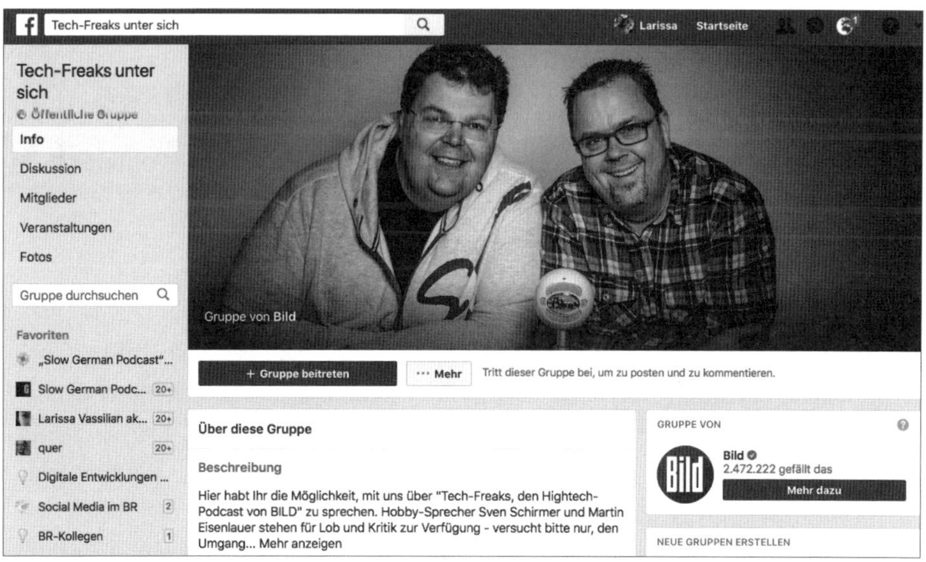

Abbildung 12.12 *Sven Schirmer und Martin Eisenlauer machen »Tech-Freaks«, den Hightech-Podcast von BILD. In einer Gruppe suchen sie gemeinsam mit Hörern nach den richtigen und wichtigen Themen*

Facebook-Gruppen können auch eine Möglichkeit sein, sich mit anderen Podcastern und Hörern zu vernetzen und so auf neue Ideen zu kommen. Deutsche Podcast-Gruppen sind beispielsweise »Wir sind Podcast-Helden« (*https://www.facebook.com/groups/Podcastliebhaber*) oder »Podcasts – Made in Germany« (*https://www.facebook.com/groups/PodcastsMiG/about*).

Was Facebook in den vergangenen Jahren reich gemacht hat, ist die Möglichkeit, Werbeanzeigen zu schalten. Das können Sie genauso tun wie die großen Firmen. Sie können sich einen kleinen Text ausdenken und ein schönes Bild auswählen oder gleich ein Video drehen. Anschließend wählen Sie aus vielen verschiedenen Parametern aus, wer die Anzeige sehen soll. Nur Frauen zwischen 30 und 35, die Katzen mögen? Kein Problem. Nur Menschen in und um München? Auch kein Problem. Setzen Sie ein tägliches Budget fest, das Sie bereit sind auszugeben – und hoffen Sie so auf neue Hörer.

Das, wozu früher ein riesiger Übertragungswagen gebraucht wurde, geht heute mit einem Mausklick: Senden Sie live über Facebook! Machen Sie beispielsweise eine Fragestunde mit Ihren Hörern, in der Sie live Fragen beantworten. Oder diskutieren Sie die Themen Ihrer jüngsten Podcast-Episode. Facebook Live gibt Ihnen die Möglichkeit, live mit den Usern zu interagieren und direkt auf Kommentare einzugehen. Natürlich gibt es auch Facebook Live Audio, es muss also nicht immer Video sein.

▷ **Facebook ist vor allem gut, wenn es in Ihrem Podcast um Unterhaltung geht und wenn Sie Anzeigen schalten möchten.**

Twitter

Der Kurznachrichtendienst Twitter setzt weiterhin hauptsächlich auf Textnachrichten und Links, Sie können aber auch hier kurze Videos posten. Besonders gut eignet sich Twitter für die Berichterstattung bei Live-Events, egal ob das der sonntägliche Tatort ist, der per Hashtag #tatort begleitet wird, oder eine Veranstaltung wie die re:publica.

Legen Sie sich ein Profil an, und füllen Sie vor allem den Beschreibungstext über sich selbst aus. Hier sollte unbedingt Ihr Themengebiet stehen und ein Link auf Ihren Podcast gesetzt sein.

Fangen Sie an, anderen Nutzern zu folgen. Suchen Sie Nutzer, die sich mit ähnlichen Themen beschäftigen wie Sie selbst. Fügen Sie auch andere Podcaster hinzu. Nutzen Sie Hashtags, die gerade kursieren – natürlich nur, wenn es sich anbietet und Sie etwas dazu zu sagen haben. Weisen Sie auf Ihre neuen Episoden hin (siehe Abbildung 12.13), aber auch auf weitere Linktipps, die es zu Ihrem Thema gibt.

Abbildung 12.13 *Das macht neugierig: Im Tweet steht zwar nur ein Link zur Podcast-Episode auf YouTube, aber dafür gibt's ein extra Bild mit Frage.*

Erarbeiten Sie sich mit der Zeit einen Kreis von Twitterern, denen Sie selbst folgen. Diese werden zu Ihrer Nachrichtenagentur. Suchen Sie sich also Menschen, die thematisch zu Ihrem Podcast passen und durch die Sie sich inspirieren lassen können. Vielleicht werden Sie durch die Tweets von anderen Gleichgesinnten auf ein Thema aufmerksam, das Ihnen sonst durch die Lappen gegangen wäre.

▷ **Twitter ist vor allem gut für Sie, wenn die Information in Ihrem Podcast an erster Stelle steht und Sie Medienthemen ansprechen, da sich dort viele Journalisten tummeln.**

YouTube

Und damit geht's auch schon zu YouTube, der Videoplattform von Google. Was ein Audio-Podcast dort verloren haben soll? Eine Menge! Denn nirgendwo sonst erwischen Sie die »Laufkundschaft«. Bei YouTube wird extrem viel auf Vorschläge geklickt, die die riesige Videomaschine maßgeschneidert ausliefert. So werden vielleicht neue Hörer auf Sie aufmerksam, die Sie sonst nicht erreicht hätten. Ein weiterer Vorteil ist, dass Sie auch Untertitel einblenden lassen können, falls Sie ein Skript zu Ihrem Podcast haben.

Abbildung 12.14 *Gerade erst angefangen, aber gleich 14.551 Aufrufe: So kann's gehen bei YouTube.*

Wichtig ist, dass Sie bei YouTube Ihre Hausaufgaben machen. Ihr Podcast muss ein schönes Thumbnail haben, also ein Bild, das – wenn möglich – mit Schrift versehen ist. Dieses Bild wird möglichen Hörern ganz klein als Vorschlag angezeigt, es muss also neugierig machen (siehe Abbildung 12.14).

Denken Sie auch an die Stichwörter, denn nach ihnen entscheidet YouTube, wem das Video gefallen könnte. Im Beschreibungstext können Sie Ihr Transkript oder Teile davon abbilden oder einen eigenen Text verfassen, in dem möglichst viele Worte vorkommen, die Ihren Podcast beschreiben. Sie können auch Ihre Kapitelüberschriften inklusive Timecode benutzen, falls Sie diese ohnehin schon gesetzt haben, oder Ihre Shownotes einfach hierher kopieren. Egal wie: Sorgen Sie dafür, dass im Beschreibungstext zur jeweiligen Episode genügend Futter vorhanden ist, damit YouTube weiß, worum es bei Ihrem Podcast geht. So schickt die Plattform gerne neue Hörer zu Ihnen.

▷ **YouTube ist für Sie eine gute Möglichkeit, wenn Sie geskriptete Podcasts machen und ein Thema beleuchten, das in Suchmaschinen gute Ergebnisse erzielt.**

Instagram und Snapchat

Bei Instagram geht es vor allem um die Schönheit der Natur, des Essens, des Reisens und um rundum gute Laune. Posten Sie hier Bilder aus Ihrem Alltag oder von Ihren Reisen – gerne auch von leckerem Essen, dafür ist die Plattform bekannt.

Abbildung 12.15 *Die norwegischen Podcaster von »Mohn & Gustu« bei der Aufnahme – und die Hörer sind per Instagram dabei.*

Versehen Sie Ihre Posts mit möglichst vielen Hashtags, gerne auch als Kommentar, damit sie sich von Ihrem Text abheben. Über diese Hashtags finden Menschen zu Ihnen (siehe Abbildung 12.15).

Instagram ist nicht nur für die schönen Bilder, sondern mittlerweile auch für die »Insta-Stories« bekannt. Angefangen hat damit Snapchat, heute können Sie ähnliche Stories auch bei Instagram und Facebook posten. Was das ist? In einer

Story fügen Sie Fotos und kurze Videoschnipsel wie bei einer Diashow aneinander. Sie können die Fotos beschriften und in das Foto etwas malen, Sie können sich selbst eine (virtuelle) Hundemaske aufsetzen und einblenden, wie warm oder kalt es bei Ihnen gerade ist.

Abbildung 12.16 *Gut gemacht: Gleich im Bild ist ein Satz, der neugierig macht – und die URL wird gleich mitgeliefert.*

Durch diese Stories haben die Nutzer das Gefühl, an Ihrem Leben beteiligt zu sein. Sie nehmen sie direkt mit in Ihren Alltag. Das schafft eine besondere Art der Nähe. Vor allem Teenager lieben es, so ihren Idolen besonders nah zu sein, egal ob das Schauspieler, Fußballer oder Beauty-Sternchen sind.

▷ **Instagram ist gut für Sie, wenn Sie beispielsweise viel auf Reisen sind und es auch in Ihrem Podcast um das Thema Reisen oder Essen bzw. Beauty oder Wellness geht. Snapchat lohnt sich nur, wenn Sie besonders junge Hörer ansprechen möchten.**

WhatsApp

Zugegeben, WhatsApp ist nicht wirklich »Social Media« – oder doch? Immer mehr Menschen vernetzen sich lieber privat in kleinen Gruppen auf WhatsApp, anstatt sich öffentlich auf Facebook zu zeigen. Sie können überlegen, ob Sie besonders treue Hörer in eine WhatsApp-Gruppe einladen und diese dort mit exklusiven Inhalten versorgen. Das kann der Blick hinter die Kulissen sein, Sie können aber auch Ihren Podcast einen Tag vorher schon in dieser Gruppe als Audio posten und diesen Nutzern dadurch einen besonderen Vorteil verschaffen. Derzeit können bei WhatsApp 256 Nutzer gleichzeitig in einer Gruppe chatten. Es gibt kostenpflichtige Tools, die diese Zahl erhöhen.

▷ **WhatsApp ist für Sie geeignet, wenn Sie eine kleine Gruppe Ihrer Hörer herausheben möchten und diesen etwas Besonderes bieten wollen.**

Tipp aus der Praxis

Übertreiben Sie es nicht mit den sozialen Netzwerken. Und versuchen Sie, den Überblick über Hörer-Feedback zu behalten. Dafür müssen Sie sich ein funktionierendes System überlegen. Sie können beispielsweise eine Software wie *Evernote* benutzen. Dieses Notizbuchsystem fügt Ihrem Browser ein kleines Symbol hinzu. Sobald Sie eine gute Anregung oder einen Themenvorschlag in einem sozialen Netzwerk oder einer E-Mail finden, können Sie den relevanten Textschnipsel markieren. Anschließend können Sie ihn über dieses kleine Symbol in Ihr virtuelles Evernote-Notizbuch einsortieren, das beispielsweise »Themenideen« oder »Kritik und Anregungen« heißt. So haben Sie alle Infos an einem Ort gebündelt und müssen nicht lange danach suchen.

12.5 Binden Sie Ihre Hörer an sich

Nick DePrey vom amerikanischen Radio-Giganten NPR (der für viele Podcasts die Musik komponiert hat) hat bei einer Datenauswertung herausgefunden, dass 20–35 % der Hörer einer Podcast-Episode in den ersten fünf Minuten schon auf die Stopptaste drücken. Diese ersten fünf Minuten sind also am wichtigsten, danach schalten nur noch wenige ab.

Überlegen Sie sich also gut, womit Sie Ihre Podcast-Episode beginnen. Sorgen Sie dafür, dass die ersten fünf Minuten so unterhaltsam oder spannend sind, dass niemand abschalten möchte. Das bedeutet auch, dass Sie unbedingt ein gutes Intro brauchen. Wer allerdings schon eine sehr treue Hörerschaft hat, der kann sich auch mal langweilige fünf Minuten erlauben.

Wer noch mehr von NPR lernen möchte, dem wird auffallen, dass deren Podcasts meist zwischen 18 und 30 Minuten lang sind. Dies scheint für den amerikanischen Markt ideal zu sein. Alle zwei bis fünf Minuten versuchen die Macher, den Hörer wieder aufhorchen zu lassen, damit er dranbleibt.

Denkbar ist auch eine Art von Teaser zu Beginn der Episode: Sagen Sie Ihren Hörern, was sie in dieser Folge noch erwartet, und machen sie sie neugierig darauf. Bei einem Fach-Podcast könnten Sie auch zu Beginn all die Fragen erwähnen, die in dieser Episode beantwortet werden. Gute Fragen zu stellen kann ohnehin für Neugier bei den Hörern sorgen.

Sie können aber auch damit beginnen, die interessantesten oder schockierendsten Zahlen zu erwähnen, die Ihnen bei der Recherche zu Ihrem Thema aufgefallen sind.

Falls Sie in Ihrem Podcast vor allem Interviews machen, können Sie auch das beste oder diskussionswürdigste Zitat vorwegnehmen und an den Anfang stellen, um die Leute neugierig zu machen und dafür zu sorgen, dass sie auch den Rest hören möchten.

Also weg mit dem Geplänkel am Anfang, starten Sie lieber gleich durch und sorgen Sie dafür, dass die Hörer schon zu Beginn der Episode gerne zuhören.

Kapitel 13

SO MESSEN SIE, OB IHR PODCAST ERFOLGREICH IST

Inhaltlich und technisch passt alles, aber nach einigen Folgen stellen Sie sich die Frage: Ist mein Podcast erfolgreich? Erreiche ich das, was ich erreichen wollte? In diesem Kapitel suchen wir nach messbaren und fühlbaren Antworten.

Einen regelmäßigen Podcast zu erstellen, ist viel Arbeit. Sie haben Zeit und Geld aufgewendet, um Ihr Audiobaby der Öffentlichkeit vorzustellen. Da ist es nur zu verständlich, dass Sie auch eine Gegenleistung dafür möchten. Wichtig ist, dass Sie zunächst einmal für sich selbst definieren, was für Ihren Podcast »Erfolg« bedeutet. Die Ziele können ganz unterschiedlich sein. Im Folgenden stelle ich Ihnen einige Punkte vor, die als Ziele definiert werden können.

Was jedenfalls viele Podcaster zu Beginn ihres neuen Hobbys erleben, ist, dass sie in den ersten Wochen voller Enthusiasmus an die Produktion neuer Episoden herangehen und viel Kraft und Zeit investieren. Doch nach einigen Wochen verlieren sie die Lust; entweder, weil nicht genügend Menschen zuhören, weil kein Geld fließt oder weil der Aufwand in keinem Verhältnis zum Ergebnis steht.

Wichtig ist, dass Sie sechs bis zwölf Monate durchhalten, bevor Sie ein Fazit ziehen! Stecken Sie sich dieses Ziel gerne gleich zu Beginn und überlegen Sie sich, was Sie nach einem halben Jahr erreicht haben möchten. Dann können Sie nach Ablauf dieser Frist eine Bilanz ziehen und sehen, ob Sie Ihr Ziel erreicht haben. Wenn ja: Wunderbar, machen Sie weiter so. Wenn nein, bedeutet das nicht, dass Sie sofort alles in die Ecke schmeißen. Sie sollten aber überlegen, was Sie verändern können, um Ihrem Ziel näher zu kommen.

13.1 Diese Ziele können Sie sich und Ihrem Podcast stecken

Die Motivation dafür, einen Podcast zu starten, kann ganz unterschiedlich sein. Vielleicht möchten Sie Ihr Unternehmen bekannter machen? Oder Sie möchten sich selbst eine Spielwiese verschaffen, auf der Sie sich kreativ ausprobieren können? Vielleicht möchten Sie auch Geld mit dem Podcast verdienen oder durch ihn auf Ihre Person aufmerksam machen? Im Folgenden finden Sie einige Ziele, die Sie sich stecken können.

Mein Podcast schafft es in die iTunes Top 10!

Eines der häufigsten Ziele für neue Podcaster ist es, im Podcast-Verzeichnis iTunes ganz oben in den Charts zu landen. Diese werden regelmäßig aktualisiert, und es gibt sie für einzelne Episoden ebenso wie für ganze Podcasts – und dazu noch für einzelne Kategorien.

Der Vorteil dieser Charts ist, dass viele Podcast-Hörer diese benutzen, um neuen Hörstoff zu finden. Sie klicken sich durch die Episoden und sehen sie so ähnlich wie die Spiegel Bestsellerliste in Sachen Belletristik oder Sachbuch: Wenn alle das toll finden, muss es auch toll sein. Das funktioniert aber weder bei Büchern noch bei Podcasts, denn hier geht es einfach nur um Geschmack und um ein wenig Geschick.

Wenn Sie es in die Top 10 bei iTunes (siehe Abbildung 13.1) schaffen möchten, müssen Sie die Metrik verstehen, die hinter dem System steckt. Seitens Apple wird derzeit weder die verfügbare Anzahl an Podcasts noch das Zustandekommen der iTunes-Charts für Podcasts kommentiert. Das ist die aktuelle und offizielle Aussage von Apple, die für dieses Buch beim Konzern eingeholt wurde.

Dennoch sind die Charts kein so großes Mysterium, denn viele Podcaster haben über Jahre damit experimentiert und ihre Ergebnisse festgehalten. Ich habe die Mutmaßungen im Folgenden für Sie zusammengefasst.

Da iTunes nur ein Verzeichnis und kein Hosting-Dienst ist, kann Apple die wirkliche Anzahl an Downloads nicht messen. Stattdessen wird offenbar darauf geachtet, wie viele Menschen einen Podcast über iTunes und dessen Podcast-App in einer bestimmten Zeit neu abonnieren. Rob Walsh, Gründer und Chef von Libsyn, ist sich sicher: Es geht um die neuen Abonnenten der vergangenen sieben Tage, wobei aber nach den letzten 24, 48 und 72 Stunden gewichtet wird. Seinen Schätzungen zufolge braucht ein Podcast rund 200 neue Abonnenten an einem

Tag, um es in einer Kategorie nach ganz oben zu schaffen. 244 Neu-Abos innerhalb von vier Stunden sollen einen Podcast sogar in die allgemeinen Podcast-Top-100 bei iTunes bringen. Das gilt selbstverständlich für den amerikanischen Markt.

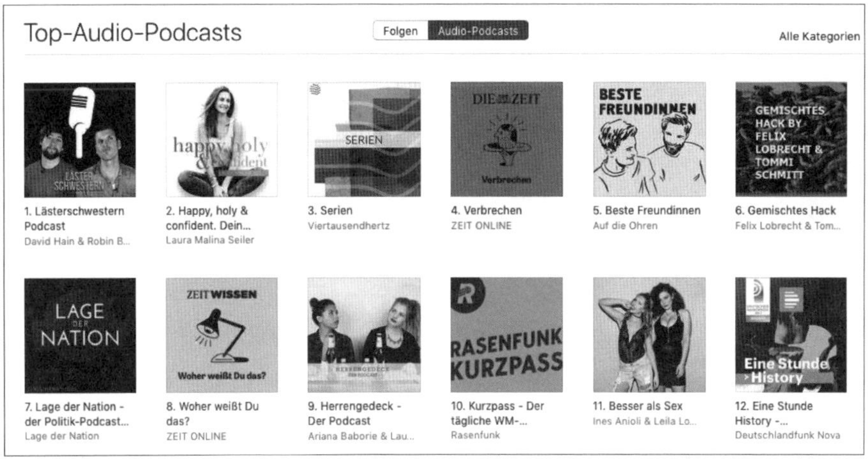

Abbildung 13.1 *Der Traum vieler Podcaster: Einmal in den iTunes-Charts auftauchen und damit neue Hörer gewinnen.*

Hier in Deutschland ist das alles noch überschaubarer: In einem Selbstversuch habe ich mit einigen Kollegen festgestellt, dass rund 50 Neu-Abonnenten an einem Sonntag ausreichten, um einen Podcast auf Platz 8 der allgemeinen deutschen iTunes-Charts zu bringen. Dort blieb er dann auch einige Wochen, denn wer weit oben mitspielt, auf den klicken viele neugierige Podcast-Hörer und halten so die Zahl der Neu-Abonnenten hoch.

Während Rob Walsh nicht glaubt, dass Bewertungen und Kommentare Einfluss auf die Platzierung in den Charts haben, sind einige Podcaster anderer Meinung. Kris Stelljes vom »Selfmade Business«-Podcast berichtet stolz in einem Video (*https://www.krisstelljes.de/podcast-charts*) davon, wie er es geschafft hat, in fünf Tagen seinen Podcast auf Platz 1 der deutschen iTunes-Podcast-Charts zu bringen (siehe Abbildung 13.2). Der Kern seiner Idee ist ein Gewinnspiel: Dadurch sollen die Hörer angespornt werden, Bewertungen abzugeben und den Podcast zu abonnieren. Laut Kris Stelljes bewertet iTunes einen neuen Podcast innerhalb der ersten acht Wochen, und genau hier muss gezeigt werden, wie engagiert die Hörerschaft ist. Das Gewinnspiel hat Kris Stelljes auch über Social Media verbreitet und durch den Einsatz von Marketinggeld beworben.

Abbildung 13.2 *Kris Stelljes erzählt in einem Video, wie er seinen Podcast auf Platz 1 der iTunes-Charts gepusht haben will.*

Kevin Goldberg geht einen Schritt weiter. Er hat sich über einen längeren Zeitraum die Zahlen von »Kickass News« (*https://www.kickasspolitics.com*) angesehen und diese ausgewertet. Ihm fiel auf, dass sie verglichen mit anderen Podcasts sehr konstant in den Charts sind (siehe Abbildung 13.3). Er hütet sich davor, den Machern Manipulation vorzuwerfen, er nennt es lieber »Gaming«, also mit den Zahlen spielen.

Wie also funktioniert es? Natürlich könnten Freunde und Familie täglich den Podcast abbestellen und neu abonnieren. Aber das wäre ein zu großer Aufwand, zumal es nach seinen Schätzungen in den USA 900 neue Abonnenten braucht, um ganz nach oben zu kommen. Deshalb lautet die zweite Vermutung: Click-Farmen. Das sind Firmen, die gezielt dafür bezahlt werden, auf bestimmte Links zu klicken. Die dritte Vermutung ist, dass ein Skript, also ein Computercode, dafür sorgt, dass neue Apple-IDs geschaffen werden, die dann dazu genutzt werden, den Podcast zu abonnieren.

Mögliche Ziele

- Mein Podcast soll es in die iTunes Top 10 schaffen.
- Mein Podcast soll es in einer bestimmten Kategorie auf die ersten Plätze schaffen.
- Mein Podcast soll in »Neu und beachtenswert« auftauchen.

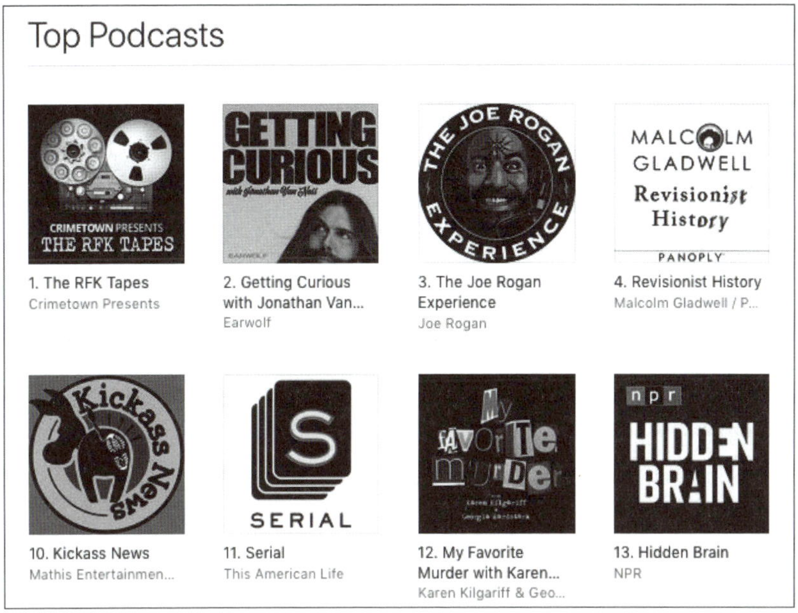

Abbildung 13.3 *Schon komisch: Der kleine Podcast »Kickass News« ist immer in den Top 10 der amerikanischen iTunes-Charts zu finden.*

Mein Podcast punktet beim Audience Engagement!

Während iTunes vor zehn Jahren noch der Marktführer war, wenn es um Podcast-Verzeichnisse ging, spielt die Plattform heute eine immer kleiner werdende Rolle. Jeder Hörer sucht sich die App oder das Verzeichnis, das ihm gefällt. Daher sind die iTunes-Charts auch nicht mehr das beste Rezept, um den Erfolg des eigenen Podcasts zu messen.

Vielleicht ist es für Sie viel wichtiger, dass Sie durch den Podcast mit Menschen interagieren? Ein durchaus erstrebenswertes Ziel ist es, durch Ihre Audioepisoden Menschen dazu zu bringen, Ihnen E-Mails, Kommentare in den sozialen Netzwerken oder vielleicht sogar altmodische Briefe zu schreiben.

Wenn Sie es schaffen, eine treue und kreative Hörerschaft hinter sich zu vereinen, ist das eine Menge wert. Denn diese Hörer werden Sie unterstützen und Ihnen helfen, wenn Sie mal eine Durststrecke mit Ihrem Podcast erleben. Die Hörer werden Sie auf neue Themenideen bringen und auch mal Kritik äußern, wenn es nötig ist.

Mögliche Ziele

- Mein Podcast soll mindestens zehn Kommentare unter jeder Episode haben.
- Ich möchte fünf Hörer-E-Mails pro Woche bekommen.
- Ich möchte 50 Bewertungen in Podcast-Verzeichnissen erhalten.

Mein Podcast bringt Geld ein und sorgt dafür, dass ich weniger arbeiten muss!

Viele Podcaster hoffen, mit ihrem Podcast Geld verdienen zu können – und das ist natürlich auch möglich (mehr dazu in Kapitel 14, »Geld verdienen mit Podcasts«). Aber einfach ist es nicht! Wenn Sie es schaffen, mit Ihrem neuen Podcast einen Sponsor an Land zu ziehen, der Sie bei Ihrer Arbeit unterstützt, ist das wunderbar. Vielleicht können Sie auch ein Modell anbieten, bei dem Ihr Podcast zahlende Hörer anspricht und nur einen Teil kostenlos für alle verfügbar macht. Für mich genauso wie für Holger Klein war immer die Rechnung: Wenn ich Betrag X durch den Podcast verdiene, muss ich im Monat X Tage weniger in meinem »richtigen« Beruf arbeiten und bin dadurch unabhängiger von Auftraggebern. Das ist ein durchaus legitimes Ziel für Ihren Podcast.

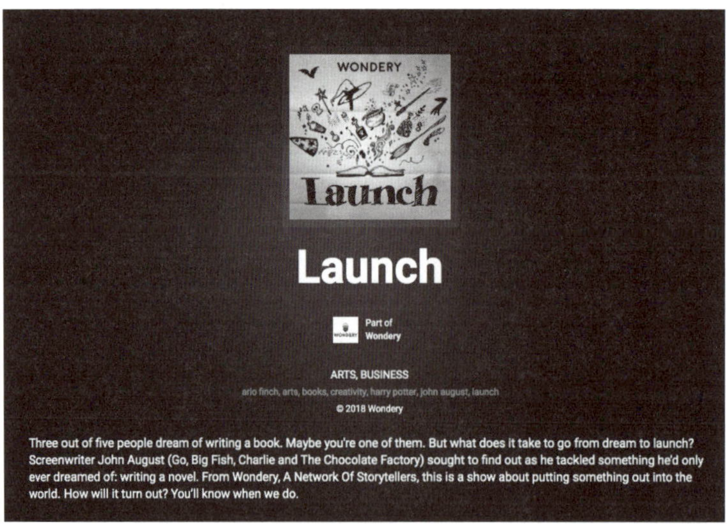

Abbildung 13.4 *Autor John August nimmt uns Hörer mit auf eine besondere Reise: Wir begleiten die Entstehung seines Buches, von der Idee bis zum Buchhandel.*

Noch ein Beispiel: Sie haben ein Buch geschrieben und berichten in Ihrem Podcast von der Entstehungsgeschichte des Buches. Natürlich werden Ihre Hörer dadurch auch neugierig auf das Buch und werden es kaufen (siehe Abbildung 13.4)!

Mögliche Ziele

- Ich verdiene im Monat so viel mit dem Podcast, dass ich einen Tag pro Woche weniger arbeiten muss.
- Der Podcast bringt mir Geld ein, durch das ich die Kosten decken kann.
- Durch das eingenommene Geld kann ich neues Equipment kaufen und den Podcast qualitativ verbessern.

Mein Podcast macht mich bekannter und bringt mir neue Kunden!

Wenn Ihr Podcast per se kein Geld einbringt, kann es dennoch sein, dass Sie sich durch den Podcast ein gewisses Renommee erarbeiten, das Ihnen Gewinne einbringt. Stellen Sie sich beispielsweise vor, dass Sie Rechtsanwalt sind und einen Podcast zu netzrelevanten juristischen Themen starten. Dadurch machen Sie sich einen Namen in der Branche. Und Sie landen mit Ihrem Podcast recht weit oben in den Suchergebnissen bei Google und Co. So erhöhen Sie Ihre Sichtbarkeit im Netz. Neue Klienten werden Sie leichter finden und Sie kontaktieren, wenn sie Probleme haben.

Die "Rechtsbelehrung" ist ein Jurapodcast, der sich monatlich dem Recht und seinen Auswirkungen auf moderne Technologien und die Gesellschaft widmet.

Hinter dem Podcast stehen der Radiojournalist Marcus Richter und der Rechtsanwalt Dr. Thomas Schwenke.

Beide haben zuvor zusammen viele Radiointerviews geführt und fanden es zu schade immer nach 5 Minuten aufhören zu müssen. Daraus ist die Idee der "Rechtsbelehrung" entstanden, eines Podcasts in dem die interessanten juristischen Themen ausführlicher besprochen werden können.

Während Rechtsanwalt Schwenke die rechtlichen Hintergründe erklärt, führt Marcus Richter durch die Sendung und sorgt mit seinen Fragen und Erklärungen dafür, dass der Podcast auch für Nichtjuristen verständlich bleibt. Dazu laden sie gerne interessante Gäste ein, um auch selbst mehr von den weiten Welten der Technik und des Rechts zu erfahren.

Diese Mischung begeistert rund 11.000 Abonnenten pro Folge, wofür sich die beiden Podcast-Gastgeber sehr bedanken (ebenso wie für die Nominierung für den Klicksafe Preis im Rahmen der Grimme Online Awards 2017).

Abbildung 13.5 *Hilfe, ich habe ein juristisches Problem! Moment mal, da war doch dieser Podcast-Jurist, dieser Thomas Schwenke, den frag ich einfach mal …*

Ein anderes Beispiel ist, dass Sie einen meinungsstarken Podcast zu einem bestimmten Thema machen. Sie zeigen Expertise und Mut. Genau dadurch werden Veranstalter auf Sie aufmerksam und laden Sie für Talks oder Podiumsdiskussionen ein – wodurch Sie Geld verdienen. So machen es Marcus Richter und Thomas Schwenke in ihrem »Rechtsbelehrung«-Podcast: Der Journalist Richter interviewt den Rechtsanwalt Schwenke (siehe Abbildung 13.5)

Ein Podcast kann also in vielerlei Hinsicht dazu benutzt werden, Ihren Namen bekannter zu machen und Ihnen auf Ihrem beruflichen Weg zu helfen.

Mögliche Ziele

- Der Podcast bringt mir zwei neue Kunden pro Monat.
- Der Podcast sorgt dafür, dass ich andere Werbemaßnahmen für meine Tätigkeit zurückfahren kann und dadurch Geld spare.
- Der Podcast bringt mir eine Einladung als Vortragender im Monat.

Mein Podcast sorgt dafür, dass ich selbstbewusster werde!

Kommen wir vom schnöden Mammon zu den Zielen, die Ihr Podcast auf therapeutischer Ebene erreichen kann: Durch die regelmäßige Arbeit an neuen Episoden und das Sprechen vor (unsichtbarem) Publikum können Sie bestimmte Fähigkeiten lernen, die auch in Ihrem beruflichen Leben nützlich sein können. Menschen für ein Interview anzusprechen, bedarf Mut. Genau das fördert Ihr Selbstbewusstsein, sofern Sie wie viele Podcaster zu den eher schüchternen Menschen gehören und keine Rampensau sind.

In Personality-Podcasts reden Sie viel. Diese »Selbstgespräche« machen Ihnen vielleicht einiges über sich selbst klarer, das Sie so noch nie gesehen haben. Ein Podcast kann also durchaus ein Weg zur Selbsterkenntnis sein.

Wenn Sie beruflich oft vor Menschen sprechen müssen, werden Sie merken, dass der Podcast Sie rhetorisch gut trainiert. Sie lernen (wahrscheinlich) mit der Zeit, Ihre Episoden zu strukturieren und Ihre Sätze auch zu Ende zu bringen. Außerdem werden Sie besser darin werden, Spannungsbögen aufzubauen und Ihre Hörer auf eine kleine Gedankenreise mitzunehmen.

Mögliche Ziele

- Ich habe durch den Podcast weniger Lampenfieber und Herzklopfen bei geschäftlichen Vorträgen.
- Die Menschen hören mir bei Vorträgen aufmerksamer zu, weil ich gelernt habe, Geschichten zu erzählen.
- Ich schaffe es, bei meinen beruflichen Vorträgen zwei Lacher pro Vortrag zu bekommen.

Mein Podcast zwingt mich dazu, etwas durchzuhalten

Falls Sie auch zu den Menschen gehören, die Dinge gerne auf halber Strecke wieder sein lassen, kann Ihr Podcast Ihnen dabei helfen, dieses Verhalten zu ändern. Denn ein öffentlicher Podcast setzt Sie unter Druck, immer weiterzumachen und neue Episoden online zu stellen. Ihre Hörer werden dies einfordern. Während Sie also das lästige Renovieren des Dachbodens nach der Hälfte sein lassen können, ohne dass es jemand merkt, können Sie sich bei Ihrem Podcast nicht so leicht davonstehlen!

Mögliche Ziele

- Ich gebe nicht auf, bevor ich 100 Episoden online gestellt habe.
- Ich mache so lange weiter, bis die Hörerzahl unter 100 sinkt.
- Ich höre nicht auf, bis ich insgesamt 10.000 Minuten aufgenommen habe.

Mein Podcast lässt mich Menschen kennenlernen, die ich sonst nie getroffen hätte

In Ihrem Podcast können Sie sich zu allen Themen äußern, die Ihnen Spaß machen, z. B. zu einem wenig verbreiteten Hobby. Es kann gut sein, dass Sie über den Podcast zu diesem Hobby andere Menschen kennenlernen, die die gleiche Leidenschaft teilen – und die Sie anderweitig vielleicht nie getroffen hätten. Podcasting verbindet! Auch das kann eines der Ziele sein, die Sie sich setzen.

Mögliche Ziele

- Ich versuche, jeden Monat über den Podcast einen neuen Menschen näher kennenzulernen.
- Ich sammle pro Monat fünf neue Visitenkarten über den Podcast.
- Ich treffe pro Monat einen Mensch, den ich durch den Podcast kennengelernt habe, in der realen Welt.

Setzen Sie sich selbst Ziele. Suchen Sie sich selbst aus, welches der genannten Ziele Sie sich für Ihren Podcast vornehmen. Was möchten Sie erreichen? Und wieviel Zeit geben Sie sich dafür, dieses Ziel zu erreichen? Eine Warnung vorweg: Seien Sie realistisch in der Wahl Ihrer Ziele, sonst erleben Sie nur Frustrationen.

13.2 Wie viele Hörer hat Ihr Podcast überhaupt? Die Suche nach den Zahlen

Über Statistiken lässt sich trefflich streiten, vor allem in der Podcast-Szene. Was gilt als Download? Und wie schafft man es, die vielen automatisierten Anfragen von Verzeichnissen nicht als Stream mitzuzählen? Wichtig sind Zahlen vor allem dann, wenn Sie versuchen, einen Sponsor zu gewinnen oder Werbung in Ihrem Podcast zu schalten. Denn dann wird der TKP wichtig – der *Tausend-Kontakt-Preis*. Wie teuer ist es, 1.000 Menschen über Ihren Podcast zu erreichen? Das können Sie nur ausrechnen, wenn Sie wissen, wie viele Hörer Ihr Podcast wirklich hat.

Tipp aus der Praxis

Falls Sie dazu tendieren, von niedrigen Zahlen enttäuscht zu sein (klar, 120 Hörer klingen verglichen mit Millionen von YouTube-Zuschauern auch nicht toll), stellen Sie sich diese Zahl als reale Gruppe von Menschen vor. Stellen Sie sich vor, vor dieser Gruppe reden zu dürfen – oder zu müssen. Dann werden Sie merken, dass auch 120 ganz schön viele Leute sind!

Falls Sie keine Gewinnerzielungsabsichten mit Ihrem Podcast verfolgen, müssen die Zahlen nicht zu 100 % korrekt sein. Es ist nur wichtig, dass Sie die ungefähre Größenordnung kennen und sehen können, ob die Hörerzahlen sinken oder steigen.

In diesem Abschnitt stelle ich Ihnen zwei gängige Arten vor, wie Podcast-Statistiken erhoben werden können.

Hörer zählen durch Umleitungen

Einige Podcast-Hoster bieten einen Service an, um die Downloads besser zählen zu können: Sie leiten den Hörer kurz auf die eigene Plattform um, um ihn dann wieder zurückzuschicken. Dadurch ist es egal, wo die MP3-Dateien liegen – die Umleitung wird gezählt.

Blubrry beispielsweise (*https://create.blubrry.com/resources/podcast-media-download-statistics*) macht es so. Zudem werden viele Anfragen herausgefiltert, z. B. wenn es um doppelte Anfragen der gleichen IP-Adresse geht. Somit wird versucht, eine möglichst reale Zahl der Downloads und Streams zu zeigen.

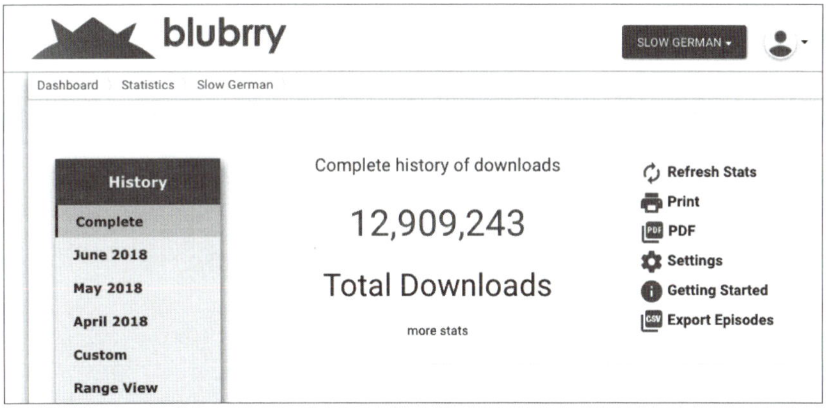

Abbildung 13.6 *Die Statistiken von Blubrry zeigen unter anderem, in welchen Ländern die Podcasts gehört werden und über welchen Link (Referrer) die Hörer gekommen sind.*

Das Ganze funktioniert folgendermaßen: Nachdem Sie ein Konto bei Blubrry eingerichtet haben, bekommen Sie einen kleinen Linkschnipsel zugeteilt. Diesen kopieren Sie von nun an vor alle URLs, die Sie zählen möchten. Aus der URL zur aktuellen Episode

https://slowgerman.com/folgen/sg170.mp3

wird: *http://media.blubrry.com/slowgerman.com/folgen/sg170.mp3*

Diese Umleitung schickt die Hörer kurz zu Blubrry (siehe Abbildung 13.6) und wieder zurück zu Ihrer eigentlichen Adresse.

Der Nachteil sei gleich mitgeliefert: Diese Messung sagt uns zwar, wie viele Downloads unsere Episoden haben. Sie sagt uns aber nicht, wie viele Menschen die Podcasts tatsächlich gehört haben, oder ob sie nach dem Download erst einige Zeit auf dem Gerät herumlagen und dann gelöscht wurden.

Ein anderer Service ist *Podcast Pingback* (*https://podping.info*). Ähnlich wie bei Links in Blogbeiträgen wird hier eine kleine Rückmeldung gegeben, wenn eine Episode heruntergeladen oder angehört wird. Einige größere Podcasting-Dienste wollen diese Methode übernehmen.

Hörer zählen durch Überwachung von Geräten

Lange haben Podcaster darauf gewartet, dass iTunes eine Möglichkeit der Statistikerhebung herausgibt. Denn hier laufen natürlich einige Daten ein, die für uns alle interessant wären. 2017 war es endlich soweit, und im Portal *Podcasts Connect* wurden Analysen angeboten (siehe Abbildung 13.7).

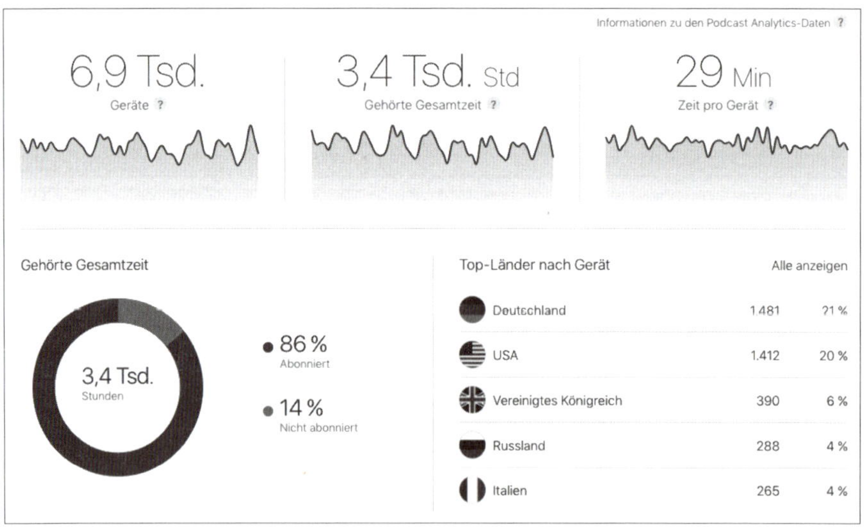

Abbildung 13.7 *Die Übersichtsseite von iTunes Connect: Hier sehen Sie, auf wie vielen Geräten Ihr Podcast wiedergegeben wurde und aus welchen Ländern Ihre Hörer stammen.*

Die Daten werden (anonymisiert) von Usern erhoben, die die neueste Software aus dem Hause Apple verwenden, also mindestens iOS 11 und iTunes 12.7. Angezeigt wird unter anderem, wie lange User den Podcast gehört haben und wann die Hörer ausgestiegen sind und nicht mehr weitergehört haben.

Was genau wird angezeigt? Für jede einzelne Episode sowie zusammengefasst für den ganzen Feed gibt es die Gesamtzeit, die gehört wurde, die Zeit pro Gerät, den Durchschnittswert in Prozent (siehe Abbildung 13.8) und die Länder, aus denen die Hörer stammen.

Letzte Folgen — Alle anzeigen

Name	Veröffentlicht ⌄	Laufzeit	Geräte	Gehörte Gesamtzeit	Zeit pro Gerät	Durchschnittsnutzung
SG #170: Kinderbetreuung in...	18. Juni 2018	6 Min	521	52 Std	6 Min	95 %
SG Dialog #8: Haustiere	6. Juni 2018	2 Min	1.410	61 Std	3 Min	120 %
SG #169: Grillen	18. Mai 2018	4 Min	2.321	170 Std	4 Min	121 %
SG #168: Elternzeit und Elterngeld	12. Mai 2018	4 Min	1.914	179 Std	6 Min	137 %
SG Dialog #7: Beim Sport	4. Mai 2018	2 Min	2.030	99 Std	3 Min	139 %

Abbildung 13.8 *Wirkt zuerst verwirrend: In der letzten Spalte steht, wie lange die Hörer im Durchschnitt zugehört haben. Bei mir sind das gerne mal 139 % – kein Wunder, denn beim Sprachenlernen spult man eben auch zurück.*

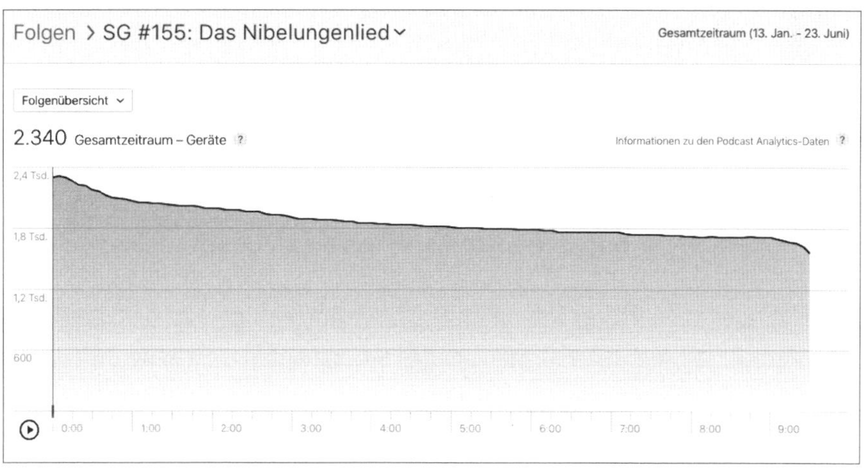

Abbildung 13.9 *Sind die Hörer drangeblieben? iTunes kann durch die Nutzung über die eigene Apple-App genau sehen, wie lange eine Episode wirklich gehört wurde.*

Auch wenn hier nur ein kleiner Teil des Marktes abgebildet wird, ist es doch als Content-Produzent interessant zu sehen, wie die konkreten Hörerzahlen aussehen. Wie schon von YouTube-Statistiken bekannt, können Sie anhand der Statistiken für Einzelfolgen sehen, ob die Hörer drangeblieben oder an einer bestimmten Stelle ausgestiegen sind (siehe Abbildung 13.9).

13.3 Das Problem: Die Zahlen sind nicht vergleichbar

So schön es ist, Statistiken zum eigenen Podcast zu haben: Es bleibt Fakt, dass Podcasts nicht miteinander verglichen werden können, da jeder seine Zahlen anders erhebt. Genau dieses Problem haben aber nicht nur die kleinen privaten Podcaster, sondern auch die großen Konzerne.

Der schwedische Poddindex

In Schweden haben sich daher einige große Medienhäuser zusammengeschlossen und auf einheitliche Podcast-Messwerte geeinigt. Ziel ist, die Zahlen transparenter zu gestalten und sie vergleichbar zu machen. Daher könnte dieses Modell auch durchaus übertragbar sein.

Große Podcast-Produzenten veröffentlichen ihre Zahlen somit auf ein und demselben Portal. Daraus wird anschließend eine schöne wöchentliche Hitparade generiert (siehe Abbildung 13.10).

Damit die Zahlen möglichst korrekt sind, werden Filter benutzt. Im Folgenden ist das verkürzt dargestellt, das komplette Prozedere ist hier nachzulesen: *https://www.poddindex.se/measurement*.

Die Schweden gehen davon aus, dass die meisten Hörer die Podcast-Episoden mittlerweile über einen Stream hören. Es werden also Audios in Teilen heruntergeladen, während ein Hörer die Episode gerade hört (*progressiver Download*). Im schwedischen Modell wird erst gezählt, wenn jemand über 60 Sekunden lang zugehört hat. Gezählt wird hier aber nicht in Sekunden, sondern in Bytes. So kann gemessen werden, wie viele Sekunden durch die Leitung geschickt wurden.

Bei den Downloads werden nur komplette Downloads gemessen. Es ist zwar nicht sicher, ob diese auch angehört wurden. Davon wird aber ausgegangen, da beispielsweise iTunes aufhört, weitere Episoden zu laden, wenn sie nicht angehört werden.

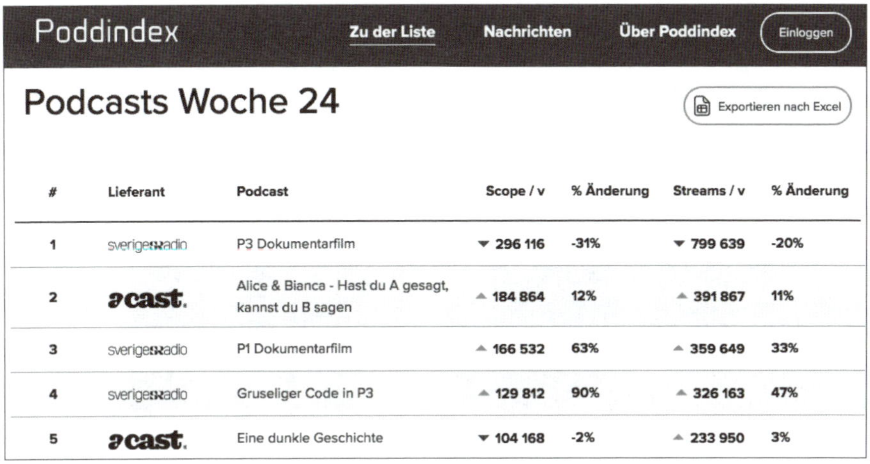

Poddindex Zu der Liste Nachrichten Über Poddindex Einloggen

Podcasts Woche 24

Exportieren nach Excel

#	Lieferant	Podcast	Scope / v	% Änderung	Streams / v	% Änderung
1	sverigesradio	P3 Dokumentarfilm	▼ 296 116	-31%	▼ 799 639	-20%
2	acast	Alice & Bianca - Hast du A gesagt, kannst du B sagen	▲ 184 864	12%	▲ 391 867	11%
3	sverigesradio	P1 Dokumentarfilm	▲ 166 532	63%	▲ 359 649	33%
4	sverigesradio	Gruseliger Code in P3	▲ 129 812	90%	▲ 326 163	47%
5	acast	Eine dunkle Geschichte	▼ 104 168	-2%	▲ 233 950	3%

Abbildung 13.10 *Hier eine vom Browser übersetzte Version der schwedischen Hitparade Poddindex*

Bots besuchen häufig Podcast-Feeds, um zu sehen, ob es neue Episoden gibt. Dazu kommen automatisierte Downloads und Spam-Anfragen. All diese Anfragen sollten möglichst nicht in einer Statistik auftauchen, wenn diese realistische Zahlen ausspucken soll. Daher wird im schwedischen Modell gefiltert, indem pro eindeutiger Adresse höchstens zehn Mal pro Stunde auf eine Datei zugegriffen werden darf.

Dies sind nur einige der Möglichkeiten, die Poddindex verwendet, um Podcasts vergleichbar zu machen.

Das amerikanische Podtrac

Podtrac bietet seit 2005 Podcast-Statistiken an. Das Tool ist in den USA weit verbreitet. Parallel wird auch ein Anzeigen-Service betrieben. Es ist also praktisch, dass erst die Reichweite gemessen wird, um dann eventuell Werbung zu schalten. Podtrac arbeitet, wie bereits erklärt, mit einem Redirect. Hörer werden kurz zu Podtrac umgeleitet, bevor Ihnen die MP3-Datei ausgeliefert wird.

Gemessen wird die Anzahl der US-Hörer pro Monat, bezeichnet als *UMA* (Unique Monthly Audience). Es gibt zwei Hitparaden: Das »Top Publishers Ranking« zählt, wie viele Hörer ein bestimmter Anbieter in einem Monat hat. Jeder Hörer wird nur einmal gezählt, auch wenn er mehrere Sendungen eines Anbieters gehört hat (siehe Abbildung 13.11).

PODCAST INDUSTRY RANKING HIGHLIGHTS TOP 10 PODCAST PUBLISHERS US AUDIENCE: MAY 2018				
RANK	PODCAST PUBLISHER	US UNIQUE MONTHLY AUDIENCE	GLOBAL UNIQUE STREAMS & DOWNLOADS	ACTIVE SHOWS
1	NPR	16,581,000	134,763,000	42
2	WNYC Studios	6,668,000	38,787,000	51
3	PRX	5,736,000	49,500,000	36
4	ESPN	5,285,000	44,451,000	60
5	New York Times	5,224,000	40,508,000	9
6	This American Life/Serial	5,173,000	20,363,000	3

Abbildung 13.11 *Der erfolgreichste US-Anbieter von Podcasts ist laut Podtrac NPR (National Public Radio).*

Dann gibt es noch das monatliche »Top Podcast Ranking«. Hier geht es um einzelne Podcasts (siehe Abbildung 13.12).

PODCAST INDUSTRY RANKING TOP 20 PODCASTS US AUDIENCE: MAY 2018		
RANK	PODCAST	PUBLISHER
1	This American Life	This American Life/Serial
2	The Daily	The New York Times
3	Up First	NPR
4	The Joe Rogan Experience*	Joe Rogan
5	Stuff You Should Know	HowStuffWorks
6	TED Radio Hour	NPR
7	Fresh Air	NPR
8	Planet Money	NPR
9	RadioLab	WNYC Studios
10	Freakonomics	WNYC Studios

Abbildung 13.12 *In den Top 10 von Podtrac ändert sich selten etwas – die Dauerbrenner »This American Life« und »The Daily« sowie »Fresh Air« bleiben beliebt.*

Gezählt werden sowohl Podcasts, die sich über Podtrac zählen lassen, als auch solche, die das nicht tun. Hier greift ein Algorithmus von Podtrac, der öffentlich verfügbare Daten umwandelt – es sind also eher Schätzungen.

13.4 Führen Sie eine eigene Qualitätskontrolle ein

Zum Erfolg Ihres Podcasts gehört sicherlich auch, dass die Qualität Ihrer Episoden hoch ist. Gerade zu Beginn wird es bestimmt noch einige Baustellen geben, die Ihnen ein Dorn im Auge sind. Aber keine Angst: Das ist ganz normal. Schreiben Sie all diese Dinge auf, die Sie im Laufe der Zeit noch ändern möchten. Machen Sie sich eine Liste zum Abhaken, beispielsweise in einem Programm wie Evernote, auf das Sie von überall aus zugreifen können. Notieren Sie sich auch die Wünsche oder Verbesserungsvorschläge Ihrer Hörer, sofern Sie diese für relevant halten.

Sobald Ihre Liste wächst, sollten Sie anfangen, diese zu priorisieren. Welche der genannten Verbesserungen sind wirklich wichtig und sollten möglichst bald angepackt werden? Welche können noch warten oder sind vielmehr eher kleine optische Verbesserungen, die an der eigentlichen Qualität nichts ändern? Bleiben Sie an dieser Liste dran, und gehen Sie sie immer wieder von oben nach unten durch. Versuchen Sie, Ihren Podcast durch diese Liste immer besser zu machen. Schließlich können auf der Liste auch Dinge stehen, die zwar keine Fehler im eigentlichen Sinne sind, aber zusätzliche Funktionen darstellen.

Würden Sie beispielsweise gerne eine Facebook-Gruppe einrichten, in der Ihre Hörer über neue Themen diskutieren können? Ab auf die Liste damit. Oder wird es Zeit, sich ein neues Mikro anzuschaffen, weil das alte zu dumpf klingt? Brauchen Sie vielleicht eine andere Software, mit der Sie auch Gäste per Telefon zuschalten können? Würden Sie gerne lernen, wie ein Premium-Podcast funktioniert? All das braucht Zeit, und genau deswegen ist die Priorisierung so wichtig. Das Wichtigste kommt nach oben – und wird möglichst bald erledigt (siehe Abbildung 13.13).

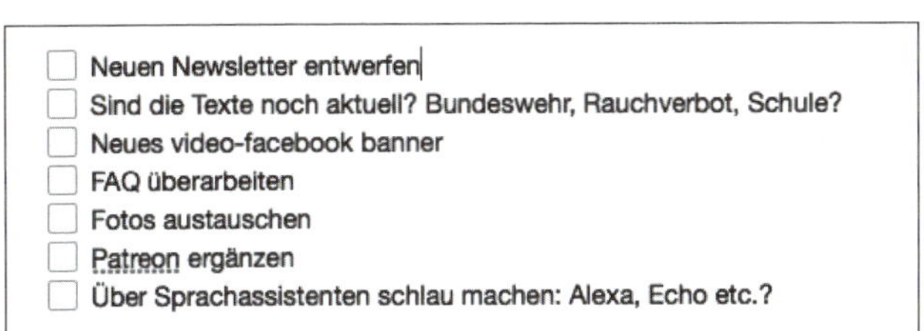

Abbildung 13.13 *Die Liste, die nie kürzer wird: Immer ist etwas zu tun, wenn Sie einen Podcast betreiben möchten. Aber nicht alles ist wirklich wichtig.*

13.5 Lernen Sie von denen, die es am besten können

Radioproduzent Roman Mars ist mit dem Podcast »99% Invisible« in den USA einer derjenigen, die mit seinem Team die Kunst des Storytellings bestens beherrschen. Hören Sie sich bewusst Podcasts von Profis an und versuchen Sie, diese zu analysieren. Lernen Sie von ihnen. Roman Mars hat bei Twitter seine goldenen Regeln (»Rules of Audio-Storytelling«: *https://twitter.com/romanmars/status/984903365132865536*) aufgestellt, und das hier sind sie:

- Alle Regeln können und werden vom richtigen Produzenten gebrochen werden.
- Finde Deine Lieblingsstelle der Aufnahme, und verwende sie so früh wie möglich im Podcast.
- Verliebe Dich in die Stimme Deines Protagonisten.
- Wenn sie es gut sagen, lass es sie sagen. Wenn nicht, schreib es auf und sag es lieber selbst.
- Mach in Deiner Episode mindestens eine Sache, die dich zum Lachen bringt oder Dir gefällt.
- Musik hinzuzufügen ist der Teil der Produktion, der Spaß macht. Mach es gut.
- Breche mindestens einmal pro Episode aus Deinem Format aus.
- Die Aufmerksamkeitsspanne für Audioproduktionen ist zwei Minuten lang. Deine Produktion sollte diese Spanne nicht zu oft überschreiten.
- Finde Raum für Freude.
- Geh nah ans Mikrofon.
- Sprich nicht verschwurbelt.
- Du bist nicht einfach du selbst, wenn du aufnimmst. Du spielst eine Version von Dir. Das ist ein Unterschied.
- Schneide.
- Schneide noch mal.
- Höre es Dir laut an, und schneide noch mal.
- Höre es Dir mit anderen Leuten zusammen an. Dann spürst Du, welche Teile langweilig sind oder nicht funktionieren.
- Wenn Du 100.000 Hörer hast und eine sinnlose Minute aus Deinem Podcast löschst, hast Du 100.000 vertane Minuten auf der Welt verhindert. Du bist ein Held.

- Bevor Du den nächsten Teil schreibst, höre Dir an, was Du bis jetzt hast. Das wird Deine Startrampe für den Rest sein und wird es Dir leichter machen, weiterzuschreiben. Außerdem wirst Du vielleicht merken, dass es Zeit ist, jetzt aufzuhören.
- Nur wenige Menschen sind talentiert genug, ohne viel Nachbearbeitung und Schnitt interessant zu sein. Du bist wahrscheinlich keiner von ihnen. Aber das ist ok. Nachbearbeitung und Schnitt sind die großen Gleichmacher. Mach Dir die Arbeit, und Dein Podcast kann großartig werden.
- Du kannst entweder viel in die Vorbereitung investieren und gleich etwas Tolles aufnehmen oder alles Mögliche aufnehmen und dann im Schnitt etwas Großartiges daraus machen. Egal wie, erst die Produktionsarbeit an sich macht den Podcast gut.
- Höre viele Audiogeschichten und klaue die besten Teile. Auch wenn Du versuchst, es genau wie jemand anderes zu machen, wird das nicht gelingen und Du wirst etwas Neues schaffen.
- Wenn Dir nichts Interessantes einfällt, was Du sagen könntest, sag nichts. Meistens spricht dann das Band für sich selbst.
- Arbeite immer mit der Aufnahme selbst. Transkripte lügen. Papier lügt.

Kapitel 14

GELD VERDIENEN MIT PODCASTS

Podcasting ist ein wunderbares Hobby. Es ist aber auch eine Möglichkeit, sich ein eigenes kleines Geschäft aufzubauen. In diesem Kapitel geht es um die verschiedenen Wege, mit Podcasts Geld zu verdienen.

Podcaster sind ein sehr heterogenes Völkchen. Sie lassen sich nicht über einen Kamm scheren. Es ist aber durchaus auffällig, dass sich unter den Podcastern viele Journalisten tummeln. Und das ist kein Wunder, denn Journalisten haben gelernt, Geschichten zu erzählen. Sie beherrschen ihr Handwerk und haben mit den inhaltlichen Fragen eines Podcasts keine Probleme. Die Technik bringen sie sich selbst bei, Recherchieren haben sie schließlich auch von der Pike auf gelernt.

Was dann aber noch dazukommt, ist der Alltag eines Journalisten. Anstatt – wie es sich ein Kind vielleicht vorstellt – im Trenchcoat mit Mikrofon oder Notizblock bewaffnet spannenden Geschichten nachzujagen, verbringt ein Journalist viel Zeit damit, in einer Redaktion an einem Computer zu sitzen und die immer gleichen Tätigkeiten hinter sich zu bringen: kurze Zehnzeiler schreiben, Bildunterschriften texten, Artikel kürzen. Die meisten Journalisten werden in ihrem Berufsalltag in ein Korsett gepresst. Sie müssen sich an Zeilenlängen oder Sendeformate halten. Kreativität ist nur selten gefragt.

Umso verständlicher ist also, dass gerade Journalisten begeistert auf den Podcast-Zug aufgesprungen sind (siehe Abbildung 14.1)!

Podcasts sind eine Spielwiese, hier können Sie all das testen, was Ihnen Ihr Redakteur nie erlauben würde. Sie sind nicht an eine bestimmte Länge oder an ein Format gebunden. Podcasts sind die Freiheit schlechthin. Wer aber wirklich mit dem Podcasting anfängt, um daraus einen Beruf zu machen, der sollte sehr nüchtern an die Sache herangehen und genau ausrechnen, wie die Chancen stehen.

Abbildung 14.1 *»Aufwachen!« ist ein Podcast der beiden Journalisten Tilo Jung und Stefan Schulz – hier können sie sich austoben und gerne vier Stunden pro Episode reden.*

14.1 Lohnen sich Podcasts in Deutschland?

In den USA ist es längst keine Frage mehr, ob Podcasts sich finanziell lohnen. Viele Podcaster können sehr gut vom Podcasting leben (siehe Abbildung 14.2). Das ist aber auch nicht allzu verwunderlich: Zum einen sind in den USA die etablierten Medien längst nicht so ausgewogen und gut wie in Deutschland. Eine Gegenöffentlichkeit wird also dringend gebraucht. Zum anderen haben Amerikaner den großen Sprachvorteil: Ihre Podcasts können weltweit von Milliarden Menschen verstanden werden. Mit Deutsch haben wir da eine sehr viel enger eingegrenzte Zielgruppe.

Abbildung 14.2 *Joe Rogan soll der finanziell erfolgreichste Podcaster überhaupt sein. Es wird geschätzt, dass er pro Episode 75.000 US$ verdient.*

Der dritte Punkt ist: Amerikaner sind Werbung gewohnt. Sie motzen nicht, wenn sie einen Werbespot hören. Sie bezahlen auch für Inhalte aus dem Internet, weil sie Bezahlschranken ebenfalls schon lange kennen. Für die Mehrheit der Deutschen hat das Internet kostenlos zu sein, und einen Podcast hat jemand gefälligst aus Menschenliebe und nicht aus reiner Gewinnerzielungsabsicht zu machen.

Dieses Denken ändert sich zum Glück langsam, nicht zuletzt durch Dienste wie Spotify, Audible und Netflix, die das monatliche Zahlen zu einer Normalität gemacht haben.

Wer hört überhaupt Podcasts in Deutschland?

Im März 2018 gab es eine repräsentative Umfrage des Hamburger Marktforschungsinstituts Splendid Research. Befragt wurden 1.022 Deutsche zwischen 18 und 69 Jahren. Das Ergebnis war, dass fast jeder Dritte regelmäßig Podcasts hört. Männer zwischen 18 und 29 Jahren hören Podcasts häufiger als jede andere Gruppe. Beliebt sind vor allem Formate, die Nachrichten oder Wissensinhalte liefern. Als Top 3 der Podcasts nennt das Institut die »Tagesschau«, »Quarks & Co.« sowie »Die Sendung mit der Maus«. Wenn das stimmt, dienen Podcasts in Deutschland vor allem als gut funktionierende öffentlich-rechtliche Mediathek.

Aus der Studie lässt sich des Weiteren ablesen, dass der durchschnittliche Hörer 30 Minuten pro Woche hört. 67 % der Episoden werden auch bis zum Ende gehört.

Podcasts bleiben weiterhin ein Nebenbei-Medium: Gehört wird vor allem, während man im Haushalt etwas erledigt (48 %). 38 % hören zu Hause, ohne nebenbei etwas anderes zu machen. Nur 25 % hören auf dem Arbeitsweg (siehe Abbildung 14.3). Die vollständige Studie gibt es hier: *https://www.splendid-research.com/studie-podcasts.html*.

Ähnliche Zahlen liefert auch die jährliche ARD/ZDF-Onlinestudie (*http://www.ard-zdf-onlinestudie.de/ardzdf-onlinestudie-2017/audiowelten*). Ihr zufolge werden Audio-Podcasts von 27 % der 14- bis 29-Jährigen gelegentlich gehört. Von der Gesamtbevölkerung sind es 13 %, das sind 2 % mehr als im Jahr zuvor. Während nur knapp 4 % der Gesamtbevölkerung angeben, mindestens wöchentlich Podcasts zu hören, sind es bei den 14- bis 29-Jährigen über 10 %. Die Zahlen steigen.

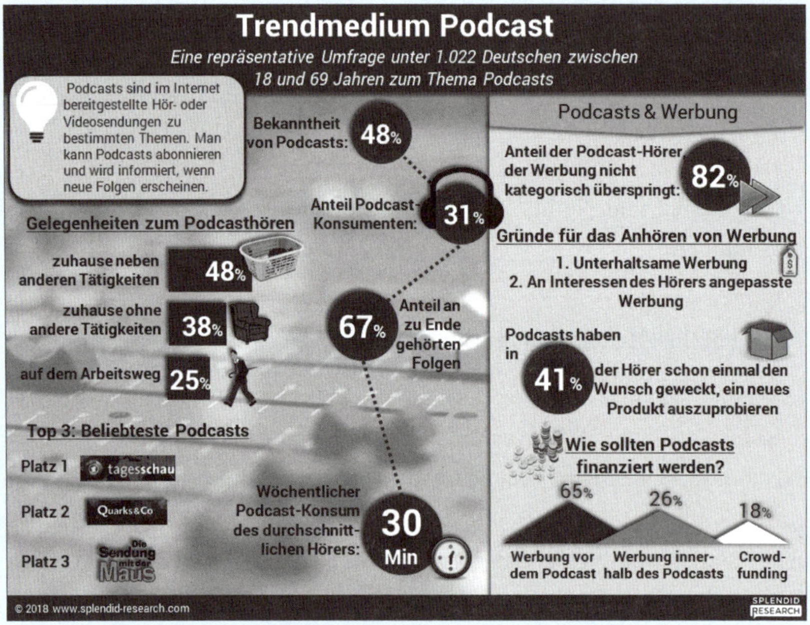

Abbildung 14.3 *Fast die Hälfte der Befragten weiß mittlerweile immerhin, was ein Podcast ist – so die Studie von Splendid Research.*

Wie kaufkräftig sind Podcast-Hörer?

Da es uns aber in diesem Kapitel vor allem um das Geldverdienen geht, ist die Spot-On-Podcast-Studie von AS&S Radio (ARD-Werbung Sales & Services GmbH) interessant. Sie hat 3.000 Personen ab 14 Jahren im Sommer 2017 befragt.

Eigenschaften von Podcast-Hörern

Laut der Spot-On-Podcast-Studie sind Podcast-Hörer

- loyal,
- technikaffin,
- trend- und modebewusst,
- verfügen über einen hohen Bildungsgrad und
- verfügen über ein hohes Einkommen.

Das sind doch genau die Menschen, die Sie als Hörer haben möchten, oder? Und es wird noch besser: Angeblich akzeptieren 87 % der Hörer Werbung. Damit sind wir schon beim Kern der Sache: Wir haben ein gut verdienendes Publikum, das sich themenspezifisch gut eingrenzen lässt und dadurch für Werbetreibende höchst interessant ist.

Kurz gesagt

Falls Sie einen potenziellen Sponsor überzeugen müssen, sein Geld in Podcasts zu stecken, gibt es ein gutes Argument: Wenn Sie eine Anzeige in einer Zeitung schalten, geben Sie viel Geld dafür aus, möglichst viele unterschiedliche Menschen zu erreichen. Der Streuverlust ist enorm hoch. Sofern Sie aber einen Spot in einem themenspezifischen Podcast schalten, erreichen Sie genau die Menschen, die zu Ihrem Produkt passen.

Was kostet mich die Produktion meines Podcasts?

Zum Geldverdienen gehört natürlich auch, dass mehr Geld eingenommen als ausgegeben wird. Machen Sie sich daher eine Liste mit Ihren Ausgaben. Dazu gehören sowohl einmalige Anschaffungen wie das Mikrofon, ein Mischpult oder ein Aufnahmegerät als auch wiederkehrende Kosten wie der Speicherplatz im Internet oder ein Mailchimp-Account für die Newsletter.

Erst wenn Sie Ihre Ausgaben kennen, wissen Sie, wieviel Sie verdienen müssen, um überhaupt in die Gewinnzone zu kommen. Ein zweiter Effekt dieser Liste ist, dass Sie schnell merken werden, ob Sie eventuell an der einen oder anderen Stelle zu viel Geld ausgeben.

Eine mögliche Kostenrechnung Ihres Podcasts

- Einmalige Ausgaben
  - 100 € Anschaffung Mikrofon
  - 150 € Anschaffung Aufnahmegerät
  - 50 € Anschaffung Kopfhörer
  - 550 € Beauftragung Grafiker für Logo und Cover
  - Software Audacity: kostenlos

- Laufende Kosten
  - Speicherplatz pro Jahr: 100 €
  - Kosten für URL pro Jahr: 12 €
  - Kosten für Google Ads pro Jahr: 60 €
  - Kosten Player-Plug-in pro Jahr: 100 €
  - Kosten Newsletter-Tool pro Jahr: 200 €
- Einnahmen
  - durch Affiliate-Marketing pro Jahr: 100 €
  - durch YouTube-Werbung pro Jahr: 500 €

14.2 So finden Sie einen Sponsor oder Auftraggeber

Es gibt zwei Hauptmöglichkeiten, mit Podcasts Geld zu verdienen: Entweder die User finanzieren das Projekt oder externe Geldgeber (Firmen) sorgen für das nötige Geld. Oft nutzen Podcaster auch eine Mischform und bieten beides an. Bleiben wir zunächst bei den Firmen.

Auch hier gibt es zwei Wege. Sie können einen Sponsor für Ihren eigenen Podcast finden. Dieser Sponsor schaltet dann sozusagen Werbung in Ihren Episoden. Das können herkömmliche Werbespots wie im Radio oder sogenanntes *Native Advertising* sein. Dabei geht es um vorformulierte Texte oder zumindest grob festgehaltene Inhalte, die Sie selbst in Ihrem Podcast vortragen. Diese Art von Werbung hat sich in Podcasts durchgesetzt, und es ist auch leicht zu erklären, warum das so ist.

Podcasts leben in der Regel von der Authentizität des Podcasters. Wenn dieser selbst die Werbung vorträgt und merklich auch hinter dem Produkt steht, erhöht das das Interesse der Hörer. Es ist fast wie eine Freundes-Empfehlung. Das Vertrauen in das Produkt und den gehörten Werbetext steigt, weil Sie als Hörer den Sprecher kennen und ihm vertrauen.

Ein weiterer Vorteil des Native Advertising ist, dass Sie oder der Werbepartner keinen aufwendigen Spot schaffen müssen. Ihnen muss lediglich ein Text vorliegen. Es ist also eine sehr günstige Produktion für den Werber.

In den USA sind die selbst vorgetragenen Werbespots schon in vielen Podcasts zu hören, und auch in Deutschland werden es langsam mehr. Die Frage ist allerdings, ob nicht ein gewisser Sättigungs- und damit Nerveffekt eintritt, wenn ständig von Matratzen oder Hörbuch-Downloadportalen die Rede ist. Wenn allerdings mehr Werbetreibende in Podcasts investieren würden, wäre sicherlich bald auch mehr Vielfalt zu hören.

Zwei Arten der Werbung in Podcasts

Es gibt unterschiedliche Arten, Werbung in eine Podcast-Datei einzubinden. Die eine Variante ist, dass Sie Ihren Podcast ganz normal produzieren und dann einen Werbespot hineinschneiden oder diesen bei der Aufnahme gleich selbst einsprechen. So ist die Werbung ein fester Bestandteil Ihrer Podcast-Episode und auch Jahre später noch verfügbar – sogar dann, wenn das Unternehmen, für das Sie werben, vielleicht längst nicht mehr existiert. Diese Variante wird vor allem für Native Advertising verwendet, also wenn Sie selbst die Werbung einsprechen und nicht auf produzierte Clips zurückgreifen.

Abbildung 14.4 *Das Team von Viertausendhertz: Nicolas Semak, Christian Grasse, Marie Dippold und Hendrik Efert (Foto: Julia Zimmermann/Viertausendhertz)*

Bei der anderen Variante definieren Sie in Ihrem Podcast bestimmte Zeitmarken, an denen Sie einen akustischen Trenner einplanen oder kurz in der Moderation auf kommende Werbung hinweisen. Diese Zeitmarken werden an teilnehmende Plattformen gemeldet (beispielsweise gibt es diese Dienste bei Auphonic oder Libsyn). Daraufhin wird geschaltete Werbung hier eingeblendet. Es kann also sein, dass nach einem Monat ein anderer Clip eingespielt wird als vorher. *Dynamic Ad Insertion* nennt sich dieses Modell. Sie können selbst entscheiden, ob Sie »Pre-Roll« (also vor Ihrem Podcast), »Mid-Roll« (mittendrin) oder »Post-Roll« (nach Ihrem Podcast) eine Werbung einspielen möchten.

Viertausendhertz heißt das erste Podcast-Label in Deutschland (siehe Abbildung 14.4). Einige Berliner Podcaster, die meisten davon Radiojournalisten, haben sich zusammengetan, um professionelle Podcasts zu produzieren und zu vermarkten. Daher sind diese Produktionen auch sehr inhaltgetrieben und sehr hochwertig produziert. Hier geht es nicht nur um die kommerziellen Aspekte und die pure Unterhaltung, sondern stets auch um den journalistischen Anspruch hinter einem Produkt.

Mitgründer Nicolas Semak zieht eine positive Zwischenbilanz. Die Podcaster können mittlerweile nach eigenen Angaben gut von ihrer Arbeit leben. Sie verdienen ihr Geld sowohl mit Werbeflächen in den eigenen Podcasts als auch durch Auftragsproduktionen. Dabei machen die Auftragsproduktionen ungefähr ein Drittel des Umsatzes aus, der Rest kommt durch Werbung herein. Dieses Verhältnis kann sich aber auch mal umkehren. Der journalistische Ansatz wird bei Viertausendhertz auch deutlich, weil die Werbung (wie es sein sollte) deutlich gekennzeichnet wird. Zu Beginn des Werbebeitrags ist ein Tonsignal zu hören, und der kommerzielle Inhalt ist nicht länger als 89 Sekunden. Auch inhaltlich muss die Werbung als solche erkennbar sein. Mehr zur Kennzeichnungspflicht von Werbung erfahren Sie in Abschnitt 10.4, »Werbung in Podcasts«.

Die Kennzeichnung ist auch Constantin Buer von den Online Marketing Rockstars (OMR) wichtig. »Das muss unbedingt sein. Entweder durch ein akustisches Signal oder ein Werbe-Musikbett oder durch die Ansage, dass es sich hier um den Sponsor der Folge handelt«, erklärt er. OMR vermittelt Werbung an Podcaster, legt aber Wert auf die Glaubwürdigkeit: »Die Werbung soll nicht bloß eine Einnahmequelle sein, sondern der Podcaster muss wirklich von dem Produkt überzeugt sein, sonst kann er es im Native Advertising nicht gut verkaufen«.

Wer neu ist bei der Podcasterei und gerne mit der Monetarisierung anfangen möchte, dem rät Buer, erst mal auf Reichweite zu setzen. »Reichweite ist einfach wichtig, da brauchen wir uns nichts vorzumachen«, sagt er. Er rät dazu, ein Blog zum Podcast zu starten, reichweitenstarke Gäste einzuladen und persönliche Netzwerke zu aktivieren. »Wenn die Reichweite stimmt, dann wird der Podcaster für die Advertiser interessant«, so Buer. Auch kleinere Podcasts können Werbetreibende finden, wenn das Produkt zum Thema passt. Vom Podcasting leben könnten in Deutschland zwar einige, aber noch nicht viele, so die Einschätzung von Constantin Buer.

Die Sache mit dem TKP

In der Werbung gibt es eine Währung, den *Tausend-Kontakt-Preis*, bei uns in Deutschland TKP abgekürzt, in den USA ist es CPM. Es geht sowohl bei Zeitungsannoncen, Newslettern oder Bannern auf Websites darum, wie viele Menschen die Werbung gesehen haben – für diese Währung zahlen die Werbetreibenden. Und das wurde auch auf Podcasts übertragen, obwohl die Frage ist, ob diese Art der Messung wirklich sinnvoll ist.

Der erfolgreiche amerikanische Podcaster Tim Ferriss behauptet, bekannte Kollegen würden zwischen 25 und 100 US$ pro 1.000 Hörer bekommen, wenn sie Werbung schalten. Sein Rechenexempel geht folgendermaßen: Ein populärer Podcaster garantiert dem Werbetreibenden, innerhalb von sechs Wochen verlässlich 100.000 Hörer zu erreichen. Er verlangt 50 US$ CPM. Damit kommt er pro Sponsor und Episode auf 5.000 US$. Bei einem CPM von 100 US$ sind es 10.000 US$ pro Sponsor und Episode. Rechnet man mit zwei Sponsoren pro Folge, sind es schon 20.000 US$ pro Episode. Falls dieser Podcaster nun mehr als 100.000 Hörer hat, beispielsweise 500.000 Hörer (was in den USA geht, im deutschsprachigen Raum aber leider nicht), dann wäre er bei 100.000 US$ pro Episode. Zum Vergleich: Wer einen Clip im TV schaltet, hat einen CPM zwischen 5 und 20 US$.

In Deutschland ist nicht so viel Transparenz vorhanden, was den TKP angeht. Hier stehen Zahlen von 150–300 € TKP im Raum. Die OMR haben dem TKP in Sachen Podcasting den Rücken gekehrt. »Wir machen nur Festpreise, also 1.000 bis 4.000 € pro Pre-Roll oder Mid-Roll«, sagt Constantin Buer. Denn der große Vorteil bei Podcasts sei, dass der Werbetreibende sehr genau wisse, wer zuhört: »Durch das Thema ist die Zuhörerschaft ja sehr genau einzugrenzen, und daher ist die TKP-Rechnung hinfällig. Das akzeptieren die Werbetreibenden auch schnell, wenn es ihnen erklärt wird.«

Sponsoring ist aber nicht für alle Podcaster der richtige Weg. René Kurfürst vom »Eintracht Frankfurt Podcast« (*https://www.eintracht-podcast.de*, siehe Abbildung 14.5) formuliert es wie folgt:

»Ich möchte kein klassisches Sponsoring von unserem Podcast, weil ich dann Angst hätte, in eine Abhängigkeit zu geraten. Gar nicht unbedingt, weil der Sponsor das so verlangt, aber weil ich dann immer eine Schranke im Kopf hätte. Ich würde mich immer fragen: ›Kann ich das noch sagen?‹«

Und nicht nur das, die Frage lautet für René Kurfürst auch: »Kann ich dann noch so fluchen wie sonst? Wir als Fußball-Podcaster leben von unseren Emotionen.«

Abbildung 14.5 *René Kurfürst, Dennis Philipp, Gast Henni Nachtsheim, Bastian Roth und Marvin Mendel (v. l.) vom »Eintracht Frankfurt Podcast«*

Also haben sie sich gegen das klassische Sponsoring entschieden – und für die Hörer. Diese unterstützen ihre Podcaster mit Spenden über PayPal, Patreon oder ganz klassisch über eine Überweisung beziehungsweise einen Dauerauftrag. »Ich habe dafür ein eigenes Konto eingerichtet und ein Gewerbe angemeldet«, erklärt René Kurfürst. Von dem Geld werden die monatlichen Kosten für Speicherplatz und Ähnliches gedeckt, und hin und wieder wird auch neues technisches Equipment angeschafft. Monatlich weisen die »Eintracht«-Podcaster darauf hin, dass sie auf Spenden angewiesen sind. »Ich schätze, dass ein halbes Prozent unserer Hörer aktuell diesem Aufruf folgt«, so Kurfürst.

Falls Sie sich für Sponsoring entscheiden, suchen Sie sich einen Werbetreibenden, der gut zu Ihnen und Ihrem Podcast passt. Sie müssen unbedingt glaubwürdig bleiben. Falls Ihnen Werbung angeboten wird, bei der Sie ein schlechtes Gefühl haben, lehnen Sie ab – auch wenn Sie dadurch eventuell ein lukratives Angebot ausschlagen. Sonst laufen Sie Gefahr, das Wertvollste zu verlieren, was Sie als Podcaster haben: Ihre treuen Hörer. Diese werden nämlich sofort merken, wenn hier ein »Ausverkauf« stattfindet.

14.3 So werden Sie Premium-Podcaster

Wenn Sie weder Werbung vorlesen möchten noch einen Sponsor für Ihren Podcast finden, sollten Sie darüber nachdenken, Premium-Podcaster zu werden. Das bedeutet schlichtweg, dass Sie für Ihren Podcast Geld verlangen.

Fragen, die Sie sich stellen sollten, bevor Sie Premium-Podcaster werden

- Möchte ich mit dem Podcast überhaupt Geld verdienen oder sollte er ein Hobby bleiben?
- Wenn ich mit dem Podcast Geld verdiene, muss ich eine gewisse Disziplin an den Tag legen, damit ich meine Zuhörer nicht enttäusche. Bin ich bereit, das zu tun?
- Habe ich Material (Texte, weitere Audiodateien und Ähnliches), das ich als Bonus anbieten könnte?

- Spreche ich in meinem Podcast oft über Produkte, die ich zu Affiliate-Links machen könnte?
- Bin ich öfter live unterwegs und habe ich treue Fans, die Merchandising kaufen würden?
- Bin ich bereit, im Podcast offen um Spenden zu bitten?
- Bin ich darauf eingestellt, dass durch die Einnahmen erhöhter Aufwand für Buchhaltung und Steuererklärung auf mich zukommen?
- Traue ich mir zu, auf Sponsorensuche zu gehen und bei Firmen selbst anzufragen?

Es gibt viele Möglichkeiten, das zu tun. Dabei bietet es sich vor allem an, eine Mischung anzubieten. So bleibt Ihr Podcast beispielsweise kostenlos für alle verfügbar, aber Bonusmaterial gibt es nur für Unterstützer. Im Folgenden zeige ich Ihnen verschiedene Wege, wie Sie Premium-Podcaster werden können.

Bieten Sie zahlenden Kunden Zusatzmaterial an

Es gibt viele verschiedene Möglichkeiten, Bonusmaterial anzubieten. Sie können beispielsweise zahlende Kunden zu Ihrer Preshow einladen, also zu den Minuten des Vorgeplänkels mit allen Beteiligten, bevor der Live-Podcast oder die Aufzeichnung beginnt. Sie können es auch machen wie Oliver Wunderlich und Ellen Anders mit ihrem »Morgenradio«: Eine Episode des täglichen Podcasts landet im offenen und kostenlosen Podcast-Feed, der Rest wandert hinter eine Bezahlschranke. Dort wiederum gibt es die Möglichkeit, die beiden Podcaster einen Monat, ein halbes oder ein ganzes Jahr lang zu unterstützen (siehe Abbildung 14.6).

Falls Sie einen Podcast erstellen, bei dem es um die Wissensvermittlung geht, bietet sich vor allem Bonusmaterial an, das dieses Wissen vertieft. So können Sie Ihren bezahlenden Hörern z. B. ein begleitendes PDF, weitere Audios, vielleicht auch längere Episoden, die bestimmte Aspekte noch einmal genauer beleuchten, oder ungeschnittene und damit längere Interviews zur Verfügung stellen. Bei »Slow German«, dem Podcast für Deutschlernende, biete ich den bezahlenden Hörern für jede Episode ein PDF mit Verständnisfragen, Multiple Choice und Lückentexten sowie eine Vokabelliste an. Außerdem gibt es Gedichte, Märchen und Fun Facts als Audios, die nicht im normalen Feed auftauchen.

Abbildung 14.6 *Wer schafft es aufs Treppchen? Das »Morgenradio« hält drei verschiedene Modelle für Unterstützer bereit.*

Nun bleibt die Frage, wie das alles technisch möglich ist. Manche Anbieter wie Libsyn bieten einen Premium-Podcast an, verlangen dafür aber auch recht hohe Gebühren (bis zu 50 % der Einnahmen, siehe Abbildung 14.7).

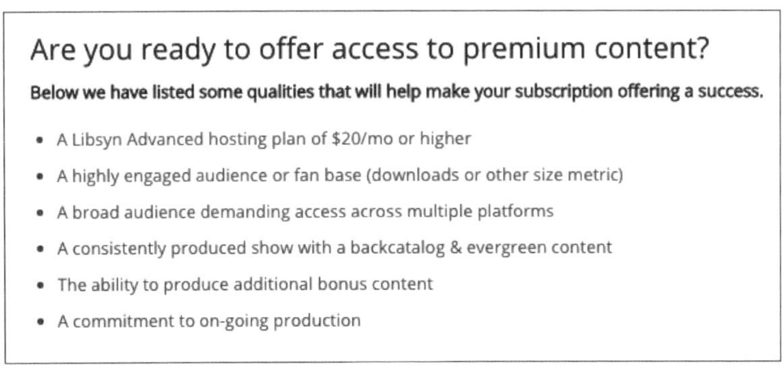

Abbildung 14.7 *Libsyn warnt: Nicht jeder ist in der Lage, ein Premium-Podcaster zu sein. Ein Muss sind engagierte Hörer und viel Zeit, um Bonusmaterial zu produzieren.*

Schwierig ist bei Anbietern aus den USA auch meist die Abrechnung. Immerhin müssen Sie Ihre Einnahmen versteuern und brauchen dafür konkrete Belege. Da ist es schon einfacher, wenn die Firma in Deutschland sitzt, die hiesigen Gegebenheiten kennt und dementsprechende Dokumente zur Verfügung stellt. Podigee Premium (*https://www.podigee.com/de/premium*) ist so ein Beispiel (siehe Abbildung 14.8).

Abbildung 14.8 *Ordentliche Abrechnungen mit ausgewiesener Mehrwertsteuer gibt es bei Podigee.*

Wer ohnehin das Blog-System WordPress nutzt, kann die eigene Seite durch verschiedene Plug-ins selbst umbauen. Diese Plug-ins heißen *Membership Plug-ins* und teilen die User in verschiedene Gruppen ein, die Sie selbst definieren können.

Abbildung 14.9 *Verschiedene Mitgliedschaften lassen den Podcast und die gesamte Seite komplett anders aussehen. Sie können genau einstellen, wer was sehen darf und wofür gezahlt werden muss.*

Das Plug-in *MemberPress* z. B. (*https://memberpress.com*, ca. 130 US$ pro Jahr) bietet eine recht komfortable Premium-Funktion an. Allerdings müssen Sie sich ein wenig damit beschäftigen, denn ganz so intuitiv ist der Gedanke der Mitgliedschaft nicht. Sie können durch MemberPress verschiedene »Rules« erstellen, also beispielsweise, dass nur ein User des Wochen-Abos bestimmte Zugänge bekommt, ein anderer aber nicht. Auch die Menüführung kann komplett anders aussehen, je nachdem mit welchem Status ein User auf die Seite kommt. Der eine sieht dann nur den Bereich »Premium« und wird darüber auf eine Bezahlseite gelenkt, der andere sieht unter dem Stichwort »Premium« ein Untermenü mit all den Dingen, die er als Bezahlkunde sehen darf (siehe Abbildung 14.9).

Sie können auch dafür sorgen, dass ein Gratis-Kunde beispielsweise nur Ihren kostenlosen Player und den dazugehörigen Text der Episode sieht. Ein bezahlender Kunde erhält dagegen unter dem Text einen weiteren Player und Links zu Lernmaterial oder anderem Bonusmaterial. Die Funktionen sind zahlreich und es gibt zum Glück viele Videos, die den Einsatz erklären. Ist alles einmal eingerichtet, funktioniert das Modell von alleine – und es trudelt Geld bei Ihnen ein.

Machen Sie Ihren Podcast zu einer Auftragsproduktion

Jan Böhmermann und Olli Schulz haben es vorgemacht: Erst waren sie mit voller Überzeugung und mit ihrem Podcast »Sanft & Sorgfältig« beim öffentlich-rechtlichen Rundfunk radio eins beheimatet, dann gingen sie fremd und tauchten mit »Fest & Flauschig« beim Musik-Streaming-Dienst Spotify wieder auf. Wer sie nun hören möchte, muss sich die dazugehörige App holen. Bezahlen müssen die Hörer nicht, allerdings – beim kostenlosen Modell – Werbung akzeptieren.

Für Anbieter wie Spotify sind Podcasts praktisch, denn bei Musik müssen sie Lizenzgebühren zahlen, die bei jeder Wiedergabe fällig werden. Ein Podcast wie der von Böhmermann und Schulz kostet ein einmaliges Honorar, danach bleibt die Episode hörbar. Egal wie oft, es kostet einen Festpreis für die Anbieter. Zudem bringen große Namen natürlich neue Hörer auf die Plattform, die dann eventuell auch ein Musik-Abo abschließen. Spannend wird es bei Produktionen wie »Mogul: The Life and Death of Chris Lighty« von Gimlet Media. Die sechsteilige Serie wurde erst auf Spotify veröffentlicht und war später auf kostenlosen Plattformen zu hören. Deezer hat sich Stefan Niggemeier und Sarah Kuttner für ihre »Deezer Originals« geholt und lässt sie »Das kleine Fernsehballett« produzieren.

Auch die Hörbuch-Plattform Audible (gehört zu Amazon) hat im November 2017 eine Podcast-Sparte geöffnet. Hier ist es allerdings noch strenger als bei Spotify: Nur zahlende Abo-Kunden dürfen auch in die Podcasts reinhören. Audible hat in die Produktion und Vermarktung der *Original Podcasts* viel Geld gesteckt. Bekannte Namen wie Jörg Thadeusz, Katrin Bauerfeind, Nina Ruge oder

Denis Scheck sowie die österreichischen Kabarettisten Stermann & Grissemann wurden für eigene Podcasts verpflichtet (siehe Abbildung 14.10).

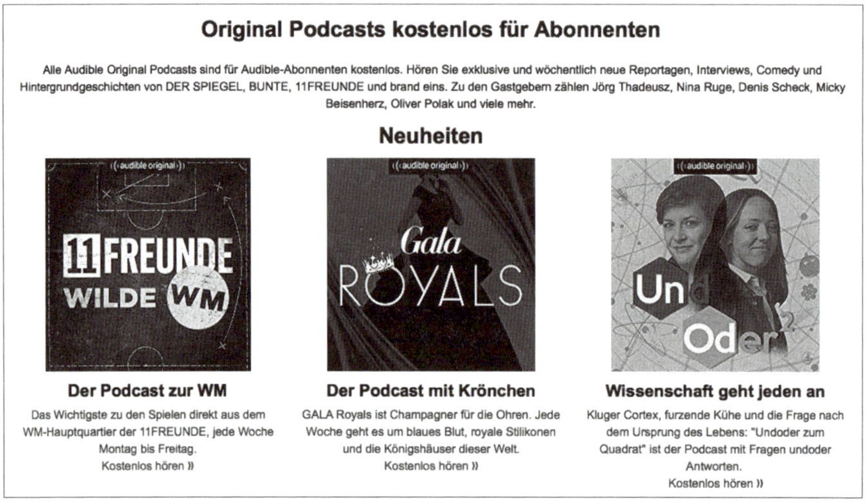

Abbildung 14.10 *WM, Klatsch und Wissen – Audible hat sich bei der Auswahl der Podcasts bewusst breit aufgestellt.*

Was das mit Ihnen zu tun hat? Audible hat genauso wie der Bayerische Rundfunk einen »Call for Podcasts« gestartet, bei dem auch unbekannte Podcaster ihre Ideen einreichen konnten. Die Gewinner durften ihre Podcasts produzieren und bekamen dafür Geld. Einer von ihnen ist Oliver Wunderlich, der hier bereits mit seinem »Morgenradio« vorgestellt wurde. Für Audible hat er zwei Staffeln seines Meditations-Podcasts »Impetus« produziert. Halten Sie also Ausschau nach Ausschreibungen, und bieten Sie eventuell Ihre Ideen auch einfach so den größeren Plattformen an. Vielleicht haben Sie Glück, und Ihre Podcast-Idee zündet auch als Auftragsproduktion und kommt gerade zur rechten Zeit.

Tipp aus der Praxis

Katrin Rönickes Podcast-Erfahrung ist groß: Sie betreibt unter anderem das Podcast-Label »hauseins«, ist bei »Der Lila Podcast« dabei, zeichnet verantwortlich für den Podcast »Plan W« der Süddeutschen Zeitung und produziert mit Holger Klein »Die Wochendämmerung«. Dieser wöchentliche Podcast war als Audible-Auftragsproduktion gestartet und lief zwei Jahre lang hinter der Bezahlschranke. Dann war damit Schluss, und Katrin Rönicke und Holger Klein forderten ihre Hörer gezielt auf: Wenn Ihr wollt, dass es weitergeht, unterstützt uns finanziell. Und das taten sie. Rund 620 Unterstützter haben die beiden Berliner mittlerweile, pro Episode sind es rund 12.000 Hörer. Am Ende des Podcasts werden die Namen der Spender vorgelesen, sofern sie es möchten. Es falle nicht immer leicht, um Geld zu bitten, gesteht Katrin Rönicke. Aber erst durch diese Bitte kommen viele der begeisterten Hörer erst auf die Idee, ihre beiden Lieblinge auch finanziell zu unterstützen. »Man muss da offensiv rangehen«, sagt Katrin Rönicke.

»Der große Vorteil war, dass Holger schon durch seine anderen Podcasts und durch seine Arbeit im Rundfunk eine große und sehr treue Fanbase mitgebracht hat, die ihn unterstützt«, erzählt Katrin Rönicke. Für beide war von Anfang an klar, dass sie weiterhin einen kostenlosen Podcast erstellen möchten, der freiwillig finanziell unterstützt werden kann. »Alles andere widerspricht irgendwie dem Podcasting-Geist«, so Katrin Rönicke.

Hin und wieder schaltet »Die Wochendämmerung« auch Werbung, also in diesem Fall Native Advertising. Firmen zu finden, die sich auf den Podcast-Werbemarkt trauen, ist aber gar nicht so einfach. Da ist Klinkenputzen und Überzeugungsarbeit angesagt, wie Katrin Rönicke aus Erfahrung weiß. »Ich habe nicht den Anspruch, mit meinen Podcasts die 100.000-Hörer-Grenze zu knacken. Ich möchte aber, dass sich meine anspruchsvollen Podcasts dennoch finanzieren können«, sagt Katrin Rönicke. 2017 hat sie mit Susanne Klingner das Podcast-Label »hauseins« gegründet, um Kräfte zu bündeln und eher lästige Aufgaben wie die Buchhaltung abzugeben, damit mehr Zeit für Kreatives bleibt. Auch hier möchten sie den Werbemarkt noch genauer ausloten. Das Ziel ist aber eher, eine Mischkalkulation aus eigenen Produktionen und lukrativen Auftragsproduktionen zu schaffen, so wie es jetzt auch schon ist: Neben den eigenen Podcasts machen die beiden auch einen Podcast für die Süddeutsche Zeitung. Das Label soll noch weiter wachsen.

Vermarkten Sie Ihr Archiv

Marc Maron (»WTF«) geht einen anderen Weg der Vermarktung, und zwar über den Dienst *Stitcher Premium*. So funktioniert das Modell: Marons 50 aktuellste Episoden sind kostenfrei als RSS-Feed erhältlich. Der Rest wandert ins Archiv und ist dann nur über Stitcher anzuhören. Und nicht nur das: Die Archivepisoden sind umgeschnitten und damit werbefrei. Diesen Service lässt sich der Dienst 4 US$ pro Monat kosten (siehe Abbildung 14.11).

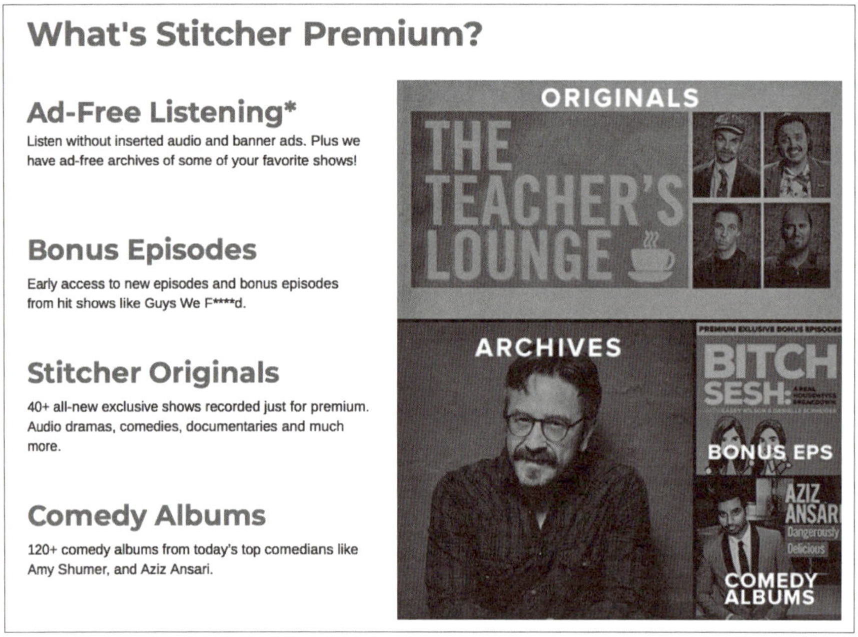

Abbildung 14.11 *Podcast-Episoden ohne Werbeunterbrechung: Marc Maron bietet sein gesamtes »WTF«-Archiv bei Stitcher Premium an.*

14.4 Nutzen Sie Affiliate-Marketing

Falls Sie in Ihrem Podcast regelmäßig ohnehin über Bücher, Filme oder andere Produkte sprechen, bietet es sich an, das Affiliate-Marketing großer Anbieter zu nutzen. Für die Vermittlung eines Kaufes bekommen Sie dadurch sozusagen eine kleine Provision. Der Kaufpreis wird aber dadurch nicht erhöht. Das bedeutet, dass für den Kunden alles beim Alten ist, aber Sie profitieren.

Die Umsetzung ist recht einfach: Sie melden sich für das jeweilige Affiliate-Programm an und können dann spezielle Links generieren. Diese Links bringen Ihre User einerseits zum gewollten Produkt, sagen aber dem Shop auch gleichzeitig, dass Sie den User geschickt und dadurch Ihre Provision verdient haben.

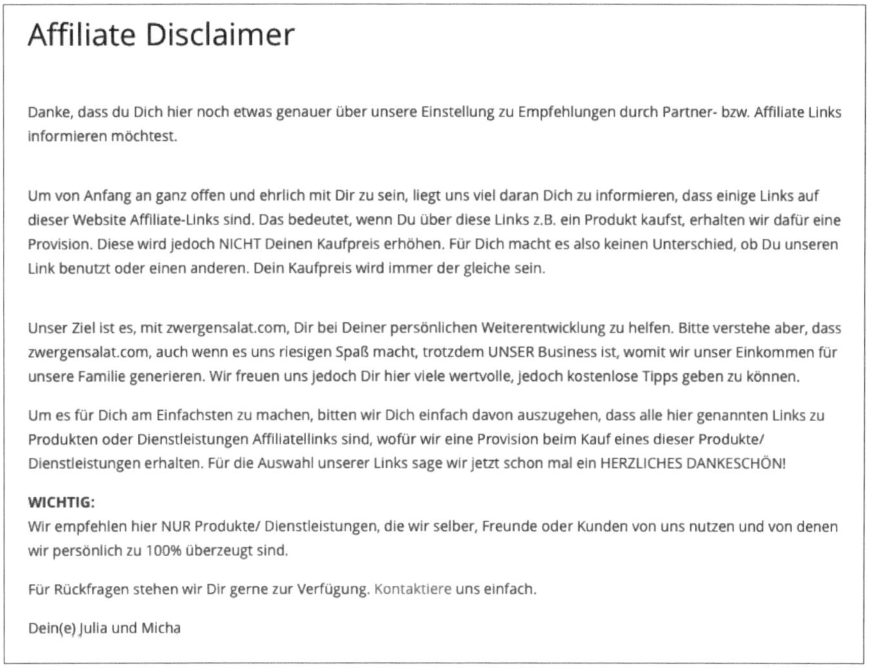

Affiliate Disclaimer

Danke, dass du Dich hier noch etwas genauer über unsere Einstellung zu Empfehlungen durch Partner- bzw. Affiliate Links informieren möchtest.

Um von Anfang an ganz offen und ehrlich mit Dir zu sein, liegt uns viel daran Dich zu informieren, dass einige Links auf dieser Website Affiliate-Links sind. Das bedeutet, wenn Du über diese Links z.B. ein Produkt kaufst, erhalten wir dafür eine Provision. Diese wird jedoch NICHT Deinen Kaufpreis erhöhen. Für Dich macht es also keinen Unterschied, ob Du unseren Link benutzt oder einen anderen. Dein Kaufpreis wird immer der gleiche sein.

Unser Ziel ist es, mit zwergensalat.com, Dir bei Deiner persönlichen Weiterentwicklung zu helfen. Bitte verstehe aber, dass zwergensalat.com, auch wenn es uns riesigen Spaß macht, trotzdem UNSER Business ist, womit wir unser Einkommen für unsere Familie generieren. Wir freuen uns jedoch Dir hier viele wertvolle, jedoch kostenlose Tipps geben zu können.

Um es für Dich am Einfachsten zu machen, bitten wir Dich einfach davon auszugehen, dass alle hier genannten Links zu Produkten oder Dienstleistungen Affiliatellinks sind, wofür wir eine Provision beim Kauf eines dieser Produkte/ Dienstleistungen erhalten. Für die Auswahl unserer Links sage wir jetzt schon mal ein HERZLICHES DANKESCHÖN!

WICHTIG:
Wir empfehlen hier NUR Produkte/ Dienstleistungen, die wir selber, Freunde oder Kunden von uns nutzen und von denen wir persönlich zu 100% überzeugt sind.

Für Rückfragen stehen wir Dir gerne zur Verfügung. Kontaktiere uns einfach.

Dein(e) Julia und Micha

Abbildung 14.12 *Der Affiliate Disclaimer von »Zwergensalat«*

Wichtig ist beim Affiliate-Marketing, alles möglichst transparent zu gestalten. Hinter den Affiliate-Links könnte z. B. ein Sternchen stehen, das an anderer Stelle (am Ende des Blog-Artikels) erklärt, was ein Affiliate-Link ist (siehe Abbildung 14.12).

Sie müssen sich auch darüber bewusst sein, zu wem Sie hier verlinken. Können Sie dies guten Gewissens tun? Natürlich bevorzugen Sie dadurch eine Art des Einkaufs und benachteiligen eventuell einen kleineren Anbieter, der kein Affiliate-Marketing anbietet.

Zudem müssen Sie sehr gut aufpassen, was Sie empfehlen und verlinken. Wenn Sie so viele Produkte wie möglich verlinken, um die Chance auf einen hohen Ertrag zu haben, laufen Sie gleichzeitig Gefahr, nicht mehr glaubwürdig zu sein. Empfehlen Sie daher nur Produkte, die Sie auch selbst wirklich getestet haben und die Sie beispielsweise Freunden im echten Leben auch weiterempfehlen würden.

Amazon ist einer der bekanntesten Affiliate-Partner. Sie können Produkte, auf die Sie im Podcast hingewiesen haben, auf Ihrem Blog mit dem entsprechenden Amazon-Affiliate-Link hinterlegen.

Eine Aufforderung zum Bookmarken (also Setzen eines Lesezeichens) verstößt allerdings offensichtlich gegen die Teilnahmebedingungen, wie Podcaster Toby Baier (»Einschlafen Podcast«) erleben musste: Sein Affiliate-Konto bei Amazon wurde gekündigt (siehe Abbildung 14.13). Lesen Sie vor der Teilnahme also genau die Bedingungen durch, die ein Affiliate-Partner stellt!

Abbildung 14.13 *Toby Baier wurde der Affiliate-Account bei Amazon gekündigt, weil er sich nicht an die Teilnahmebedingungen gehalten hatte.*

14.5 Sammeln Sie Spenden für Ihren Podcast

Wer sich nicht von Konzernen unterstützen lässt, baut auf die eigenen Hörer. Diese sind in der Regel treu und freundlich und durchaus bereit, ein paar Euro für ihr Lieblingsprogramm auszugeben.

Lassen Sie Ihre User direkt in die Soundqualität investieren

Ein sehr nettes Geschenk, mit dem aber nur Podcaster etwas anfangen können, ist die Spende von Auphonic-Credits. Hörer können Ihnen die Benutzung des Dienstes Auphonic finanzieren und damit dafür sorgen, dass Ihre Episoden noch besser klingen als sonst. Diese besondere Möglichkeit gibt es unter *https://auphonic.com/donate_credits*.

Erhalten Sie Microdonations mit Flattr

Flattr (*https://flattr.com*) ist ein schwedisches Projekt, das das Internet verbessern möchte. Und zwar ganz einfach dadurch, dass gute Inhalte von kleinen Seiten eine Chance haben, finanziert zu werden.

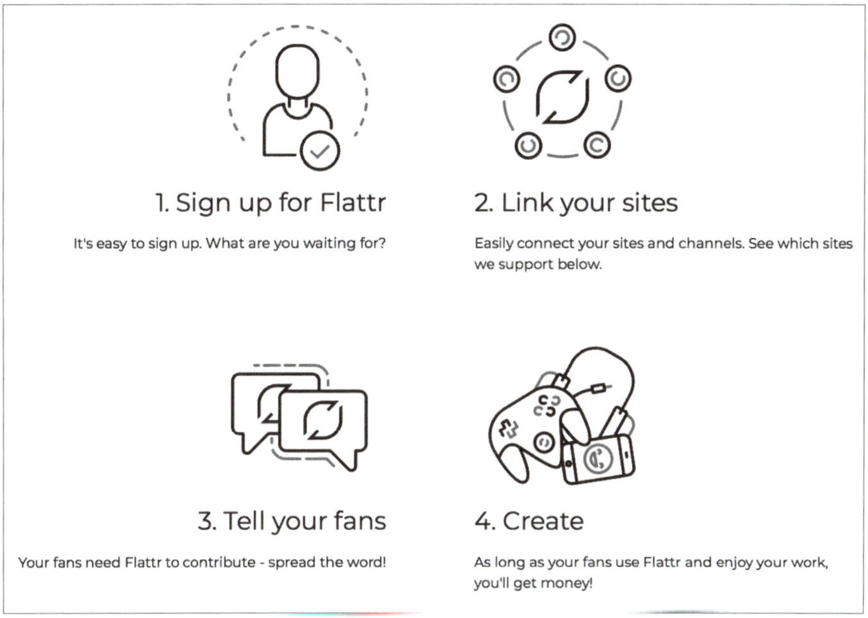

Abbildung 14.14 *So funktioniert das schwedische Flattr: Sogenannte Microdonations sollen dafür sorgen, dass sich Podcaster finanzieren können.*

Das System ist recht einfach. Ich als User überlege mir, dass ich pro Monat beispielsweise 5 € flattrn möchte. Ich installiere mir eine Erweiterung für meinen Browser. Ein spezieller Flattr-Algorithmus findet dann heraus, mit welcher Seite ich am meisten interagiere oder auf welcher Seite ich mich am meisten aufhalte, und teilt das Geld zwischen den Angeboten auf (siehe Abbildung 14.14). Ich kann aber auch manuell einer Seite über Flattr Geld zukommen lassen. Hier handelt es sich in der Tat um *Microdonations*, also winzige Spenden. Aber der Gedanke dahinter ist simpel: Wenn jeder nur ein paar Cent spendet, dafür aber regelmäßig, verdient der Podcaster am Ende des Monats doch einen stolzen Betrag.

Das System ist gut durchdacht und verfolgt einen überaus sinnvollen Gedanken. Allerdings zeigt sich in der Verwendung deutlich, dass dieses System nur in den Podcasts gut funktioniert, die auch technisch versierte Zuhörer ansprechen.

Während die Verbreitung von Flattr vor einigen Jahren noch recht hoch war, haben technische Probleme und zu geringe Nutzung dazu geführt, dass heute nur noch wenige User dieses Tool nutzen.

Überzeugen Sie Ihre Hörer, einen Dauerauftrag einzurichten

Es gibt mittlerweile viele Möglichkeiten, einem Podcaster Geld zukommen zu lassen. Manche sind für den User extrem praktisch, bedeuten aber, dass der Podcaster nur einen Teil des Geldes bekommt, weil der Rest als Gebühr beim Anbieter des Bezahldienstes bleibt. Daher setzen viele Podcaster darauf, dass die Hörer ihnen einen kleinen Obolus als Überweisung zukommen lassen – im besten Fall sogar per Dauerauftrag regelmäßig. Gebühren werden dabei keine fällig und ein eigens eingerichtetes (gebührenfreies!) Konto erleichtert die Abrechnung.

Beispiel aus der Praxis

Max-Jacob Ost betreibt den Fußball-Podcast »Rasenfunk« (*https://rasenfunk.de*). Er lebt als alleinerziehender Vater von Zwillingen in München. Mit dem Podcast kann er sich den Lebensunterhalt verdienen. »Es hat Überwindung gekostet, offen über meine Situation zu sprechen und um Spenden zu bitten«, erzählt Max-Jacob Ost heute. Aber er hat seine Offenheit nicht bereut. Viele Hörer wissen zu schätzen, wie viel Arbeit der fußballbegeisterte Münchner in seinen Podcast steckt. Max-Jacob Ost hat sich gegen Paywall, Werbung und Sponsoren entschieden und baut allein auf Hörerspenden zur Finanzierung. 3.500 € pro Monat kommen so herein – für München noch nicht genug zum Leben. Das Ziel ist also noch nicht erreicht, aber er arbeitet daran.

Elf bis 13 Stunden dauert die Vorbereitung und Aufnahme einer Episode zum Bundesligaspieltag, zusätzlich veröffentlicht er fast wöchentlich kürzere Folgen mit weniger Vorbereitung und immer wieder ausführliche Sendungen mit teils wochenlanger Vorbereitungszeit. Zur Weltmeisterschaft produzierte und veröffentlichte er in vier Wochen 41 Episoden.

»Ein idealer Unterstützer zahlt 1 bis 2 € im Monat«, sagt Max-Jacob Ost. Auf seiner Seite schreibt er zu den 2 € pro Monat: »Weniger als ein halber Triple-

Soja-Caramel-Chai-Latte an der amerikanischen Fast-Food Coffeebar. Für alle, die einfach nicht mehr geben wollen oder können.«

Max-Jacob Ost hat sich vor allem für den Dauerauftrag entschieden, also für die klassische Überweisung auf ein Bankkonto. So bleibt kein Geld für Gebühren auf der Strecke wie bei vielen Anbietern. Einmal eingerichtet, macht ein Dauerauftrag auch keinen Aufwand und für den Podcaster ist ein konstanter Spendenbetrag gut zu kalkulieren. Damit alles seine Ordnung hat, hat Max-Jacob Ost ein eigenes Konto für die Spenden eingerichtet, das gebührenfrei ist.

Abbildung 14.15 *Max-Jacob Ost vom »Rasenfunk« – hier ausnahmsweise mal in einem »richtigen« Radiostudio und nicht nur im Podcast-Fieber.*

Nutzen Sie Steady, um regelmäßige Einnahmen zu erzielen

Auch Holger Klein und Katrin Rönicke vom meinungsstarken Podcast »Die Wochendämmerung« (*https://wochendaemmerung.de*) setzen auf Spenden. Hörer können ihnen sowohl Geld altmodisch überweisen als auch über die Berliner Plattform Steady (*https://steadyhq.com/de/wochendaemmerung*) schicken (siehe Abbildung 14.16). Auch hier wird die Unterstützung gestaffelt. Für 5 € pro Monat bekommt der Hörer den Podcast werbefrei, ab 12 € pro Monat senden »Holgi und

Kadda« eine handsignierte Postkarte und erwähnen den Namen des Spenders (so gewünscht) lobend im Abspann.

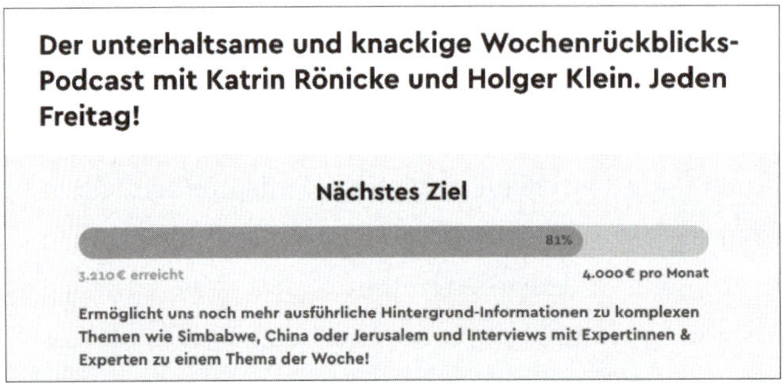

Abbildung 14.16 *Das Steady-Ziel von Katrin Rönicke und Holger Klein sind derzeit 4.000 € pro Monat für ihren Podcast »Die Wochendämmerung«.*

Patreon

Immer mehr Podcaster nutzen auch die Crowdfunding-Plattform *Patreon* (*https://www.patreon.com*), um regelmäßige Einnahmen zu generieren. Hier können Sie sich eine eigene Seite einrichten und diese mit Ihren Inhalten füllen. Sie können mit Ihrer Community sprechen und verschiedene Pakete anbieten, beispielsweise: Wenn ich es schaffe, 1.500 € im Monat zu verdienen (umgerechnet, denn derzeit funktioniert Patreon nur in US$), dann mache ich eine Bonus-Podcastfolge zum Thema XY. Sie können Ihren Unterstützern auch Bonusepisoden oder Bonusmaterial zur Verfügung stellen, die bzw. das andere Hörer nicht bekommen (siehe Abbildung 14.17). Der Haken dabei ist, dass Patreon natürlich einen Teil der Einnahmen für sich behält, so wie es auch Steady und andere Plattformen tun.

Tipp aus der Praxis

Bitte vergessen Sie bei all dem Geld nie, dass es sich hier um Einnahmen handelt, die Sie natürlich versteuern müssen! Es ist zwar sinnvoll, Ihren Usern möglichst viele Gelegenheiten anzubieten, Ihnen Geld zu schicken. Bedenken Sie aber auch, dass all diese Plattformen Ihre Buchhaltung erschweren. Manche sind nicht in Deutschland ansässig, andere geben nur eine schlechte Dokumentation heraus. Überlegen Sie also, ob der Kosten-/Nutzen-Faktor stimmt und werfen Sie bei Bedarf manche Plattformen wieder raus, wenn sie mehr Arbeit machen als Geld einbringen.

Abbildung 14.17 *Über Cartoons zu reden, scheint lukrativ zu sein: Der »Talking Simpsons«-Podcast hat bei Patreon 1.972 Unterstützer und verdient daher rund 10.000 Dollar pro Monat.*

14.6 Verdienen Sie Geld mit Nebenprodukten Ihres Podcasts

Wenn Ihr Podcast nicht ganz frisch ist, sondern schon eine begeisterte Zuhörerschaft versammelt hat, können Sie auch darüber nachdenken, mit Nebenprodukten Geld zu verdienen. Sie können z. B. bei Spreadshirt (*https://www.spreadshirt.de*) oder ähnlichen Anbietern T-Shirts, Tassen und Mousepads bedrucken lassen (siehe Abbildung 14.18). Diese Merchandising-Artikel können Sie natürlich auch verkaufen, wenn Sie live irgendwo mit Ihrem Podcast auftreten, so wie es Musiker auch tun.

Produkte mit Ihrem Logo und Ihrem Podcast-Titel zu versehen, ist natürlich ein Muss. Aber vielleicht fallen Ihnen auch ein paar Sprüche ein, damit jene Podcast-Hörer die Sachen kaufen, auch wenn sie keine Werbeträger sein möchten. Wichtig ist bei alldem, dass Sie die Rechte an den Grafiken haben. Sprechen Sie die Nutzung für Merchandising-Artikel mit Ihrem Grafiker ab (sofern Sie einen beauftragt haben), und halten Sie dies auch vertraglich fest. Entweder Sie dürfen die Grafiken kostenfrei verwenden, oder Sie vereinbaren eine Aufteilung des Gewinns. Übrigens: Auch Schriften können dem Urheberrecht unterliegen und dürfen nicht einfach so verwendet werden!

Abbildung 14.18 *Tassen und Shirts vom »Gästeliste Geisterbahn«-Podcast*

14.7 Richten Sie sich einen Wunschzettel ein

Möglicherweise sagen Sie sich nach all den Ideen zum Geldverdienen: »Das ist mir zu viel Aufwand, eigentlich möchte ich das alles gar nicht.« Aber ein bisschen Anerkennung wäre doch schön, oder? In diesem Fall ist es sehr praktisch, wenn Sie sich beispielsweise bei Amazon einen Wunschzettel einrichten, den Sie öffentlich zugänglich machen (siehe Abbildung 14.19).

Viele Podcaster haben derartige Wunschzettel, auf denen sie beispielsweise festhalten, welche Bücher und DVDs, welches Küchenmesser oder vielleicht auch welche Ohrringe oder Sportschuhe sie gerne hätten. Kleine und große Wünsche stehen auf dieser Liste – und wenn Sie über etwas stolpern, das Sie gerne hätten, sich aber nicht selbst kaufen würden, setzen Sie es mit auf die Liste.

Auch wenn Sie es kaum glauben können, weil diese Art von Nettigkeit im Internet selten geworden ist: Es wird immer wieder nette Hörer geben, die Ihnen für all Ihr Engagement danken möchten und Ihnen durch den Wunschzettel eine kleine Freude machen. Das Prinzip dahinter ist einfach: Der Zuhörer sucht sich etwas aus und bezahlt, Amazon verschickt es dann an Ihre Adresse – ohne dass der Zuhörer an Ihre privaten Daten kommt.

UNTERSTÜTZE UNS!

Es gibt viele Möglichkeiten, wie Du unseren Podcast unterstützen kannst:

Du kannst bei **Amazon** einkaufen. Zum Beispiel Deine Weihnachtsgeschenke für dieses Jahr. Oder die gesamte Erstlingsausstattung. Wenn Du das über diesen Link hier tust, bekommen wir ca. 5 Prozent vom Gewinn von Amazon.

Du kannst uns über **Paypal** einen Betrag Deiner Wahl spenden – klicke dafür einfach auf diesen Link.

Du kannst unser **Sponsor** werden – beispielsweise wenn Du eine Firma hast. Dann sagen wir am Anfang der Show „diese Episode wird präsentiert von…" – und Du wirst berühmt. 😉 Mehr dazu gerne per Mail.

Du kannst uns einen **Wunsch erfüllen** – wir haben beide Wunschzettel für unsere Kinder auf Amazon eingerichtet. Wenn Du eines der Produkte kaufst, wird es automatisch an uns geschickt. Anniks Wunschzettel findest Du hier, Olivers Wunschzettel ist hier.

Wir danken Dir für jede Art der Hilfe. Der Kinderwahnsinn liegt uns sehr am Herzen und wir freuen uns, wenn wir ihn noch lange weiter betreiben können. Und die wertvollste Art der Hilfe dürfen wir natürlich auch nicht vergessen: Unterstützt uns durch Eure Kommentare und Mails und sagt einfach weiter, dass es uns gibt! DANKE!

Abbildung 14.19 *Egal welche Art von Unterstützung Sie anbieten, erklären Sie auf einer Unterseite Ihres Blogs genau (und freundlich), wie die Zuhörer Ihnen helfen können, den Podcast weiter zu produzieren. Hier: »Kinderwahnsinn«.*

14.8 Bieten Sie Live-Shows Ihres Podcasts an

Viele Podcaster sind eher in ihrem stillen Kämmerlein alleine am Mikrofon glücklich. Falls Sie allerdings zu denjenigen gehören, die ganz gerne auch mal vor Publikum stehen, sollten Sie diese Neigung unbedingt ausnutzen. Treten Sie erst einmal in Ihrer Heimat auf, buchen Sie einen kleinen Saal und laden Sie Ihre Hörer ein. Wenn Sie dann das Gefühl haben, dass das gut funktioniert und Sie genug zu erzählen haben, können Sie diesen Zweig Ihres Podcasts ausweiten.

Überlegen Sie sich gut, was Sie Ihren Hörern live bieten können. Fallen Ihnen Aktionen ein, die Sie mit dem Publikum machen können? Die Jungs von »Gästeliste Geisterbahn« haben beispielsweise damit Zeit gefüllt, dass sie mit ihren anwesenden Hörern ein Hörspiel aufgenommen haben, das später dann zusammengeschnitten online gestellt wurde.

Constantin Buer (OMR) sagt: »Events sind im Podcasting-Bereich noch am Anfang«. Dennoch haben die Jungs es »einfach mal ausprobiert« und die Elbphilharmonie in Hamburg mit 2.000 Podcast-Gästen gefüllt (siehe Abbildung 14.20). Mit dabei waren Gäste wie Frank Thelen und Linda Zervakis oder Micky Beisenherz – also schon ein paar große Namen, die angelockt haben. »Das war spektakulär«, sagt Constantin heute, »aber wir leisten da durchaus noch Pionierarbeit. Wir wollen den Menschen das Medium Podcast näherbringen.«

Abbildung 14.20 *Wieso kleckern, wenn man auch klotzen kann: Die OMR Podcast-Nacht buchte nicht etwa ein kleines Gemeindezentrum, sondern gleich die Elbphilharmonie.*

Prominente Gäste und große Namen plus eine außergewöhnliche Location – klar, dass da die Menschen hinströmen. Aber täuschen Sie sich nicht: Auch weniger spektakuläre Podcasts wie »Methodisch inkorrekt« füllen mittlerweile richtig gute Locations in ganz Deutschland (siehe Abbildung 14.21).

Nicht für jeden Podcast sind Live-Shows geeignet. Wer lieber im stillen Kämmerlein bleibt und das Rampenlicht scheut, für den ist das natürlich nichts. Alle anderen können es zumindest einmal ausprobieren und sich überlegen, was sie ihren Hörern anbieten können. Denkbar ist, bei einem kleinen Comedy-Club in der Nähe oder in dem Nebenraum einer Kneipe eine Vorführung für knapp 50 Leute zu geben und zu sehen, ob das funktioniert. Wenn ja, können Sie später größere Locations ausprobieren. In kleinem Kreis können Sie sehr offen mit Ihren Zuhörern (in diesem Fall auch Zusehern!) umgehen und sie eventuell in die Gestaltung des Abends mit einbeziehen. Natürlich können Sie einfach wie sonst auch eine Episode Ihres Podcasts aufnehmen. Aber vielleicht haben Sie auch andere Ideen, beispielsweise können Sie Live-Musik mit einplanen oder Spiele mit den Zuschauern machen. Werden Sie kreativ! Je mehr Sie Ihren Gästen bieten können, desto eher werden diese gewillt sein, Ihr Event an Freunde und Bekannte weiterzuempfehlen.

Abbildung 14.21 *Auch ein Wissenschafts-Podcasts lockt die Menschen an: »Methodisch Inkorrekt« hat einige Termine schon Monate vorher ausverkauft.*

Im Vorfeld einer Live-Show sollten Sie sich eine Checkliste machen, denn es gibt viel zu tun, um so einen Abend (oder Nachmittag?) zu organisieren. Sie sollten auch vorher das Publikum befragen: Wer würde zu so einem Event kommen? Wären die Leute auch bereit, von weiter her anzureisen? Oder ist es vielleicht sinnvoll, bei einem Podcast-Festival oder einem ähnlichen Event erst mal eine Live-Show vor Publikum zu probieren, wo ohnehin schon Menschen hinfahren?

Checkliste für dic Organisation eines Events

- Suchen Sie sich eine passende Location. Sie sollte nicht zu groß sein und wenn es geht ein wenig Charme haben – so wird es Ihnen leichter fallen, auf der Bühne natürlich zu bleiben.
- Machen Sie Promotion: Überlegen Sie sich, wie Sie möglichst viele Menschen auf die bevorstehende Veranstaltung aufmerksam machen können. Dazu haben Sie natürlich Ihren eigenen Podcast zur Verfügung, ebenso wahrscheinlich eine dazugehörige Seite im Internet und auch Auftritte bei Social Media. Vielleicht verteilen Sie auch altmodisch Flyer an eine bestimmte Klientel, die Ihren Podcast noch nicht kennt, aber eventuell Interesse hat. Bei einem Sport-Podcast könnten Sie beispielsweise fragen, ob Sie Ihre Flyer in einem Fitness-Studio auslegen könnten.
- Sprechen Sie mit dem Veranstalter vor Ort. Klären Sie, wer sich um den Ticketverkauf kümmert und wie teuer die Tickets sein sollen. Natürlich müssen Sie auch im Vorfeld festlegen, wer wieviel vom Ticketpreis verdient.
- Klären Sie die Technik ab: Wie viele Mikrofone und welche Art brauchen Sie? Für die Bühne eignen sich Ansteckmikrofone oder Headsets. Wo bekommen Sie diese Ausstattung her? Müssen Sie sich extra etwas anschaffen oder ausleihen? Oder genügt das Equipment, das Sie auch für den normalen Podcast verwenden? Benötigen Sie eventuell ein Saalmikrofon, um Fragen aus dem Publikum aufzunehmen? Wie sieht es mit einer Verstärkungsanlage und mit einem Mischpult aus? Kann über das Mischpult aufgenommen werden oder müssen Sie die Aufnahme anders bewerkstelligen?
- Falls Sie eine kleine Tour planen, müssen Sie natürlich auch die Reise an sich organisieren: Wer reist wie an? Wo wird übernachtet? Wie teuer wird das alles, und wer bezahlt es?

Falls Ihr Live-Event ein voller Erfolg wird, können Sie an eine Booking-Agentur herantreten und all diese Organisationsfragen abgeben. Dann können Sie sich einzig und allein auf den Inhalt der Veranstaltung konzentrieren und das tun, was Sie am besten können.

Kapitel 15
SO PODCASTEN SIE FÜR IHR UNTERNEHMEN

Ein Podcast kann viele Zwecke verfolgen, z. B. kann er auch von Unternehmen gezielt eingesetzt werden. In diesem Kapitel geht es um den Podcast als Mittel der Unternehmenskommunikation und als Marketing-Instrument.

Bislang ging es in diesem Buch darum, als Einzelperson einen Podcast zu starten. Es ging darum, sich durch einen Podcast als Journalist selbst im Netz sichtbar zu machen oder dadurch ein neues Hobby zu finden.

Aber natürlich gibt es auch die andere Seite der Podcasts, und zwar die Unternehmens-Podcasts. Firmen haben längst entdeckt, dass sie durch Podcasts viele Menschen gezielt erreichen können (siehe Abbildung 15.1).

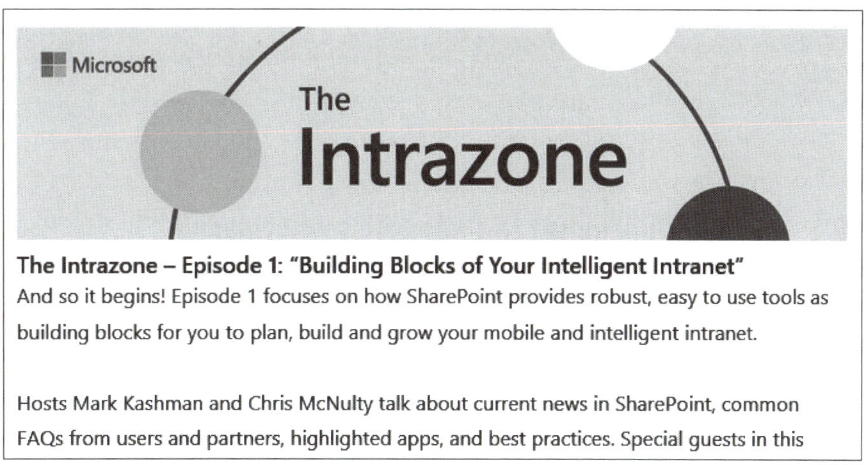

Abbildung 15.1 *Microsoft bietet sozusagen ein User Manual über einen Podcast an: In »The Intrazone« wird über die Arbeit mit SharePoint gesprochen.*

Viele Firmen haben in der Vergangenheit einen Podcast gestartet – oder besser starten lassen. Lange durchgehalten haben wenige. Warum? Zum einen, weil die meisten Firmen die Gesetzmäßigkeiten des Podcastings nicht verstanden haben. Sie haben das, was sie z. B. in einem Radio-Werbespot machen, auf eine längere Audioepisode übertragen. Sie haben übertriebene Sprecher engagiert, ihre Produkte über den grünen Klee gelobt und sich dann gewundert, warum niemand zuhört. Besser wäre gewesen, das Medium so zu nehmen, wie es ist, und auf die viel beschworene Authentizität zu setzen.

Andere Firmen haben sich nicht genug Zeit gegeben – und dem Podcast somit keine Chance gegeben, sich zu entwickeln. Oder sie haben den Podcast von vornherein auf drei bis fünf Episoden beschränkt und damit dafür gesorgt, dass sich keine treue Zuhörerschaft entwickeln konnte. Denn so wie sich auch keine Freundschaft nach drei bis fünf Treffen entwickelt, entwickelt sich auch keine Beziehung zwischen Podcaster und Hörer, wenn nach wenigen Episoden schon wieder Schluss ist.

Wieder andere Unternehmen haben die Abrufzahlen unterschätzt und erwartet, dass sie nach wenigen Episoden fünfstellige Downloadzahlen in ihren Statistiken stehen haben. Wichtiger wäre gewesen, sich über die sehr genau einzugrenzende, kluge und zahlungskräftige Zielgruppe zu freuen, anstatt auf Masse zu setzen.

An diesen Erfahrungen lässt sich schon einiges ablesen, was Unternehmens-Podcasts nicht tun sollten. Worauf Unternehmen sonst noch achten sollten, erfahren Sie im Folgenden.

15.1 Warum überhaupt in Podcasts investieren?

Derzeit ist noch recht klar, was eine Marketingabteilung entscheidet, wenn sie ein Digital-Werbebudget zugeteilt bekommt: Sie investiert in Facebook, YouTube und Co. Die Vorteile liegen auf der Hand: Die Zielgruppe kann mit wenigen Klicks genau eingegrenzt werden. Werber können bestimmen, in welcher Region die Anzeige oder der Clip gesehen werden soll, welche Altersgruppe oder welche Hobbys zum Produkt passen. Der Umgang mit dem Werbeanzeigenmanager ist den Agenturen vertraut, die Auswertung der ausführlichen Analysen ebenso. Und der Kunde weiß mittlerweile auch, was YouTube und Facebook sind, es sind also keine Überredungskünste notwendig.

Jetzt kommt das große Aber, oder sogar mehrere davon. In den vergangenen Jahren haben sich viele Firmen in eine regelrechte Abhängigkeit von großen Anbietern wie YouTube und Facebook begeben (siehe Abbildung 15.2). Sobald diese Riesen ihre Regeln ändern, beispielsweise die Preise anheben oder Nutzungsbedingungen ändern, sind Unternehmen gezwungen, mitzuziehen. Schließlich gibt es keine Alternativen, die auf die Schnelle aufzubauen sind.

Dass viele Unternehmen derzeit wieder auf Mittel setzen, die in der eigenen Hand liegen, ist also kein Wunder. Es werden wieder vermehrt Unternehmens-Newsletter verschickt, Blogs bestückt und eben auch Podcasts gestartet. Hier gibt es keinen Mittelsmann, der die Hand aufhält, die Kosten sind klar kalkulierbar und übrigens sehr viel günstiger als Werbung in sozialen Netzwerken.

Abbildung 15.2 *Klar, diese Zahlen werden wir alle nie mit Podcasts erreichen, aber Facebook wird nie so persönlich sein wie ein Podcast.*

So schön es ist, durch den Werbeanzeigenmanager von Facebook die eigene Zielgruppe zu bestimmen, so sehr wird Werbung in den sozialen Netzwerken zur Normalität. User sind es längst gewohnt, hier Werbung zu sehen – und die Konkurrenz ist groß. Jeder setzt auf Facebook-Werbung, auch Ihre Konkurrenz. Hier noch aufzufallen, wird zunehmend schwerer, vor allem für kleinere Unternehmen mit geringem Budget.

Was bei Instagram gut funktioniert, ist Marketing, das einen persönlichen Touch hat. Hier bauen die User erst eine Beziehung zu den Influencern auf und kaufen dann brav, was diese ihnen empfehlen. Das Gleiche funktioniert erwiesenermaßen gut bei Podcasts, ist aber sehr viel günstiger zu haben. Sie stellen durch einen gut gemachten Podcast einen persönlichen Kontakt zu Ihren Zuhörern her. Die Podcast-Hörer lernen Ihr Unternehmen von einer ganz anderen Seite kennen, von einer sehr persönlichen Seite.

Die authentische Produktion ermöglicht es Ihnen, das Vertrauen der Zuhörer zu gewinnen. Der Podcast steigert die Glaubwürdigkeit und kann das Image Ihrer Firma verbessern. Ihre Hörer werden den Podcast wahrscheinlich nebenbei, auf dem Weg in die Arbeit oder während der lästigen Hausarbeit konsumieren. Das bedeutet aber nicht, dass die Hörer nicht bei der Sache sind – es entsteht eine viel engere Bindung als beispielsweise durch eine Zeitungsanzeige oder eine genervt weggeklickte Social-Media-Werbung.

In Ihrem Unternehmens-Podcast können Sie z. B. zeigen, dass Ihr Chef gar nicht so ein typisch-steifer Anzugträger ist, sondern durchaus Sinn für Humor hat und auch gerne über seine Hobbys spricht. Das macht ihn nahbar, sympathisch und zahlt auf die Marke ein.

Vielleicht können Sie im Podcast auch zeigen, wie viel Arbeit in der Produktion eines bestimmten Teiles steckt, und dadurch erreichen, dass Ihre Hörer höhere Preise akzeptieren und mehr Verständnis für die Besonderheit Ihrer Produktion aufbringen.

Vorteile von Corporate Podcasts

Podcasts geben Ihnen Unabhängigkeit von großen Plattformen. Die Verweildauer der User ist groß, ebenso die Bindung, die durch die persönliche Ansprache entsteht. Podcasts können anders als optisch anspruchsvolle Netzwerke wie YouTube oder Instagram auch im Auto konsumiert werden. Die Podcast-Hörer sind seit Jahren eine kaufkräftige und gebildete Klientel und daher für Werbetreibende interessant. Die Produktion eines Podcasts verschlingt längst nicht so viel Geld wie die Produktion eines guten Imagefilms oder einer YouTube-Serie. Sie können die Investition also wagen, ohne finanziell über die Stränge zu schlagen.

Sie merken, ich möchte Sie gerne davon überzeugen, einen Unternehmens-Podcast zumindest auszuprobieren oder anzudenken – allerdings mit einer großen

Einschränkung: nur wenn Sie bereit sind, neue Wege zu gehen und kreativ zu sein. Alles andere gibt es bereits als nervtötende Radiowerbung. Machen Sie also nicht den Fehler, zu werblich oder zu steif an Ihren Unternehmens-Podcast heranzugehen. Auch ein Firmen-Podcast darf Lockerheit und Humor zeigen.

Die große Frage, die über allem steht, ist: Würden Sie den Podcast selbst gerne hören? Oder ist das Anhören eher eine Pflichterfüllung? Seien Sie ehrlich, und ziehen Sie gerne Ihre Familie zur Beurteilung heran. Bevor es allerdings etwas anzuhören gibt, muss erst einmal etwas entstehen. Gehen wir die Schritte einzeln durch.

15.2 Welche Ziele verfolge ich mit meinem Podcast?

Überlegen Sie sich zuerst, welche Ziele Sie mit Ihrem Podcast verfolgen. Sie kennen Ihr Unternehmen am besten. Was könnte ein Podcast für Ihre Firma tun? Je nachdem, wie Ihr Ziel aussieht, wird auch Ihr Podcast anders aussehen. Dazu gebe ich Ihnen im Folgenden einige Beispiele.

Der Podcast soll die Marke bekannter machen

Sie haben sich in Ihrer Branche zwar einen Namen gemacht, aber die potenziellen Kunden suchen immer noch nicht gezielt nach Ihrer Marke, wenn sie Ihr Produkt brauchen? Dann wird es natürlich Zeit, Ihre Marke bekannter zu machen. Das kann auf viele verschiedene Arten geschehen. Ihr Podcast muss in diesem Fall nichts mit Ihrem Produkt zu tun haben. Er muss nur Aufsehen erregen. Wenn Sie es beispielsweise schaffen würden, dass George Clooney in Ihrem Podcast versucht, Deutsch zu lernen, dann wäre das sicherlich etwas, worüber viele Zeitungen berichten würden. Und wenn Sie den Namen Ihres Podcasts gut gewählt haben, wird gleichzeitig auch über Ihre Marke berichtet. Die Bekanntheit steigt. Nun ist dies natürlich ein bewusst erhöhtes Beispiel, aber es soll zeigen, dass der Podcast vieles darf: Er darf provozieren, amüsieren oder informieren. Wichtig ist, dass er gehört wird, Ihnen Spaß macht und damit letztlich Ihrer Marke zu mehr Bekanntheit verhilft (siehe Abbildung 15.3).

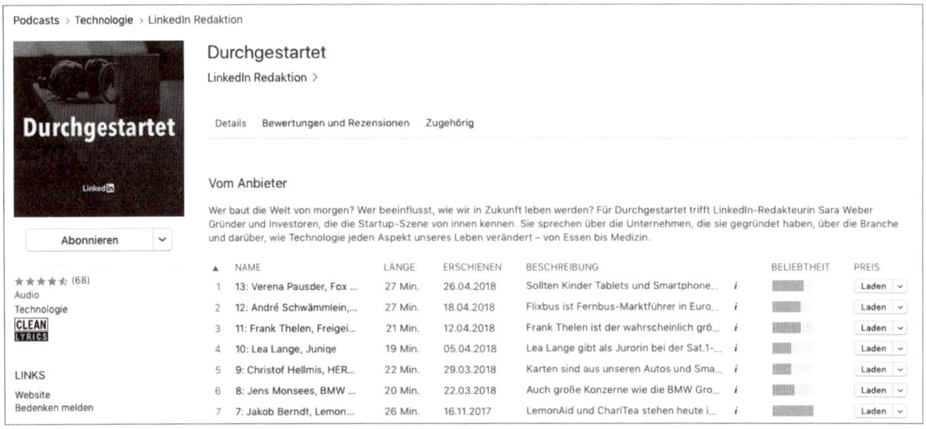

Abbildung 15.3 *Ein Podcast, viele Ziele: Im LinkedIn-Podcast »Durchgestartet« interviewt Sara Weber Gründer und Investoren der Start-up-Szene. Das macht die Marke bekannter, zeugt von Fachwissen und bringt neue User auf die Website des Netzwerks für Geschäftskontakte.*

Der Podcast soll neue Kunden gewinnen

Etwas hören, eine Marke kennen – das klingt einfach. Schon schwieriger ist es, wenn der Podcast neue Kunden heranschaffen soll. Denn das setzt eine gehörige Portion Vertrauen voraus. Falls dies Ihr Ziel ist, sollten Sie versuchen, eine enge (und ehrliche!) Bindung zwischen Ihrem Podcaster und den Hörern aufzubauen. Das bedeutet, dass Sie Ihrem Podcast auf jeden Fall die nötige Zeit geben müssen, User zu binden (siehe Abbildung 15.4).

Eine Bindung zu einem übertrieben freundlichen Podcaster vom Typ Radio-Morgenmoderator wird nicht funktionieren. Setzen Sie auf Authentizität und geben Sie Ihrem Podcast-Gastgeber Freiheiten, sich selbst zu entfalten und seine Persönlichkeit zu zeigen. Zwängen Sie ihn nicht in ein Korsett aus Konzepten und Formaten. Wichtig ist hier das Vertrauen zwischen Podcaster und Zuhörer.

Ist diese Bindung aufgebaut, können Sie zaghaft für Ihr Produkt oder für Ihre Dienstleistung werben. Aber bleiben Sie auch dabei authentisch. Spielen Sie auf jeden Fall von Anfang an mit offenen Karten; verstecken Sie nicht, dass es sich um einen Unternehmens-Podcast handelt. So etwas kommt schnell heraus, und dann ist das Vertrauen zerstört und Sie beziehungsweise Ihre Firma könnten eher Schaden nehmen.

Abbildung 15.4 *Deezer lockt mit Podcasts auf die Plattform, die eigentlich für Musikstreaming bekannt ist.*

Gerade für Menschen, die in der Beratung oder im Coaching tätig sind, bieten sich Podcasts an. Sie können erst mit dem für jedermann kostenlosen und reichweitenstarken Podcast zeigen, dass sie kompetent sind – und dann die weitere persönliche und individuelle Beratung anbieten, die selbstverständlich auf Honorarbasis erfolgt (siehe Abbildung 15.5).

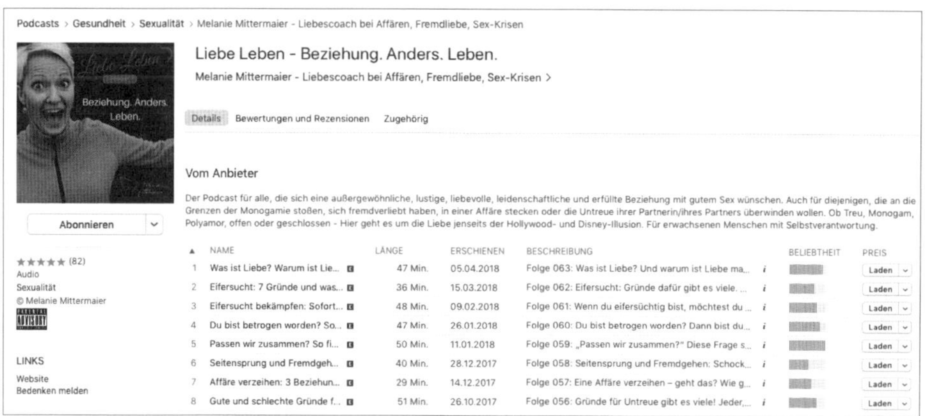

Abbildung 15.5 *»Liebescoach« Melanie Mittermaier führt frech, grell und unüberhörbar bayerisch durch ihren Podcast »Liebe Leben – Beziehung. Anders. Leben.« und findet dadurch sicherlich den ein oder anderen neuen Kunden.*

Der Podcast soll Fachwissen beweisen

Falls Sie oder Ihre Firma in einem Bereich tätig sind, der nicht für jedermann verständlich ist, kann Ihr Podcast wertvolle Aufklärungsarbeit leisten. Sie können erklären, worum es in Ihrer Branche geht. Sie können aktuelle Informationen präsentieren, für die der Hörer ansonsten ellenlange und dröge Fachartikel lesen müsste. Bieten Sie entweder den Fachhörern eine Möglichkeit, sich unterhaltsam weiterzubilden, oder tragen Sie die Besonderheiten Ihrer Branche nach draußen zu den »normalen« Hörern.

Die Ansprache ist je nach Zielgruppe natürlich eine andere: Beim Fachpublikum dürfen Sie gerne mit Fachtermini um sich werfen und ein gewisses Grundwissen voraussetzen. Bei der anderen Zielgruppe sollten Sie auf gute Verständlichkeit achten. In diesem Fall sollten Sie auf einen Journalisten setzen, der die gelieferten Informationen sozusagen ins Deutsche »übersetzt«. Der Vorteil eines solchen Podcasts ist, dass Sie durch Kompetenz gleichzeitig Ihre Marke stärken und auf Ihre Firma aufmerksam machen. Der Nachteil ist, dass ein solcher Podcast in der Regel aufwendig in der Recherche ist.

Der Podcast soll Personal finden

Viele Branchen haben das Problem, dass sie kein geeignetes Personal finden. IKEA hat aufgrund der vielen neu eröffneten Filialen beispielsweise 2007 den Podcast »Deine Möglichkeiten« ins Leben gerufen, um neue Auszubildende zu finden. An diesem Podcast war ich beteiligt. Es ging darum, zu erklären, welche Ausbildungen es überhaupt gibt, beispielsweise zum Handelsfachwirt. Sie können einen Podcast also dazu benutzen, über Berufsbilder oder offene Stellen zu berichten und eventuell Menschen auf Berufe aufmerksam zu machen, die sie sonst gar nicht gekannt hätten. Auch hier gilt allerdings, dass der Podcast nicht langweilig oder belehrend sein darf, sondern gerne gehört werden muss. Nur so verbreitet er sich weiter.

Der Podcast soll Ihnen Arbeit ersparen

Angenommen, Sie arbeiten in einer Branche, in der die immer gleichen Fragen auftauchen. Sie haben Anfragen per E-Mail oder Telefon, die wissen möchten, wie die Reparatur bestimmter Teile oder die Einrichtung einer bestimmten Anlage funktioniert. Sie können Ihren Podcast dazu nutzen, Klarheit zu schaffen und häufige Fragen zu beantworten. Dadurch sparen Sie eventuell Personalkosten, da beispielsweise eine Telefon-Hotline nicht mehr überstrapaziert wird. Auf jeden Fall sparen Sie aber Nerven – und Sie zeigen, dass Sie professionell mit dem Thema umgehen und die Fragen der Kunden ernst nehmen.

Anstatt immer wieder selber zu antworten, können Sie mit Textbausteinen auf die jeweilige Podcast-Episode hinweisen und gleichzeitig kurz erklären, was ein Podcast ist und wie dieser heruntergeladen oder gleich auf der Seite angehört werden kann.

Der Podcast soll Traffic für die Webseite generieren

Besonders schwierig ist es, hörende Menschen zu tippenden Menschen zu machen. Das ist ganz leicht zu erklären. Podcasts sind oft ein Nebenbei-Medium. Die Episoden werden im Auto, auf dem Weg zu Arbeit oder beim Aufhängen der Wäsche im Keller gehört. Wenn Sie nun in Ihrem Podcast einen Link nennen, um die Hörer auf Ihre Webseite zu locken, gibt es zwei Möglichkeiten: Entweder der Hörer versucht, sich den Link zu merken, bis er wieder an einem Computer oder bei seinem Smartphone ist, und vergisst ihn nach fünf Minuten – oder er vergisst ihn gleich.

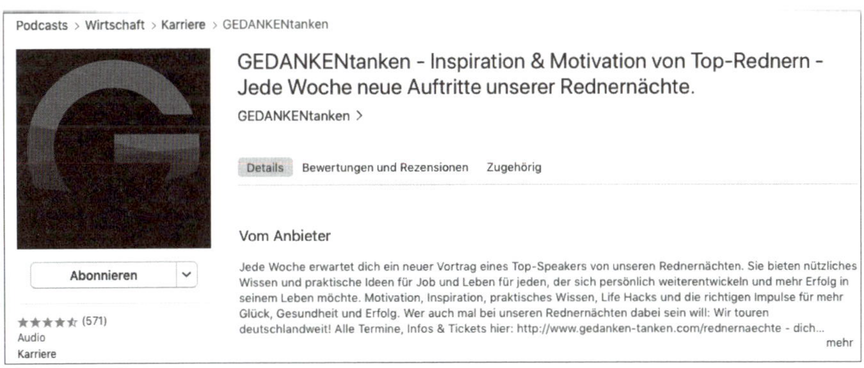

Abbildung 15.6 *Bei »GEDANKENtanken« wird die Live-Show zum Podcast. In der Beschreibung desselben wird als Service kurz auf die Ticket-Seite verwiesen.*

Hier hilft leider nur Penetranz. Wir können uns einen bestimmten Matratzenhersteller und dessen Internetadresse merken, weil sie uns in der Werbung vor unserem Lieblings-Podcast dutzendfach gesagt wurde und leicht zu merken war.

Wenn also Website-Traffic Ihr Ziel ist, sollten Sie eventuell doch besser auf Werbung in Podcasts setzen, anstatt selbst einen zu machen. Ansonsten spricht aber auch nichts dagegen, Ihren Link im Podcast immer wieder zu nennen, sofern es auf eine charmante und nicht nervende Art geschieht. Dies erfordert allerdings sehr viel Fingerspitzengefühl (siehe Abbildung 15.6).

Microsoft Deutschland probiert es dennoch und experimentiert mit Podcasts. Hier werden allerdings keine Endlosreihen produziert. Lieber konzentriert sich das Unternehmen auf event- oder themenbezogene Podcasts mit einer im Voraus geplanten Anzahl an Folgen, erklärt Timo Radzik, Communications Manager Digital Storytelling bei Microsoft Deutschland. Die einfachste Variante ist, aus bestehenden Videos die Tonspur zu extrahieren und diese als Podcast bei SoundCloud hochzuladen. Hier setzt das Team auf zeitlose Themen, damit sie nicht so schnell an Aktualität verlieren.

Es wird aber auch eigens für das Medium produziert, beispielsweise als Reihe zur Messe IFA in Berlin. Anstatt sich Hilfe von außen zu holen, setzt Microsoft Deutschland hier auf engagierte Mitarbeiter: Der aus dem Gaming-Bereich kommende Radzik selbst sorgt für die passende Technik, zwei Kolleginnen bearbeiten den Podcast redaktionell. »Es ist gar nicht so leicht, einen Podcast zu machen. Einen Newsletter zu schreiben hat eine niedrige Hemmschwelle, aber sich vor ein Mikrofon setzen und moderieren ist eben ungleich schwerer«, sagt Radzik. Auch inhaltlich sieht er die Unternehmens-Podcasts in der Tradition eines Newsletters: Regelmäßig soll hier über ein bestimmtes Thema informiert werden. Zudem sollen Experten zu Wort kommen, und es soll ein Einblick ins Unternehmen gegeben werden.

Eines der Hauptziele der Podcasts ist es, die Hörer auf die Homebase des Unternehmens zu locken und zu binden, in diesem Fall in das News Center von Microsoft. Timo Radzik erklärt:

»Auch die Unternehmen bekommen das weiterhin wachsende Potenzial und die Verbreitung von Podcasts mit. Thomas Mickeleit, Director of Communications bei Microsoft Deutschland, hatte das Format schon vor zwei Jahren stärker in den Fokus genommen und treibt das Thema ›Screenless Communication‹ bei uns weiter an. Ich denke, dass Podcasts in den nächsten Jahren verstärkt als Kommunikationskanal von Unternehmen genutzt werden.«

Der Podcast soll intern Verständnis für Veränderungen schaffen

Falls Sie einen internen Podcast starten, ist es z. B. ein Ziel, dass Veränderungen im Unternehmen kommuniziert und dadurch besser verständlich werden. Im Podcast können Sie Dinge viel ausführlicher erklären als in einer kurzen schriftlichen Mitteilung. Außerdem sind Tonfall und Wortwahl der Sprechenden auch wichtig und sorgen dafür, dass der Inhalt als authentisch wahrgenommen wird.

Der Podcast sorgt für die Weiterbildung der Mitarbeiter

Es ist schwierig, alle Mitarbeiter eines Unternehmens auf dem gleichen Wissensstand zu halten. Ein regelmäßiger Podcast kann dafür sorgen, dass die wichtigsten Informationen gut verteilt und auch wirklich angehört werden.

Podcast-Hörer hören sehr aktiv. Sie nehmen Informationen bewusst wahr und lassen sie nicht nur so vorbeirauschen wie beim Beriesel-TV. Vermittelt werden in Podcasts nicht nur Informationen, sondern immer auch Emotionen. Ich höre eine Stimme und baue ein Verhältnis zu dieser Stimme auf. Dass das funktioniert, wissen wir spätestens, seit es Nachrichtensprecher gibt. Auch wenn sie uns jeden Abend nur schauerliche Dinge erzählen, die jemand anderes für sie geschrieben hat, sind uns manche von ihnen sympathischer als andere. Und das passiert durch Intonation, Stimmfarbe und – natürlich – durch die Auswahl der Krawatte oder des Schmucks </ironie>.

15.3 Entwickeln Sie ein hörenswertes Konzept

Sie haben also beschlossen, dass Sie einen Podcast für Ihr Unternehmen starten möchten. Jetzt brauchen Sie als Erstes ein Konzept. Vieles, was in früheren Kapiteln dieses Buches behandelt wurde, trifft auch auf Sie zu: Sie brauchen einen guten Titel, ein gutes grafisches Konzept und so weiter. Aber hier kommen wir nun zu den Dingen, die Sie spezifisch als Unternehmen beachten sollten.

Im Hinterkopf haben Sie bei der Konzeptfindung Ihre Zielgruppe: entweder Fachpublikum, potenzielle neue Mitarbeiter oder die breite Masse, die noch nicht einmal weiß, dass es Sie und Ihre Branche gibt. Denken Sie an diese Zielgruppe, wenn Sie Ihr Konzept entwickeln. Vielleicht sollten Sie sich drei fiktive Personen

Ihrer Zielgruppe, also sozusagen die perfekten Hörer, zurechtschnitzen: Suchen Sie sich ein Bild im Internet, das ihm oder ihr entspricht. Drucken Sie es farbig aus. Schreiben Sie dazu, wie die Person heißt und wo sie wohnt (ländlich, in der Großstadt, in einer bestimmten Region usw.). Wie alt sind Ihre perfekten Hörer? Was sind ihre Hobbys? Wie sieht der Tagesablauf aus, wann hören sie den Podcast? Durch diesen Trick wird es leichter, sich die eigene Zielgruppe vor Augen zu führen.

Tipp aus der Praxis

Luca Caracciolo, Print-Chefredakteur der Zeitschrift t3n, setzt auf Podcasts. Gemeinsam mit Online-Chef Stephan Dörner produziert er den Podcast »Filterblase« (*https://t3n.de/podcast*). Er sieht den Podcast als »auditive Erweiterung« des Magazins. Die »Filterblase« ist monothematisch und ist dadurch gut durch Suchmaschinen zu finden. Der Podcast gleicht einem Themenarchiv; dadurch finden die recht zeitlosen Themen auch Monate später noch neue Hörer. Aufgezeichnet wird im mittelständischen Verlag mit Headsets und einem mobilen Aufnahmegerät. Geschnitten wird fast nie. Mit dem Podcast möchten die Macher »t3n dort stattfinden lassen, wo wir bisher nicht präsent waren«, sagt Luca Caracciolo in seiner Präsentation auf der Podcast-Konferenz Subscribe 9. Die Journalisten möchten auf eine sehr persönliche und sympathische Art Fachwissen vermitteln. »Podcasts eignen sich sehr gut, um Haltung zu zeigen. Der persönliche Zugang erhöht auch das Zugehörigkeitsgefühl der Hörer zur Marke«, so der Chefredakteur.

Es ist gar nicht so leicht, das eigene Produkt oder die eigene Firma zu vermarkten. Dies gilt vor allem dann, wenn es nicht wie eine klassische Vermarktung wirken soll. Wichtig ist, dass Sie etwas zu sagen haben müssen, das die Leute hören möchten. Versuchen Sie, eventuell auch einen Blickwinkel zu finden, der ungewöhnlich ist und den sonst noch niemand hatte.

Es gibt verschiedene Herangehensweise an ein neues Konzept. Sie können nach sogenannten *Brand-Ambassadoren* suchen, empfiehlt Podcaster und Marketing-Experte Alex Wunschel. Das sind Menschen im Unternehmen, die für die Marke stehen und denen andere Leute gerne zuhören. »Gib diesen Menschen die nötige Technik an die Hand und lass sie dann experimentieren«, rät Wunschel. Wichtig sei, dass der Podcast nicht dahinplätschert. »So ein Unternehmenspodcast braucht Kante, der muss einzigartig sein und hängenbleiben«, sagt der Münchner, der bislang selbst acht private Podcasts und acht Corporate-Podcasts ins Leben gerufen hat.

»Die Botschaft sollte sein: Audio gehört zur Unternehmenskommunikation. Audio muss im Corporate Publishing Konzept mitgedacht werden«, so Alex Wunschel. Und dazu gehören nicht nur Podcasts, sondern beispielsweise auch Soundlogos und Alexa-Skills.

Tipp aus der Praxis

Paul Corrigan von »The Podcast Report« schlägt vor, sich beim eigenen Podcast und bei jeder einzelnen Episode etwas Bestimmtes vorzustellen. Er nennt das »because you will«. Übersetzt könnte das »weil er dann« bedeuten. Corrigan meint damit einen Grund, warum jemand die Episode oder den Podcast anhören sollte. Diesen Grund soll sich jeder Podcaster notieren und gut sichtbar bei der Aufnahme dabei haben, um nicht vom Weg abzukommen. Der Hörer sollte diese Episode beispielsweise anhören, »weil er dann lernt, wie die amerikanische Außenpolitik mit der deutschen Politik interagiert«, »weil er dann weiß, was diese Woche in der Welt los war« oder »weil er sich dann in einer Fremdsprache ein Glas Wasser bestellen kann«.

Damit Sie sich besser vorstellen können, was in einem Firmen-Podcast vorkommen könnte, folgen hierzu einige Beispiele.

Die Entstehung eines Produkts verfolgen

Der Wondery-Podcast »Launch« (*https://art19.com/shows/launch*) hat den Autor John August begleitet, und zwar von seiner Idee, ein Kinderbuch zu schreiben, über den Schreibprozess hinweg und bis zur Druckerpresse, um am Ende bei einer Lesung mit Kindern dabei zu sein, die sein Buch lieben. Die Hörer hatten das Gefühl, wirklich in Echtzeit die Entstehung des Buches zu begleiten (siehe Abbildung 15.7). Sie haben mitgefiebert, als die Agentur versuchte, passende Verlage zu finden. Und sie waren gerührt, als die Kinder am Ende von dem fertigen Buch geschwärmt haben, als sei es Harry Potter. Klar, dass jeder Hörer am Ende das Buch kaufen möchte, oder?

Dies ist ein extrem gut gelungenes Beispiel für einen Podcast, der eine klare Verkaufsabsicht hat. Der Erfolg kommt hier dadurch, dass John August ein erfahrener Storyteller ist. Er nimmt uns mit auf die Reise und ist dabei so sympathisch, dass wir gar nicht anders können, als alle Folgen am Stück zu hören und die Daumen zu drücken, dass er mit seinem Kinderbuch reich wird. Noch ein Nebeneffekt ist, dass jeder Mensch, der gerne Autor wäre, hier lernt, wie die Entstehung und Vermarktung eines Buches funktioniert. Es ist also durchaus auch Information aus der eigenen Branche enthalten.

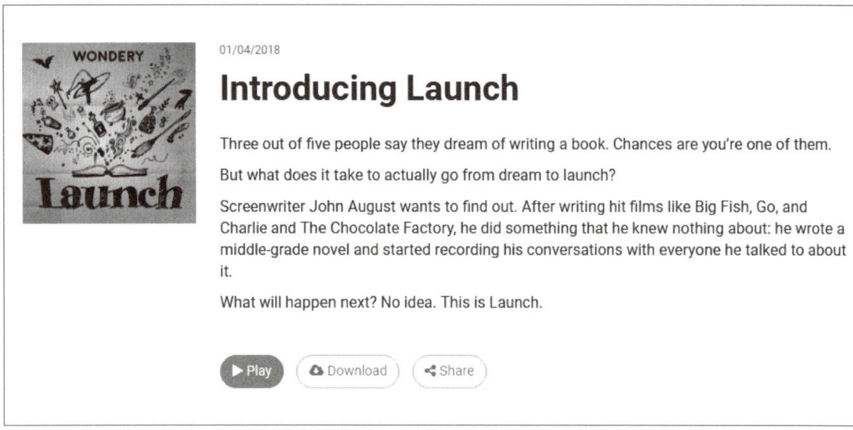

Abbildung 15.7 *»Launch« begleitet die Entstehung eines Kinderbuches von der Idee bis zur Lesung des fertigen Werkes.*

Interviews mit Mitarbeitern

Falls in Ihrem Betrieb Menschen arbeiten, die gut reden können und denen man gut zuhört oder die außergewöhnliche Berufe haben (im Idealfall natürlich beides kombiniert), bietet es sich an, diese zu Wort kommen zu lassen (siehe Abbildung 15.8). Und zwar sollten das bewusst nicht nur die Chefs, sondern der Fließbandarbeiter, der Vertriebler, aber natürlich auch die Marketingleiterin sein.

In einem Artikel der ZEIT wurde ein einfacher Mitarbeiter eines Wertstoffhofes auf einer ganzen Zeitungsseite porträtiert. Schwer vorzustellen, dass es genug zu berichten gab, oder? Es war aber ein wunderbarer Artikel, den ich sehr viel lieber gehört als gelesen hätte. Weil dieser Mann ein Original war. Jemand, der alle Menschen gleich behandelte, egal ob diese im teuren oder billigen Auto vorfuhren.

Halten Sie Ausschau nach solchen Originalen in Ihrem Betrieb. Gehen Sie zaghaft mit deren Porträts um – sie dürfen auf keinen Fall vorgeführt werden. Oft funktionieren diese Porträts am besten, wenn Sie selbst gar nicht viel dazwischenquatschen oder moderieren, sondern den Mitarbeiter selbst zu Wort kommen lassen.

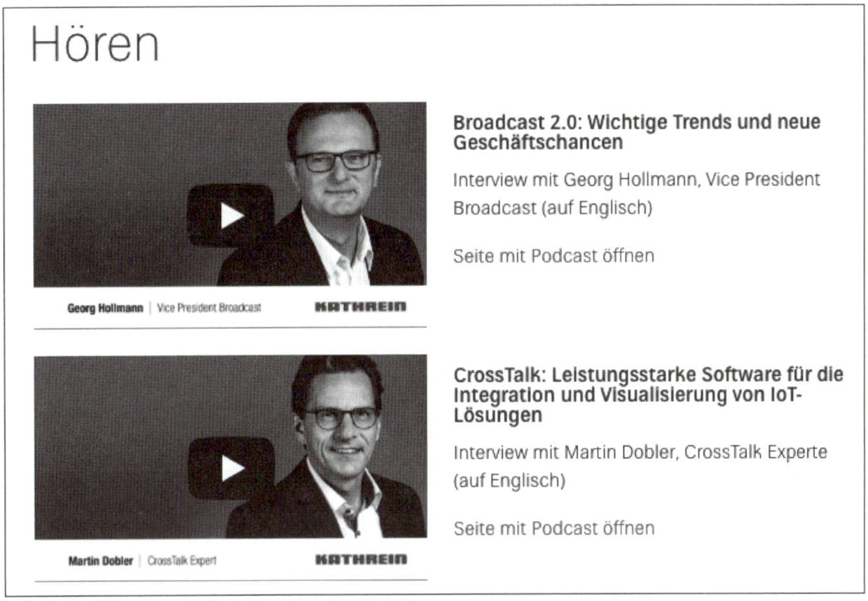

Abbildung 15.8 *Der Podcast von »Kathrein« (https://www.kathrein.com/de/newsroom/podcasts) – hier kommen die Führungskräfte des Unternehmens zu Wort.*

Gehen Sie auf die Straße

Falls Sie in einer Branche arbeiten, die für viele eher ein Rätsel ist, können Sie auch damit offensiv umgehen. Gehen Sie mit einem Mikrofon auf die Straße, und sammeln Sie einen Vormittag lang Fragen von Passanten ein. Was wollten diese schon immer über Ihre Firma oder Ihre Branche wissen? Danach suchen Sie sich die besten Fragen aus und finden einen Weg, die Antworten charmant und informativ zu präsentieren. Informieren Sie die Befragten aber unbedingt darüber, dass sie aufgezeichnet werden und wo die Aufzeichnung später verwendet wird. Im Idealfall lassen Sie sich die Genehmigung schriftlich kurz unterschreiben. Mehr zu rechtlichen Aspekten des Podcastings können Sie in Kapitel 10, »Podcast & Recht«, nachlesen.

Begleiten Sie die Firmengründung

Gerade bei einem Start-up ist vor allem die Anfangsphase spannend: Viele Hürden sind zu überwinden und alle Beteiligten zittern mit, bis das Geschäft endlich wirklich öffnen kann. Überlegen Sie sich, diese Phase Ihrer Geschäftsgründung mit einem Podcast zu begleiten. Sie können beispielsweise wichtige Gespräche und entscheidende Momente mit einem Aufnahmegerät festhalten – und später, nach erfolgreicher Gründung, zeitversetzt veröffentlichen. So laufen Sie nicht Gefahr, dass der Podcast eines misslungenen Start-ups eventuell sogar Ihr Image schädigt.

Der wohl bekannteste Podcast dieser Art ist »StartUp« (*https://www.gimletmedia.com/startup*) von Gimlet Media (siehe Abbildung 15.9). Die erste Staffel begleitete 2014 den Start von Gimlet Media selbst, das heute ein erfolgreiches Podcast-Netzwerk (»das Netflix für Podcasts«) ist. Gleich nach den ersten Monaten hatte der Podcast eine Million Hörer pro Monat. 2018 kam die Verfilmung dieser Geschichte mit Zach Braff in der Hauptrolle ins Fernsehen.

Abbildung 15.9 *Wie funktioniert die Gründung eines Unternehmens? Der Gimlet-Podcast »StartUp« nimmt die Hörer mit.*

Suchen Sie Multiplikatoren

In den USA ist es mittlerweile so, dass sich Agenturen darauf spezialisiert haben, Podcastern Gesprächspartner zu vermitteln (siehe Abbildung 15.10).

Auf Podcasting-Events verteilen Redner ihre Karten an Podcaster und hoffen darauf, eingeladen zu werden. So weit sind wir in Deutschland noch nicht. Es ist auch einigermaßen langweilig, wenn der gleiche Schauspieler innerhalb von einer Woche in vier bekannten öffentlich-rechtlichen Talkformaten seinen neuen Film vorstellt.

Abbildung 15.10 *In den USA bereits ein Geschäftsmodell: die Vermittlung von Interviewgästen an Podcaster*

Der Gedanke dahinter ist aber auch für Sie vielleicht interessant: Gibt es in Ihrer Branche Menschen, die Sie als Gäste in Ihren Podcast einladen könnten? Menschen, die beispielsweise viele Follower auf Twitter haben oder bei XING eine eigene Community aufgebaut haben? Sprechen Sie diese Multiplikatoren offen an, und laden Sie sie in Ihren Podcast ein.

Aber Vorsicht: Falls es sich um Menschen aus der Führungsebene handelt, kann ein Interview sehr zäh werden. Diese Redner sind oft darauf trainiert, schön klingende Phrasen zu dreschen und dabei wenig zu sagen. Denken Sie sich also bei der Vorbereitung schon Fragen aus, die das Gegenüber sicher noch nie beantwortet hat. Versuchen Sie, das Gespräch so auf eine andere Ebene zu lenken, die dann auch offenere Antworten ergeben wird.

Beleuchten Sie aktuelle Entwicklungen

Falls sich in Ihrer Branche häufig etwas verändert, kann es sein, dass die Mitarbeiter es eher als Last ansehen, sich über Neuerungen zu informieren. Das liegt oft daran, dass die Neuerungen dröge aufbereitet sind und durch trockene Newsletter oder Fachmagazine verbreitet werden. Gehen Sie in den Dialog mit den Mitarbeitern, und stellen Sie eine O-Ton-Collage mit den Meinungen zusammen: Was denken die Mitarbeiter zur Veränderung XY? Wie gehen sie mit der Umstellung um? Haben sie vielleicht Tipps, die für andere Mitarbeiter nützlich sein könnten? Das können Sie natürlich nicht in jeder Episode machen. Aber es könnte ein Element sein, das den Podcast auflockert und dennoch einen hohen Informationswert hat. Dieser Art des Corporate Podcasts schafft Vertrauen zwischen Hörer und Podcaster – Sie werden anders wahrgenommen werden als vorher.

Begleiten Sie große Events

Sie sind regelmäßig auf Messen und anderen Events Ihrer Branche unterwegs? Dann nehmen Sie doch ein mobiles Aufnahmegerät mit und lassen die Hörer an Ihren Erlebnissen teilhaben. Das muss nicht unbedingt Reportagecharakter haben – nicht zuletzt deswegen, weil eine gute Reportage wirklich schwer zu machen ist. Aber sammeln Sie Interviews, Soundschnipsel und Anekdoten ein, und stellen Sie diese entweder gleich (oder möglichst zeitnah) oder im Laufe der kommenden Episoden Ihres Podcasts online. Die Entscheidung darüber hängt davon ab, wie zeitkritisch die Inhalte sind.

Vertonen Sie Ihren Corporate Blog

Gibt es eventuell in Ihrer Firma ohnehin schon ein gut geschriebenes Blog, das über die neuesten Ereignisse in der Branche informiert? Dann ist das schon die halbe Miete, denn den Blogartikeln liegt eine ausführliche Recherche zugrunde (siehe Abbildung 15.11). Nutzen Sie dieses Fachwissen und überlegen Sie, wie Sie die geschriebenen Texte fürs Hören umbauen könnten. Vielleicht können Sie auch bei künftigen Recherche-Interviews für das Blog ein Aufnahmegerät mitlaufen lassen, um dann im Podcast auf die Originalstimmen zurückgreifen zu können.

Sie sollten allerdings nicht versuchen, die Blogartikel genau so vorzulesen, wie sie sind. Das klingt meistens gestelzt und nach Hausaufgabe, die sich niemand anhören möchte. Sie müssen die Inhalte aufgelockert präsentieren und dafür sorgen, dass sie authentisch wirken und leicht verständlich sind. Eventuell haben Sie auch Zeit, den Text speziell fürs Hören umzuschreiben – das ist eine eigene Disziplin und gar nicht so einfach. Hilfreiche Tipps dazu erhalten Sie in Abschnitt 3.6, »Schreiben fürs Hören«.

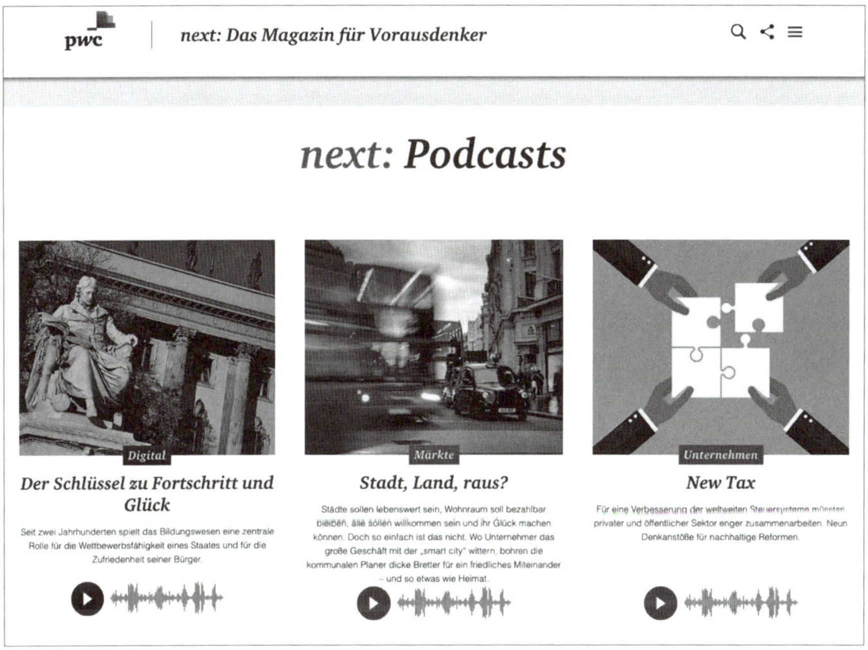

Abbildung 15.11 *Die Unternehmensberatung pwc lässt von Profi-Sprechern die Beiträge Ihres »Magazins für Vordenker« namens »next« vertonen (https://next.pwc.de/podcasts.html).*

Nutzen Sie Ihren YouTube-Auftritt für Podcasts

Falls Sie einen funktionierenden YouTube-Auftritt Ihrer Firma haben, können Sie ebenfalls überlegen, diesen als Podcast anzubieten – entweder direkt als Video-Podcast oder als Audio-Version zum nebenbei Konsumieren. Rechtsanwalt Christian Solmecke, der auch das Rechtekapitel in diesem Buch geschrieben hat (siehe Kapitel 10, »Podcast & Recht«), geht diesen Weg: Er stellt seine kurzen YouTube-Videos, in denen er direkt in eine Kamera spricht, als Audio-Version online und macht diese als Podcast abonnierbar (siehe Abbildung 15.12). An die extrem hohen Zahlen von YouTube kommt der Podcast zwar nicht heran, aber er erschließt mit relativ wenig zusätzlicher Arbeit eine andere Klientel, die durchaus ein Gewinn sein kann.

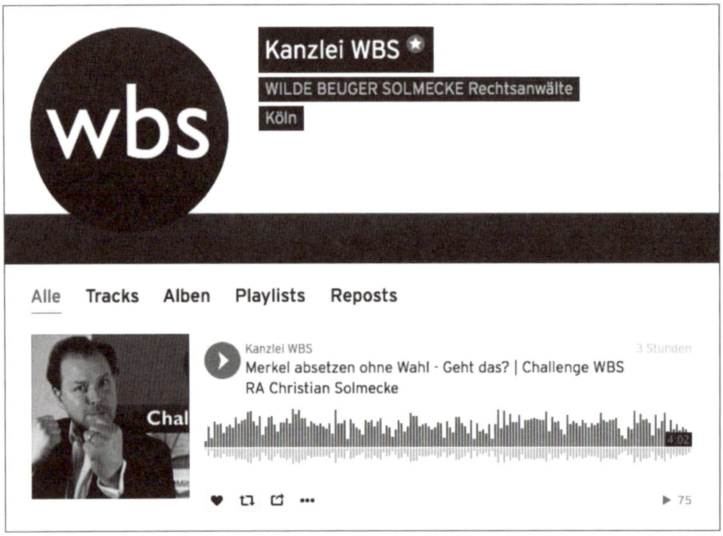

Abbildung 15.12 *Anwalt Christian Solmecke und sein kurzer und regelmäßiger Rechts-Podcast »Kanzlei WBS«*

Machen Sie Soundseeing-Touren

Überlegen Sie in einem Workshop mit kreativen Mitarbeitern, wie Sie Ihr Unternehmen hörbar machen können. Gibt es eine bestimmte Maschine, die einen unverwechselbaren Sound hat und die Sie Ihren Hörern vorstellen können? Haben Sie vielleicht Lust, ein Kunstkopfmikrofon zu mieten und damit eine Werksführung der besonderen Art zu machen? Zugegeben, so eine Art von Podcast trägt keine 100 Episoden, aber es könnte in der großen Zeit der Podcasts und Hörbücher durchaus interessant sein, Ihren Betrieb für die Hörer erlebbar zu machen.

Stellen Sie andere Firmen aus der gleichen Branche vor

Sie können auch andere Unternehmen aus Ihrer Branche vorstellen. Diese Möglichkeit besteht natürlich nur, wenn Sie dadurch nicht Ihrem eigenen Konkurrenten ein Forum geben. Wenn aber beispielsweise ein Bäcker einen Podcast startet und dann mit Bäckern aus ganz Deutschland spricht und fachsimpelt, wird der Kunde aus dem Nachbarort deswegen sicher nicht 200 Kilometer fahren, um bei dem erwähnten Bäcker zu kaufen. Es kann aber durchaus interessant sein zu erfahren, wie es andere machen – und so auch für eine gewisse Vernetzung besonders kleinerer Branchen zu sorgen.

Sie arbeiten in einer Kirche? Denken Sie über Godcasts nach!

Podcasts können auch ein Mittel sein, um Präsenzveranstaltungen für all diejenigen verfügbar zu machen, die nicht vor Ort sein konnten. Auch wenn Sie jetzt wahrscheinlich an Telekonferenzen großer Firmen oder an Vorlesungen in Universitäten denken: Ein großer Bereich sind hier die Kirchen. Wieso sollte ein Pfarrer in einer kleinen Dorfkirche vor wenigen Kirchenmitgliedern seine Predigt halten, wenn er über einen Podcast die ganze Welt erreichen könnte? Roderick Vonhögen (siehe Abbildung 15.13) aus den Niederlanden war einer der Ersten, die auf diese Idee kamen. Schon 2005 begann der katholische Pfarrer mit seinem Podcast »The Catholic Insider«. Später gründete er ein eigenes Podcasting-Netzwerk und produzierte unterschiedliche Podcasts zu Themen wie Star Wars, Harry Potter oder Indiana Jones.

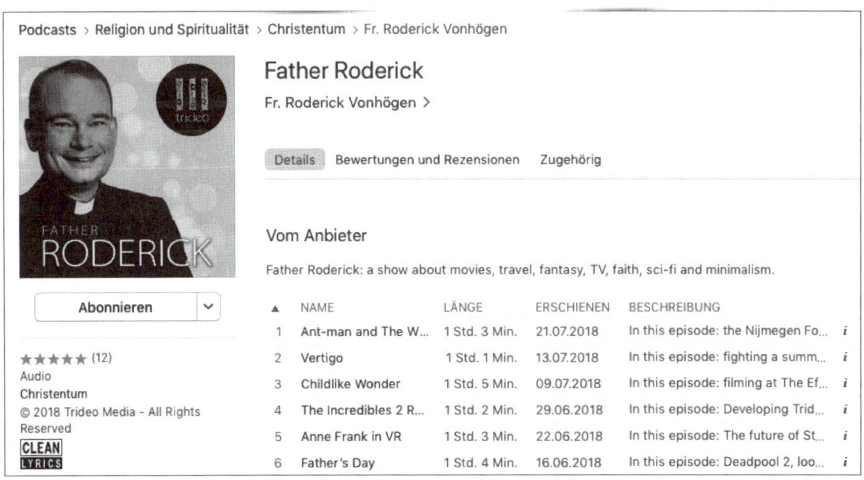

Abbildung 15.13 *Er wird nicht müde: Der katholische Pfarrer Roderick Vonhögen aus den Niederlanden podcastet seit 2005 regelmäßig – und knöpft sich gerne auch Hollywood-Blockbuster vor.*

Auch NGOs können von einem eigenen Podcast profitieren

Gerade bei Organisationen, die auf Spendengelder angewiesen sind, bietet sich die Produktion eines eigenen Podcasts an. Immerhin geht es hier meist um bewegende Schicksale – um arme Menschen in Afrika, um aussterbende Tierarten, um kranke Kinder. Nehmen Sie Ihre Hörer mit vor Ort. Machen Sie gute Reportagen, um Ihre Arbeit transparent zu machen und die Hörer emotional an Ihre Organisation zu binden (siehe Abbildung 15.14).

Natürlich darf hier auch ein Spendenaufruf und die Möglichkeit, direkten Kontakt aufzunehmen, nicht fehlen.

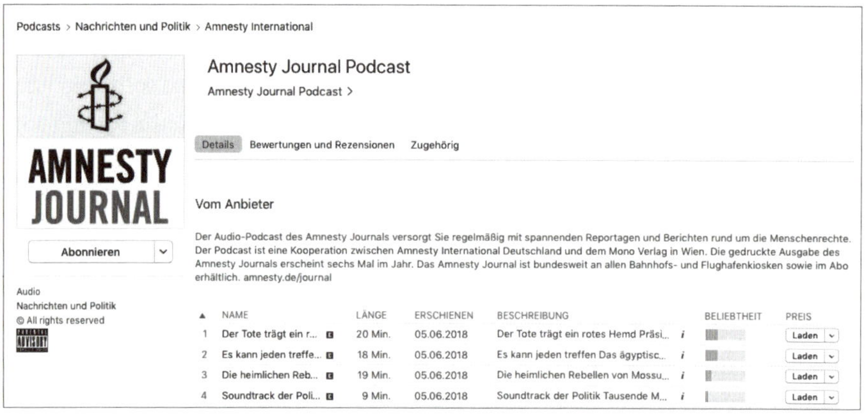

Abbildung 15.14 *Amnesty International informiert mit dem »Amnesty Journal Podcast« (https://www.amnesty.de/journal/podcast) über die aktuelle Lage der Menschenrechte. Hier wird das hauseigene Magazin vorgelesen.*

Tipp aus der Praxis

Die meisten Firmen-Podcasts werden vor allem durch eines besser: den Schnitt. Wagen Sie es bei Ihrem Unternehmens-Podcast, viel Zeit in den Schnitt zu investieren. Kürzen Sie, auch wenn es weh tut. Da Sie selbst zu sehr in die Produktion involviert sind, holen Sie sich »unverbrauchte« Hörer, die noch nichts von Ihrem Projekt wissen. Lassen Sie diese ehrlich sagen, wo Ihr Podcast Längen hat, und schneiden Sie dann rigoros. Sagen Sie der Langeweile den Kampf an!

Wagen Sie etwas Neues, Ungewöhnliches: fiktionale Podcasts für Ihr Unternehmen

Bislang war vor allem von Podcasts die Rede, die sich thematisch mit Ihrer Firma oder Ihrer speziellen Branche beschäftigt haben. Sie können aber auch ungewöhnliche Wege gehen und überlegen, ob Sie einen komplett anderen Podcast machen, der nur unter Ihrem Namen erscheint, aber nichts weiter mit Ihrer Firma zu tun hat. Sie könnten es beispielsweise machen wie der riesige Mischkonzern General Electric: Er hat einen fiktionalen Podcast in Auftrag gegeben, eine Science-Fiction-Serie, geschrieben von einem professionellen Autor. »The Message« (*http://themessagepodcast.com*) hat innerhalb weniger Monate 4,5 Millionen Downloads erreicht. Die Marke wurde in einem Atemzug mit Kreativität und Innovation genannt – ein großes Plus (siehe Abbildung 15.15).

Abbildung 15.15 *Co-Produktion von Panoply Media und General Electric Podcast Theater: der achtteilige Sci-Fi-Podcast »The Message«*

15.4 Sorgen Sie für die Finanzierung des Podcasts und für personelle Unterstützung

Haben Sie jetzt eine Idee für Ihren Firmenpodcast? Sehr gut! Aber nicht so schnell: Bevor Sie einen Podcast im Unternehmen starten, sollten Sie sehr ehrlich und offen die Finanzierung in Angriff nehmen. Natürlich ist es sehr ehrenwert, wenn Sie das Projekt erst mal nach Feierabend in Ihrer Freizeit starten. Aber ein Podcast, der so beginnt, wird wahrscheinlich auch so enden.

Sehr häufig ist der Entstehungsweg eines Unternehmens-Podcasts so: Der Chef liest in einem Magazin, dass Podcasts toll sind. Dann geht er zu einem Praktikanten, Volontär oder einem Assistenten und gibt den Auftrag, einen Podcast zu machen. Nebenbei. Zu all den Aufgaben, die ohnehin schon zu bewältigen sind. Das kann (und wird) nicht funktionieren. Und vor allem: Es soll auch nicht funktionieren. Dann lieber keinen Podcast machen als einen, der gehetzt am Feierabend entsteht, damit der Chef zufrieden ist, und mit peinlichen Zahlen wenig später wieder in der Tonne landet.

Machen Sie sich eine Liste und schreiben Sie alles auf, was Sie für den Podcast brauchen: sowohl Geld für das Equipment als auch Personal für die Umsetzung. Eventuell müssen Sie auch etwas in Auftrag geben, z. B. einen Jingle oder die Moderation. Kalkulieren Sie auch das ein. Erst wenn dieser Plan fertig ist, können Sie Ihre Idee präsentieren.

Legen Sie sich Antworten auf mögliche Fragen oder kritische Anmerkungen zurecht. Überzeugend sind bei dieser Thematik die aktuellen Zahlen der Podcast-Hörer, denn jede Firma möchte solvente und intelligente User ansprechen, oder?

15.5 Suchen Sie sich Hilfe bei Profis

Die besten Unternehmens-Podcaster kommen aus den eigenen Reihen. Sie wissen, wovon sie sprechen, sie kennen die Firma und sie kennen die Mitarbeiter und können somit sehr lockere Gespräche mit ihnen führen. Schauen Sie sich also um: Hat jemand in Ihrer Firma das Talent zum Podcaster?

Wenn ja, dann sollten Sie dennoch für die Konzeption und die ersten Episoden Hilfe und Beratung in Anspruch nehmen. Suchen Sie sich einen erfahrenen Podcaster, und bitten Sie um eine professionelle Begleitung. Mittlerweile gibt es Menschen, die sich auf die Konzeption und Erstellung von Podcasts spezialisiert haben. Scheuen Sie sich nicht, Kontakt aufzunehmen.

Medienprofis und vor allem erfahrene Podcaster wissen, wie der Hase läuft. Sie werden Ihnen ehrlich sagen, wenn der Podcast zu werblich klingt und daher nicht angenommen werden wird. Ein Mitarbeiter aus dem eigenen Haus traut sich wahrscheinlich nicht, diese harsche Kritik zu üben – oder er ist zu betriebsblind, um zu merken, dass der Podcast für Außenstehende nicht geeignet ist.

Tipp aus der Praxis

Gunthart Mau beschäftigt sich seit über zehn Jahren mit Podcasts. Zu Beginn saß er noch selbst am Mikrofon, heute hat er Journalisten und Sprecher engagiert. Mau ist als Fachpresse-Referent beim Antriebstechnik-Spezialisten SEW-Eurodrive in Bruchsal für die Produktkommunikation der deutschen Marktorganisation zuständig.

Zu Beginn produzierte er einen Audio-Podcast mit Kapitelmarken. Als dies immer weniger verbreitet war, stieg er auf YouTube-Videos um. Er nennt die Beiträge aber weiterhin Podcasts. Sie sind zusammengesetzt aus einer Audiospur und Fotos beziehungsweise Bewegtbild, also Video (*https://www.youtube.com/playlist?list=PLT-UKv4iFwyccmIfmDQ09QwX2EttYMTOg*).

Der Podcast von SEW-Eurodrive ist ein Nebenprodukt – auch so kann ein Unternehmens-Podcast entstehen. Zu Beginn steht ein Anwenderbericht für die Fachpresse, für den etwa fünf Fotos ausreichen würden. Zusätzlich lässt Gunthart Mau daraus eine kürzere Textversion machen, sozusagen eine Zusammenfassung des Artikels. Dieser ist sprachlich einfacher gehalten, damit er eine breitere Masse erreicht. Unterlegt werden die Audios dann mit 20 bis 30 Fotos oder Videosequenzen, sofern diese vorhanden sind.

Abbildung 15.16 *Gunthart Mau selbst am Mikrofon: Auch wenn es Spaß macht, lässt er für seine Corporate Podcasts Profis sprechen.*

Produziert wird in Deutsch und Englisch, um auch das internationale Publikum zu erreichen. Das Ziel ist, dass Fachverlage und andere Multiplikatoren die Videos in den online publizierten Anwenderbericht einbinden beziehungsweise im gedruckten Heft darauf verweisen (als Link oder QR-Code). »Wir möchten mit unserem Podcast Lösungskompetenz vermitteln«, sagt Gunthart Mau. Es sei ein Unterschied, ob jemand einen komplexen Fachartikel lesen müsste oder passiv ein Video anschauen könnte. Der Vertrieb der Anwenderberichte und des Podcasts, also die Auswahl sowie Anfrage und Einreichung bei Fachmagazinen, dauere etwa noch einmal so lange wie die Produktion der Medien selbst, sagt Mau.

Er empfiehlt, klare Ziele zu definieren und Verantwortlichkeiten festzulegen. Ein Unternehmens-Podcast solle nicht zu lang sein, meint Gunthart Mau, und man brauche einen langen Atem. Es geht nicht um Tausende von Abrufen, sondern darum, eine sehr spezielle Klientel anzusprechen. Mau hat sich dafür Hilfe von Radiojournalisten geholt (Disclaimer: Ich selbst werde immer wieder als Sprecherin engagiert, habe sonst aber nichts mit der Produktion zu tun). »Ganz ohne Vorerfahrung würde ich so einen Podcast nicht starten, sondern mir immer Hilfe von Profis holen«, sagt Mau. Thematisch hat er ebenfalls einen Tipp: »Es ist wichtig, das richtige Thema zum richtigen Zeitpunkt zu senden. Ob das jetzt Großereignisse wie die Fußball-WM sind oder leckeres Eis im Sommer, die Zeit muss stimmen.«

Noch eine schmerzliche Erfahrung müssen viele angehende Podcaster machen: Interviews führen kann nicht jeder. Wenn Sie in Ihrem Podcast hauptsächlich komplizierte Gesprächspartner haben, suchen Sie sich lieber einen kompetenten Interviewer.

Aber nicht nur beim eigentlichen Podcast sollten Sie sich Hilfe suchen, sondern auch beim »Drumherum«: Bei einem Firmen-Podcast muss beispielsweise das Branding stimmen. Die Grafiken für Cover Art und Banner auf der Seite oder Ähnliches müssen professionell aussehen und ein gutes Gesamtbild abgeben. Bitten Sie also auch hier lieber einen Grafiker um Hilfe, anstatt es selbst zu machen.

Die ersten Sekunden entscheiden oft darüber, ob ein potenzieller Hörer eine Episode weiterhört oder nicht. Nerven Sie ihn gleich zu Beginn mit billigem

Musikgedudel und einer unsympathischen Stimme, ist der Hörer weg. Engagieren Sie daher einen Profi-Sprecher, um Ihr Intro zu sprechen, und einen Musiker, um das Intro zu komponieren. Sprecher finden Sie beispielsweise auf der Plattform Bodalgo (*https://www.bodalgo.com/de*).

15.6 Ein Podcast nur für Ihre Firma

Bislang haben wir nur darüber nachgedacht, einen Podcast zu produzieren, der Ihre Firma nach außen hin repräsentiert. Eine ebenso gute Möglichkeit ist aber, einen firmeninternen Podcast zu starten. Der Podcast könnte Teil Ihrer internen Unternehmenskommunikation werden.

Wie wird derzeit in Ihrer Firma mit den Mitarbeitern kommuniziert? Wie erfahren diese Neuigkeiten? Es gibt viele verschiedene Möglichkeiten, das zu tun. Manche Unternehmen setzen nach wie vor auf ausgedruckte Hausmitteilungen, aber das ist wohl eher nicht die Regel. Viele versuchen es über E-Mails, Newsletter oder einen Artikel im Intranet, sofern es eines gibt. Manche haben eine geheime Gruppe bei Facebook oder ein passwortgeschütztes Blog.

Aber was haben all diese Varianten gemeinsam? Sie können nur genutzt werden, wenn der Mitarbeiter seine volle Aufmerksamkeit darauf verwendet. Die Zeilen wollen gelesen werden. Dazu muss der Mitarbeiter an seinem Computer sitzen (oder auf sein Smartphone starren). Zudem wirken alle diese Möglichkeiten irgendwann veraltet. Podcasts als Medium unterstützen hingegen die Zeitlosigkeit. Ein Interview mit einem (vielleicht schon nicht mehr in der Firma arbeitenden) Urgestein kann auch nach Jahren vielleicht Wissen und Haltung im Unternehmen verbreiten.

Stellen Sie sich nun vor, wie ein interner Podcast genutzt werden könnte: Der Mitarbeiter streamt ihn während der Autofahrt und hört aufmerksam zu, während er im Stop-and-go-Verkehr zur Arbeit unterwegs ist. Oder er hat Kopfhörer auf und steht in der gedrängten S-Bahn, während er den Podcast hört. Über Stimmen überträgt sich der Inhalt viel eindringlicher als über ein paar geschriebene Zeilen. Der Inhalt wird lebendiger, und es bleibt mehr davon hängen. Voraussetzung dafür ist natürlich, dass der Podcast gut gemacht und hörenswert ist.

Abbildung 15.17 *Siemens war Vorreiter in Sachen Unternehmens-Podcasts: Bereits 2006 wurde mit dem internen »Podcast on Friday« experimentiert.*

Siemens hat gleich zu Beginn der Podcasting-Zeit mit dem neuen Medium experimentiert und freitags interne Interviews zum Anhören bereitgestellt (siehe Abbildung 15.17, eine Folge ist hier noch zu hören: *https://archive.org/details/060921_siemens_podcast_roell*). Gerade für so einen großen Konzern ist natürlich immer die Frage, wie die verschiedenen Mitarbeiter erreicht werden können.

Tipp aus der Praxis

Stephan Schütze (siehe Abbildung 15.18) hat lange Zeit als Berater gearbeitet und vielen Firmen im In- und Ausland ans Herz gelegt, Podcasts als Werkzeug zu benutzen. »Podcasts sind eine tolle Möglichkeit, weil die Menschen ins Reden kommen und offen über Dinge sprechen«, sagt er. Aber genau da lag auch das Problem: Manager hatten Angst, dass Informationen in falsche Hände geraten könnten. »Gerade in großen Unternehmen wurde das als hochproblematisch angesehen«, so Schütze.

Schnell gab es Bedenken von Betriebsrat, Personalrat oder dem Datenschutzbeauftragten. Nach wenigen Wochen war das Podcast-Projekt meist schon wieder Geschichte.

Entstanden war die Idee schon lange vor der Zeit der Podcasts: Schütze hatte bei einem Workshop beim schwedischen Radio die Idee entwickelt, über die Abteilungs- und Stockwerksgrenzen hinweg zu informieren und zu kommunizieren. Zunächst funktionierte das mit Datenträgern, mit Bändern, später mit Kassetten.

Durch die digitale Variante, also die Weitergabe der Datei, ist die Angst gewachsen, dass Audios sich unkontrolliert verbreiten. Trotz der teils ernüchternden Erfahrungen ist Schütze weiterhin ein Fan der Podcast-Idee in Unternehmen. »Das ist eine sehr persönliche Art der Informationsvermittlung. Man holt die Leute in einer guten Situation ab«, sagt er.

Es gäbe viele verschiedene Möglichkeiten, einen internen Podcast zu starten. Der »big boss« könnte drei oder vier Folgen lang mit seinen Mitarbeitern sprechen. Da gibt es natürlich jene Chefs, die das Diktieren ohnehin gewöhnt sind – und die dementsprechend auch podcasten. Andere brauchen einen Gegenspieler oder Interviewer – auch das kein Problem. Es gäbe auch die Möglichkeit, bei Meetings ein Aufnahmegerät mitlaufen zu lassen – »schöner Nebeneffekt: das erhöht die Meeting-Disziplin enorm, keiner quatscht mehr dazwischen«, freut sich Schütze.

Und wer hört es? Vertriebler könnten sich den Podcast mit den neuesten Meldungen aus dem Betrieb ins Auto mitnehmen. Auch im Auslandseinsatz der Bundeswehr oder bei LKW-Fahrern seien Podcasts gerne gehört, weiß Schütze.

Abbildung 15.18 *Stephan Schütze*

So ein interner Podcast kann durchaus dafür sorgen, dass die Arbeit effektiver vonstattengeht: Ein Manager hatte sich jeden Freitag die Zeit für eine Episode genommen und einen Wochenrückblick aufgenommen. »Das sparte ihm am Montag drei Stunden Meeting-Zeit«, so erzählt Schütze.

Wenn es thematisch bedenkenlos ist, kann ein Unternehmens-Podcast recht breit gestreut werden. »Aber bei Interna, beispielsweise wenn es um technische Entwicklungen geht, sollte man die Hörerschaft immer auf Schulklassengröße begrenzen«, so Schütze.

Sie können einen internen Podcast frei abonnierbar machen für jeden, der den Link hat – und diesen dann nur an Mitarbeiter weitergeben. Das setzt natürlich voraus, dass der Link nicht von irgendjemandem veröffentlicht wird. Daher sollte diese Art nur dann angepeilt werden, wenn der Inhalt des Podcasts auch außerhalb Ihrer Firma gehört werden darf und Ihnen dadurch keine Nachteile entstehen würden.

Andere Möglichkeiten sind passwortgeschützte Podcasts. Ein Anbieter von derartigen Feeds ist der deutsche Hoster Podigee (*https://www.podigee.com/de*). »Geschützte Podcasts gehören zu unserem Feature-Repertoire«, heißt es von Podigee, auch wenn es nicht um einen monetarisierten Podcast geht (siehe Abbildung 15.19).

Abbildung 15.19 *Podigee ist ein deutscher Podcast-Hosting-Dienst. Hier können auch passwortgeschützte Podcasts erstellt werden.*

Während passwortgeschützte Podcasts früher bei vielen Abspielprogrammen wie iTunes Probleme gemacht haben, scheinen mittlerweile die gängigsten Programme damit klarzukommen, wie Podigee versichert.

Auch Membership Plug-ins können einen privaten Podcast ermöglichen, wie in Kapitel 14, »Geld verdienen mit Podcasts«, erwähnt. Sie könnten die Episoden auch in eine Dropbox legen, zu der nicht jeder Zugriff hat. Dies bietet sich allerdings nur an, wenn der Hörerkreis recht klein ist, sonst kommen Sie mit der Verwaltung der Zugriffe durcheinander und verbringen mehr Zeit damit als mit der Erstellung neuer Episoden.

Produzieren Sie einen mehrsprachigen Podcast

Falls Sie mit Ihrer Firma vor allem auch Kunden im Ausland haben, sollten Sie überlegen, ob sich ein mehrsprachiger Podcast anbietet. Der Aufwand ist dann zwar größer, aber er hält sich im Rahmen. Die meiste Zeit verbringen Sie bei einem Podcast ohnehin mit der Vorbereitung und Recherche. Diese müssen Sie nur einmal machen. Die eigentliche Umsetzung wird dann verdoppelt, z. B. wird der Podcast einmal auf Deutsch und einmal auf Englisch aufgenommen.

Ob da draußen wirklich jemand Deutsche mit starkem Akzent Englisch sprechen hören möchte, darüber streiten sich die Geister. Manche finden es unprofessionell und peinlich, andere eher charmant. Es kommt sicherlich auch auf Ihre Branche an, wie locker Sie diese Frage nehmen können.

Mein Rat ist: Entscheiden Sie sich lieber für Native Speaker. Entweder Sie haben in Ihrem Team jemanden, der ohnehin perfekt Englisch spricht und ein Gefühl für die Sprache hat – dann kann diese Person die Moderation übernehmen. Oder Sie engagieren einen professionellen Sprecher, dessen Muttersprache Englisch ist. Diesen Sprechern schicken Sie in der Regel ein Manuskript und bekommen dann die fertige Audiodatei in kurzer Zeit zurück.

Bei zwei Sprachen versteht es sich von selbst, dass Sie auch zwei Podcast-Feeds und eventuell eine in mehrere Sprachen übersetzte Internetseite, die Ihren Podcast begleitet, brauchen. Dieser Aufwand muss sich lohnen. Rechnen Sie also vor Beginn genau aus, ob Sie sich das personell und finanziell leisten können und was Sie sich von der doppelten Arbeit an Gewinn erwarten.

15.7 Machen Sie Ihren Firmen-Podcast bekannt

Natürlich gilt für Ihren Unternehmens-Podcast das Gleiche wie für alle anderen Podcasts auch: Tragen Sie ihn in alle gängigen Verzeichnisse ein, damit er von potenziellen Hörern gefunden wird. Nutzen Sie soziale Netzwerke, um auf den Podcast hinzuweisen. Schalten Sie eventuell Werbung, um den Start des Podcasts zu pushen. Werden Sie in der Podcasting-Szene durch Sponsoring oder durch das Verteilen von Flyern sichtbar. Zu all diesen Themen gibt es mehr Informationen in Kapitel 12, »Finden und halten Sie Ihr Publikum!«.

Bei Firmen-Podcasts können Sie aber auch noch einige andere Mittel einsetzen, um bekannter zu werden. Es bietet sich an, auch in den Business-Netzwerken XING (*https://www.xing.com*) und LinkedIn (*https://www.linkedin.com*) auf Ihren Podcast aufmerksam zu machen (siehe Abbildung 15.20). Sie können Ihre Mitarbeiter freundlich bitten, in den Podcast reinzuhören und ihn bei Gefallen zu bewerten beziehungsweise an Freunde weiterzuempfehlen. Sie können in der firmenweiten Signatur einen Hinweis oder sogar ein kleines Banner einsetzen, das mit Ihrem Podcast verlinkt ist und neue Hörer direkt zu den Audiodateien führt.

Abbildung 15.20 *Ruhig mal in die Gruppe posten: Bei XING gibt es einen Bereich, in dem über Podcasts gesprochen wird (https://www.xing.com/communities/groups/podcasts-1098574).*

Ebenso können Sie auf größeren Events wie Messen oder Workshop-Reihen kleine Visitenkarten austeilen, auf denen die Adresse Ihres Podcasts steht und die auf den Inhalt neugierig machen. Überlegen Sie, wie Sie Reichweite generieren können. Falls Sie viele Kundenkontakte haben, können auch am Schalter Ihres Unternehmens kleine Postkarten ausliegen, die auf den Podcast hinweisen. Es gibt viele Möglichkeiten, um Aufmerksamkeit zu schaffen – und Ihre Kunden und Mitarbeiter sind besonders nah dran an Ihrem Unternehmen und damit auch an der Thematik, um die es im Podcast geht. Als Multiplikatoren gibt es daher niemanden, der besser geeignet ist.

15.8 Setzen Sie Ihrem Firmen-Podcast konkrete Ziele

Zeit für eine Bilanz: Überlegen Sie sich, welche Ziele Sie nach einem Jahr mit Ihrem Podcast erreichen möchten. Was ist realistisch, und vor allem: Wann übersteigt der Nutzen die Kosten, die Ihnen durch die Produktion entstehen? Damit meine ich gar nicht ein gegeneinander Aufrechnen, denn die Bekanntheit Ihrer Marke ist nicht durch Zahlen festzumachen. Aber klare Zahlen sind vor allem dann nützlich, wenn Sie mit Ihrem Podcast erwarten, neue Kunden zu bekommen.

Sie können sich verschiedene Ziele setzen: Was müssen Sie mindestens schaffen, damit sie gerne weiterhin den Podcast machen? Reicht es Ihnen, wenn Ihnen neue Kunden schreiben und mit Ihnen in Kontakt treten? Ist es Ihnen dann schon wert, dass Sie Equipment gekauft und Ihre eigene Zeit in den Podcast investiert haben? Was soll nach einem Jahr bleiben – vielleicht ist es ein gutes Gefühl? Kontakt zu neuen Menschen? Einfach nur Ihre eigene Erfahrung und Kenntnis, die sich durch die Produktion erweitert hat? Sind Sie beim Sprechen vor dem Mikrofon besser geworden und können Sie dadurch beispielsweise bessere Vorträge halten, für die Sie dann auch wieder entlohnt werden?

Das nächste Ziel wäre, zu überlegen, ab wann Sie Ihren Podcast als Erfolg bezeichnen würden. Sofern es nachzuvollziehen ist, sollten Sie sich hier realistische Ziele setzen. Würde es genügen, wenn in einem Jahr zehn neue Kunden Ihr (teures) Produkt oder Ihre Beratungsleistung gekauft haben? Sie können beispielsweise im Podcast einen sogenannten »Promo-Code« erwähnen – wer bei Ihnen kauft, bekommt das Produkt etwas billiger, wenn er diesen Promo-Code nennt. So wissen Sie, wer wirklich über Ihren Podcast zum Kunden wurde.

Überlegen Sie sich auch, was Ihr Traumziel wäre: Sind es 10.000 Hörer pro Episode nach dem ersten Jahr? Bleiben Sie auch hier realistisch, aber überlegen Sie sich einfach für sich selbst, was Sie gerne im Podcast erreichen würden. Nach einem Jahr können Sie dann Bilanz ziehen und überlegen, ob Sie weitermachen. Mehr zum Thema Ziele finden Sie auch in Kapitel 13, »So messen Sie, ob Ihr Podcast erfolgreich ist«.

15.9 Empfehlen Sie Ihren Mitarbeitern das Hören fachspezifischer Podcasts

Auch falls Sie sich dazu entscheiden, dass Ihr eigenes Unternehmen keinen Podcast braucht oder dafür nicht geeignet ist, können Sie darüber nachdenken, welche Rolle Podcasts in Ihrem Unternehmen spielen können. Sie können Ihren Mitarbeitern bestimmte Podcasts empfehlen, die fast wie eine Art Weiterbildung sein können. Es gibt auf dem Markt gute Rhetorik-Podcasts, die für all jene Menschen geeignet sind, die selbst oft Vorträge halten müssen. Podcasts können in bestimmten Feldern zu neuer Expertise führen, denn es gibt aus fast jeder Branche Wissens-Podcasts, die sich mit neuen Entwicklungen beschäftigen, beispielsweise aus dem Finanz-Sektor, aus der Wirtschaft (siehe Abbildung 15.22) oder aus der IT.

Podcasts können Ihre Mitarbeiter motivieren. Es gibt z. B. die TEDTalks Business (bei iTunes: *https://itunes.apple.com/de/podcast/tedtalks-business/id470622782?mt=2*), bei denen internationale Geschäftsmänner wie Bill Gates (siehe Abbildung 15.21) inspirierende, unter 15 Minuten andauernde Vorträge halten.

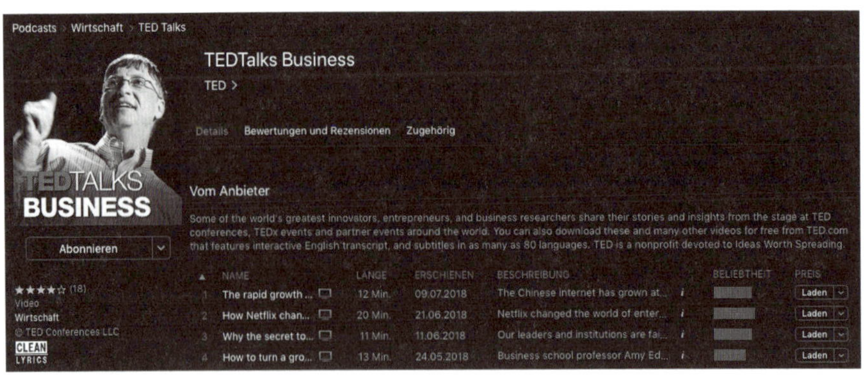

Abbildung 15.21 *Warum nicht mal hören, was die Großen zu sagen haben? Talks von Bill Gates und Co. können durchaus inspirierend sein.*

Sie können mit Podcasts aber auch Sprachen lernen, die für Ihre Firmenkultur wichtig sind, oder Techniken der Entspannung und Meditation üben, um mit dem Stress des Arbeitsalltags besser fertig zu werden.

Integrieren Sie Podcast-Tipps in Ihren regelmäßigen Firmen-Newsletter oder in die Hausmitteilung. Weisen Sie im Intranet darauf hin, inklusive einer kurzen Beschreibung des jeweiligen Podcasts und dem direkten Link, damit neugierig gewordene Leser sofort bei der entsprechenden Audiodatei landen und sich nicht lange mit der Technik hinter Podcasts auseinandersetzen müssen.

Falls Sie Zeit und Lust haben, sich mehr mit Podcasts zu beschäftigen, oder ohnehin selbst viele Podcasts hören, könnten Sie für Ihre Mitarbeiter (und/oder Kunden) sogar einen speziellen Podcast-Feed kuratieren. Das bedeutet, dass Sie beispielsweise über die Plattform fyyd (*https://fyyd.de*) einzelne Episoden verschiedener Podcasts, die Sie besonders hörenswert finden, kuratieren, also zusammenstellen. Ihre Mitarbeiter müssen dann nur diesem Feed folgen, ihn also abonnieren, und bekommen schon den von Ihnen empfohlenen Hörstoff.

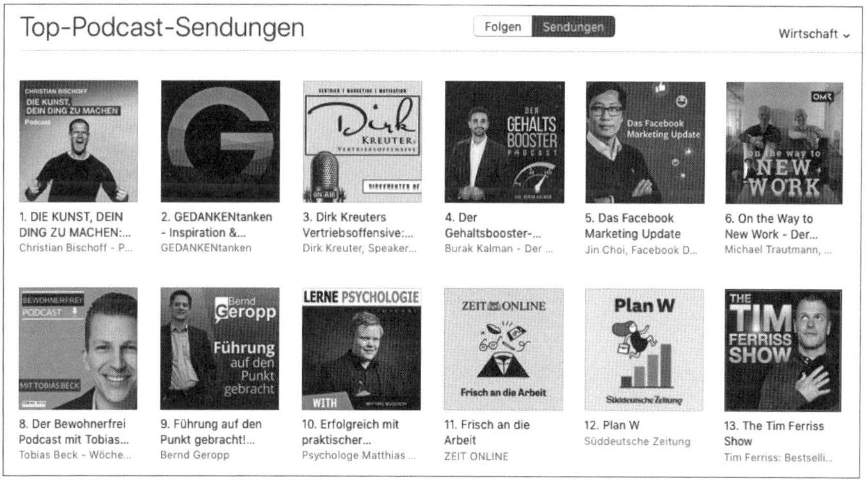

Abbildung 15.22 *Leider mit Männerüberhang: Die Podcast-Kategorie »Wirtschaft« bietet viel Lebenshilfe, Coaching und Know-how, das für Ihre Mitarbeiter – und natürlich für Sie selbst – hilfreich und motivierend sein kann.*

Kapitel 16

DAS WICHTIGSTE ZUM SCHLUSS: DRANBLEIBEN!

Ihr Podcast läuft, es hat alles gut geklappt, doch dann kehrt langsam die Routine ein und der anfängliche Reiz ist weg. Jetzt ist eines wichtig: Bleiben Sie am Ball! Um das zu schaffen, gibt es ein paar Tricks.

Es ist fast mit einer Beziehung vergleichbar: In der ersten Zeit der großen Verliebtheit sind Sie bereit, Zeit und Kraft zu opfern. Später allerdings erscheint manchmal alles nur wie eine Last. Beim Podcasting sollten Sie sich nach einem Jahr die Frage stellen, ob es weitergeht – oder auch nicht. Es ist nicht verwerflich, einen Podcast auch wieder einzustellen, wenn er nicht die gewünschten Ergebnisse gebracht hat. Vielleicht wollten Sie sich auch einfach nur kreativ austoben und haben dies nach einiger Zeit getan, aber dann ist es auch wieder gut.

Falls Sie sich allerdings dafür entscheiden sollten, weiterzumachen, müssen Sie sich Taktiken zurechtlegen, damit Sie in Phasen der Podcast-Flaute die Flinte nicht ins Korn werfen.

16.1 Machen Sie eine Pause

Einen Podcast über einen längeren Zeitraum hinweg regelmäßig zu produzieren, erfordert Kraft und enorme Kreativität. Kein Wunder, dass Sie sich nach einigen Monaten oder Jahren ausgesaugt fühlen. Woher Content nehmen, wenn schon alles gesagt ist? Denken Sie nicht gleich ans Aufhören, sondern überlegen Sie sich, eine Pause zu machen.

Das kann entweder bedeuten, dass Sie von Ihrer wöchentlichen Veröffentlichung auf einen vierzehntägigen Rhythmus heruntergehen. Alternativ können

Sie Ihren Podcast angekündigt vier Wochen unterbrechen. Das geht allerdings nur, wenn Sie wirklich schon eine treue Hörerschaft versammelt haben. Sonst laufen Sie Gefahr, viele Hörer zu verlieren.

Tipp aus der Praxis

Wie schwer oder leicht Ihre Hörer eine Pause nehmen, hängt natürlich auch von Ihrem Format ab. Bei meinem Podcast für Deutschlernende kann ich auch ohne Kommunikation einige Wochen »abtauchen«, ohne dass sich Leute beschweren oder die Zahlen sinken. Das liegt aber schlichtweg daran, dass die alten Episoden zeitlos sind und immer neue Hörer dazukommen, die dann die alten Folgen hören. Beim Sprachenlernen geht es schließlich nicht in erster Linie darum, immer neue Inhalte zu hören, sondern um die Wiederholung. Wenn Sie aber einen Podcast machen, der eine direkte und persönliche Art der Ansprache hat, werden Ihre Hörer Sie vermissen – und das ist auch gut so!

Wichtig ist, dass Sie Ihre Pause klar kommunizieren. Tauchen Sie nicht einfach ab, sondern sagen Sie Ihren Hörern Bescheid (siehe Abbildung 16.1). Klären Sie sie über die Gründe für die Pause auf und sagen Sie klar, wann Sie wiederkommen. Das ist übrigens auch ein gutes Druckmittel für Sie selbst, sonst läuft die Pause Gefahr, immer länger zu werden.

Abbildung 16.1 *Da kann man nicht lange böse sein: Marit Alke verabschiedet sich in die Sommerpause der »Online Business Lounge«.*

Überlegen Sie sich, wieviel Abstand Sie brauchen: Vielleicht möchten Sie Ihre Hörer trotzdem hin und wieder über Facebook oder Ihre Website darüber auf dem Laufenden halten, wie es Ihnen geht?

Noch eine Sache sollten Sie bedenken, wenn Sie eine Pause einlegen: Ihre letzte online gestellte Episode ist die Folge, die in allen Podcatchern über Wochen (oder Monate?) ganz oben zu sehen sein wird. Geben Sie sich also mit Ihrer vorerst letzten Folge besonders Mühe, und produzieren Sie etwas Gutes. Denn so werden neue Hörer auf Sie aufmerksam und abonnieren Ihren Kanal, während sie bei einer zweiminütigen Verabschiedung wahrscheinlich gleich wieder weg sind.

16.2 Laden Sie sich Gäste in Ihren Podcast ein

Vor allem all jene Podcaster, die alleine am Mikrofon sitzen, laufen Gefahr, irgendwann alles wieder hinzuschmeißen (siehe Abbildung 16.2). Wer die Episoden zu zweit oder mit mehreren Freunden produziert, teilt sich zum einen die Arbeit und die Verantwortung. Zum anderen wird er von den anderen mitgerissen, wenn er selbst mal keine Lust hat. Allein die festen Verabredungen zur Aufnahme sind schon Motivation genug, weiterzumachen.

Angefangen habe ich mit dem Podcasten weil ich es ein tolles Medium fand: Endlich konnte ich meine eigene Radiosendung machen. Ich habe meine 15 Minuten Ruhm durchs Podcasten gehabt und tolle Leute kennengelernt. Aber wenn die Luft raus ist und auch flicken nicht mehr hilft, dann muss wohl ein neuer Reifen her.

Abbildung 16.2 *Zwölf Jahre lang moderierte Thomas Wanhoff den Wissenschafts-Podcast »Wanhoffs wunderbare Welt der Wissenschaft«, dann war Schluss. Jetzt sucht er einen »neuen Reifen«.*

Wenn Sie aber alleine sind und die Wahl haben, eine Episode aufzunehmen oder doch lieber einfach vor dem Fernseher zu sitzen, ist es manchmal schwer, sich aufzuraffen. Sorgen Sie in solchen Phasen dafür, dass Sie sich Gäste einladen. Das können andere Podcaster, Familienmitglieder, vielleicht auch einfach Ihre treuesten Hörer sein – einfach jeder, der etwas zu sagen hat. Durch Ihre Gäste haben Sie wieder eine Verpflichtung, weiterzumachen, und es kommt neuer Schwung in Ihren Podcast.

16.3 Produzieren Sie in Staffeln

Manche Podcaster haben regelrecht Angst davor, Pausen zu machen. Sie befürchten, dass sie dadurch ihre Hörer oder selbst vielleicht auch die Lust verlieren, weitere Episoden zu produzieren. Es kann aber durchaus sinnvoll sein, geplante Pausen zu machen. Viele, vor allem amerikanische Podcaster produzieren in Staffeln (siehe Abbildung 16.4). Sie orientieren sich dabei an Fernsehserien: Nach einer bestimmten Anzahl von Folgen ist erst mal Schluss.

Sie könnten beispielsweise eine Staffel von September bis Mai oder Juni produzieren, danach ist angekündigt Sendepause. In der Sendepause können Sie wieder Kraft tanken, neue Ideen sammeln und eventuell auch schon in die Vorbereitung neuer Folgen gehen. Im Herbst geht es entspannt und voller Elan wieder weiter (siehe Abbildung 16.3).

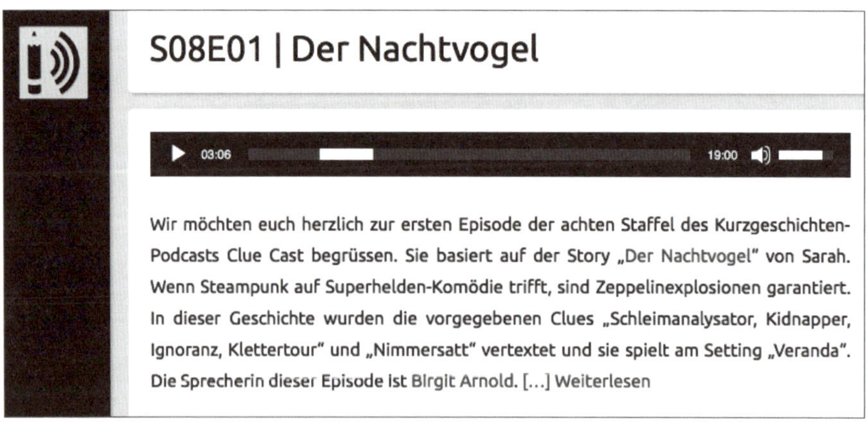

Abbildung 16.3 *»Wir sind wieder da – lauft um Euer Leben!« – so beginnt die erste Folge der achten Staffel des »Clue Cast«.*

In der neuen Staffel können Sie auch Veränderungen bieten: Die Produktion kann sich verbessert haben, es können thematisch neue Ideen auftauchen, vielleicht gibt es sogar ein neues musikalisches Intro. Die neue Staffel darf sich durchaus von der alten abheben und dadurch deutlich zeigen: Hier entsteht etwas Neues.

Auch mit Sponsoren können Sie aushandeln, dass beispielsweise eine ganze Staffel finanziell unterstützt wird. Danach suchen Sie sich neue Werber. Wichtig ist, dass Sie Ihre Pause klar und deutlich kommunizieren und auch auf Ihrer Internetseite erkenntlich machen, dass es bald weitergeht (im besten Fall sogar mit dem konkreten Datum). So bleiben Ihre Hörer aufmerksam und löschen Ihren Feed nicht, damit sie auch mitbekommen, wenn die Pause vorbei ist.

Abbildung 16.4 *Schön kommuniziert: Zwischen der ersten und der zweiten Staffel hat der amerikanische Podcast »Invisibilia« eine kurze Meldung auf den Feed gestellt.*

Der große Vorteil einer längeren Sommerpause ist, dass Sie damit gut kalkulieren können. Die Anzahl der zu produzierenden Episoden bis zur Pause ist überschaubar. Ihr Podcast-Leben erscheint Ihnen nicht wie unendlicher Stress, sondern wie etwas, das Sie abarbeiten können. Sie können Episoden vorproduzieren, und dann wissen Sie: Jetzt habe ich erst mal frei. Denn machen wir uns nichts vor: Es ist anstrengend, einen regelmäßigen Podcast zu produzieren.

Für die Hörer steigt die Vorfreude darauf, einen liebgewonnenen Podcast endlich wieder zu hören. Natürlich wird auch Kritik kommen, aber das ist doch eigentlich sehr schön. Denn es bedeutet schlichtweg, dass Sie und Ihre Arbeit vermisst werden. Richten Sie in dieser Zeit am besten eine »Out of Office«-E-Mail ein, also eine automatische Rückantwort für all jene, die Ihnen schreiben. Nennen Sie darin das Datum, an dem Sie wieder aktiv sein werden. Weisen Sie darauf hin, dass die Hörer sich dann bitte erneut an Sie wenden sollen, und löschen Sie die E-Mails. Sonst haben Sie am Anfang der neuen Staffel erst mal einen riesigen Berg an Nachrichten, den Sie abarbeiten müssen – und schon ist die Erholung dahin.

Abbildung 16.5 *Wer nicht ganz pausieren möchte, der halbiert zumindest die Arbeit am Podcast. Auch das kann schon große Erleichterung bringen und einen Motivationsschub bedeuten.*

Wenn Sie es nicht schaffen, ganz aufzuhören, könnten Sie im Sommer wenigstens von einem wöchentlichen auf einen zweiwöchentlichen Rhythmus umstellen. Also je nachdem, wie Sie derzeit veröffentlichen: Halbieren Sie die Erscheinungsweise (siehe Abbildung 16.5).

Tipp aus der Praxis

Stefan Niggemeier und Sarah Kuttner produzieren »Das kleine Fernsehballett« für Deezer auch in Staffeln. Und das Geheimnis, wie sie nie die Lust am Thema verlieren? »Was soll ich sagen? Wir haben gar kein Geheimnis. Wir gucken einfach gerne Fernsehen. Und wir haben Lust, darüber zu reden. Wir besprechen vorher nur, über welche Sendungen wir reden wollen, aber machen sonst gar nichts aus. Wir versuchen auch, uns gegenseitig vorher nicht zu verraten, wie wir die Sendungen finden, was manchmal gar nicht einfach ist, weil wir sonst ja auch privat übers Fernsehen reden.

Das ist fast das Schwierigste: Dass wir, wenn der Podcast läuft, uns privat viele Gespräche verkneifen müssen, damit es dann ›echt‹ ist, wenn wir im Studio sitzen und uns freuen oder ärgern, was der andere meint. Es macht natürlich auch Spaß, sich Running Gags und sowas auszudenken, aber eigentlich ist der Kern, dass wir fast nichts planen oder absprechen, sondern ins Studio gehen und reden und gucken, was passiert. Es ist gut, dass wir zwischen den Staffeln Pausen haben und mal wieder Fernsehen gucken, ohne uns dabei Notizen zu machen. Aber eigentlich wird das nie alt, weil ja die Lust am Gespräch, am Streit, am gemeinsamen Bejubeln und Lästern nie alt wird.«

Abbildung 16.6 *Sarah Kuttner und Stefan Niggemeier quatschen übers Fernsehen – bei Pizza.*

16.4 Denken Sie an Ihre Hörer, um weiterzumachen

Katrin Rönicke und Holger Klein (siehe Abbildung 16.7) produzieren seit drei Jahren ihren wöchentlichen Podcast »Die Wochendämmerung« (*https://wochendaemmerung.de*). Nur ein einziges Mal fiel der Podcast in diesen drei Jahren aus. Ansonsten raffen die beiden sich immer auf, egal ob mit Schnupfen und Grippe, Stress in der Arbeit oder anderweitigen Katastrophen im Gepäck.

Wie sie das schaffen? Am Anfang stand ein Auftrag: »Die Wochendämmerung« war kein privater Podcast, sondern eine Auftragsproduktion des Hörbuch-Downloadportals Audible. Durch die Episoden floss regelmäßig Geld in die Kasse – eine gute Motivation, weiterzumachen. Der Podcast wurde also zur normalen Arbeit, in der jeder von uns auch dann erscheint, wenn es von ihm erwartet wird. Holger Klein habe als freier Radiomoderator ohnehin eine »sehr verbindliche Arbeitsmoral«, wie Katrin Rönicke erzählt.

Holger Klein und Katrin Rönicke – zwei meinungsstarke Stimmen in einem Podcast. Jede Woche fassen sie in einer kurzweiligen Audio-Sendung alle nötigen Ereignisse zusammen, von denen man gehört haben sollte, um auf der Party am Wochenende mitreden zu können.

Haareraufen, Schlagabtausch, Geläster und hin und wieder sogar tief schürfende Analysen, sowie philosophische Ausflüge inklusive.

In 42 Minuten up to date – und wem das nicht reicht, der bekommt den Samstags-Newsletter, der alle wichtigen und absurden Ereignisse noch einmal zusammenfasst.

Die Wochendämmerung ist Teil des Podcast-Labels hauseins, das Katrin Rönicke zusammen mit ihrer Kollegin Susanne Klingner gegründet hat.

Abbildung 16.7 *Zwei Podcaster, die nichts aus dem Takt bringt: Holger Klein und Katrin Rönicke sitzen jede Woche am Mikro, komme, was wolle.*

Nach zwei Jahren ging das Projekt dann von Audible weg und in einen privaten Podcast über. Er wird größtenteils von Hörern finanziert – und diesen Hörern gegenüber fühlen die beiden sich sehr verpflichtet. »Das ist so eine krasse Unterstützung und so eine enge Bindung, die können wir nicht enttäuschen«, sagt Katrin Rönicke.

Als sie einmal aus Krankheitsgründen wirklich nichts online stellen konnten, gingen die Downloadzahlen gleich um 2.000 zurück, das hat Katrin Rönicke erschreckt. Also wird jetzt, wenn Urlaubszeiten oder Ähnliches anstehen, entweder ein Interview vorproduziert, das dann online geht, oder die beiden packen kurzerhand ihr Equipment ein und podcasten beispielsweise aus dem Urlaub in Irland.

Für Christian Mießner ist es normal, regelmäßig zu podcasten. Er begann 2005 mit dem »shralp!«-Podcast, einem der ersten zehn Video-Podcasts weltweit. Seit 2010 macht er mit seiner Frau Bärbel Mießner (siehe Abbildung 16.8) den Video-Podcast »Yogamour« (*http://yogamour.de*). »Ich komme aus dem Journalismus, für mich ist es normal, Deadlines einzuhalten«, sagt Christian »mee-z« Mießner. »Wir haben den Hörern oder in unserem Fall Zusehern ein Versprechen gegeben, und das halten wir ein. Die warten ja auf Inhalte von uns, das motiviert zum Weitermachen«, erklärt er, »und auch wenn Sponsoren mit an Bord sind, kann ich die natürlich nicht hängen lassen«.

Abbildung 16.8 *Christian und Bärbel Mießner nehmen meist im Freien auf – und sind ganz entspannt, trotz der Kamera.*

Der Podcast ist Werbung für die Yoga-Reisen und Workshops, die Bärbel regelmäßig gibt. Auch daher fällt eine Pause schwer. Während bei den Mießners beim Content kein Schlendrian einkehrt, gibt Christian Mießner zu, dass er nicht regelmäßig genug in den sozialen Netzwerken postet, um auf neue Inhalte hinzuweisen und den Kontakt zur Community zu halten. Bei Pausen ist Christian Mießner vorsichtig, lieber wird vorproduziert, wenn eine Reise ansteht. »Wer die Hörer an eine Regelmäßigkeit gewöhnt, tut sich mit Pausen dann schon schwer«, sagt er.

Dranbleiben lohnt sich meistens wirklich, was die Hörer angeht: Denn nur wer viele Episoden veröffentlicht und regelmäßig irgendwo zu sehen oder zu hören ist, auf den werden die Menschen aufmerksam. So erging es auch Thomas Mangold (siehe Abbildung 16.9) mit seinem Podcast »Effizienter Lernen – Arbeiten – Leben« (*https://www.selbst-management.biz/podcast-2*).

Abbildung 16.9 *Die Konkurrenz war stark, verschwand aber auch ganz schnell wieder. Thomas Mangold ist geblieben und glücklich darüber.*

16.5 Sorgen Sie für Abwechslung im Podcast

Was den Podcast vor allem irgendwann langweilig werden lässt, ist die Routine. Es sind die immer gleichen Abläufe und leider manchmal auch die immer gleichen Themen. Überlegen Sie sich, wie Sie aus diesem Podcast-Hamsterrad entkommen können. Wie können Sie Ihre Liebe zum Podcast wieder neu beleben?

Zunächst sollten Sie versuchen, Ihre Abläufe so weit wie möglich zu automatisieren (mehr dazu in Kapitel 9, »Wie kann ich meinen Podcast noch besser machen?«). Auf diese Weise fließt weniger Zeit in Dinge, die Ihnen eigentlich keinen Spaß machen, beispielsweise das Beschriften der Datei. Überlegen Sie auch, ob Sie Teile der Arbeit auslagern können – entweder an engagierte Hörer (Shownotes schreiben) oder sogar an einen Dienstleister, den Sie dafür bezahlen.

Im besten Fall wünschen wir uns alle einen Produzenten, wie Marc Maron einen hat, oder? Der bekommt die fertige Aufnahme und kümmert sich um den Schnitt und das Hochladen der Datei und deren Verbreitung. Traumhaft. Aber bis das klappt, muss einiges an Geld fließen. Oder Sie schauen mal bei einem der Podcast-Labels vorbei. Vielleicht kann Ihnen hier durch Bündelung der Kräfte und Aufgaben auch etwas abgenommen werden.

Der weitaus größere Punkt ist aber, dass Sie sich überlegen müssen, wie Sie Abwechslung in Ihren Podcast bekommen können. Ist es vielleicht ratsam, das Format zu überdenken? Ich habe damals mit einem täglichen Podcast begonnen, der nur wenige Minuten lang war. Irgendwann war das zu langweilig, also habe ich mir ein wöchentliches Magazin mit festen Rubriken ausgedacht und umgesetzt. Dieses wiederum machte mir nach einigen Monaten zu viel Arbeit, also wurde erneut am Format geschraubt, bis ich wieder Freude daran hatte.

Das mag für einen Radiomacher unprofessionell wirken, ist aber eine der großen Chancen im Podcasting. Der Podcast an sich ist ein »Work in Progress«, er kann sich ständig entwickeln und verändern. Wichtig ist für die Hörer, dass eine Konstante bleibt, und das sind Sie selbst als Person. Natürlich wird es immer Hörer geben, die dem alten Format nachtrauern und die eventuell sogar gehen. Aber dafür kommen neue Hörer hinzu, die Ihre neuen Ideen zu würdigen wissen.

Denken Sie auch über die Art Ihrer Präsentation nach. Während Sie am Anfang des Podcasts immer im stillen Kämmerlein produzieren, könnte es sein, dass Ihnen ein Reportage-Thema gut gefallen würde. Nehmen Sie ein mobiles Aufnahmegerät, und gehen Sie raus in die Welt. Nehmen Sie Ihre Hörer mit auf eine Erkundungsreise, die zwar beim gleichen Thema bleibt, aber neue Menschen zu Wort kommen lässt.

16.6 Fahren Sie Ihren Podcast technisch herunter

Erinnern Sie sich noch, wie es am Anfang war? Einfach eine Episode mit dem Handy aufgenommen, online gestellt, fertig. Und heute? Heute müssen Sie erst das Studio aufbauen, danach wird aufwendig nachproduziert und geschnitten, dann werden extra Grafiken für die Episode produziert und auch noch eine Variante zu YouTube hochgeladen, die per Hand untertitelt werden muss ...

Was ich damit sagen möchte: Im Laufe der Zeit wird die Podcast-Produktion professioneller und nimmt dadurch oft auch mehr Zeit in Anspruch. Die eigentliche inhaltliche Produktion dauert gar nicht so lange und macht Ihnen auch Spaß – Sie würden sich nur gerne vor dem Rest drücken, also vor der Nachbearbeitung.

In diesem Fall sollten Sie überlegen, ob es Dinge gibt, die Sie für eine gewisse Zeit wieder sein lassen können. Vielleicht macht es Ihnen Spaß, wieder mit dem Smartphone unterwegs zu sein und etwas flexibler aufnehmen zu können? Vielleicht können Sie auch damit leben, wenn die Folgen nicht perfekt geschnitten sind? Kürzen Sie das Drumherum ein, um für die eigentliche Produktion der Episoden wieder mehr Zeit und Kraft zu haben.

16.7 Holen Sie sich Hilfe

Wie schafft es Marc Maron, pro Woche zwei Superstars zu interviewen und so gut wie nie eine Pause zu machen? Ganz einfach: Er produziert vor, und er macht das alles nicht alleine. Die Aufteilung ist klar geregelt: Vorbereitung und Führen der Interviews: Marc Maron. Schnitt, Mastering und Verbreitung der Episode: Brendan McDonald. Bezeichnet wird er als »Producer« der Show. Beide können mittlerweile gut vom Podcast leben.

Ganz so einfach wird es bei in Deutschland nicht sein, sich die Arbeit aufzuteilen. Dafür sind die Gewinne einfach meist nicht groß genug. Aber überlegen Sie sich doch, ob Sie Hilfe in Anspruch nehmen würden. Vielleicht übernimmt ein Hörer das Schreiben der Shownotes oder Sie finden jemanden, der den Schnitt und das Hochladen übernimmt (siehe Abbildung 16.10).

Ich habe mir beispielsweise Hilfe für das Drumherum meines Podcasts »Slow German« gesucht: Mein netter ehemaliger Hörer Albert übernimmt die Beschriftung bei YouTube und fügt dort ein Thumbnail ein, er macht regelmäßig Vokabelbilder für meinen Twitter-Kanal und er gibt den nötigen Code in den Episodentext ein, damit Begriffe übersetzt werden. Das spart mir viel Zeit und vor allem Nerven, weil das alles Dinge sind, die ich nicht wirklich gerne mache.

Abbildung 16.10 *Andreas Möller bietet an, Ihnen lästige Aufgaben abzunehmen (https://podcast-service.de/about-podcast-service).*

16.8 Seien Sie kein Einzelkämpfer – nehmen Sie Ihre Hörer mit in die Krise

In den meisten Formaten können Sie offen kommunizieren, wenn Sie gerade eine Schaffenskrise haben. Sie werden erstaunt sein, wie viel Verständnis Sie von Ihren Hörern dafür bekommen werden. Weisen Sie darauf hin, dass Sie eventuell eine Pause brauchen. Oder wünschen Sie sich Unterstützung Ihrer Hörer, eine aktive Mitgestaltung des Programms, damit Sie selbst wieder Lust daran bekommen.

Richten Sie einen Anrufbeantworter ein, auf den Ihre Hörer sprechen können, oder geben Sie eine Handynummer heraus für WhatsApp-Nachrichten und Ähnliches. Spielen Sie diese Nachrichten in Ihrem Podcast ab, und antworten Sie auf Fragen und Wünsche.

Wichtig ist beim Podcasting, authentisch und transparent zu bleiben. Spielen Sie keine Rolle, sondern sagen Sie einfach, wie es Ihnen gerade geht und womit Sie hadern. Vielleicht kommt sogar einer Ihrer Hörer mit einer Lösung um die Ecke, und alles wird wieder gut!

Tipp aus der Praxis

Schluss mit den ständigen Entschuldigungen! Wenn Sie eine Flaute haben und nicht regelmäßig neue Episoden produzieren, hören Sie bitte damit auf, sich zu Beginn jeder Folge minutenlang dafür zu entschuldigen. Sie schaffen damit eine Erwartungshaltung und werden erst recht böse Kommentare von Hörern bekommen, die auf neue Folgen warten. Stehen Sie dazu, dass es nun mal so ist, wie es ist. Ihre Hörer hören sicherlich lieber unregelmäßig eine neue Folge statt regelmäßiges Gejammer. Vermeiden Sie auch, Zeitbezüge auf Ihrer Webseite anzugeben, wenn Sie diese nicht einhalten können. Dort sollte also nicht »14-tägiger Podcast« oder »wöchentlich eine neue Episode« stehen.

16.9 Wenn alles nichts hilft: Hören Sie auf!

Es mag sein, dass all diese Tipps nicht helfen und Sie nach einigen Monaten oder Jahren die Lust an Ihrem Podcast verlieren. Dann ist es Zeit, aufzuhören. Dafür gibt es sogar einen Namen: *Podfading* nennt man das Phänomen, dass Podcasts nicht mehr fortgeführt werden, aber dennoch meist noch jahrelang im Internet herumgeistern.

Gordon Schönwalder schreibt in seinem Blog: »Manchmal ist eine Idee – und mag sie noch so gut klingen – einfach nicht für die Ewigkeit gemacht. Vielleicht ist die Zielgruppe nicht so technikaffin, oder vielleicht liegt es an etwas vollkommen anderem. Ganz gleich was es auch ist ... dann ist es Zeit, loszulassen. Und das nicht, um viel zu trauern, sondern um die positiven Lernerfahrungen mitzunehmen und etwas Neues zu starten.«

Es ist aber gar nicht so einfach, etwas aufzugeben oder sterben zu lassen, an dem so viel gearbeitet wurde. Der eigene Podcast ist etwas sehr Persönliches, er wächst genauso ans Herz wie die Hörer (siehe Abbildung 16.11).

Ich bin mit vielen meiner Podcasts durch verschiedene Phasen gegangen. »Schlaflos in München« war mein erster Podcast. Ein Podcast, der mein Leben verändert hat, und zwar in vielerlei Hinsicht. Es war schwer, ihn gehen zu lassen, die Seile zu den wunderbaren Hörern zu kappen, mir selbst die Möglichkeit zu nehmen, mich jederzeit zu verschiedenen Themen zu äußern.

Vielen Dank, liebe Annik Rubens, für 673 Folgen mit Stückchen aus Deinem Leben, die Du mit uns geteilt hast. Das war sehr großzügig! Und ein nicht unwichtiger Teil in meinem Leben.

Viel Glück auf Deiner Reise! Ich und die anderen 10.000 Hörer werden immer mit einem warmen Gefühl im Bauch an diese 10 Jahre mit Dir zurückdenken. Das ist vielleicht nicht das Beste, was Du mit Deiner Sendung hättest erreichen können. Aber es ist doch sehr, sehr gut. Verdammt gut!

Abbildung 16.11 *Sag zum Abschied leise Servus: Ein netter Blog-Gruß von Hörer Oliver Wunderlich zum Ende von »Schlaflos in München«.*

Aber was am Ende den Ausschlag gab, war das ständige schlechte Gewissen im Nacken, die ständige To-Do-Liste »neue Episode produzieren«. Der Podcast, der mir am Anfang so viel Energie gegeben hatte, raubte sie mir am Ende nur noch. Also war es Zeit, aufzuhören. Die Wochen vor dem offiziellen Entschluss waren schwierig, aber als es dann erledigt war, fiel mir ein Stein vom Herzen (siehe Abbildung 16.12).

Abbildung 16.12 *Nichts währt ewig: Nach zehn Jahren und 673 Episoden war Schluss mit dem Podcast »Schlaflos in München«.*

Und jetzt, drei Jahre später, regt sich der Wunsch nach einem neuen Podcast-Baby. Die Ideen kreisen im Kopf und werden immer konkreter. Ob sich davon etwas realisieren lässt, weiß ich nicht. Aber eines ist klar: Einmal Podcaster, immer Podcaster. Ich hoffe sehr, dass ich Sie mit diesem Buch anstecken konnte, und freue mich auf immer mehr und neuen Hörstoff von vielen frischen Podcastern aus dem deutschsprachigen Raum.

Kapitel 17
PODCAST-HÖRTIPPS

Zum Schluss möchte ich Ihnen meine Favoriten unter den aktuellen Podcasts vorstellen.

In diesem Buch werden viele Podcasts erwähnt, die ich für hörenswert halte. Hier finden Sie nun eine Liste einiger der von mir derzeit 99 abonnierten Podcasts mit Erklärungen dazu.

Englischsprachige Podcasts

Kermode and Mayo's Film Review
Filmkritiker Mark Kermode kommt jeden Freitag ins Studio zu Moderator Simon Mayo, um von den neuen Filmstarts zu berichten. Dabei redet er sich sehr gerne in Rage. Der Podcast ist länger als die eigentliche Radiosendung und strotzt nur so vor Running Gags, die nur Langzeithörer verstehen.

This American Life
Immer ganz oben in allen Podcast-Charts und Empfehlungen zu finden: »This American Life« mit Ira Glass. Zu einem bestimmten Thema werden verschiedene Geschichten erzählt, meist in Reportageform, oft auch als Essay vorgelesen. Berührend und schön.

Fresh Air
Ebenfalls immer ganz oben in den Charts: »Fresh Air« mit Terry Gross. Die Radiomoderatorin interviewt prominente Gäste besonders einfühlsam, humorvoll und ehrlich.

TED Radio Hour
Die TED Talks sind mittlerweile weltberühmt. Wissenschaftler und andere beeindruckende Persönlichkeiten stehen 15 Minuten auf einer Bühne, um ein Live-Publikum von ihrem Thema zu überzeugen. In der Radiosendung zu diesen TED Talks werden verschiedene Talks thematisch gruppiert und ausführlicher beleuchtet.

Radiolab

Die Radiostation WNYC ist Heimat von »Radiolab«, einem Podcast von Jad Abumrad und Robert Krulwich. Meist geht es hier um Wissenschaftsthemen, die aber populär aufbereitet und gut verständlich umgesetzt werden. Spannend wie ein Hörspiel.

Where Should We Begin? With Esther Perel

Esther Perel ist eine der bekanntesten Paartherapeutinnen der USA. Die Belgierin gibt in diesem frei verfügbaren Audible-Podcast Einblicke in ihre Arbeit: Die Hörer können dabei sein, wenn sie mit einem Paar über deren Probleme spricht.

Death in Ice Valley

Die Tote aus Isdal in Norwegen hat in den Medien hohe Wellen geschlagen: In den 70er-Jahren wurde ihre Leiche gefunden, bis heute weiß niemand, wer sie wirklich war. Der Podcast begibt sich auf eine spannende Spurensuche.

WTF with Marc Maron

Marc Maron ist ein amerikanischer Stand-up-Comedian. Er begann einen Podcast, um sich bei all den Menschen zu entschuldigen, bei denen er es sich als Alkoholiker und Choleriker versaut hatte. Daraus ist heute einer der bekanntesten amerikanischen Talk-Podcasts geworden, bei dem sogar Präsident Barack Obama zu Gast war.

Deutschsprachige Podcasts – privat

Der Weisheit

Marcus Richter, Patricia Cammarata, Malik Aziz und Frau Kirsche schalten sich zusammen, um genau eine Stunde lang zu sprechen. Über Kleidung, Kinder, Computerspiele, Ängste, Musik, Reisen und was sonst noch so wichtig ist im Leben.

Sträter Bender Streberg

Torsten Sträter, Hennes Bender und Gerry Streberg sitzen in einem Comicladen und reden über Computerspiele, Filme, Bücher und sonstiges. Das landet dann bei YouTube als Video – und wird zweitverwertet als Audio-Podcast.

Lucky & Fred

Lukas Heinser und Friedrich Küppersbusch treffen sich am Küchentisch, um über Politik und Gesellschaft zu reden – immer mit Meinung und Humor.

Mikrodilettanten
Nicolas Semak, Phil Schmidt und Gero Langisch quatschen munter drauflos und landen dabei oft genau dort, wo sie nicht hinwollten. Unterhaltsam und spielerisch.

Rechtsbelehrung – Jurapodcast mit Netzthemen
Dass Jura nicht nur trocken sein muss, beweist dieser Podcast mit Marcus Richter und Rechtsanwalt Thomas Schwenke. Hier werden Themen wie DSGVO und Urheberrecht ausführlich erklärt.

Deutschsprachige Podcasts – öffentlich-rechtlich und kommerziell

SWR1 Leute Baden-Württemberg
Im Radio dauert die Talksendung zwei Stunden lang; sie wird unterbrochen durch Wetter, Verkehr, Nachrichten und Musik. Als Podcast gibt es die Essenz des Gespräches: 35 Minuten puren Talk.

SWR3 Wie war der Tag, Liebling?
Anke Engelke und ihr guter Freund Kristian Thees quatschen ein paar Minuten über jeweils eine Sache, die sie an diesem Tag bewegt, belustigt oder verwundert hat. Ein Schnipselchen gute Laune.

Was mit Medien. Medienmagazin.
Einer der ältesten Podcasts in Deutschland und aus der Medienszene nicht mehr wegzudenken: Daniel Fiene und Herr Pähler hatten schon alle namhaften Journalisten des Landes zu Gast und bringen uns in etwas mehr als einer halben Stunde pro Woche auf den neuesten Stand der Medienszene Deutschlands. Mittlerweile nicht mehr nur ein Podcast, sondern bei Deutschlandradio Nova untergekommen.

Dunkle Heimat – Hinterkaifeck
True Crime in Deutschland: Ähnlich wie beim amerikanischen Vorbild »Serial« macht sich ein Reporter auf die Spurensuche eines Verbrechens. Diesmal geht es allerdings um einen Mehrfachmord in Bayern, der viele Jahrzehnte zurückliegt. Spannend umgesetzt.

Transformer
Christina hat eine Freundin: Steffi. Und die geht einen besonderen Weg: Sie lässt ihr Geschlecht angleichen und wird zu Henry. Die Freundin begleitet sie auf dieser Reise in ein neues Leben. Einziger Kritikpunkt: viel zu kurz.

Index

C

D

E

F

G

H

I

N

O

P

Q

R

S

T

U

V

W

X

Y

Z